普通高等教育“十一五”国家级规划教材
北京高等教育精品教材
重点大学市场营销专业核心教材

市场营销

（修订本）

万　晓　主编

清华大学出版社
北京交通大学出版社
·北京·

内容简介

“市场营销”是所有管理类专业本科生、研究生和MBA的必修主干课程。本书介绍了在买方市场条件下，卖方如何从顾客的需要出发，制定企业发展战略，组织企业市场营销活动，从而在满足顾客需求的前提下，使企业在激烈竞争的市场环境中获得生存和发展。全书系统阐述了现代市场营销理论及该学科领域的最新发展，并结合我国企业的市场营销实践经验，对西方市场营销理论加以印证。

本书既适用于高等院校MBA、经济管理类专业研究生和本科生的课程教学，又适应企业营销实践和培训的需要，有助于培养适合中国市场经济发展需要的企业高级管理人才。

图书在版编目（CIP）数据

市场营销（修订本）/ 万晓主编. — 北京：清华大学出版社；北京交通大学出版社，2007.6（2017.7重印）
（重点大学市场营销专业核心教材）
普通高等教育“十一五”国家级规划教材
ISBN 978-7-81082-987-8

Ⅰ.市… Ⅱ.万… Ⅲ.市场营销学-高等学校-教材 Ⅳ.F713.50

中国版本图书馆CIP数据核字（2007）第050433号

责任编辑：赵彩云　　特邀编辑：林夕莲
出版发行：清华大学出版社　　邮编：100084　　电话：010-62776969　　http://www.tup.com.cn
　　　　　北京交通大学出版社　　邮编：100044　　电话：010-51686414　　http://press.bjtu.edu.cn
印 刷 者：北京鑫海金澳胶印有限公司
经　　销：全国新华书店
开　　本：185×260　　印张：23.25　　字数：587千字
版　　次：2007年6月第1版　　2012年8月第1次修订　　2017年7月第13次印刷
书　　号：ISBN 978-7-81082-987-8/F·225
印　　数：32 001～34 000册　　定价：36.00元

本书如有质量问题，请向北京交通大学出版社质监组反映。对您的意见和批评，我们表示欢迎和感谢。
投诉电话：010-51686043，51686008；传真：010-62225406；E-mail：press@bjtu.edu.cn。

前言 QIAN YAN

市场营销学自其诞生至今，已有百年历史。虽时间不长，但它已成为各国企业和组织开拓市场，满足市场需求，在激烈的市场竞争中获取市场领导地位，赢得最大市场份额的武器和工具。

市场营销是一种企业的市场经营活动，即企业从满足消费需求出发，综合运用各种科学的市场经营手段，把商品和服务整体地销售给消费者，以促进并引导企业不断发展。随着我国经济体制改革的进一步深化，特别是确立了以市场经济作为我国经济建设基本模式的今天，市场营销已成为企业普遍追求的经营行为。全面、系统地掌握市场营销管理知识，不断将营销新思想运用于实践，已成为众多企业的高级经理和管理人员的自觉行为。

市场营销学至今还是一门年轻的科学。它的许多特性和规律，特别是在社会主义市场经济条件下，具有中国特色的市场营销学还需要不断地认识和深入探讨。本书在继承和发扬的基础上，参阅国内外知名院校市场营销学的框架结构，力求增加市场营销学发展的最新理论，突出案例教学，注意形成本书的特色，本书每章后面均附有中外案例和相关复习思考题，以突出其实践性特征。

本书第一版出版后受到各方好评，被评为“普通高等教育‘十一五’国家级规划教材”及“北京高等教育精品教材”，被许多高校和企事业单位采用。本次修订在原有体系基础上增加了“第12章　网络营销”，并且结合营销理论和实践的发展及编者在研究和教学方面的体会进行了修改和补充。

本书由万晓担任主编。全书共分14章，其中第2、6、11、12、13、14章由万晓编写，第1、7、8、9、10章由左莉编写，第3、4、5章由李卫编写。

本书在编写过程中，得到了社会同行的大力支持和指导，在此表示衷心的感谢。

由于市场营销学理论与方法仍处在发展之中，有待充实完善，再加上编者水平有限，书中难免有不足之处，欢迎专家和广大读者批评指正。

编　者

2012年7月

目 录 MU LU

第1章 绪论 …………………………………………………………………… (1)
1.1 什么是营销 …………………………………………………………… (1)
1.2 营销范围 ……………………………………………………………… (1)
1.3 核心概念 ……………………………………………………………… (2)
1.3.1 需要、欲望和需求 ……………………………………………… (3)
1.3.2 交换和交易 ……………………………………………………… (3)
1.3.3 目标市场、定位和细分 ………………………………………… (3)
1.3.4 供应品和品牌 …………………………………………………… (4)
1.3.5 价值和满意 ……………………………………………………… (4)
1.3.6 营销渠道 ………………………………………………………… (4)
1.3.7 供应链 …………………………………………………………… (4)
1.3.8 竞争 ……………………………………………………………… (5)
1.3.9 营销环境 ………………………………………………………… (5)
1.4 市场营销观念的发展 ………………………………………………… (5)
1.4.1 生产观念 ………………………………………………………… (6)
1.4.2 产品观念 ………………………………………………………… (6)
1.4.3 推销观念 ………………………………………………………… (6)
1.4.4 市场营销观念 …………………………………………………… (7)
1.4.5 社会市场营销观念 ……………………………………………… (7)
1.5 营销管理导向“全方位” …………………………………………… (9)
1.5.1 关系营销 ………………………………………………………… (9)
1.5.2 整合营销 ………………………………………………………… (10)
1.5.3 内部营销 ………………………………………………………… (10)
1.5.4 绩效营销 ………………………………………………………… (10)
1.6 建立客户关系 ………………………………………………………… (11)
1.6.1 客户关系管理 …………………………………………………… (11)
1.6.2 变化中的客户关系的性质 ……………………………………… (12)
1.6.3 伙伴关系管理 …………………………………………………… (13)
小结 …………………………………………………………………………… (14)
复习思考题 …………………………………………………………………… (14)
案例 …………………………………………………………………………… (14)

第 2 章　战略规划与市场营销管理过程 …………………………………………………（19）
2.1　企业战略规划 ……………………………………………………………（19）
2.1.1　确定企业任务 ………………………………………………………（21）
2.1.2　确定企业目标 ………………………………………………………（22）
2.1.3　确定投资组合 ………………………………………………………（24）
2.1.4　确定发展战略 ………………………………………………………（26）
2.1.5　制定职能战略 ………………………………………………………（27）
2.2　市场营销管理 ……………………………………………………………（28）
2.2.1　发现和分析市场机会 ………………………………………………（28）
2.2.2　选择目标市场 ………………………………………………………（30）
2.2.3　制定营销战略 ………………………………………………………（31）
2.2.4　营销战略的实施 ……………………………………………………（31）
2.2.5　营销战略的控制 ……………………………………………………（31）
2.3　市场竞争战略 ……………………………………………………………（32）
2.3.1　竞争战略的基本类型 ………………………………………………（32）
2.3.2　市场竞争环境分析 …………………………………………………（33）
2.3.3　竞争者分析 …………………………………………………………（36）
2.3.4　市场竞争战略 ………………………………………………………（39）
2.4　市场营销组合战略 ………………………………………………………（46）
2.4.1　市场营销组合的基本内容 …………………………………………（46）
2.4.2　市场营销组合理论的发展 …………………………………………（47）
2.4.3　市场营销组合的特点 ………………………………………………（48）
2.4.4　市场营销组合的意义 ………………………………………………（49）
小结 ……………………………………………………………………………（49）
复习思考题 ……………………………………………………………………（50）
案例 ……………………………………………………………………………（50）
第 3 章　市场调研和预测 ………………………………………………………（57）
3.1　市场调研 …………………………………………………………………（57）
3.1.1　市场调研的作用和内容 ……………………………………………（57）
3.1.2　市场调研的步骤 ……………………………………………………（59）
3.1.3　市场调查的类型、方法和工具 ……………………………………（59）
3.1.4　市场调研的数据分析技术 …………………………………………（63）
3.2　市场预测 …………………………………………………………………（64）
3.2.1　市场预测的基本原理 ………………………………………………（65）
3.2.2　市场预测的类型 ……………………………………………………（66）
3.2.3　定性预测方法 ………………………………………………………（67）
3.2.4　定量预测方法 ………………………………………………………（70）
小结 ……………………………………………………………………………（76）
复习思考题 ……………………………………………………………………（76）

案例 …………………………………………………………………………… (77)
第 4 章　市场营销环境 ………………………………………………………… (79)
4.1　市场营销环境的含义及特点 ……………………………………………… (79)
4.1.1　市场营销环境的含义 …………………………………………………… (79)
4.1.2　市场营销环境的特点 …………………………………………………… (80)
4.2　市场营销宏观环境 ………………………………………………………… (81)
4.2.1　人口环境 ………………………………………………………………… (81)
4.2.2　经济环境 ………………………………………………………………… (84)
4.2.3　自然环境 ………………………………………………………………… (87)
4.2.4　科学技术环境 …………………………………………………………… (88)
4.2.5　政治法律环境 …………………………………………………………… (90)
4.2.6　社会文化环境 …………………………………………………………… (92)
4.3　市场营销微观环境 ………………………………………………………… (94)
4.3.1　公司 ……………………………………………………………………… (94)
4.3.2　营销中介 ………………………………………………………………… (94)
4.3.3　营销中介机构 …………………………………………………………… (94)
4.3.4　顾客 ……………………………………………………………………… (95)
4.3.5　竞争者 …………………………………………………………………… (96)
4.3.6　公众 ……………………………………………………………………… (96)
4.4　市场营销环境分析与对策 ………………………………………………… (97)
4.4.1　市场机会、机会分析与企业对策 ……………………………………… (97)
4.4.2　环境威胁、环境威胁分析与企业决策 ………………………………… (99)
4.4.3　企业环境状况分析 ……………………………………………………… (101)
小结 …………………………………………………………………………… (101)
复习思考题 …………………………………………………………………… (102)
案例 …………………………………………………………………………… (102)
第 5 章　购买行为 ……………………………………………………………… (105)
5.1　消费者购买行为 …………………………………………………………… (105)
5.1.1　影响消费者购买行为的主要因素 ……………………………………… (105)
5.1.2　消费者的购买过程 ……………………………………………………… (109)
5.2　组织市场购买行为 ………………………………………………………… (112)
5.2.1　组织市场 ………………………………………………………………… (112)
5.2.2　组织购买者的行为模式 ………………………………………………… (113)
5.2.3　工业购买者行为 ………………………………………………………… (114)
小结 …………………………………………………………………………… (116)
复习思考题 …………………………………………………………………… (118)
案例 …………………………………………………………………………… (118)
第 6 章　市场细分与目标市场选择 …………………………………………… (120)
6.1　市场细分 …………………………………………………………………… (120)

6.1.1 市场细分的概念和作用 …… (120)
6.1.2 市场细分的标准 …… (122)
6.1.3 市场细分的原则 …… (124)
6.1.4 市场细分的程序 …… (125)
6.2 目标市场选择 …… (126)
6.2.1 确定目标市场的方式 …… (126)
6.2.2 目标市场范围策略 …… (127)
6.2.3 目标市场营销策略 …… (127)
6.2.4 影响目标市场选择的因素 …… (129)
6.2.5 目标市场进入策略 …… (130)
6.2.6 目标市场的管理 …… (130)
6.3 市场定位 …… (131)
6.3.1 市场定位的概念 …… (131)
6.3.2 市场定位的步骤 …… (131)
6.3.3 市场定位策略 …… (132)
小结 …… (133)
复习思考题 …… (134)
案例 …… (134)
第7章 产品策略 …… (136)
7.1 产品与产品生命周期 …… (136)
7.1.1 产品 …… (136)
7.1.2 产品的分类 …… (138)
7.1.3 产品生命周期理论 …… (139)
7.2 产品组合 …… (144)
7.2.1 产品组合的概念 …… (144)
7.2.2 对产品组合的分析和管理 …… (145)
7.2.3 产品组合策略 …… (146)
7.3 新产品开发 …… (148)
7.3.1 新产品的概念和分类 …… (148)
7.3.2 开发新产品的意义 …… (149)
7.3.3 新产品的开发方式 …… (150)
7.3.4 新产品开发的程序 …… (150)
7.4 品牌策略 …… (155)
7.4.1 品牌的概念 …… (155)
7.4.2 品牌的作用 …… (155)
7.4.3 品牌设计的基本要求 …… (157)
7.4.4 品牌策略 …… (157)
7.5 包装策略 …… (159)
7.5.1 包装的概念和作用 …… (159)

7.5.2 包装的设计 …… (160)
7.5.3 包装策略 …… (161)
小结 …… (162)
复习思考题 …… (163)
案例 …… (163)
第8章 定价策略 …… (166)
8.1 影响产品定价的因素 …… (166)
8.1.1 企业的定价目标 …… (166)
8.1.2 产品成本 …… (169)
8.1.3 市场需求 …… (169)
8.1.4 竞争因素 …… (169)
8.1.5 其他因素 …… (170)
8.2 定价的一般方法 …… (171)
8.2.1 成本导向定价法 …… (171)
8.2.2 竞争导向定价法 …… (173)
8.2.3 顾客导向定价法 …… (174)
8.3 定价的基本策略 …… (176)
8.3.1 心理定价策略 …… (176)
8.3.2 折扣定价策略 …… (178)
8.3.3 地区定价策略 …… (179)
8.3.4 促销定价策略 …… (180)
8.3.5 差别定价策略 …… (181)
8.3.6 产品组合定价策略 …… (182)
8.3.7 新产品定价策略 …… (183)
8.4 价格调整策略及价格变动反应 …… (185)
8.4.1 企业削价与提价 …… (185)
8.4.2 消费者对价格变动的反应 …… (187)
8.4.3 竞争者对价格变动的反应 …… (188)
8.4.4 企业对策 …… (189)
小结 …… (189)
复习思考题 …… (190)
案例 …… (190)
第9章 分销策略 …… (193)
9.1 分销渠道 …… (193)
9.1.1 什么是分销渠道 …… (193)
9.1.2 分销渠道的类型 …… (194)
9.2 分销渠道的设计与管理 …… (196)
9.2.1 影响渠道设计的主要因素 …… (196)
9.2.2 渠道的选择方案 …… (197)

9.2.3 渠道成员的选择、激励、评估与调整 …………………………………… (198)
9.3 中间商 …………………………………………………………………… (201)
9.3.1 批发商 ……………………………………………………………… (201)
9.3.2 零售商 ……………………………………………………………… (204)
小结 …………………………………………………………………………… (208)
复习思考题 …………………………………………………………………… (209)
案例 …………………………………………………………………………… (209)
第10章 促销策略 ……………………………………………………………… (215)
10.1 促销与促销组合 …………………………………………………… (215)
10.1.1 促销的含义 ……………………………………………………… (215)
10.1.2 促销的作用 ……………………………………………………… (216)
10.1.3 促销组合 ………………………………………………………… (216)
10.2 广告 ………………………………………………………………… (221)
10.2.1 广告的含义及作用 ……………………………………………… (221)
10.2.2 广告定位 ………………………………………………………… (222)
10.2.3 广告媒体的选择 ………………………………………………… (223)
10.2.4 广告费用预算 …………………………………………………… (225)
10.2.5 广告效果评估 …………………………………………………… (226)
10.3 人员推销 …………………………………………………………… (228)
10.3.1 人员推销的设计 ………………………………………………… (228)
10.3.2 人员推销的任务及其工作步骤 ………………………………… (229)
10.3.3 推销人员的管理 ………………………………………………… (229)
10.4 营业推广 …………………………………………………………… (231)
10.4.1 营业推广的种类 ………………………………………………… (231)
10.4.2 营业推广的特点 ………………………………………………… (232)
10.4.3 营业推广的实施过程 …………………………………………… (233)
10.5 公共关系 …………………………………………………………… (234)
10.5.1 公共关系的含义 ………………………………………………… (234)
10.5.2 公共关系的职能 ………………………………………………… (235)
10.5.3 公共关系的原则 ………………………………………………… (237)
10.5.4 公共关系实施的步骤 …………………………………………… (237)
10.5.5 公共关系的主要方法 …………………………………………… (238)
小结 …………………………………………………………………………… (238)
复习思考题 …………………………………………………………………… (238)
案例 …………………………………………………………………………… (239)
第11章 服务营销 ……………………………………………………………… (241)
11.1 服务营销概述 ……………………………………………………… (241)
11.1.1 服务的定义 ……………………………………………………… (241)
11.1.2 服务的分类 ……………………………………………………… (242)

11.1.3 服务的特点 …………………………………………………………………… (243)
11.1.4 服务营销与产品营销的差异 ………………………………………………… (245)
11.1.5 服务的差异化竞争策略 ……………………………………………………… (245)
11.2 服务营销理念 ……………………………………………………………………… (246)
11.2.1 关系营销 …………………………………………………………………… (247)
11.2.2 顾客满意理念 ……………………………………………………………… (250)
11.3 服务质量管理 ……………………………………………………………………… (252)
11.3.1 服务质量的内涵 …………………………………………………………… (252)
11.3.2 服务质量的评价标准 ……………………………………………………… (252)
11.3.3 提高服务质量的策略 ……………………………………………………… (253)
11.4 服务营销策略 ……………………………………………………………………… (255)
11.4.1 内部营销与互动营销 ……………………………………………………… (255)
11.4.2 服务产品策略 ……………………………………………………………… (255)
11.4.3 服务定价策略 ……………………………………………………………… (255)
11.4.4 服务促销策略 ……………………………………………………………… (257)
11.4.5 人员 ………………………………………………………………………… (257)
11.4.6 分销策略 …………………………………………………………………… (257)
11.4.7 有形展示策略 ……………………………………………………………… (258)
11.4.8 过程 ………………………………………………………………………… (258)
11.4.9 生产率和质量 ……………………………………………………………… (258)
11.5 服务营销发展的前景 ……………………………………………………………… (259)
11.5.1 21世纪服务业大发展的态势 ……………………………………………… (259)
11.5.2 中国服务营销现状及其原因分析 ………………………………………… (259)
小结 ……………………………………………………………………………………… (260)
复习思考题 ……………………………………………………………………………… (261)
案例 ……………………………………………………………………………………… (261)
第12章 网络营销 ……………………………………………………………………… (263)
12.1 网络营销概述 ……………………………………………………………………… (263)
12.1.1 网络营销概念及内容 ……………………………………………………… (263)
12.1.2 网络营销的发展趋势 ……………………………………………………… (264)
12.2 网络营销产品策略 ………………………………………………………………… (265)
12.2.1 网络营销产品概述 ………………………………………………………… (265)
12.2.2 网络营销的品牌策略及服务策略 ………………………………………… (268)
12.2.3 网络营销中的营销组合 …………………………………………………… (271)
12.3 网络营销价格策略 ………………………………………………………………… (272)
12.3.1 网络营销价格概述 ………………………………………………………… (272)
12.3.2 网络营销的定价原则与定价方法 ………………………………………… (273)
12.4 网络营销渠道 ……………………………………………………………………… (277)
12.4.1 网络营销渠道概述 ………………………………………………………… (277)

12.4.2 营销渠道策略及管理的含义 …… (278)
小结 …… (281)
复习思考题 …… (281)
案例 …… (281)
第13章 市场营销组织、计划与控制 …… (286)
13.1 市场营销组织 …… (286)
13.1.1 市场营销组织的目标 …… (286)
13.1.2 市场营销组织类型 …… (288)
13.1.3 市场营销组织设计 …… (295)
13.1.4 营销部门和其他部门的关系 …… (300)
13.1.5 建立全公司营销导向的战略 …… (303)
13.2 市场营销计划与控制 …… (304)
13.2.1 市场营销计划与实施 …… (304)
13.2.2 市场营销控制 …… (311)
小结 …… (318)
复习思考题 …… (319)
案例 …… (319)
第14章 国际市场营销 …… (325)
14.1 概述 …… (325)
14.1.1 国际营销的定义 …… (325)
14.1.2 企业进行国际营销的动机 …… (326)
14.1.3 国际营销的发展阶段 …… (327)
14.2 国际市场营销的环境 …… (328)
14.2.1 国际政治法律环境 …… (328)
14.2.2 国际经济环境 …… (330)
14.2.3 国际社会文化环境 …… (330)
14.3 国际目标市场的选择 …… (331)
14.3.1 国际市场的细分与目标市场的选择 …… (331)
14.3.2 国际目标市场的估测 …… (332)
14.4 国际市场营销产品策略 …… (333)
14.4.1 国际市场产品生命周期 …… (333)
14.4.2 产品的标准化或差异化决策 …… (333)
14.4.3 产品的适应性改变 …… (334)
14.5 国际营销的定价策略 …… (335)
14.5.1 影响国际营销中产品定价的因素 …… (335)
14.5.2 国际营销的基本定价策略 …… (336)
14.5.3 国际转移定价 …… (338)
14.5.4 价格的标准化与差异化决策 …… (338)
14.6 国际营销分销渠道决策 …… (339)

14.6.1 企业进入国际市场的渠道 …… (339)
14.6.2 国外市场的分销渠道 …… (343)
14.7 国际营销促销决策 …… (344)
14.7.1 国际广告 …… (344)
14.7.2 人员推销 …… (346)
14.7.3 销售促进 …… (347)
14.7.4 公共关系 …… (348)
14.8 经济全球化与中国企业的国际营销 …… (349)
14.8.1 经济全球化与国际营销 …… (349)
14.8.2 中国企业与国际营销 …… (350)
小结 …… (354)
复习思考题 …… (355)
案例 …… (355)
参考文献 …… (358)

第1章

绪　论

1.1 什么是营销

营销（Marketing）的任务是辨别和满足人类与社会的需要。对营销所作的一个最简明的定义就是："满足需求的同时而获利。"当 eBay 注意到人们不能在当地买到他们想要的物品时，发明了网上竞拍业务；当宜家（IKEA）注意到人们想以低价购买好的家具时，创造了可拆装家具。所有这些都明确地把社会或者私人的需要变为有利可图的商机。

美国营销协会（AMA）从管理角度所下的定义是：营销既是一种组织职能，也是为了组织自身及利益相关者的利益而创造、传播、传递顾客价值，管理顾客关系的一系列过程。我们将营销管理（Marketing Management）界定为选择目标市场，并通过创造、传播和传递更高的顾客价值来获得、保持和增加顾客的一门艺术和科学。

我们从社会和管理的角度对营销下定义。社会角度的定义说明了营销的社会作用。从这一角度来看，营销是个人和集体通过创造、提供出售并同别人自由交换产品和价值，来获得其所需所欲之物的社会过程。比如，营销的作用是"传递一种更高标准的生活"。从管理的角度定义，营销经常被描述为"推销产品的艺术"。然而，当人们得知营销最重要的内容并非推销时，不免大吃一惊！推销只不过是营销冰山上的一点。著名管理学家彼得·德鲁克曾说："可以这样说，某些推销工作总是需要的。然而，营销的目的就是要使推销成为多余。营销的目的在于深刻地认识和了解顾客，从而使产品或服务完全适合他的需要并形成产品自我销售。理想的营销结果是让顾客主动购买。剩下的事就是如何让顾客便于得到这些产品或服务。"当索尼设计了它的 PS3 游戏机，当吉列推出了锋速 3 剃须刀，当丰田推出雷克萨斯（Lexus）轿车时，这些制造商的订货多的应接不暇，因为它们在大量营销工作的基础上设计出了"合适的"产品。

1.2 营销范围

营销的对象有十大项：有形的商品（Goods）、无形的服务（Service）、事件（Events）、体验（Experiences）、人物（Persons）、地点（Places）、财产权（Properties）、组织（Organizations）、信息（Information）和理念（Ideas）。

商品——有形商品在许多国家都是生产和营销工作的主要对象。随着互联网的出现，个人也可以营销商品。

服务——随着经济的发展，经济活动中越来越大的比例集中于提供服务。当今美国经济构成中服务和商品的比例为7:3。2007年，中国经济构成中服务和商品的比例为43:57。服务业包括航空、酒店、汽车租赁、理发、美容、维修人员的工作，以及公司内部或为公司服务的专业人员，如会计和程序员。许多市场上的供应品都是由不同比例的商品和服务混合而成的，如饭店同时提供食物和服务。

事件——营销者常常推广基于时间的活动，如大型商业展览、艺术表演和公司周年庆典。像奥运会或世界杯等全球体育盛事则大力向企业和球迷宣传。

体验——通过协调多种类型的服务和商品，公司能够创造、表演和营销体验。迪斯尼（Walt Disney World）的梦幻王国就提供这样一种体验。人们可以身临童话世界，登上海盗船或走进鬼屋猎奇。

人物——创造名人效应的营销已经成为一种重要的商业活动。艺术家、音乐家、CEO、医生、知名律师和金融家以及其他专业人士都是重视名人效应的营销者所关注的对象。

地点——城市、州、地区和国家之间的相互竞争，以吸引游客、工厂、公司总部和新的居民。地点营销包括：经济发展专家、房地产代理商、商业银行、当地商业协会以及广告和公共关系代理机构。香港就像美国内华达州的拉斯维加斯那样，每年斥资数百万美元宣传自己作为旅游胜地和商务会议城市的形象。

财产权——财产权是指实物资产（房地产）与金融资产（股票和债券）的所有权这种无形权利。个人和组织通过房地产代理商、投资公司及银行的营销活动，买卖财产权。

组织——组织积极地在公众中构建强大、受人欢迎的独特形象。乐购公司（Tesco）的“每一小点都有用”（Every little helps）的营销活动使其一跃成为美国超级市场连锁店的领军人物。大学、博物馆、从事艺术活动的组织和非营利机构不断提高自身的公众形象，以求成功地争取观众和获得资金支持。

信息——信息的生产、加工和传播是社会的重要产业之一。从本质上说，学校和大学生产信息并以某个价格向家长、学生和公众传授。百科全书、非小说类图书以及报纸杂志营销的也是信息。就连销售实体产品的公司也是通过信息的使用增加价值，如西门子医疗系统公司（Simens Medical Systems）。

理念——每一市场供应品都包含一个基本的理念。例如，社会营销者正致力于推广诸如“是朋友就不让他酒后开车”和“浪费心智是最大的不智”等理念。

1.3 核心概念

要了解营销的职能，我们需要先了解一些基本概念。一组核心的概念构成了营销管理和全方位营销导向的基础。

1.3.1 需要、欲望和需求

营销者必须努力理解目标市场的需要、欲望和需求。需要（Needs）是指人类的基本要求，如食品、空气、水、衣服和住所。人们还对休闲、教育和娱乐有着强烈的需要。当需要指向具体的可以满足需要的特定物品时，需要就变成了欲望（Wants）。一个美国人需要食物，其欲望是汉堡包、法式烤肉和软饮料。一个中国人需要食物和健康，其欲望可能是较高的社会地位、私家车和豪华别墅。欲望受到人们所处社会的影响。需求（Demands）是指对有能力购买的某个具体产品的欲望。很多人都对奔驰汽车有欲望，但只有极少数人能购买得起并且愿意买。公司不仅要估计有多少人对公司的产品有欲望，还要估计有多少人真正愿意并有能力购买公司的产品。

1.3.2 交换和交易

交换（Exchange）是营销的核心概念，指以自己的某种物品为代价，从他人那里换取需要的物品的行为。交换的发生，必须满足五个条件：

（1）至少有两方参与；

（2）参与方都拥有一些对方认为有价值的东西；

（3）参与方都有能力沟通和运送彼此所需的东西；

（4）参与方都可以自由接受或拒绝对方所提供的东西；

（5）参与方认为同另一方交易是合适的或者希望的。

交换是创造价值的过程，因为通常的结果是让双方的状况都更好。如果双方相互协商——努力达成双方满意的条款，双方就是在进行交换。在达成共识时，交易就发生了。交易（Transaction）是指买卖双方或多方的价值的交换。它以货币为媒介，而交换不一定以货币为媒介，可以是物物交换。交易至少涉及两种有价值的东西，以及彼此同意的条件、时间和地点。

注意交易不同于转让。在转让（Transfer）中，A方给B方某些东西，但是并没有收到任何有形的东西作为回报，礼物、补助金和慈善捐款都属于转让。转让行为也可以通过交换的概念来理解，营销者已经扩大了营销的概念，既囊括了交易行为，也包括对转让行为等的研究。

通常，营销者会从另一方的角度来探寻行为反应。企业想要有人购买其产品，候选人想要选票，教堂想要活跃的成员，社会活动群体想要被热情地采纳意见。营销包括各种用来从目标受众处得到所期望的反应的行为。

1.3.3 目标市场、定位和细分

在市场上，营销者很难做到使每个人都满意。每个人喜欢的麦片、旅馆房间、汽车、学校和电影都不尽相同。因此，营销者需要依据顾客对不同的产品或营销组合的偏好或需要，识别和描述具有明显不同特征的购买者群体。这些细分市场可以通过购买者的人口特征、心理和行为差异来加以区分。接下来，营销者决定哪些细分市场有更大的商机，能成为自己的

目标市场（Target Markets）。公司为每一个选定的目标市场开发市场供应品，这些供应品是针对目标购买者开发的，能够给这些购买者带来核心利益。例如，沃尔沃公司（Volvo）的目标市场是把汽车安全性作为重要考虑因素的购买者，公司为这些顾客开发汽车。因此，其汽车定位为消费者可以买到的最安全的汽车。公司只有精心选择目标市场，并且准备定制的营销方案，才能做到最好。

1.3.4 供应品和品牌

公司提出价值主张来应对需要，这是公司提供给消费者满足其需要的一系列利益。无形价值主张的有形体现是供应品，这可以是产品、服务、信息和体验的组合。当提供产品和服务的来源众所周知时，就形成了品牌。提到麦当劳这一品牌，人们就会联系到汉堡包、快乐、孩子、快餐、金色拱门。这些联想就构成了品牌形象。

1.3.5 价值和满意

价值是一个非常重要的营销概念。营销可以被视为对顾客价值的识别、创造、传播、传递和监督。供应品如果能够给目标购买者带来价值和满意，它就会成功。顾客会在不同的产品中选择他们认为可以带来最大价值的产品。价值（Value）反映了顾客对有形和无形利益以及成本的认识。价值随着质量和服务水平的提高而上升，随着价格的上升而下降，当然其他要素也可能发挥重要作用。满意（Satisfaction）反映了一个人依据对产品的认知性能或效果与其预期的对比之后得出的判断。

1.3.6 营销渠道

为了接触目标市场，营销者使用了三种不同的营销渠道：信息沟通渠道、分销渠道和服务渠道。在为产品选择这三种渠道的最佳组合时，营销者明显面临设计上的一个难题。信息沟通渠道（Communication Channels）向目标客户发送信息，并从客户那里接收信息。这个渠道包括报纸、杂志、广播、电视、邮件、电话、广告牌、海报、传单、CD、录像带和网络。此外，销售人员的面部表情和衣着、零售店的外观以及其他许多媒介也传递着信息。营销者为了弥补更普通使用的单向渠道（广告）的不足，正在不断增加对双向交流渠道（电子邮件、免费电话）的使用。

营销者利用分销渠道（Distribution Channels）向购买者或使用者展示、销售、传递有形的产品或服务。分销渠道包括分销商、批发商、零售商和代理商。营销者还使用服务渠道（Service Channels）与潜在顾客进行交易。服务渠道包括能够使交易更便利的仓库、运输公司、银行和保险公司等。

1.3.7 供应链

营销渠道将营销者和目标购买者联系起来，而供应链描述了从原材料到零部件到交付给最终购买者的最终产品这样一条更长的渠道。供应链代表价值传递系统，每个公司只能占有整个价值链产生的全部价值的一部分。当公司收购竞争对手或者向价值链上下游移动时，它的目标就是获得更高比例的供应链价值。

1.3.8 竞争

竞争包括竞争者——“谁”（所有实际存在的或潜在的直接竞争产品和替代品），以及竞争策略——“如何”。

1.3.9 营销环境

营销环境包括任务环境和大环境。任务环境（Task Environment）包括产品生产过程、分销过程和促销过程的直接参与者，如公司、供应商、分销商、经销商和目标顾客。原材料供应商和服务供应商都属于供应商。服务供应商包括营销调研公司、广告公司、网站设计公司、银行和保险公司、交通和通信公司等。除分销商和零售商外，还包括代理人、经纪人、制造商代表和其他协助寻找顾客并对顾客进行销售的人。

大环境（Broad Environment）包括六个方面：人文环境、经济环境、自然环境、技术环境、政治—法律环境和社会—文化环境。这些环境包含多股力量，对任务环境的参与者具有重要的影响，营销者必须紧密跟踪环境的发展趋势和变化，及时对自己的营销战略进行调整。

1.4 市场营销观念的发展

市场营销观念是一种意识形态，也就是指以什么样的指导思想、什么样的态度和什么样的思维方式去从事市场营销活动为一切经营活动的出发点，也是一种商业哲学或思维方法。市场营销是一种业务活动的过程，它必须在一定的市场营销观念的支配下进行。因此，营销活动的成功与否很大程度上取决于它的营销观念的正确与否。显然，我们应当树立正确的市场营销观念。

市场营销观念的核心是正确处理企业、顾客和社会三者之间的利益关系。在很多情况下，这些利益是相互矛盾的，也是相辅相成的。企业必须在全面分析市场营销环境的基础上，正确处理三者之间的关系，确定自己的原则和基本取向，并用于指导营销实践，才能有效地实现企业目标，保证企业的成功。

显然，企业的营销活动应该建立在效率、效果和社会责任这三个方面上，在经过深思熟虑产生的某种思想观念的指导下进行。实际上，社会中存在着5种竞争的观念，即生产观念、产品观念、推销观念、营销观念和社会营销观念，任何一个企业都是在这5种观念中的一种观念的指导下从事其营销活动的。

1.4.1 生产观念

生产观念（Production Concept）是一种最古老的营销管理观念。生产观念认为，消费者总是喜爱可以随处买到的和价格低廉的产品，所以企业应当集中精力提高劳动生产效率、扩大分销范围、增加产量和降低成本。以生产观念指导营销管理活动的企业，称为生产导向企业，其典型表现是“我们生产什么，就卖什么”。

生产观念主要适用于物资短缺、产品供不应求的情况，这时企业只要提高产量、降低成本，便可获得丰厚利润。因此，企业的中心问题就是扩大生产物美价廉的产品，而不必过多关注市场需求差异。另外还有一种情况也会导致企业奉行生产观念，就是某种具有良好市场前景的产品，生产成本很高，必须通过提高生产率、降低成本来扩大市场。

20 世纪初，美国福特汽车公司制造的汽车供不应求，亨利·福特曾傲慢地宣称：“不管顾客需要什么颜色的汽车，我们只有一种黑色的。”福特公司 1914 年开始生产 T 型车，就是在“生产导向”经营哲学的指导下创造出奇迹的。福特公司使生产效率趋与完善，降低成本，让更多人能买得起汽车。福特公司曾在当时席卷北美汽车市场，并在 1921 年创下高达 56% 的市场占有率。

生产观念是一种重生产、轻市场的观念。在物资紧缺的年代，或许能“创造辉煌”，但随着生产的发展、供求形势的变化，这种观念必然使企业陷入困境。

1.4.2 产品观念

产品观念（Product Concept）认为消费者喜欢质量高、多功能和具有某些特色的产品。因此，企业应致力于生产高值产品，并不断精益求精。这属于产品导向的企业。

持有产品观念的企业假设消费者追求精巧、结实并且性能最好、汇集多种功能于一身的产品，并愿意为这些附加的品质支付更多的钱。因此，这些企业的许多人员沉浸于迷恋自家的产品，而不关注市场是否存在需求。他们在设计产品时只依赖于工程技术人员，而极少让消费者介入。

产品观念和生产观念几乎在同一时间流行。与生产观念一样，产品观念也是典型的“以产定销”观念。由于过分重视产品而忽略顾客的需求，产品观念最终导致“营销近视症”，即在市场营销管理中缺乏远见，只看到自己的产品质量好，看不见市场需求的变化，导致企业经营最终陷入困境。

1.4.3 推销观念

推销观念（Selling Concept）也被称为销售观念，认为消费者通常有一种购买惰性或抗衡心理，若顺其自然的话，消费者就不会大量购买本企业的产品，因此，企业必须积极推销和大力促销，以刺激消费者大量购买本企业的产品。执行推销观念的企业，称为推销导向企业，其表现往往是“我们卖什么，就让顾客买什么”。

在推销观念的指导下，企业相信产品是“卖出去的”，而不是“被买去的”。他们致力于产品的推广和广告活动，以说服甚至强制消费者购买。他们收罗大批推销专家，做大量的广告活动，夸大产品的“好处”，对消费者进行无孔不入的促销信息“轰炸”，迫使消费者不得不购买。属于强行推销或高压推销，只注重眼前的短期利润，而不考虑消费者是否真正喜欢产品，是否还会重复购买。

推销观念在现代市场经济条件下被大量用于推销那些非渴求物品，即购买者一般不会想到要去购买的产品或服务。许多企业在产品过剩时，也会奉行推销观念。这种观念虽然比前两种观念前进了一步，开始重视广告术及推销术，但其实仍是以生产为中心的。与前两种观念一样，推销观念也是建立在以生产为中心，“以产定销”，而不是建立在满足消费者真正需要的基础上的。

1.4.4　市场营销观念

市场营销观念（Marketing Concept）又称为以消费者为中心的观念，是作为对上述诸观念的挑战出现的一种新型的企业经营哲学。这种观念是以满足顾客需求为出发点的，即“顾客需要什么，就生产什么”。市场营销观念认为，实现企业各项目标的关键在于正确确定目标市场的需要和欲望，并且比竞争者更有效地传达目标市场所期望的物品或服务，进而比竞争者更有效地满足目标市场的需要与欲望。

市场营销观念的出现，使企业经营观念发生了根本性变化，我们把执行市场营销观念的企业称为市场营销导向企业。市场营销观念改变了旧观念（生产观念、产品观念和推销观念）的逻辑，它要求企业的营销管理贯彻“顾客至上”的原则，将管理重心放在善于发现和了解目标顾客的需要，并千方百计去满足它，使顾客满意，从而实现企业目标。因此，企业在决定其生产、经营时，必须进行市场调研，根据市场需求及企业本身的条件，选择目标市场，组织生产经营。其产品设计、生产、定价、分销和促销活动，都要以消费者需求为出发点。产品销售出去之后，还要了解消费者的意见，据以改进自己的营销工作，最大限度地提高顾客满意度。总之，市场营销观念相信决定生产什么产品的主权不在于生产者，也不在于政府，而是由消费者决定，因而将过去“一切从企业出发”的旧观念，转变成“一切从顾客出发”的新观念，即企业的一切活动都是围绕满足消费者需要来进行。

许多优秀的企业都是奉行市场营销观念的。如成立于1994年，以经营川味火锅为主的海底捞，在董事长张勇确立执行的服务差异化战略指导下，始终秉承“服务至上、顾客至上”的理念，以创新为核心，改变传统的标准化、单一化的服务，提倡个性化的特色服务，将用心服务作为基本经营理念，致力于为顾客提供“贴心、温心、舒心”的服务。目前已入选哈佛商学院的经典案例，其“变态”好的服务已深得消费者的喜爱。

1.4.5　社会市场营销观念

社会市场营销观念（Social Marketing Concept）产生于20世纪70年代西方资本主义出现能源短缺、通货膨胀、失业增加、环境污染严重、消费者保护运动盛行的新形势下。因为市场营销观念回避了消费者需要、消费者利益和长期社会福利之间隐含着冲突的现实。社会市场营销观念认为，企业的任务是确定各个目标市场的需要、欲望和利益，并以保护或提高消费者和社会福利的方式，比竞争者更有效、更有利地向目标市场提供能够满足其需要、欲望和利益的物品或服务。

社会市场营销观念是对市场营销观念的补充与修正。市场营销观念的中心是满足消费者的需求与愿望，进而实现企业的利润目标。但往往出现这样的现象，即在满足个人需求时，与社会公众的利益发生矛盾，企业的营销努力可能不自觉地造成社会的损失。市场营销观念虽也强调消费者的利益，不过它认为谋求消费者的利益必须符合企业的利润目标，当第二者发生冲突时，保障企业的利润要放在第一位，因为利润才是资本主义企业生产的根本目的。而社会市场营销观念的基本观念是：将实现消费者满意以及消费者和社会公众的长期福利，作为企业的根本目的与责任。图 1 – 1 较为直观地表达了社会市场营销观念的内容。社会市场营销观念要求市场营销者在制定市场营销政策时，要统筹兼顾三方面的利益，即企业利润、消费者需要的满足和社会利益。

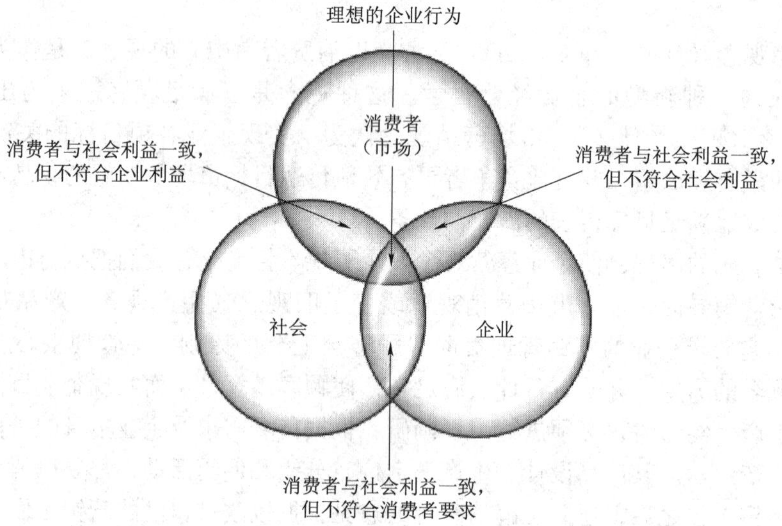

图 1 – 1　社会市场营销观念图示

上述 5 种企业营销观念，其生产和存在都有其历史背景和必然性，都是与一定的条件相联系、相适应的。这 5 种市场营销观念归纳起来可分成两种类型：一类是以生产者为中心的旧观念，包括生产观念、产品观念和推销观念；一类是以市场（顾客与消费者）为中心的新观念，包括市场营销观念和社会市场营销观念。在新旧两种观念的指导下，企业全部工作的出发点、中心、方法与效果都是截然不同的。著名营销学者西奥多·莱维特（Theodore Levitt）曾以推销观念和市场营销观念为代表，对新旧观念做过深刻的比较（见图 1 – 2），他指出：推销观念注重卖方需要；市场营销观念则注重买方需要。推销观念以卖主需要为出发点，考虑如何把产品变成现金；而市场营销观念则考虑如何通过制造、传送产品以及与最终消费产品有关的所有事物，来满足顾客的需要。可见，市场营销观念的 4 个支柱是：顾客需要、顾客满意、整体营销和利润。推销观念的 4 个支柱是：工厂、产品导向、推销和盈利。

目前，我国仍处于社会主义市场经济初级阶段，由于社会生产力发展及市场发展趋势，经济体制改革的状况及广大居民收入状况等因素的制约，我国企业市场营销观念仍处于以推

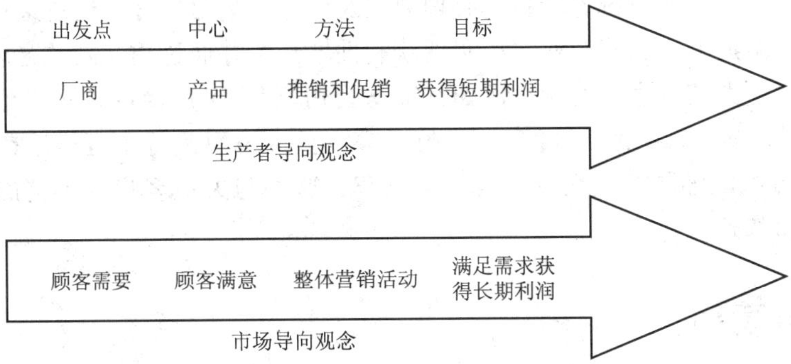

图 1－2　两种营销观念的区别

销观念为主、多种观念并存的阶段。树立正确的营销观念，建立真正面向市场的企业，是企业在现有市场条件下成功经营的关键。

1.5　营销管理导向“全方位”

毫无疑问，21 世纪的潮流和力量让商业企业有了新的观念和实践。今日的最佳营销者意识到有必要采用超出传统营销观念的，更加具体化、更具一致性的策略。

全方位营销（Holistic Marketing）概念是以对营销项目、过程和活动的开发、设计及实施的范围和相关关系的了解为基础的。全方位营销认为“所有事物与营销相关”，因此需要有一种广泛的、整合的观念。全方位营销有四个组成部分：关系营销、整合营销、内部营销和绩效营销。因而，全方位营销力图认识并调和营销活动的边界与复杂性。

1.5.1　关系营销

关系营销（Relationship Marketing）的目标是与重要团体——顾客、供应商、分销商和其他营销伙伴建立长期、互惠的满意关系，以便获得并保持长期的业绩和业务。关系营销在各方之间建立起强大的经济、技术和社会纽带关系，这要求与正确的组成团体建立正确的关系。对于营销而言，关键的组成团体包括顾客、员工、营销伙伴（渠道、供应商、分销商、经销商和代理商），以及金融界的成员（股东、投资者和分析人士）。

关系营销的最终成果是建立公司的独特资产——营销网络。营销网络（Marketing Network）由公司和与其建立了互惠商业关系的利益方（顾客、员工、供应商、经销商、广告代理、大学的科学家等）组成。渐渐地，竞争不是在公司之间，而是在不同营销网络之间进行，具有更好的营销网络的公司将赢得胜利。其经营理念也非常简单：与关键的利益相关人建立有效的关系网，利润自然会随之而来。

建立强大的关系要了解不同群体的能力和资源，以及他们的需求、目标和欲望。如今越来越多的企业针对不同的顾客提供不同的产品、服务和信息。这些企业收集每位顾客的信息，如历史交易数据、人口统计资料、心理数据及媒体和渠道偏好。通过聚焦在最有利可图的顾客、产品和渠道上，这些企业希望实现获利性增长，并通过建立高顾客忠诚度和高顾客终身价值，赢得更大的顾客消费额。例如，宝马公司（BMW）允许顾客自己设计汽车，他们可以从350种款式、500种备选件、90种内饰颜色、170种尺寸中进行选择。宝马30%的美国顾客和80%的欧洲顾客正在设计自己的汽车，这种与关键客户的丰富的多方位关系构成了双方互惠的基础。

1.5.2 整合营销

在整合营销（Integrated Marketing）方式下，营销者的任务是设计营销活动并整合营销项目来最大化为顾客创造、传播和传递价值的能力。营销活动的形式有很多种，麦卡锡（McCarthy）将这些工具分为四大类，并称之为营销的4P：产品（Product），价格（Price），地点（Place）和促销（Promotion）。营销组合决策必须考虑渠道和最终消费者。

4P代表销售者眼中可以用来影响购买者的营销工具。从购买者的角度看，每项营销工具都是用来为顾客提供利益的。罗伯特·劳特伯恩（Robert Lauterborn）建议将销售者的4P与顾客4C相对应。对于基于顾客的营销活动存在的问题有一种补充理论，即四个维度的客户需求解决方案理论（SIVA），它用于回答以下的消费者问题：

（1）方案：我如何解决问题？

（2）信息：从哪里可以了解更多？

（3）价值：为了解决问题，我付出的全部成本有多少？

（4）方式：在哪里可以找到解决方案？

整合营销的两个关键主题是：① 采用大量不同的营销活动来宣传和传递价值；② 协调所有的营销活动以实现其总体效果的最大化。换句话说，设计和实施任何一项营销活动时都要考虑其他所有活动。企业必须将其需求管理、资源管理和网络管理体系整合在一起。

1.5.3 内部营销

全方位营销合并了内部营销，确保组织内部的所有人都掌握了正确的营销理念，尤其是高级管理层。内部营销是指成功地雇用、培训和激励有能力的员工，使之更好地为顾客服务。聪明的营销者意识到，公司内部的营销活动可能与外部营销活动同样重要，甚至可能更重要。如果公司员工还没有准备好，那么提供优质服务的承诺是没有任何意义的。

内部营销必须在两个层次上进行：第一个层次，营销团队、广告、顾客服务、产品管理和营销调研等各种营销功能必须共同发挥作用并从顾客的角度进行协调；第二个层次，其他部门必须给予营销支持，它们也必须“想顾客之所想”。营销更像是一种企业导向，而不仅仅是一个企业部门。

1.5.4 绩效营销

全方位营销将绩效营销（Performance Marketing）视为必要的部分，以了解从营销活动和营销方案获得的商业报酬，并更广泛地关注营销对法律、伦理、社会和环境的影响和效益。最高管理者除了检查销售收入外，还应该考察营销计分卡以了解市场份额、顾客流失率、消费者满意度、产品质量和其他指标的情况。

财务可衡量性。营销者不仅要从品牌建立和客户群增长方面，还要从财务和可盈利能力等方面，向高层管理者证明其营销投资的正确性。于是，营销者使用了更多的财务指标评估其营销努力创造的直接价值和间接价值。他们还意识到，公司的市场价值大部分来自无形资产，尤其是品牌、客户群、员工、与分销商和供应商的关系以及知识资本。

社会责任营销（Social Responsibility Marketing）。很显然，营销的影响超出了公司和顾客，发展到了整个社会。营销者必须仔细考虑更广泛的角色及其活动的道德、环境和社会背景。营销绩效要求企业比竞争者更有效果地、更有效率地满足目标市场的需求、需要和利益，但是这一切也应该以保持或强化消费者和社会福利的方式进行。这要求我们引入新的名词将营销观念加以拓展，我们建议称之为社会营销观念（Societal Marketing Concept），营销者必须平衡并调整公司利润、消费者需要与公共利益这三个彼此经常冲突的标准之间的关系。例如，麦当劳（McDonald）努力成为一个“有社会责任感的供货体系”，提供包括从健康渔业到重新设计包装等所有东西。

普林格尔和汤普森（Pringle and Thompson）将目标关联营销（Cause-Related Marketing）定义为：为了相互的利益，将公司营销的形象、产品或服务与某项“事业”或多项“事业”建立联系或伙伴关系的活动。公司视目标关联营销为一个机会，用以提高公司声誉、增强品牌知名度和客户忠诚度、增加销量和媒体曝光率。它们认为顾客将不断寻找好公司的典范，而不仅仅青睐于提供理性和情感方面利益的公司。例如，雅芳公司（Avon）是寻找乳腺癌治疗法的最大的企业支持者，自1922年第一个项目以来，投入了3.5亿美元用于目标关联营销。

1.6　建立客户关系

营销过程的前三个步骤——理解市场和客户需求、设计一个客户驱动型的营销战略，以及执行营销方案——都是为了实现第四个，也是最重要的一个步骤：建立和管理长期客户关系。

1.6.1　客户关系管理

客户关系管理（Customer Relationship Management，CRM）可能是现代营销学最流行的概念了。一些营销者将客户关系管理仅仅定义成狭义的客户数据管理活动，依据这种定义，客户关系管理包括管理个人客户的详细信息，精心管理客户的“接触点”以使客户忠诚度最大化。然而最近，客户关系管理有了更广泛的含义。广义的客户关系管理是指通过传递超额的客户价值和顾客满意来建立并维护盈利性的客户关系的整个过程。它涉及获取、维系和发展客户的方方面面。

1. 建立客户关系的基石：创造客户价值和顾客满意

构建持久的客户关系的关键在于创造超值的客户价值和顾客满意，满意的客户更容易成为忠诚的客户，也更容易为公司带来更多的交易。

（1）客户价值。吸引和保留客户可能是一件非常困难的任务，客户经常要从大量令人眼花缭乱的产品和服务中作出选择。客户购买的产品或服务一定是提供了最高的客户感知价值（Customer Perceived Value）——这是客户对每个市场供应品相对于其他的竞争市场供应品所带来的利益和成本之间差异的评价。重要的是，客户通常不能“准确”或者“客观”地评价价值和成本，他们的判断往往会基于感知价值。

（2）顾客满意。顾客满意（Customer Satisfaction）取决于产品功效与购买者预期的比较。如果产品的功效低于购买者预期，那么购买者就会产生不满；如果功效与预期一致，客户就会产生满意的感觉；如果产品功效超出了预期，客户就会有高度的满意和愉悦。

2. 客户关系的层级和工具

依据其目标市场的特征，公司可以在很多层次上建立客户关系。一方面，那些拥有很多低利润客户的公司可能只会建立一种基本的客户关系；另一方面，当市场中的客户数目非常少，然而提供的利润却非常可观的时候，销售人员就会希望与关键客户建立全面的伙伴关系。除了持续提供较高的价值和客户满意，营销人员还使用专门的营销工具来增强与客户之间的联系，还有一些公司通过发起俱乐部营销来建立会员制的社区并向会员提供特殊折扣。

1.6.2 变化中的客户关系的性质

公司与客户们建立联系的方法正在发生巨大的变化，过去的公司对所有客户实施大众营销，并与客户保持距离。今天的公司则与经过精心选择的客户建立更加深入、直接和持久的关系。下面介绍的是公司在建立客户关系方面的一些重要的趋势。

1. 与精心挑选出来的客户打交道

今天几乎已经没有公司还在真正地使用大众营销，即以标准化的营销方式向所有客户进行营销。今天的营销人员承认，他们并不愿意与任何客户建立联系。相反，他们关注那些人数较少但能够产生较多利润的客户。一个分析员这样说：“不是所有的顾客都值得你付出营销的努力，服务一些顾客的成本比失去他们还要高。”另一个市场专家补充说：“如果不能说出哪些人不是你的顾客，你很可能不知道哪些人是你的顾客。”很多公司使用客户利润分析的方法拒绝或者舍弃那些不赚钱的客户，即只关注有利可图的客户并对他们更加包容，而主动舍弃那些潜在不盈利的客户。

2. 更深入紧密地联系客户

除了公司在服务客户时更加具有选择性外，对于被选中的客户，公司则采用一种更深入和更持久的方式来为他们提供服务。今天的营销人员会使用更多全新的互动方式帮助建立更具针对性的目标、双向消费者关系，而非使用单一的大众化的沟通手段。

新技术已经深刻地改变了人们互相联系的方法，新的工具关联每件事，通过电子邮件、网站、博客、手机、网络和视频分享社区和社会网络，如 MySpace、Facebook、YouTube 和 Twitter。变化了的交流方式也会影响公司及其品牌与客户的关联。新的交流方式使营销人员能够与消费者建立更紧密的联系，让其参与到品牌建设中来，使品牌成为消费者讨论和生活的一部分。“品牌成为消费者之间谈话的一部分，这比传统的广告交流方式更有力。”一位营销专家如是说：“品牌，通过沟通与其客户建立更强大、更信任的关系，今天人们希望在品牌体验时有发言权。”

然而，新技术为市场营销人员创造营销机会的同时，也给建立人际关系带来了挑战：消费者拥有更大的权力和控制权。相比从前，今天的消费者获取了关于品牌更多的信息，他们有广阔的平台与其他消费者讨论和分享他们对于品牌的观点。因此，营销领域不仅包括消费者关系管理，还包括消费者管理关系。若想更广泛地控制消费者，建立消费者关系，公司不能一味依赖于侵扰式营销。取而代之的是，营销人员必须积极从事引导式营销——创造市场提供物或信息去吸引消费者而不是打扰他们。因此，大多数的营销人员现在通过丰富组合直接的营销方式增加他们在大众传播媒介市场营销的影响，促进品牌和消费者的互动。

1.6.3 伙伴关系管理

今天的营销人员认识到，如果想要创造客户价值并建立强有力的客户关系，仅靠单兵作战是不行的，他们必须与各种各样的营销伙伴紧密合作。除了要善于客户关系管理，公司还要善于进行伙伴关系管理（Partner Relationship Management）。主要的变化在于，营销人员开始与公司内部的其他部门或公司外部的合作伙伴紧密合作，共同为消费者创造更大的价值。

1. 公司内部的合作

传统意义上来说，公司需要理解客户的需要并将满足的任务分配给公司内部的各个部门。这种对营销的理解认为，营销工作仅仅是营销人员、销售人员和客户服务人员的工作。但是在今天这个联系的世界当中，已经不仅仅是营销职能在同客户发生互动了，每一个职能领域都可能同客户存在相互的交流，尤其是通过网络的方式。新的观念要求公司的每一个员工都要做到以客户为中心。惠普的创始人之一戴维·帕卡德（David Packard）曾经明智地说：“营销工作是如此之重要，绝不能只把它扔给营销部门。”

今天的公司将所有的部门和职能整合在一起为客户创造价值而不是让它们各行其是。它们成立了跨职能的客户发展小组而不是仅仅派出营销人员或销售人员到客户那里。例如，宝洁公司为每一个重要零售商客户都指派了“客户发展小组”。这些小组由销售和营销人员、运营专家、市场和财务分析人员及其他一些专家构成，他们协调宝洁公司很多部门的工作，并共同致力于让这些零售商取得更大的成功。

2. 公司外部的营销伙伴

营销人员同公司外部的供应商、渠道伙伴甚至竞争者之间的联系也正在发生很大的变化。今天的大多数公司都处于某个网络之中，它们非常依赖同其他公司建立的伙伴关系。

营销渠道包括分销商、零售商和其他一些将公司与其最终客户联系起来的组织。供应链则是一条更长的渠道，包括的范围从原材料和部件到传递给终端购买者的最终产品。例如，个人电脑的供应链当中就包括电脑芯片和其他一些元件的供应商、电脑制造商、分销商、零售商和一些其他销售者。

通过供应链管理，公司加强了它同供应链上所有企业之间的联系。公司知道利润不仅仅取决于它们自己做得有多出色，能否成功地建立客户关系同样取决于公司所处的整条供应链同竞争者的供应链之间的竞争状况。它们不是仅将供应商看做卖主，将分销商看做客户，而是将两者都视为向客户传递价值的伙伴。例如，雷克萨斯一方面同经过精心挑选的供应商密切合作以提高产品质量和运营效率；另一方面同所有的连锁经销商一起打造顶级的销售和服务支持，从而吸引客户并留住他们。

小　结

企业的生存与发展越来越依赖于其对市场的认知能力与适应能力，这是市场营销学得以迅速发展的根本原因。市场营销是通过市场交换满足现实或潜在需要的综合性经营销售活动过程。在这个过程中，企业必须树立与市场发育相适应的营销观念，才可能在竞争中立于不败之地。

复习思考题

1. 市场营销学的研究对象是什么？研究的基本内容有哪些？
2. 市场营销的范围包括哪些？
3. 市场营销的核心概念有哪些？
4. 概述市场营销观的演变过程。

案　例

案例一

可口可乐的第二次世界大战传奇

第二次世界大战期间，可口可乐总裁罗伯特·伍德鲁夫下令以 5 美分一瓶的价格向服役军人兜售可乐，再也找不到比这更便宜的顾客忠诚度了。

第二次世界大战给世界带来了巨大灾难，却给了可口可乐公司一只诺亚方舟。他们大发战争之财，却被誉为爱国行为。

最廉价又最昂贵的饮料

1941 年 12 月 7 日，日军突袭美国海军基地珍珠港，美国由此卷入了世界大战的旋涡。紧张的战事使可口可乐的经营陷入困境，国内销售情况不佳，国外的销路更是一筹莫展。可口可乐的第二任董事长罗伯特·伍德鲁夫焦虑万分。

正在“内外交困”的时候，伍德鲁夫的老同学班塞从战区给他打来电话。伍德鲁夫说：“难得你还想着我啊?”班塞却说了句让伍德鲁夫既伤心又感激的话：“我不是想你，我是天天在想你的可口可乐。”

班塞的一句话使伍德鲁夫心中豁然开朗：如果前线的将士都能喝到可口可乐，那么当地的人自然也可以喝到这种饮料，这样销路还用发愁吗?

次日，伍德鲁夫发表特别声明：“不管我国的军队在什么地方，也不管本公司要花多少成本，我们一定让每个军人只花5分钱就能买到一瓶可口可乐。”

为此，可口可乐公司印刷了取名为《完成最艰苦的战斗任务与休息的重要性》的小册子。小册子强调：由于在战场上出生入死的战士们的需要，可口可乐对他们已不仅是休闲饮料，而是生活的必需品了，与枪炮弹药同等重要。

可口可乐公司本想把装瓶的可口可乐直接出口，但是，尽管他们有特权，却还是没有办法享受军事船运的优先权。伍德鲁夫设计出了另一套计划：仿照美军使用脱水食物的方式，把可口可乐浓缩液装瓶输出，并设法在驻区设立装瓶厂。可口可乐公司一共派遣了248人随军到国外。尔后，这批人随军辗转，从新几内亚丛林到法国里维拉那的军官俱乐部，一共卖了100亿瓶可口可乐。除了南北极以外，可口可乐在战时建立了64家装瓶厂。

为了方便，美国军方授予这些可口可乐代表“技术观察员”的假军职。把可口可乐工厂的工人与修理飞机坦克的军人相提并论，的确有些不可思议。但士兵以及军官们却都对这些技术观察员感激有加，因为正是这些人在他们大战激烈时送来了难忘的家乡味。

为了这5分钱一瓶的可口可乐，可口可乐公司也付出了沉重的代价。技术观察员同军人一样承受着危险、死亡的恐惧。据说，也有不少技术观察员献出了生命。尽管可口可乐派出了大量随军技术观察员，但是可口可乐还是供不应求。曾有一封大卫·爱德华由意大利写给弟弟的家书，时间是1944年。

“我不得不写信告诉你，今天是我们的特别节日，因为每个人都领到了可口可乐。在海外呆了20个月的战士，双手捧着可口可乐的瓶子贴在脸颊，像瞻仰圣灵一样望着这暗褐色的可爱的精灵，没有人开始畅饮，因为喝完了就看不到了。”可口可乐激发了美国士兵的士气，同时也紧紧抓住了每一个士兵的心。难怪伍德鲁夫后来感慨地说，可口可乐的真正黄金时代是在战争给人们带来灾难的时候。

特殊的公关

追求“月晕效应”与追求利润同等重要。这是可口可乐人的一个根本共识。在第二次世界大战期间，可口可乐与不少名人结缘。

五星上将巴顿把一地窖可口可乐当做必需品，无论他转战何处，都要技术观察员跟着搬迁装瓶厂。巴顿有次半开玩笑地说：“我们应当把可口可乐送上前线，这样就不必用枪炮去打那些混蛋了。”

更富有传奇色彩的是，伍德鲁夫与美国大英雄艾森豪威尔的密友关系也是在可口可乐的基础上建立起来的。

据说，可口可乐的观察员之所以能顺利进入军队，也是与艾森豪威尔分不开的。艾森豪威尔之所以同可口可乐的大老板关系亲密，除了第二次世界大战期间对可口可乐的爱好外，还另有因素。比如，他认为企业与政府应同心合作。这足以平抚整个国家战后的紧张情绪，带来将近10年的满足感和显著的消费量。

树立可口可乐的爱国形象，恐怕是伍德鲁夫最成功的公关举措。

大战期间，公司以每本1毛钱的价格卖出成千上万册《了解战斗机》，当时的美国小孩几乎人手一册；同时出版《我们的祖国》，介绍美国的钢铁、木材、煤炭和农业生产情况。可口可乐也是广播节目《胜利大游行》的赞助者，他们雇请了100多个乐队在全国各军事基地演奏。

这些都不以打广告的形式出现，却取得了异常良好的广告效果。

从战场走向全世界

日军偷袭珍珠港，是世界大战的一个重要转折点，也是可口可乐史上的转折点，大战使可口可乐遍行天下。在第二次世界大战以前，尽管伍德鲁夫千方百计想把可口可乐推广到全世界，但是在很长时间内，却只将它推广到加拿大、古巴、德国等有限的国家。

1948年，可口可乐公司的技术观察员开始陆续从美军占领区返回。但是他们建立的工厂却留了下来，为战后的新发展奠定了坚实基础。

那时候，跨国的企业联营还处于萌芽状态，国际性的技术转让与合作，也仅仅在机械方面开始出现。像饮料这样的一般消费品，转让技术和出卖制造权是没有先例的。

伍德鲁夫是一个喜欢用“新招”的人。经过一番筹划，一个新名词出现了“利用当地的人力、财力、物力，开拓可口可乐的国外市场”。这就是可口可乐公司的“当地主义”原则，也就是现在“本地化”策略。

主要的原则：① 在当地设立公司，所有员工都用当地人；② 由当地人自己筹措资金，总公司原则上不出钱；③ 除可口可乐那“秘密配方”外，一切设备、材料、制瓶机和瓶子、运输、销售等，都由当地人负责办理，总公司只提供技术服务；④ 销售方针、生产技术、人员培训由总公司统一负责。

伍德鲁夫认为，“外国人对美国的崇拜不会一成不变，对美国货也不会永远迷信。他们的爱国之心会逐渐加强，像饮料这样的消费品，如不借助当地人的力量，很难在海外长期立足。”

可口可乐作为一支社会力量，影响着不同的时代，而时代也影响着可口可乐。可口可乐往往能抓住稍纵即逝的机会，更多地用行动去影响时代。无论是在经济危机中，还是在两次世界大战中，可口可乐都参与其中，并扮演了重要的角色。

■ 案例思考题

1. 可口可乐当时的营销成功给我们带来的启示是什么？
2. 伍德鲁夫是如何摆脱第二次世界大战和经济危机对可口可乐公司影响的？
3. 伍德鲁夫的营销思想与传统的市场营销思想有何不同？

◉ 案例二

三全：让老百姓的餐桌更丰富

从消费需求出发，立足速冻行业

三全公司董事长陈泽民是四川人，他的老家人人都喜欢做汤圆吃。到郑州工作后，陈泽民经常在家里自己加工汤圆，并送给同事品尝。大家都说，四川的汤圆很好吃，如果能够在市场上规模化生产，就可以让更多的人随时品尝到这些美味的汤圆。受此启发，陈泽民创办了三全公司。

因为满足了消费者的需求，三全速冻汤圆自上市后，就一直供不应求。此后，为了满足北方消费者爱吃饺子的习惯，三全开发了速冻水饺；针对满足南方人爱吃粥的习惯，三全又开发了适合常温保存的皮蛋瘦肉粥、柴鱼花生粥、米酒椰果粥等粥系列；四川人爱吃火锅，三全推出了火锅料系列；端午节中国人都喜欢吃粽子，三全又推出了速冻粽子。可以说，公司的每一次进步，都和消费者的需求息息相关。

进军常温食品领域，提供更多选择

为了让老百姓的餐桌更加丰富，三全没少动脑筋。一直以来，三全开发的都是速冻、冷藏食品，但对于旅行中的消费者，还有广大的城乡居民以及家里没有冰箱的老百姓而言，食用速冻和冷藏食品就不太方便。因此，三全开始考虑研发适应性更广的常温方便食品。

多重优势，打造优质的常温米饭，并获得中科委和欧盟的双重认可

在产品开发方面，三全是有优势的。公司设有行业内唯一的一家国家级企业技术中心，拥有行业唯一的一家博士后科研工作站。同时，三全还是中国速冻食品行业生产标准的制定者和速冻食品行业物流标准的主要参与者。

从2005年开始，三全利用技术、人员、设备等各种优势资源，不断进行自主研发，成功开发出常温米饭、米饭套餐、出口白米饭和军需大浅盘米饭套餐4大系列、近50个品种的常温食品。

2008年9月，三全经历了两件大事：一是他们开发的常温米饭系列产品通过了有关科研部门组织的成果鉴定；二是中共中央总书记、国家主席、中央军委主席胡锦涛视察了三全，并对三全的研发技术和产品品质给予了高度评价。

2008年9月9日，中国食品科学技术学会组织专家委员会，在北京对三全的常温方便米饭系列产品进行了鉴定。中国食品科学技术学会名誉副会长尹宗伦、中国食品学会冷冻与冷藏分会理事长陆翔华等11名专家参加了鉴定。与会专家一致认为：该产品有效解决了常温方便米饭的工业化生产质量技术难题，在行业内居领先地位。产品不仅保持了米饭应有的风味、口感和良好的组织形态，还能在常温条件下根据需要保存6～18个月，可满足不同人群的需求。其生产工艺和生产设备均有创新，对我国方便米饭的产业发展和竞争力的提升以及国内外市场的拓展，有很大的促进作用，有显著的社会效益与经济效益。

与此同时，三全常温米饭产品还通过了英国零售商协会（British Retail Consortium，BRC）的认证，并批量出口到英国，成为国内同行业中唯一一家获得欧盟质量认可的常温方便米饭生产企业。如今，亚洲、欧洲、北美和澳洲等地区的很多国家都成为了三全的目标市场。

为消费者出行提供新的选择

目前，三全常温米饭已经在北京、上海、济南、郑州、苏州、杭州等重点城市全面上市，并在郑州——北京、郑州——上海等动车组铁路线上面向广大消费者供应。在没有进行促销活动的情况下，三全常温米饭迅速赢得了众多的消费者，销量相当不错。不少消费者评价说，现在出门在外，选择的空间更大了。尤其是很多不爱吃面的南方消费者，都表示以后再也不用老吃方便面了。

陈泽民表示，三全未来的目标，就是研发更多的、老百姓喜爱的方便食品，让老百姓的餐桌更加丰富多彩。

■ 案例思考题

1. 三全公司的发展历程体现了哪一种营销观念?
2. 三全是如何贯彻这一观念的?

第2章

战略规划与市场营销管理过程

市场营销战略起源于早期的西方管理理论，而有关要预见未来的及如何运用最佳方式经营企业的思想，可追溯到20世纪20年代，当时美国一位学者曾提出："管理就意味着向前看，…… 预见即使不是管理的全部，至少也是一个最重要的部分，预见在这里就是意味着评价未来，并为此做好准备。"60年代以后，市场竞争日趋激烈，商业环境发生了巨大的变化，而社会、技术、经济和政治等环境因素变得越来越复杂和难以预测，这使得人们更加意识到营销战略对企业成功的重要意义。

2.1 企业战略规划

"战略"一词在《辞海》中的定义是:"泛指重大的带有全局性决定全局的计谋"，战略问题研究的是全局性规律的问题。市场营销战略是对企业市场营销工作做出的全局性、长期性、方向性的谋划。一个企业的市场营销战略受到企业战略计划的制约，因此，在研究市场营销战略之前，必须先分析企业战略的制定过程，即企业战略规划。

企业战略，是指企业为求得自身生存和稳定发展而设计的行动纲领或方案。它涉及与企业生存和发展有关的全局性、方向性、长远性和根本性问题。企业战略规划实际上是一个管理过程，即根据经营环境的变化及企业自身的资源能力，对企业发展目标、达成目标的途径和手段进行总体谋划，实现企业目标、资源能力和经营环境三者之间的动态平衡，以发展或开拓企业业务，谋求满意的利润。战略规划的目的是帮助企业选择业务，确保即使在它的特定业务或产品线受到意想不到的严重挫折时，也能使公司健康地成长。

战略规划包括了三个关键的内容。

第一，把公司业务的管理作为一项投资组合，以决定哪项业务需要建立、保持、收缩或终止。每一项业务都有着不同的利益潜量，公司的资源应当根据每项业务的利润潜量进行配置，应把最好的资源分配到最有潜力的业务上去。

第二，精确地测定每项业务的市场增长率、公司的定位及其适应性，精确地估算每项业务的未来潜量。显然，如果仅凭目前的销售业绩和利润来评估是远远不够的。例如，20世纪70年代初，如果福特汽车公司用当时的现行利润作为投资指导的话，它就应该继续在大型汽车上投资。但是福特公司的分析表明大型汽车将无利可图，因此，福特需要将资金用于改进小型汽车，虽然当时该公司的小型汽车是不盈利的。

第三，公司为了实现其长远目标，必须根据其行业地位及其目标、机会、技能和资源对每一项业务确定一个最有意义的“战略方案”。这就意味着统一行业的竞争者可能有不同的“业务战略方案”。

企业战略具有以下几个方面的特点。

第一，全局性。

企业的市场营销战略体现了企业全局的发展需要和利益。例如，如何估计一定时期内市场需求发展的趋势和变化，相应地发展某一新技术，推出某一新产品。这是关系企业发展兴衰的大事情，属于战略决策，具有全局性的特点。当然，全局又是由它的一切局部有机构成的。所以，照顾各个局部之间的关系，也是战略决策的一项重要任务。

第二，长远性。

战略着眼于未来，要指导和影响未来一个相当长的时期。因此，市场营销战略又具有长远性的特点。一个具有战略头脑的领导人，不会只顾眼前的利益，他会更重视长远的利益。当然，未来又是以当前为出发点的，任何未来的发展都要以当前为依据。因此，立足当前，放眼未来，协调当前和未来的发展关系，是市场营销决策的关键。

第三，系统性。

系统性就是指企业各个方面的问题是一个彼此紧密配合和有机联系的整体。系统有层次之分，又有主次和大小之分。对应于各个不同层次和各部门系统的战略，又只能是整体系统的一个局部。局部应该服从全局，就一个企业内部而言，应该把整个企业的战略作为一个整体系统工程来统筹制定，追求整体发展的最大效益。

第四，适应性。

企业的营销受外部环境和内部条件的影响。当外部环境发生变化（如市场需求、政治或经济形势变化、政策与法令变更、原材料供应变化等）时，必须不失时机地作出战略调整。企业的内部条件变化也会对市场营销产生影响，战略决策应该适应内外环境变化而进行创造性的反映。也可以说，企业战略是以现在为基础而对将来作出的决策，是积极地和有准备地迎接未来挑战的决策。

第五，风险性。

任何营销决策都不可能是在信息绝对充分的条件下作出的，多是对未来所作的预计性决策。环境的多变性和复杂性以及企业自身条件的不断变化，使得任何战略都是时间的函数，具有不确定性和瞬时性的特点。某个机会的价值大小，往往取决于企业当时的地位、实力的素质条件，很多机会往往是瞬时即失，失不再来。机会和威胁经常是可以互相转化的，一次机会就是一份有利的战略资源，谁能及时抓住时机抢先利用，谁就会得到有利的报偿。对于失去机会的企业来说，可能会面临更大的威胁。

一般来说，制定战略规划要经过如下步骤：① 确定企业任务；② 确定企业目标；③ 确定投资组合；④ 制定发展战略；⑤ 制定职能战略。

企业的任务具体表现为企业的业务经营范围和领域，是企业寻求和识别战略机会的活动空间和依据。

2.1.1 确定企业任务

一般来说，企业刚创立时，任务比较明确，但由于企业资源的剩余，使他们不断开发新产品、开拓新市场。然而，企业的资源始终是有限的，企业在不断开发新产品、开拓新市场的同时，还有一个更重要的巩固市场的任务，而市场能否巩固的关键在于各业务之间是否存在密切的联系。因此，企业必须要保持清醒的头脑，重新审视公司的发展目标：我们的业务是什么？谁是我们的顾客？我们能够为顾客提供什么？我们的业务将是什么？我们的业务应该是什么？这些问题是每个企业都必须回答的。

只有明确了企业的任务，才能提高企业员工的士气，调动他们的积极性，并指引全体员工朝着同一个方向前进。但企业的任务不是一成不变的，它应该随着环境的变化而变化。

1. 确定企业任务应考虑的因素

(1) 企业历史，即要考虑企业的传统经营特色。如果企业有自己的目标、政策和成就的历史，那么在重新调整时，必须尊重它的历史。例如，王府饭店过去是豪华饭店，如果把它改变成便民饭馆，那么即使这种改变有发展的机会，也是毫无意义的。

(2) 环境变化，即要抓住环境变化带来的机会，规避环境变化带来的威胁。

(3) 企业资源，即完成任务应是企业资源能力允许的。一个企业的资源决定了其什么任务是可行的，什么任务是不现实的。如果新加坡航空公司把它们的任务定为成为世界上最大的航空公司，那就是自欺欺人。

(4) 上级意图，即要考虑主管部门、董事会或股东们的影响。例如，青岛海尔集团的总经理想要退出冰箱市场，那么这个目标就会对公司的任务产生影响。

(5) 竞争优势，即企业要注意扬长避短，发挥优势。确定企业任务时应该认清自己的实力，自己的优势在哪，不足在哪，应尽量选择自己所擅长的领域，这样才能干得最好，否则就会失败。例如，巨人集团没有选择自己所擅长的计算机信息行业，而是进入自己所不熟悉的房地产业，结果造成了几乎全军覆没。

2. 确定企业任务应遵循的原则

(1) 企业任务应该以市场为导向。关于企业任务的确定，传统上是从产品角度或技术角度加以描述，但是，根据现代市场营销的观点，则应按照目标顾客的需要来规定和阐述企业的任务和经营范围。因为，企业经营应是满足特定顾客需要的过程，而不仅仅是制造产品的过程。任何产品或技术都迟早会被淘汰，只有基本需求和顾客群体是永远存在的。因此，生产企业的业务活动应当被看做是一个满足顾客需要的过程，而不仅仅是一个制造产品的过程。不过，在以市场需求为中心来规定自己的业务时，也不可将任务定得过宽。

(2) 企业任务应该切实可行。企业要按照自己的实际资源能力来确定自己的任务，要把经营范围定得宽窄相宜；否则，过宽，则可能力所不及，也可能导致任务不明；过窄，则不利于发挥企业的资源能力，影响企业发展。当然，随着企业业务范围的不断扩大，企业的任务也是可以改变的，通过企业业务的及时修订，可以及时向职工提供明确的方向，而且可以使顾客看到企业的业务不断扩大，在顾客中树立起良好的形象。

（3）企业任务应该具有激励性。员工的激励性来自不可分割的两个方面，一是获取财富途径的正当性；二是获取财富前景的光明性。即要使全体员工从企业任务的描述中感受到他们工作的重要意义，感到他们是在为社会做贡献，为消费者提供利益，而不仅仅是为报酬工作（报酬只是做贡献所获得的结果），以此来鼓舞人心、激励士气。

（4）企业任务应该具有明确性。企业任务应具体明确，不仅任务要明确，而且应当有明确的方针措施，即实现这些任务的途径和方法。例如，应当如何对待顾客？如何对待中间商和供应商？如何对待竞争者？如何对待公众？等等。使企业在重大问题上有共同一致的一套行为准则，以保证全体员工齐心协力，为实现共同目标而努力。

确定企业任务需要组织制定任务报告书，任务报告书是为了使管理者、职员在多数情况下使顾客和其他公众能产生一种共同的使命感。一份有效的任务说明书会使公司职员对公司宗旨、发展方向和机会形成一种共识，企业的任务说明书充当着一只“看不见的手”，引导着广大而又分散的员工独立而一致地朝着目标努力。好的任务说明书应明确指出公司要参与的主要竞争领域，包括行业范围、产品和应用范围、市场细分范围、垂直范围、地理范围。

① 行业范围。有些企业只经营一种行业，有些只限于经营一些相关行业，有些则什么行业都经营。

② 产品和应用范围。指企业要从事的产品和应用范围。

③ 市场细分范围。指公司确定的服务市场或顾客类型。

④ 垂直范围。指公司自己生产需要产品的供应程度。

⑤ 地理范围。指企业希望开拓业务的领域。

2.1.2 确定企业目标

企业战略规划，不仅要明确企业的任务，而且要将企业任务具体化为企业的目标。企业目标是企业战略的一个基本组成部分，它表明企业的具体期望，指明企业的努力方向。企业的各级经理应当对其目标胸中有数，并对其目标的实现完全负责，这种制度叫做目标管理。

1. 企业目标的性质

（1）企业目标是企业任务引发的，它是实现企业任务的要求和衡量企业任务完成情况的标准。

（2）企业目标应该突出反映企业全局和长远的关键问题，引导企业员工抓住重点。

（3）企业目标应该能够转化为一系列更为具体的子目标，从而形成企业的目标体系，便于进行目标管理。

（4）企业目标体系中各项具体目标之间必须协调一致，如销售目标和利润目标的协调、长期目标与短期目标的协调等。

2. 企业目标的原则

（1）科学性与现实性相结合。所谓科学性，就是说目标要经过科学的预测和计算，有充分的科学依据。所谓现实性，就是说目标是在全面分析企业各种条件及主观努力程度以后确定的，是可以达到的。目标的制定需要把二者结合起来，目标过高或过低都不利于调动职工的积极性。

(2) 关键性和数量化。目标要突出企业经营的主攻方向，目标不宜太多或过分庞杂；目标不应只是一些定性要求或概念化原则，要尽可能地用数量表示，使之具有可考核性和可比性；除了要有数量目标外还应该有时间目标和空间目标，以便在整个管理过程中进行计划和控制执行。

(3) 层次化。一个企业的目标应该是多种多样和具有层次的。在总体目标的统率下，要有各部门和各环节的分目标。这样形成一个自上而下、主次分明、协调一致、相互保证的目标体系。

(4) 协调一致性。企业提出的许多目标之间，往往不能协调一致的情形。企业在规定目标时，要权衡这些目标之间的矛盾和利弊得失，使目标能协调一致。

(5) 灵活性。企业的目标应该根据内外环境的变化而及时进行调整，改变已经不切合实际的目标，使之具有新的生命力。

3. 企业目标的内容

企业在有关自身生存和发展的各个领域中都需要确定自己的战略目标，主要包括以下几个方面的目标。

1) 销售目标和创新目标

销售目标规定企业在履行其基本职能方面应达到的水平，具体涉及销售额、销售量、销售增长率、市场占有率等。

创新目标反映企业在战略期内将发生什么变化、变化到什么程度。创新目标不像销售目标那样容易明确，因此，应先做以下两方面的预测：一是预测达到销售目标需要如何创新；二是预测科学技术发展对企业经营将产生什么影响。然后根据这两方面的预测确定创新目标。

2) 资源目标和生产率目标

资源目标即有关人力、财力、物力等资源的供应、应用和配置方面的目标。如人才的遴选、使用、培训、考核等方面的目标；资金的来源、分配、使用等方面的目标；生产场地、设施、设备、原材料等供应、分配和使用的目标。

生产率是产出和投入之比。产出包括产品或服务的数量、销售额、利润等；投入就是上述各种资源的投入。生产率是反映企业资源利用效率、衡量企业经营效益的重要标准。因此，在企业战略规划中，必须为资源总体和每一种资源确定生产率目标。

3) 社会责任目标

企业不仅是一个经济组织，而且是一个社会组织，它必须满足其所处的社会环境的需求，才能求得生存和发展。这就要求企业不仅要重视经济产出，而且要重视社会产出，要对社会负责，为社会作出应有的贡献。因此，企业在战略规划中应设立社会责任目标，处理好企业与政府的关系、企业与社区的关系、企业与相关社会组织的关系、企业与环境的关系等。

4) 利润目标

利润既是企业以往的经营成果，又是企业今后发展的必要条件，而且，它还为社会发展提供资金来源。因此，利润是企业追求的核心目标之一。利润目标具体涉及利润额、投资收益率、销售利润率等。

2.1.3 确定投资组合

即对企业的业务（或产品）组合进行分析和作出规划，确定哪些业务（或产品）能使企业扬长避短，发挥优势，有效地利用市场机会。

首先，要识别企业的主要业务，即把企业的所有业务分解成若干个“战略业务单位”。一个战略业务单位可能是企业的一个或几个部门，也可能是某一部门的某个产品线或某种产品。战略业务单位具有下列特征：它是一项独立的业务，或者是一些互相联系但又可分别规划的业务，并同企业其他业务相区分；与企业其他业务有所不同，它存在着特定的竞争对手；它控制着一定的资源，有专人负责制订其单独的经营计划，自主经营其业务。

其次，要评价各个战略业务单位的经营效益，以便确定对每一个业务单位的投资政策，要决定应该建立、保留、收缩或放弃哪些战略业务单位，以便使企业资源得到合理配置。企业高层管理部门要知道投资组合中包括一些“明日黄花”和“明日之星”，但不能仅凭印象来断定，而要根据潜在利润对业务进行分析、分类。下面介绍一种著名的投资组合分析方法，即波士顿咨询集团分析方法。

美国波士顿咨询集团是一流的管理咨询公司，制定并推广了如图 2－1 所示的“市场增长率—相对市场份额矩阵”法。图中八个圆圈代表某个假定公司八项业务的目前规模和市场定位。各项业务按金额计算的规模与圆圈的面积成正比，⑤和⑥是两项最大的业务。每项业务的位置代表其市场增长率和相对市场份额。

纵坐标上的市场增长率表示该业务市场的年增长率，超过 10% 就是高速增长。横坐标的相对市场份额是指战略业务单位相对于最大竞争者的市场份额，它用以衡量公司在有关市场上的实力。如果相对市场份额是 0.1，那就意味着公司的销售量只是最大竞争者销售量的 10%，10 则意味着公司的战略业务单位是市场领导者，其销售额是市场上位居第二的公司的 10 倍。相对市场份额的高低以 1.0 为分界线。

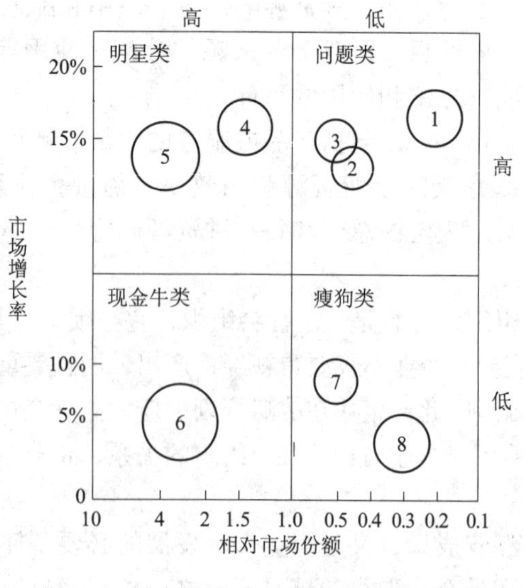

图 2－1　市场增长率—相对市场份额矩阵

按照上述方法，企业的所有战略业务单位可以分为以下四类。

第一类：问题业务。这类业务市场增长率高，相对市场份额低。大多数业务都是从问题业务开始的，即公司力图进入一个已有市场领先者占据的高速增长的市场。由于公司必须增加工厂、设备和人员，以跟上迅速发展的市场，另外还想要超过对手，因此问题业务需要大量资金。企业可以投入大量资金开发这类业务，以提高它们的市场占有率，使之向明星业务转变。但是，这样做有较大风险，企业需要慎重考虑是继续向其投资，还是撤资。在图中公司有三项问题业务，这似乎太多了，如果公司向其中一两项业务更多地投资，而不是向三项业务分散投资，效果会好些。

第二类：明星业务。如果问题业务成功了，它就变成了一项明星业务。明星业务是高速增长市场中的市场领导者。这并不意味着明星业务一定会给公司带来滚滚财源。公司必须花费大量资金以跟上高速增长的市场，并击退竞争者。明星业务一般是有利可图的，它可能是公司未来的现金牛业务。如果公司没有明星业务，那就需要注意了。

第三类：现金牛业务。当市场的年增长率下降到10%以下，而它继续保持较大的市场份额，明星业务就变成了现金牛业务。这类业务具有规模经济和较大的利润率，可为企业带来滚滚财源。企业由此获得资金，用以支持问题业务、明星业务和瘦狗类业务。在上例中的企业只有一个金牛类业务，故其地位是很脆弱的。如果这一个金牛业务突然失去其相对市场份额，公司为了巩固自己的市场领导地位，只好把大量的货币投入金牛业务中。如果企业把全部现金都用来支持其他业务，强壮的金牛有可能变成一项衰弱的瘦狗类业务。

第四类：瘦狗类业务。这类业务指市场增长率低缓，相对市场份额也低的公司业务。这类业务的利润很低，会造成公司的一些损失。图中有两项瘦狗业务，这显得太多了，除非这些业务的存在有足够理由（如市场增长率会回升，或者有新的机会成为市场领先者），否则应进一步收缩或淘汰。

对于上述各类战略业务单位，应该分别确定不同的经营目标。

（1）发展。对于有发展前途的问题业务，应努力提高其市场占有率，增强竞争能力，使其转变为明星业务。

（2）维持。对于现金牛业务，应尽量维持其市场占有率，以保证其较强的竞争优势。适用于强大的金牛类业务，目的是使其继续为企业提供大量现金。

（3）收缩。对于发展前景不佳的现金牛业务，应抓紧从它们身上获取尽可能多的收入。目的在于增加战略业务单位的短期现金收入，而不管其长期影响。收缩活动通常包括取消研究与开发费用，拒绝更新设备和销售人员，减少广告费用等。这种策略也适用于问题业务和瘦狗业务。

（4）放弃。对于不能盈利且无发展前途的问题业务和瘦狗业务，应予以放弃，以便把资源转移到有利可图的领域。

上述四类战略业务单位的位置不是一成不变的，而是随着时间的推移发生变化的。成功的战略业务单位都有一个生命周期，他们多从问题类业务开始，如果经营成功，就会进入明星类业务，以后逐渐会进入金牛类业务，最后进入瘦狗类业务而至生命周期终点。因此，战略业务范围也像产品一样，是有其“生命周期”的。正因为如此，公司不仅要考察其各项业务在市场的增长率—相对市场占有率矩阵中的现有位置，还要检查其动态位置。不仅要检查每项业务过去的情况，还要观察其未来可能的发展趋势。如果发现某项业务的发展趋势不尽如人意，公司应要求业务经理提出新战略和今后可能发展的方向。因此，市场的增长率—相对市场占有率矩阵就成为总公司战略规划人员制定规划的基础。他们使用此矩阵评估每项业务，分派最合理的资源。

2.1.4 确定发展战略

企业除了要对现有业务进行评估和规划以外，还要开发新的业务领域，对未来的发展进行战略规划，即制定企业的发展战略。企业的发展战略有三种基本类型，即密集式发展战略、一体化发展战略和多元化发展战略，见表2－1。

表2－1 企业发展战略

（1）密集式发展	（2）一体化发展	（3）多元化发展
市场渗透 市场开发 产品开发	后向一体化 前向一体化 水平一体化	同心多元化 横向多元化 混合多元化

1. 密集式发展战略

当企业现有业务和市场尚未充分开发，还有发展潜力时，可采用密集式发展战略。密集式发展战略有以下三种形式。

1）市场渗透

即积极采取各种营销措施，设法扩大现有产品的市场份额。如促进现有顾客更多地购买本企业的现有产品，吸引竞争对手的顾客购买本企业产品；激发潜在的顾客购买动机，使之成为本企业产品的现实顾客。

2）市场开发

即通过开辟新的销售渠道，为现有产品找到或开发新市场。如从地区市场扩展到全国市场，从国内市场扩展到国外市场等。

3）产品开发

即开发对现有市场具有潜在利益的新产品，或者为新市场开发新产品。

2. 一体化发展战略

如果企业所属行业的吸引力和增长潜力大，而且企业在供、产、销等方面实行一体化后可以减少摩擦、提高效率、获得规模效益的话，则可以采取一体化增长战略。即把现有的业务范围做后向、前向或横向延伸和扩展，以提高效率，扩大规模，增加盈利。其具体形式有以下三种。

1）后向一体化

即企业通过收购、兼并、自办等形式，取得对供应源的控制权或所有权，使现有的业务范围沿着销、产、供的方向做纵向延伸。如加工企业向原材料生产发展，实行产供一体化；商业企业向产品生产发展，实行产销一体化，均属于后向一体化。

2）前向一体化

即企业通过一定的形式，取得对产品的加工或销售系统的控制权或所有权，使现有的业务范围沿着供、产、销的方向做纵向延伸，从事原来由客户经营的业务。如石油开采企业开办炼油厂，批发商开办零售商店等，都属于前向一体化。

3）横向一体化

即通过兼并、收购经营同类业务的企业或与之进行联合经营，使现有业务范围做横向扩展，以扩大经营规模、降低成本、增强企业实力。如海信电器公司跨地区兼并淄博电视机厂和贵阳电视机厂，就属于横向一体化。

在商品经济高度发达的社会里，上述一体化战略都是在市场竞争中实现的，这体现了竞争的活力，可达到资源的优化组合，从而有利于提高整个社会的经济效益。

3. 多元化发展战略

多元化也称多样化或多角化，就是打破行业界限，新增与现有业务有一定联系或者毫无联系的业务，进入新的经营领域，实行跨行业经营。当企业所属行业发展潜力有限，而其他行业有很好的发展机会时，可采用这种战略。

1）同心多元化

即以现有的技术、特长和经验为"圆心"向外扩展经营业务，充分利用现有的技术、特长和经验开发新产品，如计算机制造商开发生产 VCD 产品，由生产性电子产品向消费性电子产品发展，即属于同心多元化。同心多元化发展有利于发挥企业原有的技术优势，风险较小、容易成功。

2）横向多元化

即针对现有市场和现有顾客，开发与企业现有产品在技术上不同的新产品。如生产健身器材的厂商，增加生产保健药品的业务，就属于横向多元化发展。实行横向多元化发展，企业面对的是原有的顾客，市场开拓较为容易；但是，企业将进入一个全新的经营领域，风险较大。

3）综合多元化

即企业开发与现有业务、技术和市场无关的新业务或产品，把经营范围拓展到多个行业。如一个加工企业同时涉及金融业、房地产业、旅游业等新业务，即属于综合多元化发展。综合多元化发展的风险最大，一般只有实力雄厚的大企业方可采用。

一般来说，企业在选择上述发展战略时，应先从密集性发展战略入手，再尝试一体化发展战略，最后才是选择多元化发展战略。

2.1.5 制定职能战略

企业的战略规划确定了企业的目标和任务，并确定了每个战略业务单位的经营目标。各个战略业务单位要实现既定的目标，还要制定更加具体的职能战略，包括经营战略、财务战略、研究与开发战略、生产战略、人力资源战略等。联想集团和长城集团的发展战略颇具特色。

1998 年，长城集团销售总额 111 亿元，利润总额达 7 亿元人民币。相比之下，联想集团1998年实现销售总额176亿元，利润却只有5亿元。为什么联想电脑比长城卖得好，而联想的利润却不如长城？有人认为，长城坚持“技工贸”，而联想坚持“贸工技”，发展战略的一字之差，导致了不同的结果。而长城和联想的负责人卢明和柳传志则认为各自的发展战略都很适合自己的特点。

长城集团下属三个公司深科技、长城电脑、湘计算机1998年的净利润分别是4.5亿元、1.9亿元和0.65亿元。深科技的主导产品是MR磁头/GMR磁头等产品，长城电脑是进行计算机组装，相比之下，深科技的技术含量高，产品附加值高，因而利润也高。卢明认为这验证了集团“技工贸”发展战略的正确。

联想集团1998年电脑销售量达到76.3万多台，也就是说替英特尔卖了70多万台处理器，替微软卖了几十万套软件，替其他外国公司卖了几十万套硬盘。联想内部把这叫做“跟在外国人后面吃土”，他们认为这种又有利润还能长本事的事情还是很划算的，体现了“贸工技”的发展战略。柳传志认为，联想的创业者都是技术人才出身，在管理方面没有很丰富的经验，另外中国企业由于没有完善的市场环境，技术创新是风险很大的投资，只有在帮人家卖产品的过程中学会建立和管理销售渠道等其他环节、条件基本完备的时候，再来补科研这一环。

长城和联想各有各的思路，“技工贸”和“贸工技”完全是企业根据自身特点和对市场的认识所形成的发展战略，虽然排序不同，却无所谓谁对谁错，他们的目标都是要成为中国乃至世界信息技术行业的最大和最好。

2.2 市场营销管理

市场营销战略是企业战略的重要组成部分，营销战略的制定与实施，亦即市场营销管理过程，在企业战略规划中居于重要地位，是确保企业战略得以实现的重要保证。

市场营销管理，就是由企业市场营销部门根据战略规划所确定的业务经营范围、经营目标、业务组合和发展战略，认真识别、分析、评价外部环境为各种业务发展所提供的市场机会，结合企业的资源状况，综合考虑各种影响因素，制定各种产品的市场营销战略和策略，并予以有效的实施。具体来说，市场营销管理过程主要包括以下五个环节。

2.2.1 发现和分析市场机会

1. 发现市场机会

发现市场机会是市场营销管理的首要任务。从某种意义上来说，企业的营销活动就是围绕着如何利用市场机会来进行的。一个企业如果不能经常地寻找到可以利用的市场机会并善加利用，它就很难取得发展，也就谈不上增强企业的市场竞争力了。

所谓市场机会，就是指市场上存在的某些未被满足的需要，他们可以由企业利用自己掌握的资源，将其转化为现实的需求，并提供相应的产品和服务来满足。市场机会可以分为以下几种。

（1）环境机会与公司机会。在环境变化中需求也随着发生变化，客观上存在着许多未完全满足的需要，也就是存在许多市场机会，这些市场机会是环境变化客观形成的，因此称之为环境机会。但环境机会对不同的企业来说，并不一定都是最佳机会，因为这些环境机会不一定都符合企业的目标和能力，不一定能取得最大竞争优势。只有环境机会中那些符合企业目标与能力，有利于发挥企业的市场机会，才是公司机会。

（2）表面市场机会与潜在市场机会。在市场机会中，有的是明显地没有被满足的市场需求，这种未被满足的需求就称作表面市场机会；而另外一种则是隐藏在现有某种需求后面的未被满足的市场需求，称之为潜在市场机会。

（3）行业市场机会与边缘市场机会。行业市场机会是指出现在本企业经营领域内的市场机会；边缘市场机会则是指在不同行业之间的交叉与结合部分出现的市场机会。

（4）目前市场机会与未来市场机会。由于目前市场上存在的未被完全满足的需求而引起的市场机会是目前市场机会；未来市场上可能存在的未被完全满足的需求所引起的市场机会是未来市场机会。

（5）全面市场机会与局部市场机会。全面市场机会是在大范围市场（如国际市场、全国市场）出现的未满足的需求；而局部市场机会则是在一个局部的市场（如某个省或某个特定地区）出现的未满足的需求。

2. 分析市场机会

营销人员在仔细研究市场变化的时候，往往会发现许多市场机会，但这些机会并非都能成为本企业的发展良机。那么，哪些机会是可供企业利用的呢？这就需要营销人员对所发现的市场机会进行分析评价。分析时主要应把握以下几点。

（1）市场机会与本企业目标统一性分析。即利用该市场机会是否有利于实现企业的目标，市场机会是否符合该公司制定的宗旨。例如，国外一家公司确定本公司宗旨是满足用于和平需要的原子能的利用、开发和制造 。而在某些局部市场上出现的市场机会则是用于军事需要。显然，这些市场机会和公司宗旨是相违背的，并且还会对公司宗旨起到损害作用。因此，这一市场机会就应该弃之不顾。

（2）市场机会同公司能力统一性分析。即在评价市场机会时，要尽量选择能充分发挥企业能力的机会。而在判断企业的能力时，诸如企业是否拥有利用该市场机会的资金、技术、设备、技术开发能力及经营管理能力等都是应考虑的因素。超越企业能力的市场机会，对企业来说，既不能获得充分的竞争优势，有时甚至会给企业带来损失。例如，某些建筑公司承接了超越自身能力的建筑项目，不能保质保量按期完成任务，甚至造成工程不合格，用户拒绝验收等情况，这给企业信誉带来很坏的影响。但在一般情况下，市场机会与企业能力配合得十分恰当的情况是不多见的。所以，某些市场机会虽然不能充分发挥企业能力，但仍可在企业考虑范围内，企业应尽量发展该项市场机会，以期充分利用企业的能力。

（3）企业能否获得最大的“差别利益”。即企业在利用该机会时是否比竞争者拥有更大的优势，是否能获得比竞争者更大的利益。例如，假定北京日化三厂、广州牙膏厂和沙市日化总厂都认为开发男性化妆品是一个市场机会，有意进入这一领域，究竟谁能享有最大差别的利益呢？北京日化三厂由于生产化妆品历史较长，而且该厂“奥琪”系列化妆品在消费者中的知名度和信誉均属上乘，可以说具备较好的条件。而对沙市日化总厂来说，尽管“活力28”洗涤剂在消费者中知名度很高，但该厂在化妆品领域内却默默无闻。广州牙膏厂则又逊一筹，因为牙膏的专业领域更窄，该厂虽然也有“洁银”牙膏等产品享有很高知名度，但从消费者观点看，它同化妆品相去甚远。因此，在这一市场机会中，北京日化三厂能享有最大差别利益。

2.2.2 选择目标市场

由于任何产品的市场都存在着许多具有不同需要而且分散在各地的顾客群，任何一个企业，即使是大企业一般也不可能满足所有顾客群的不同需要。这就需要企业确定自己将为满足或哪些顾客群需要服务，也就是确定明确的目标顾客。因此，企业在市场营销活动中，应把一个产品的总体市场划分成若干个具有不同需求特征的细分市场，然后对这些细分市场的需求特征分别进行评价，结合企业的目标、资源及优势等，选择其中某些细分市场作为目标市场。而且，企业还要根据自身的特点以及主要竞争者的情况，确定企业在目标市场中的合理位置，从而更好地为顾客服务，更好地实现企业目标。

在选择目标市场时有以下模式可以考虑。

1. 单一市场集中化

指企业只选择一个细分市场进行集中营销。通过集中营销，企业能更清楚地了解细分市场的需求，从而树立良好的信誉，在细分市场上建立巩固的市场地位。同时企业通过生产、销售和促销的专业化分工，能提高经济效益。一旦企业在细分市场上处于领导地位，它将获得很高的投资收益。

但是，集中营销的风险比较大，一旦在特定的细分市场上失败，则整个企业都有倒闭的危险。基于这个原因，许多企业宁愿在多个细分市场上同时开展业务。

2. 选择性专业化

指企业有选择地进入几个不同的细分市场，每个细分市场都具有吸引力，并且符合企业的目标和资源水平。这些细分市场之间很少或根本不发生联系，但在每一个细分市场上都可盈利。这样能分散企业的风险，即使其中一个丧失了吸引力，企业还可在其他细分市场上继续盈利。

3. 产品专业化

指企业同时向几个细分市场销售一种产品。通过这种战略，企业可在特定的产品领域树立良好的信誉。

4. 市场专业化

指企业集中满足某一特定顾客群的各种需求。通过在某个顾客群中树立良好的信誉，企业可以向这类顾客群推销新产品，成为有效的新产品销售渠道。

5. 全面进入

指企业为所有顾客群提供他们所需要的所有产品，只有实力强大的大公司才可能采取这种方式。

2.2.3 制定营销战略

市场营销战略是战略业务单位为实现其营销目标而制订的总体方案，它涉及营销组合决策和营销预算的确定。

市场营销组合，是指企业协调配套地运用各种可以控制的营销因素，如产品、价格、分销、促销等因素，形成一种最佳组合，以满足目标顾客的需要和实现企业的营销目标。市场营销组合的重要含义就在于“合理组合”。在市场营销组合中，每一个因素都存在着多种变化可能，其中任何一个因素的变化都会要求其他因素作相应变化。因此，市场营销组合的确定必须考虑各因素之间的协调。有关市场营销组合的详细内容将在2.4节介绍。

市场营销预算一般应以目标销售额为依据来制定。首先，要分析欲实现一定的销售额和市场占有率需要的市场营销工作量，相应地需要多少营销预算；其次，还要将营销总预算合理地分配给各项营销因素。

2.2.4 营销战略的实施

营销战略只有付诸实施，才能保证战略任务和目标的实现。为了有效地实施营销战略，企业应做好以下几项工作。

（1）必须设立执行战略的市场营销组织，专门从事市场营销的有关职能工作。对小企业来说，一个人可能就能做所有的营销工作，如营销研究、销售、广告、顾客服务等；而对于大企业来说，就需要找多个营销专家，像销售人员、销售管理者、销售研究者、广告人员、产品和品牌管理者、市场细分管理者以及顾客服务人员等。

（2）要有一位企业高层管理者负责协调市场营销工作，其任务有两项：一方面要合理安排营销力量，协调全体市场营销人员的工作，以保证营销工作的顺利进行；另一方面要协调与生产、财务、开发、采购和人事等职能部门的关系，促使企业各部门同心协力搞好营销工作，以满足顾客需要。

（3）要精心选择市场营销人员，并给予相关的培训和指导，还要定期对他们进行考核与激励，要定期与下属见面以检查他们的业务，评价他们的实力，指出他们的缺点，并提出改进意见。

2.2.5 营销战略的控制

为了预防战略决策偏差和战略实施中意外事件对战略实施效果可能产生的影响，确保营销战略的实现，企业还必须对战略的实施进行控制，及时发现战略制定和实施中的偏差、营销中存在的问题以及营销环境的变化等，以便采取相应的措施，包括修正其执行、计划、战略，甚至是目标。营销控制有以下三种类型。

（1）年度计划控制，主要是控制企业在年内应实现的产出、销售、盈利和其他营销目标，包括：① 在年度计划中充分明确每个月或每个季度的目标；② 测定市场上业绩的进展情况；③ 确定造成业绩不好的根本原因；④ 选择矫正行动，以缩小目标与业绩之间的差距。

（2）盈利能力控制，其任务是测定产品、顾客群体、分销渠道和订货规模的实际获利能力。营销获利能力分析实际上就是用来衡量营销活动的效率如何，从而促进各种营销活动能更有效率地进行。

（3）战略控制，其任务是评估公司的营销战略是否仍与市场条件相适应。

2.3 市场竞争战略

企业的每个战略业务单位都有其特定的竞争对手，制定营销战略从本质上讲就是选择适当的竞争战略，使企业及其产品相对于竞争对手形成尽可能大的优势，并保持和发展这种优势，以求得企业自身的生存和发展。

参与统一目标市场竞争的企业，根据自身营销目标、资源条件以及竞争领域和竞争态势的不同，可以采取不同的竞争战略选择。

2.3.1 竞争战略的基本类型

1. 全面成本领先战略

该战略的要点是企业努力使产品成本达到最低水平，使其在同行业中具有低成本优势，从而使企业可以在与竞争者产品定价水平相同的情况下获取更大的利润，或者可以用低价格与竞争对手争夺市场份额，扩大销售量。实行这种战略，可以在市场上筑起较高的进入壁垒，可以减少新进入者的威胁。实施这种战略的企业必须在原料采购、生产工艺、生产规模和实体分销等方面占有全面优势，因此，通常只有行业中的大企业才有实行此战略的实力。

2. 差异化战略

实施差异化战略，就是要使企业所提供的产品与同业相比独具特色，使顾客对本企业的产品感兴趣，产生信赖，消除价格的可比性，从而形成较强的竞争力。实施这种战略，应从设计、工艺、质量、款式、包装、品牌、销售渠道、促销手段和服务等目标顾客看重的产品特性中选择一项或几项，全力建立本企业在这方面的优势地位，从而获得较高利润。

一般来说，在一个有若干产品特性为顾客所看重的行业里，可以有多种差异化战略选择，从而可能使多家企业通过差异化战略赢得竞争优势。

3. 集中战略

实施集中战略，就是集中力量服务于一个或几个细分市场，使企业在一个较为狭窄的目标市场上赢得低成本优势或差异化优势，从而使企业在该目标市场上处于较为有利的市场地位。

如果一个企业没有上述三种基本战略之一作为自己的竞争战略，那么这个企业所处的地位是非常不利的，它可能失去追求低价格的大客户，也可能必须为从取得低成本优势的企业中争夺市场而丧失利润，它在那些高利润率的业务领域中有可能无法战胜那些已全面实现差异化的企业或集中经营的企业。因此，没有明确的竞争战略的企业，必须根据企业的能力和环境条件，尽早作出根本性的战略决策。

上述三种战略，企业不能同时并用，一般来说，一段时期只能运用一种战略。

2.3.2 市场竞争环境分析

1. 外部竞争环境的分析

企业的外部竞争环境分为间接环境与直接环境。间接环境因素与直接环境因素构成了企业的外部竞争环境（见图2－2）。

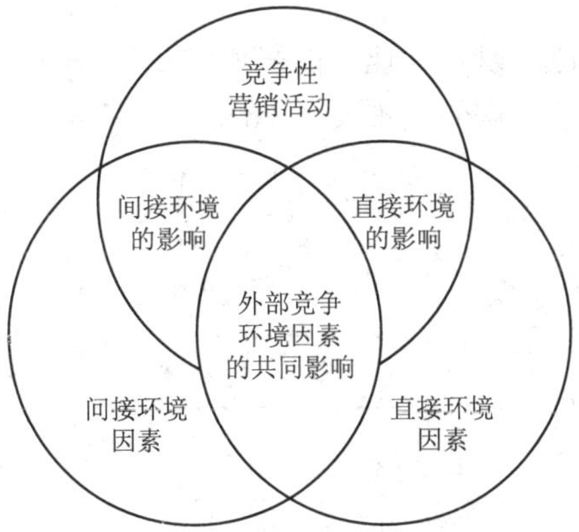

图2－2 企业的外部竞争环境

1）间接环境因素

间接环境因素是指那些非企业所能控制的，并且与企业竞争性营销活动间接相关的环境因素，通常包括经济、社会、政治和技术等外部营销环境因素，这里仅介绍环境因素对企业竞争策略的影响。

（1）经济环境。指不同国家或地区的经济性质与经济特征。不同的国家或地区在人均收入、消费倾向、银行利率、通货膨胀程度以及经济发展速度等方面的差异，直接影响到该国家或地区的消费模式。

（2）社会文化环境。指不同国家或地区所特有的宗教信仰、价值观念、思想观念和生活方式等。不同的社会文化环境，往往是影响企业海外市场竞争能力的无形障碍。

（3）政治法律环境。指不同国家或地区的政策与法律法规，它是影响企业竞争地位和竞争策略的重要因素。

（4）技术环境因素。指技术的发展与进步。技术突破或技术革新可能导致新产品的出现或者新市场的开拓，也可能缩短企业产品的生命周期或者生产设备的更新周期，从而影响企业在国际市场上的竞争地位和企业竞争策略的选择。

2）直接环境因素

直接环境因素是指那些企业得以控制或施加影响的，并且与企业竞争性营销活动直接相关的环境性因素。主要包括以下内容。

（1）企业的竞争地位。企业只有正确评估自己在目标市场上的竞争地位，才有可能正确制定竞争策略。

（2）顾客的特点。了解企业现有和潜在顾客的来源构成与特点，是企业确定营销目标和选择竞争策略的基础。

（3）外部资源的获得。企业在生产与营销活动中，不仅需要原辅材料与机器设备的供应，更需要经常性的资金融通与信贷支持等外部资源，这是企业获得有利市场竞争地位的重要条件。

（4）专业人才的保证。大批高素质专业人才的聘用，是企业在市场竞争中立于不败之地的保障。

2. 行业竞争结构分析

企业在市场上的竞争地位，以及企业可能采取的竞争策略，往往要受到企业所在行业竞争机构的影响，影响行业竞争结构的基本要素如图2－3所示。

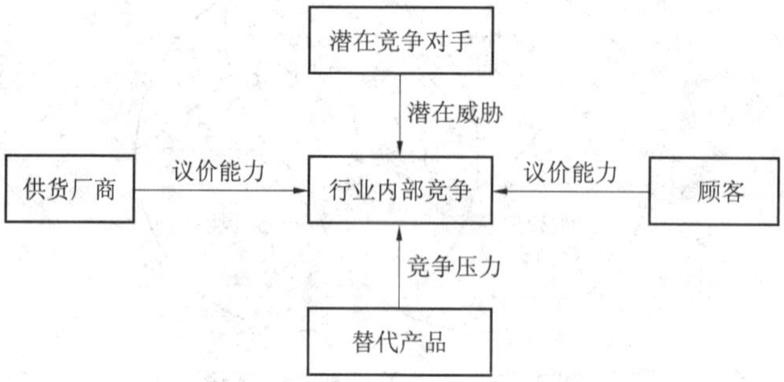

图2－3　行业竞争结构分析

1）行业内部的竞争

导致行业内部的竞争加剧的原因可能有：

（1）行业的增长缓慢，对市场份额的竞争激烈；

（2）竞争者数量较多，竞争力量大致相当；

（3）竞争对手提供的产品或服务大致相同，或者体现不出差异；

（4）竞争者扩大生产规模，市场竞争均势被打破，产品大量过剩，企业开始削价竞销。

2）顾客的议价能力

行业顾客可能是行业产品的消费者或者用户，也可能是商业买主。顾客的议价能力主要表现在能否促使卖方降低价格，提高产品质量或者提供更好的服务。行业顾客的议价能力受到下述因素的影响。

（1）购买数量。如果顾客购买数量多，批量大，作为买方的大客户，就有更强的讨价还价能力。

（2）产品性质。若是标准化产品，顾客在货源上有更多的选择，可以利用卖主之间的竞争而加强自己的议价力量。

（3）顾客的特点。消费品的购买者，人数众多而又分散，每次购买的数量也少；工业品购买者人数少且分布集中，购买的数量又多；经销商不仅大批量长期进货，而且还可以直接影响消费者的购买决策。因此，经销商或工业用户相对消费品买者而言具有更强的议价力量。

（4）市场信息。如果顾客了解市场供求状况、产品价格变动趋势，并掌握卖方生产成本或营销成本等有关信息，就会有很强的讨价还价能力，就有可能争取到更优惠的价格。

当出现如下情况时，购买者的讨价还价能力增强：① 购买者集中起来并形成一定的组织；② 产品无法实行差别化；③ 购买者改变供应渠道的转换成本较低；④ 购买者的利润较低而且对价格敏感；⑤ 购买者能够向后进行一体化等。

3）供货厂商的议价能力

供货厂商的议价能力，表现在供货厂商能否有效地促使买方接受更高价格、更早的付款时间或更可靠的付款方式。供货厂商的议价能力受到下列因素的影响。

（1）对货源的控制程度。若货源由少数几家厂商控制或垄断，这些厂商就处在有利的竞争地位，就有能力在产品价格、付款时间或计价货币等方面对购货厂家施加压力，索取高价。

（2）产品的特点。若供应厂商的产品具有特色，或购买厂家转换货源供应需要付出很大的代价或很长的适应时间，则供货厂商就处于有利的竞争地位，就有能力在产品上议价。

（3）用户的特征。若购货厂家是供货厂商的重要客户，供货厂商就会采取积极的措施来搞好与用户的关系。

当出现如下情况时，供应商的讨价还价能力增强：① 供应商集中起来并形成一定的组织；② 替代品少；③ 供应商提供的产品是公司的重要生产因素；④ 公司转换供应商的成本很高；⑤ 供应商实行前向一体化等。公司最佳的防卫方法就是与供应商建立“双方都有利的”良好关系，或者选择多条供应渠道，而不是只与一家供货商发生关系。

4）潜在竞争对手的威胁

潜在竞争对手指那些可能进入行业参与竞争的企业或公司。新的进入者将带来新的市场能力和对市场与资源的要求，其结果可能是行业的生产成本上升，市场竞争加剧，产品售价下跌，行业利润减少。潜在竞争对手的可能威胁，取决于进入行业的障碍程度以及行业内部现有企业的反应程度，进入行业障碍程度越高现有企业的反应越激烈，潜在的竞争对手就越不易进入或不想进入，从而对行业构成的威胁也就越小。进入行业障碍有以下几方面。

（1）规模经济。规模经济效益可包括产品生产、研制开发、市场营销和售后服务诸方面，是潜在竞争对手进入行业的重要障碍。

（2）品牌忠诚。通过长期的广告宣传或顾客服务等方式建立起来的企业产品形象或品牌忠诚，也是潜在竞争对手进入行业的主要障碍之一。

（3）资金要求。进入行业的资金要求，不仅包括厂房设备等固定资本投资，还包括消费信贷、产品库存及开业损失等流动资金需要；不仅需要生产性资金，而且还需要大量的经营资金，用于产品研制开发、广告宣传及企业公关活动等方面。

（4）分销渠道。分销渠道也可成为进入行业的主要障碍。比如，一个新的食品生产商，它必须通过价格折让、广告宣传或大量营销推广活动，才有可能挤掉现有竞争者的产品，将自己的产品摆在商场的货架上。可以利用的分销渠道越少，或现有竞争者对分销渠道控制越紧，进入行业的障碍越高。

（5）政府限制。为了保护本国的工业与市场，或为了维持本国消费者的利益，当地政府可以通过项目审批或控制外商进入某些行业，也可以利用环境污染控制或安全标准限制等措施来限制和控制外商进入某些行业。政府限制通常是最难逾越的行业障碍。

（6）其他方面的障碍。新来竞争对手在进入行业之初，与行业内原有厂家相比，可能在下述方面处于竞争劣势，比如，经验曲线的效益、生产专利的拥有、重要原材料的控制、政府所给予的补贴甚至良好的地理位置等。这些竞争劣势也可使潜在竞争对手在进入行业之前知难而退。

5）替代产品的压力

替代产品是指具有相同功能，或者能满足同样需求从而可以相互替代的产品。几乎所有行业都有可能受到替代品的冲击。在满足人们需求方面越是相似的产品，就越有可能相互替代，消费者购买时转换的可能性也越大，因而可能受到更大的竞争压力。

2.3.3 竞争者分析

为了确定有效的竞争性市场营销战略，企业需要尽可能了解其竞争对手。它必须经常将自己的产品、价格、分销渠道和促销与其主要竞争者进行比较。这样，企业才能找到自己潜在的竞争优势，向竞争者发出更有力的挑战，同时也对竞争者的攻势作出积极的反应。那么，企业应当从哪些方面了解其竞争对手呢？其主要步骤见图2－4。

图2－4　分析竞争者的步骤

1. 识别企业的竞争者

识别企业的竞争者常常被看做是一项简单的任务。比如，“可口可乐”知道“百事可乐”是其竞争对手，“丰田”知道它与“日产”的竞争不可避免。但是，在识别竞争者时，很多企业并不十分准确、全面，他们往往只注意到最接近的、提供价格相当的相同产品或服务给消费者的竞争者，而忽略了潜在的竞争者。企业识别竞争者时体现出两种不同的竞争观点。

1）行业竞争观点

许多企业以行业竞争观点识别其竞争对手。一个行业是由一组生产相同产品或密切可替代同类产品的企业组成，任何企业若想在本行业占有一席之地，就必须充分了解同行业的竞争伙伴。

2）市场竞争观点

另外一些企业不是以行业竞争观点去识别竞争者，而是遵循市场竞争观点，即企业不仅仅在行业内识别竞争者，而是把竞争者看做是所有那些力求满足相同顾客需要，或服务于同一顾客群的企业，甚至还有那些满足消费者不同需求的企业。此外，企业还应注意那些力图以更有吸引力的产品满足消费者不同需要的企业，它们有可能使消费者的消费倾向发生变化。

2. 确认竞争者的目标

在识别了主要竞争者之后，企业经营者接着要回答的问题是：每个竞争者在市场上寻求什么？什么是竞争者行动的动力？有种观点认为，所有的竞争者都追求利润最大化，并以此为出发点采取各种行动，这过于简单化。不同的企业对长期利益和短期利益各有侧重，有些竞争者更趋向于获得“满意”的利润而不是“最大利润”。尽管有时通过一些其他的战略可能使他们取得更多利润，但他们有自己的利润目标，只要达到既定目标就满足了。

也就是说，竞争者虽然无一例外关心其企业的利润，但他们往往并不把利润作为唯一的或首要的目标，在利润目标的背后，竞争者的目标是一系列目标的组合，对这些目标竞争者各有侧重。所以，应该了解竞争者对目前盈利的可能性、市场占有率的增长、资金流动、技术领先、服务领先和其他目标所给予的重要性权数分别是多少。了解了竞争者的这种加权目标组合，就可以了解到竞争者对目前的财力状况是否感到满意，他对各种类型的竞争性攻击会作出什么样的反应等。如一个追求低成本领先的竞争者对于它的竞争对手因技术性突破而使成本降低所作出的反应，比对同一位竞争对手增加广告宣传所作出的反应强烈得多。

企业必须跟踪了解竞争者进入新的产品细分市场的目标。若发现竞争者开拓了一个新的细分市场，这对企业来说也可能是一个发展机遇；若企业发现竞争者开始进入本公司经营的细分市场，这意味着企业将面临新的竞争与挑战。对于这些市场竞争动态，企业若了如指掌，就可以争取主动，有备无患。

3. 判定竞争者的策略

一家企业的战略与另一家的越相似，他们之间的竞争就越激烈。通常在大多数行业，竞争者可以分为实行不同战略的群组，每个群组由那些实行相同或相似战略的企业组成。区别这些战略群组有其特殊的价值，企业必须认真考虑这些群组成员的实力与战略特征，以求突破障碍而进入。

虽然在同一战略群组内竞争最激烈，但不同群组之间的抗衡也同样存在。首先，各群组之间的目标顾客群本身就有一些交叉；其次，顾客不会主动去分辨这些战略群组，在他们看来也许这些企业并无多大差别；再次，每个企业都想扩大自己的市场范围，所以，在不同群组中的企业实力相当、流动障碍较小的情况下，也会进行非常激烈的较量。因此，企业应当收集各个竞争者的更详尽的资料。

4. 评价竞争者的优势与劣势

是否所有的竞争者都能实行其战略，并且达到其目的呢？这主要取决于竞争者的资源与能力，企业需要进一步确定竞争者的优势与劣势。

企业首先要收集有关竞争者过去几年经营活动的重要数据，包括竞争者的目标、战略与业绩。其中有些数据是很难收集的，但企业仍然应该尽其所能去收集有关资料，这些资料都将有助于企业评价竞争者的优势与劣势。企业可以利用第二手资料、个人经验和外界传闻来了解竞争者的优势与劣势，也可以通过顾客、供应商和中间商进行直接的初步市场调查来增加对竞争者的了解。企业可以进行顾客价值认知分析，即要求顾客按不同的属性及其重要性程度来评价本企业与竞争者提供的产品或服务的价值，从中可以看到竞争者的弱点，同时也能发现本企业的薄弱环节，这将有利于企业在竞争中取得主动地位。

在寻找竞争者的弱点时，企业应保持客观态度，不能盲目相信自己的假定。在瞬息万变的市场上，竞争形势不可能一成不变。若企业陶醉于以往的业绩，忽视市场的变化，那就大错特错了。只有根据市场变化不断对竞争形势进行新的分析，企业才能作出较为准确的判断，而不至于盲目乐观。

5. 估计竞争者的反应模式

一个竞争者的目标、战略及其优势与劣势还不能完全决定它的行动方式和它对企业的降价、加强促销或推出新产品等营销活动的反应模式。除了这些因素外，还应该注意到另外一个重要因素，那就是每个竞争者都有它自己的经营哲学、企业文化和信条，这将对该竞争者的行动产生影响。因此，企业经营者要想估计竞争者的行动与反应，就需要深入了解竞争者的心理状态。

由于面对其他企业的行动每个竞争者的心理状态可能不一样，企业反应模式也就各不相同。常见的反应模式有以下几种。

（1）从容不迫型：有些竞争者对其他企业的行动不作出迅速反应或反应不强烈。

（2）选择型：有些竞争者只对某些类型的攻击作出反应，而不理睬其他类型的攻击。

（3）强烈型：也有些竞争者对所有的攻击都作出迅速反应。

（4）随机型：有些竞争者并不表现出固定的反应模式，即它们对于其他企业的攻击行动可能作出反应，也可能不作出反应。

6. 选择要攻击和要回避的竞争者

各企业在事先确定了它的目标顾客群及营销组合以后，就大致上确定了它的竞争者 。它进一步考虑的是在这些竞争者中，企业与哪个主要竞争者的竞争将最为激烈，这样，企业就能集中精力，有效作战。

1）强竞争者与弱竞争者

大多数企业喜欢把目标瞄准实力较弱的竞争者，这种做法不需要太多的时间和资源。但相应地，企业也不会有很大的成效。因此，企业也应当与一些实力强大的竞争者较量一番，一方面，企业若想与实力强大的竞争者相抗衡，就必须在很多方面努力改进，这将增强企业整体实力，使企业长期受益；另一方面，即使再强的竞争者也有弱点，只要企业策略选择与实施得当就能获得成功。

2）近的竞争者与远的竞争者

大多数企业都会与那些跟它们极相似的竞争者竞争，但与此同时，企业应注意避免企图“摧毁”这些最接近的竞争者，因为即使“摧毁”了最接近的竞争者，也会引来更多更难对付的竞争者。

3）“好的”竞争者与“坏的”竞争者

每个企业都需要竞争者并从竞争者那里获得利益，竞争者的存在带来了几方面的好处：① 可对增加总供给有所帮助；② 可以分担市场与产品开发的成本，并有助于推广新技术；③ 可以为一些吸引力不大的细分市场服务或促使产品差异化；④ 减少了反垄断的风险。

但并非所有的竞争者都会给企业带来益处，每个行业都会有“好的”和“坏的”竞争者。好的竞争者遵守行业规则：他们希望有一个稳定、健康的行业，合理地定价，推动他人降低成本，促进差异化，接受为他们的市场占有率和利润规定的合理界限。坏的竞争者破坏行业规则：他们试图花钱购买而不是靠自己的努力去赢得市场占有率，喜欢冒大风险、超额投资等，总的来说，他们打破了行业的平衡。

所以，一个明智的企业经营者应当支持好的竞争者，攻击坏的竞争者，尽力使本行业成为由好的竞争者组成的健康行业，这将有利于行业所有企业的发展。

7. 设计竞争情报系统

收集竞争信息并不是一个随机偶得的过程，相反，每个企业应该仔细地设计它的竞争情报系统。由于各企业非常注意企业相关信息的保密，因而收集竞争对手的情报需要花费大量的金钱和时间，而不收集这种情报所付出的代价更高。当然，企业在设计其为竞争服务的情报系统时必须考虑成本效益。

2.3.4 市场竞争战略

在识别与评价主要竞争者之后，企业必须设计竞争性战略，以使企业具有强大的竞争优势的产品赢得市场。应该说，没有哪一种战略对所有的企业都适合，不同的竞争战略对产品或服务有不同的要求。企业必须认清自己在本行业的竞争位置、企业的目标、发展机会和资源优势，并以此为基础制定有效的竞争战略。

各个企业在某一目标市场上参与竞争时，它们的目标与资源各不相同。有的企业大，有的企业小；有的企业拥有丰富的资源，有的企业却资金拮据；有的企业追求市场占有率快速增长，有的企业着眼于长期利润。因此，各个企业将在市场上各自占据不同的竞争位置。

可以根据各个企业在目标市场上所起的作用不同将它们的竞争位置分为领导者、挑战者、跟随者和拾遗补缺者四类。假设有一个竞争市场结构（见表2－2），在市场领导者手中掌握40%的市场，该类企业的市场占有率最大。另外30%的市场掌握在市场挑战者手中，这类企业仅次于市场领导者，正在奋力争取扩大其市场占有率。还有20%的市场掌握在市场跟随者手中，这些企业只能维持其市场占有率，而顾不上打破市场竞争形势。其余10%的市场掌握在许多小企业手中，称它们为拾遗补缺者，它们只能对不会引起大企业兴趣的狭小目标市场提供服务。下面将说明市场领导者、挑战者、跟随者及拾遗补缺者使用的各种营销策略。

表2－2　假设的市场结构

市场领导者	市场挑战者	市场跟随者	拾遗补缺者
40%	30%	20%	10%

1. 市场领导者战略

几乎每个行业都有一个被公认为市场领导者的企业，该企业在相关产品的市场中拥有最大的市场占有率，并在价格变动、新产品引入、营销覆盖及促销力度上均领先于其他企业。无论这一领导者是否受到赞许或尊敬，同行的其他企业都会承认其领导地位。作为领导者，它往往成为竞争者的众矢之的，竞争者或者向它挑战，或者模仿它，或者避免与其冲突。

除非居领导地位的企业赢得合法的垄断权，否则其处境也未必轻松。它必须时刻保持警惕，其他企业会不断向其长处发起挑战，对其短处进行攻击。领导者企业很容易失去良机而退至第二或第三，如产品革新可能会使领导者受到冲击；领导者可能会错误地预期经济衰退而在投资上趋于保守；领导者企业还可能对成本不加严格控制，结果造成成本大幅上升，利润降低。相反，市场挑战者富于朝气，充满活力，它们敢于积极进取向领导者发起进攻，如预期经济繁荣而加大投资。领导者企业若想维持其优势地位，应当采取有力的行动，可以从三方面去做：① 设法扩大整个市场需求；② 借助于良好的攻击与防卫战略来维护其现有的市场占有率；③ 在市场规模不变的情况下，力争扩大其市场占有率。

1）扩展整个市场

因领导者企业以其强大势力在市场上占有巨大份额，所以整个市场的扩大通常使它获得最大的利益。领导者企业应怎样拓展整个市场呢？方法有以下三种。

（1）吸引新使用者。每类产品都有吸引顾客的潜力，顾客没有购买可能是因为不知道这种产品，或者因其价格不当，或者缺乏某些特点所致。企业可以针对不同的情况采取措施，解决潜在的购买问题，将其转化为新的实际购买者。企业可以从以上三种顾客群体中寻找新的使用者。比如，当香水还只为一部分女性使用时，一个香水企业可以说服那些不使用香水的女性也使用香水（市场渗透策略），或说服男人开始使用香水（新市场策略），或销售香水至其他国家（地理扩张策略）。

（2）开发新用途。可以通过发现并推广现有产品的新用途来扩大市场。比如，杜邦公司就是通过不断开发尼龙的新用途而实现市场扩张的。尼龙首先用于制作降落伞的合成纤维，然后作为制作女袜的主要原料，再后来成为汽车轮胎、沙发椅套、地毯的原料。这一切都归功于杜邦公司为发现产品新用途而不断进行研究与开发。

事实上，在很多情况下，不是企业发现产品的新用途，而是使用者自己将产品拿作他用。比如，凡士林当初只不过用作机器润滑剂，然而数年内，使用者便发现此产品的数种用途，如用作护肤软膏、药膏和发蜡等。所以企业的主要任务是借助定期调查与询问，及时了解用户对本企业产品的使用方法有哪些，企业可以从中得到许多启示。有关的研究也证实，大部分产品新用途开发的构思来自使用者，而非公司的研究开发实验室。

（3）扩大使用量。第三个市场扩张策略是说服人们在每次使用产品时增加使用量。在刺激提高每次使用量方面，有一个非常具体有创造性的例子，即法国米其林轮胎公司。该公司过去一直都在设法鼓励汽车拥有者每年驾驶更多的旅程，以增加轮胎更换次数。他们设想的一个方法就是，以三星系统来评价法国境内的旅馆，宣布大多数最好的旅馆都在法国南部，并且出版旅游指南的书，以吸引旅游者，这样，便使得许多巴黎人都到法国南部去过周末。

2）保护市场占有率

除了扩大整个市场的规模外，领导者企业还必须时常提高警惕，保护现有的市场占有率，以防受到竞争对手的攻击。市场挑战者经常会偷偷地接近市场领导者，以窥其弱点，发起进攻，比如，富士攻击柯达，百事可乐攻击可口可乐。此外，对其他小企业也不能坐视不理，听任他们一点一点吞食自己。

面对众多的竞争对手，市场领导者企业怎样才能保护自身的利益呢？最有效的方法是不断创新，通过创新提供给顾客新的价值，从而提高企业的竞争能力。这样可以利用竞争者的弱点，以攻为守，争取主动。

领导者企业还应注意努力降低成本，保持产品价格与顾客心目中的品牌价值一致，以巩固企业在现有细分市场中的地位。同时要“防微杜渐”，不让竞争者乘虚而入。要做到这样可能并不容易，有时甚至会使企业损失利润，但从长远来看，放弃正在丧失的产品或细分市场的代价更高，企业应当慎重考虑。比如，施乐公司认为生产小型复印机会赔钱，但如果让日本公司轻易进入市场并壮大起来，它遭受的损失会更大。

近年来，全球性市场竞争加剧促使经营者对军事作战模式产生了浓厚兴趣，并力图将其运用于市场营销活动之中。他们认为，领导者企业在保护市场占有率时可将一些成功的军事防御战略作为其竞争战略，主要有以下六种。

（1）阵地防御。最基本的防御方式是阵地防御，即企业在它目前的经营领域周围采取防范措施，正像军事阵地周围的防御工事一样，以此抵御对手的攻击。但单纯依靠“防御工事”来作战很少能取得胜利。比如，亨利·福特汽车公司就曾一度采用这种“阵地防御”方式来保护其T型车，结果使这家实力雄厚的公司曾一度濒临破产。所以，遭受攻击的领导者企业若集中其全部资源去建筑“防御工事”保护其现有产品，那是十分愚蠢的。

阵地防御的使用条件告诉我们，在当前科学技术发展日新月异，社会变化加速进行的时代，企业一方面必须尽力巩固现有产品、市场阵地，另一方面必须根据市场环境的变化灵活调整其竞争战略。

（2）侧翼防御。在全面防御整个“阵地”时，市场领导者应特别注意其侧翼的薄弱环节，因为明智的竞争者总是针对企业的弱点发起进攻的。正如日本人进入小型轿车市场是由于美国汽车制造商在这一部分市场上留下一个很大的漏洞。因此，企业必须运用侧翼防御战略，留心从各方面考察自己在市场中的处境，保护企业的要害部位，不让竞争者从某一点找到“突破口”。

（3）以攻为守。领导者企业可以采取一种更为积极的先发制人的防御战略，即在竞争者未能攻击本企业之前抢先攻击，削弱它们的势力。比如，企业对某个市场占有率正接近并危及自己的竞争者发动攻击。不过，这种以攻为守的战略出发点是：预防胜于治疗，防患于未然将收到事半功倍的效果。

有时这种以攻为守是利用心理攻势阻止竞争者的进攻，而不发动实际攻击。不过，这种虚张声势的做法只能偶尔为之。

（4）反击防御。当一个领导者企业采用了侧翼防御或先发制人战略防御后仍受到攻击时，它可用反攻性防御战略。当受到攻击后，在许多情况下，市场领导者可以先稍作后退，等到进攻者的攻势充分展开后，找到进攻者自身的薄弱环节，再予以回击，后发制人。这种策略看起来很危险，但是绝不可以未经深思就仓促上阵，打无准备的反击战。

当市场领导者在它的本土上遭到攻击时，一种很有效的方法是进攻攻击者的主要领地，以迫使其撤回部分力量守卫其本土。

（5）机动防御。它要求领导者企业不仅要积极防御现有的市场，还要进一步扩展到有前途的新领域，这些领域将来可以充当防御和进攻的中心。可以进行市场扩展，即将企业的业务扩展到相邻的行业，这有助于企业综合发展和提高自卫能力。比如，某企业将其经营范围从“地板材料”扩展到“房间装饰材料”。此外，企业可以将其资金分散到彼此不相关的行业经营，即多元化经营，这种做法可以让企业在战略上有更多的回旋余地。

市场扩展可通过两种方式实现，即市场扩大化和市场多角化。这些行动为企业产生“战略深度”，使企业能够经受连续不断的攻击和发动报复性回击。

市场扩大化，就是企业将其注意力从目前的产品上转到与该产品有关的基本需要上，并全面研究与开发有关的科学技术。市场多角化，就是将资源分散到互不相关的行业进行经营，从而可以有更多的回旋余地的一种策略。

（6）退却防御。有时候一些大企业发现已经无力再保住其所有的细分市场，企业资源已过于分散，因而竞争实力减弱，致使竞争者进一步吞食本企业的市场。在这种情况下，最好的行动莫过于采用退却防御（或称之为战略性撤退），即企业放弃一些已失去竞争力的市场，而集中资源在本企业具备较强竞争力的领域进行经营。

3）扩大市场占有率

领导者企业也可以尝试通过其市场占有率的再度扩张而成长。在许多市场上，市场占有率很小的增长就意味着销售额的巨大增加。比如，在美国的咖啡市场上，市场占有率增加1个百分点，其价值就是4 800万美元。有关研究表明，企业的获利率（以税前的投资报酬率来衡量）随着市场占有率的升高而上升，其关系如图2－5所示。

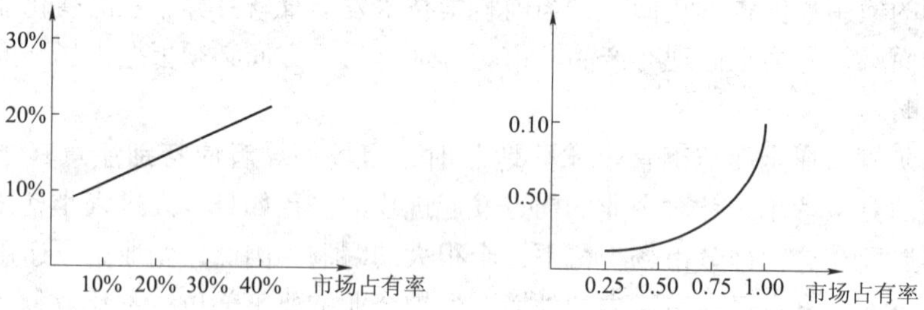

（a）获利率是市场占有率的函数　　（b）反托拉斯行动是市场占有率的函数

图2－5　获利率与市场占有率

这种发现使得许多企业认为，它们不该只是为市场的优势而奋斗，也该尝试推动市场占有率升高。

但是，对于追求市场占有率的做法有人也提出了警告。他们认为，企业的这种行动还是有一定程度的自我限制。① 怕引起反托拉斯行动。若领导者企业侵占了更多的市场，那么，竞争者及反托拉斯立法者很可能会大声叫喊“反垄断”。每个企业必须衡量它所面对的反托拉斯概率系数的形状。图2－5（b）的假定函数显示，该企业在市场占有率达到25%之后，反托拉斯的风险明显上升；而在其市场占有率达到75%之后反托拉斯行动必定产生。这种风险将会削减过分追求市场占有率获利的吸引力。② 出于经济成本的考虑。在已达到高占有率之后，要想再获得更高的市场占有率，其成本可能上升得很快，因而将降低边际利润。来自顾客、立法者及其他社会公众的阻力都将使市场占有率超过某一限度后，追求更高市场占有率的行动将变得十分艰难，获利能力不再追随市场占有率的上升而上升，反而有可能下降。事实上，某些领导者面对此情形，已开始考虑降低其市场占有率，以降低风险。③ 企业在努力提高市场占有率时可能采取错误的市场营销组合策略，因而不能增加利润。总之，扩大市场占有率战略并不是单纯将提高市场占有率作为唯一的目标，它是在领导者企业拓展整个市场、保护现有“领土”和盈利的情况下，提高占有市场的艺术。

2. 市场挑战者战略

在行业中占第二、第三及第四的企业，称之为居次者或追随者企业。虽然它们较领导者小，但就整个行业而言，它们的势力非常大，这些居次的企业可以采取不同的竞争战略。它们可以决定攻击市场领导者及其他企业而获得更高的市场占有率；它们可以安于现状而不扰乱竞争局面。下面先讨论市场挑战者的战略。

1）明确战略目标

市场挑战者一般可以从三种企业中选择攻击对象，并确定相应的战略目标。

(1) 攻击市场领导者。这一战略风险较大，不过，一旦成功企业将获得巨大好处，特别是当市场领导者名不副实或存在明显漏洞时，采取这种策略更有意义。若挑战者进攻的目标是市场领导者企业，其目的可能是要争夺市场占有率，而不在于马上打垮领导者企业。

当然，挑战者必须具有明显高于市场领导者的竞争优势，如降低成本带来的低价格或高价格但产品价值更高等。同时，挑战者还必须有办法将市场领导者的反攻限制在最小范围内，否则所获得的利益不会长久。

(2) 攻击与本企业规模相当，但经营不善、资金不足的企业。挑战者企业应认真测定竞争者对手的顾客是否满意以及该企业产品的创新能力怎样。若这家企业资源有限，本企业甚至可以考虑进行正面攻击。

(3) 攻击当地的区域性小型企业，他们常常经营不善、资金不足，挑战者企业可以靠吞并这样的小企业扩大自己的势力。

攻击中小企业，夺取他们的市场，一来可以增强自己的力量，二来可以为向更强大的竞争对手发动进攻奠定基础。

总之，战略目标决定于攻击对象。如果以市场领先者为进攻对象，其目标可能是夺取某些市场份额，或者是夺取市场领先者的地位；如果以中小企业为进攻对象，其目标可能是将他们逐出市场。但无论在任何情况下，只要想发动攻势、进行挑战，就必须遵循军事学上的目标原则：每一项军事目标都必须指向一个明确的、肯定的和可能达到的目标。

2）选择进攻战略

在明确竞争对手与战略目标以后，就应选择有效的进攻战略。可供使用的进攻战略主要有以下五种。

(1) 正面进攻。当挑战者集中精力直接攻击对手时，就是发动正面进攻。正面进攻打击的目标是竞争者的长处，胜负取决于谁的势力更强。在完全正面攻击中，挑战者企业要与竞争者在产品、广告、价格等方面进行全面较量，只有在势力明显超过竞争对手时才有获胜的可能。

挑战者可以不采取完全的正面进攻，而是采取变通的正面进攻。最常用的方法是实行削价，即在产品其他方面与竞争者不相上下的同时，通过较低的价格打击竞争者。应用这种战略应特别注意防止被卷入单纯的“价格战役”之中。同时还应使顾客不至于因价格降低而怀疑产品的质量。此外，为使这个价格的进攻有一个坚固的基础，企业可以在研究与开发方面投入足够的资金以便降低成本，持续正面进攻战略，直至大获全胜。

（2）侧翼进攻。只要认真观察，就可以发现，再强大的竞争者也总有一些未加防备的侧面，这可以成为挑战者攻击的目标。特别是那些资源比竞争对手少，不能用强力击败对手的挑战者可以采用这种“集中兵力攻敌弱点”的侧翼进攻战略。侧翼进攻的一种做法是地理方面的，即向竞争对手在全国乃至全世界经营不善的地区发动攻击；另一种做法是细分市场方面的，即寻找竞争者的产品尚无供应的市场缺口，并且迅速填补这个空缺，将其发展成为强大的细分市场。

侧翼进攻战略的好处是，一方面避免了两家或多家公司在同一市场上发生冲突而两败俱伤；另一方面引导他们去满足市场的各种需求。这种战略最好地体现了现代营销观念——发展需要并设法满足它。侧翼进攻也是一种最有效和最经济的战略形式，较正面进攻有更多的成功机会。

（3）包围进攻。单纯的侧翼进攻是指集中力量填补竞争者在现有市场上无法覆盖的缺口，而包围进攻战略则是指企业在几条战线发动全面攻击，迫使对手在正面、侧翼和背面同时全面防御。这种战略只有在攻击者的资源比竞争对手更丰富，并确认能完全包围对手、迅速击垮对方抵抗意志时才能奏效。

（4）迂回进攻。这是一种间接进攻战略，指绕过竞争对手，向较易进入的市场发动攻击，扩大自己的资源基地。常用的方法有：多元化经营不相关产品；将现有产品打入新地区市场来开展多元化经营；蛙跳式进入新技术领域以替代现有产品。该战略若运用得当同样可获得较大成功。

（5）游击式进攻。该战略是指在不同地区向竞争对手发动小规模的、断断续续的攻击，目的在于骚扰对方，使之疲于应付，而最终使自身能在市场上站稳脚跟。常用方法有：有选择性的降价；强烈的爆发式促销行动；偶尔也可采用法律行为。该战略尤其适用于资金短缺的小企业，这是它们用来对付大公司的常见战略。应当注意，这种游击战严格说来只是一种“准备战”，进攻者若希望“打败”对手，最终仍须有强大的进攻作为后盾。

上述各种进攻战略涉及很广，市场挑战者应选择一些适当战略，并加以综合运用。例如，美国百事可乐对可口可乐是举世瞩目的挑战者，它在1950—1960年间，发动了多次巨大的攻势，取得了很大的成绩，销售量增长了4倍。但是，并非所有居次要地位的企业都可以充当挑战者，如果没有充分把握不应贸然进攻领导者企业，最好是追随而不是挑战。

3. 市场追随者战略

作为市场追随者企业，一般不会采取降价等手段进行短期市场占有率的攫取，因为这只会激起领导者及其他企业的报复，尤其是在钢铁、化肥和化学工业等行业，产品差别化和形象差别化的机会不多，服务质量也大体一致，对价格十分敏感，随时会爆发价格大战。大多数企业不会暗中拉拢其他企业的顾客，它们通常模仿市场领导者企业，提供相似的产品，以使市场占有率倾向于高度稳定。

但这并不是说市场跟随者没有策略。一个市场跟随者必须很清楚地了解它应如何保持现在的顾客及如何赢得一定数量的新顾客，每个跟随者还必须选定其目标市场，并在地点、服务和融资等方面给予目标市场一些独特利益。同时，应注意保持低制造成本及高产品质量与服务，并及时进入开发的新市场。

市场追随者有以下几种策略可选择。

（1）寄生者。追随者要努力在各个细分市场和营销组合如产品、广告等方面模仿领导者，它们并不进行任何创新，只是寄生性地利用市场领导者的投资而生存，更有的成为了“伪造者”。市场领导者会尽力打击“伪造者”，以保护自己的利益。

（2）紧跟者。紧跟者全面模仿领先者的产品、分销和广告等，其特点是产品和包装类似于领先者，但品牌名稍有区别。如“彬彬”西服模仿“杉杉”西服等。紧跟者寄生在市场领先者的投资之下，特别依赖于市场领先者的投资生活。

（3）有限模仿者。有限模仿者从领导者那里借鉴了一些东西，但仍然在包装、广告、定价等方面与之保持一定差异。如果有限模仿者不向领导者挑战，领导者不会对其介意。

（4）改进者。改进者对领导者的产品进行学习和改进，甚至使它们有所提高。一般情况下，改进者会选择不同的市场销售其产品，这样避免与领导者交锋。

总之，跟随者并不意味着被动，或是一味模仿领导者，它必须为自己设定独特的成长路线，但不至于引起强烈竞争报复的方式行事。虽然它的市场占有率较市场领导者企业的低，但它们同样赚钱，甚至赚得更多。其成功的关键就是了解市场细分与集中，有效研究与开发，强调利润而非市场占有率，以及坚强的高层管理。

4. 市场拾遗补缺者战略

几乎每个产业都由许多小企业在市场的某一部分运行，并且试图避免与主要企业发生冲突。这些小企业发现及占有某些细小市场，并借助专业化对那些可能为大企业所忽略或放弃的市场提供有效的服务，因此称之为市场拾遗补缺者。

这种战略不仅使小企业感兴趣，而且也使那些无法在产业中达到杰出地位的大企业的小部门感兴趣。这些小企业的自救之道便是寻找一个既安全又能获利的细小市场。理想的补缺市场应具备以下特征：① 此市场必须有足够规模及购买力，能够盈利；② 此市场有发展的潜力；③ 此市场被强大的竞争者所忽视；④ 企业有能力和资源对这个市场提供优质的服务；⑤ 企业已在顾客中建立了良好的商业信誉，能够抵挡大竞争者的入侵。

拾遗补缺者的战略关键是专业化。企业必须随市场、顾客、产品或市场营销组合来确定一个行得通的专业化形式。以下十一个方面的专业化可供市场拾遗补缺者采用。

（1）最终用户专业化。企业可以决定专门服务于某一类型的最终用户。如法律事务所可决定专门服务于刑事、民事或工商企业法等市场。

（2）垂直专业化。企业可专门为处于生产与分销循环周期的某些垂直层次提供服务。如铜制品公司可专门生产铜、铜部件或铜制品。

（3）顾客规模专业化。企业可集中力量向小型、中型或大型的客户销售。许多市场拾遗补缺者专门服务于购买量小的顾客，因为这些顾客往往被大企业忽略了。

（4）特定顾客专业化。企业把销售对象限定为一个或几个主要的顾客。

（5）地理市场专业化。企业只在全球某一地点、地区或范围内经营业务。

（6）产品或产品线专业化。只经营一种产品或某一类产品线。在实验设备行业中，有许多企业只生产显微镜，或甚至缩小到只生产显微镜片。

（7）产品特性专业化。企业专门生产某种类型的产品或产品特征。

(8) 加工专业化。只为订购客户生产特制产品。

(9) 质量——价格专业化。企业只在市场的底层或上层经营。比如，某企业只在微型电脑市场上经营。

(10) 服务专业化。企业提供一种或几种其他企业所没有的服务。

(11) 销售渠道专业化。这种企业只为一种销售渠道服务。比如，某饮料企业只向汽车加油站供应一种大容器包装的软饮料。

企业应该意识到补缺市场也不是一劳永逸的市场，它会逐渐萎缩，因此企业必须不断进行拾遗补缺。所谓“不断进行拾遗补缺”，并不一定要“忠于某一个补缺市场”。因此开辟“多头补缺市场”，即选择两个或两个以上的有利位置，要比局限于“单一补缺市场”好得多。通过多方面的拾遗补缺，企业的生存机会将大大增加。

市场补缺战略不仅适合于中小企业，也适合于欲进入某激烈竞争市场的大企业。一般来说，想要进入被占领市场的公司一开始就应瞄准补缺机会而不是整个市场。

2.4 市场营销组合战略

2.4.1 市场营销组合的基本内容

营销组合是现代营销学理论的一个重要概念，是 1964 年由美国哈佛大学的 Borden 教授首先提出来的，此后受到学术界和企业界的普遍重视和广泛应用。

市场营销受诸多因素的影响和控制，营销因素的有机组合是制定营销战略的前提，这些因素可分为两大类：一类是企业不能控制的因素，称为不可控因素，主要包括政治、经济、法律、人口、技术、竞争以及社会文化等宏观经济社会环境因素，这类因素决定了市场需求的性质和容量；另一类是企业能够控制的因素，称为可控因素。

市场营销组合，是指企业针对自己的目标市场，协调配套地运用各种可以控制的营销因素（变量），形成一种最佳的营销因素组合。营销的可控因素十分复杂，为便于分析和运用，需要对各种营销因素加以归类。目前最流行的分类方法，是美国市场营销学家麦卡锡提出的分类方法，就是把可控营销因素概括为四类基本的策略变量，即产品（Product）、定价（Price）、分销地点（Place）和促销（Promotion），简称“4Ps”。同时，“4Ps”中的每一个 P 又各自包含许多次级变量（见图 2－6）。所谓营销组合，也就是这四个“P”的适当组合与搭配，它体现着现代市场营销观念指导下的整体营销思想。

“4Ps”中的每一个 P 都是可以调整和变动的，因而它们可以形成许多不同的组合方式，适应复杂多变的营销环境。事实上，企业营销优势的形成，不仅与单个策略的优劣有关，而且在更大程度上取决于策略变量组合的优劣。例如，著名的快餐连锁企业美国麦克唐纳公司，就是通过采用合理的市场营销组合，在整体上满足消费者的需要，从而取得了巨大成功。麦克唐纳的营销组合如图 2－7 所示。

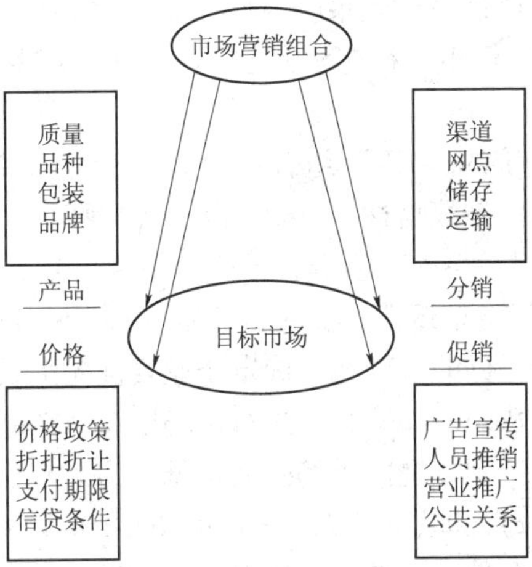

图 2-6　4Ps 组合

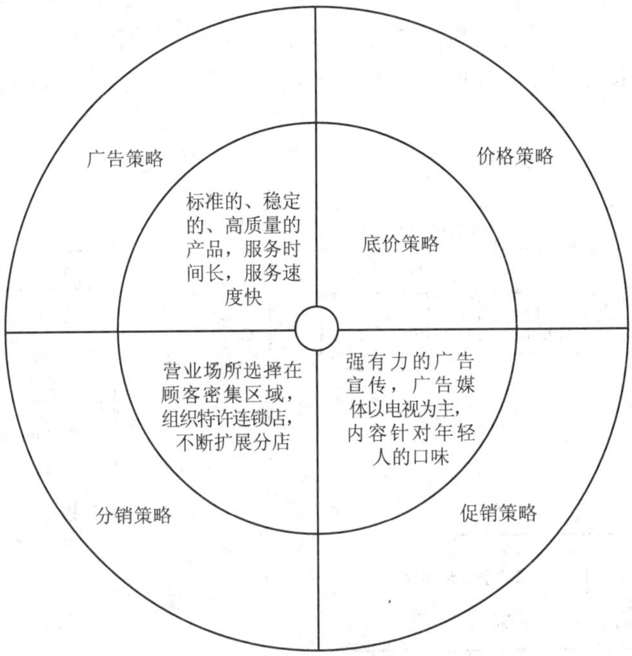

图 2-7　麦克唐纳的营销组合

2.4.2　市场营销组合理论的发展

“4Ps”组合这一经典理论，是于 20 世纪 60 年代买方市场条件下形成的，当时的立足点是：企业只要善于发现和了解顾客需求，更好地满足顾客需求，就可能实现企业的经营目标。但是，随着营销实践的不断发展，人们感到，仅仅着眼于企业可控制的“4Ps”基本营销因素，已经难以实现营销目标，还需和外部环境因素，如政治的、经济的、文化的等不可控因素有机结合起来，才能获得最优效果。因此，菲利普·科特勒于80年代提出市场营销的“11Ps”组合，对“4Ps”作出了补充和完善，丰富了市场营销组合的内涵，形成一种营销战略决策体系。

在“11Ps”组合中，传统的“4Ps”组合称为战术性（Tactics）营销组合，为了正确确定战术营销组合，首先必须做好战略性（Strategy）营销规划。

战略性营销规划也是一个“4Ps”组合，更确切地说，是一个具有先后顺序的过程。首先是探查（Probing），即市场营销调研；其次是分割（Partitioning），即市场细分；第三是优先（Prioritizing），即在市场细分的基础上，确定企业要优先满足哪些顾客群，实际上就是选择目标市场；第四是定位（Positioning），既进行市场定位和产品定位。

另外，由于当今带有保护型壁垒的市场随处可见，为了有效地打开产品进入目标市场的通路，还要增加权力（Power）和公共关系（Public Relations）两个P。也就是说，要通过灵活运用政治权力和公共关系两种营销技巧，确保营销取得成功。

最后一个P，指的是人（People），即要理解人，了解人。它包含两层意思：一是调动企业员工积极性，即所谓内部营销（Internal Marketing）；二是满足顾客需要，即所谓的外部营销（External Marketing）。为了搞好外部营销，满足顾客的需要，首先要实施内部营销，调动企业员工的工作积极性。因此，人的因素贯穿于营销活动的全过程，是实施其他10Ps的基本保证。

“11Ps”组合状况如图2－8所示。

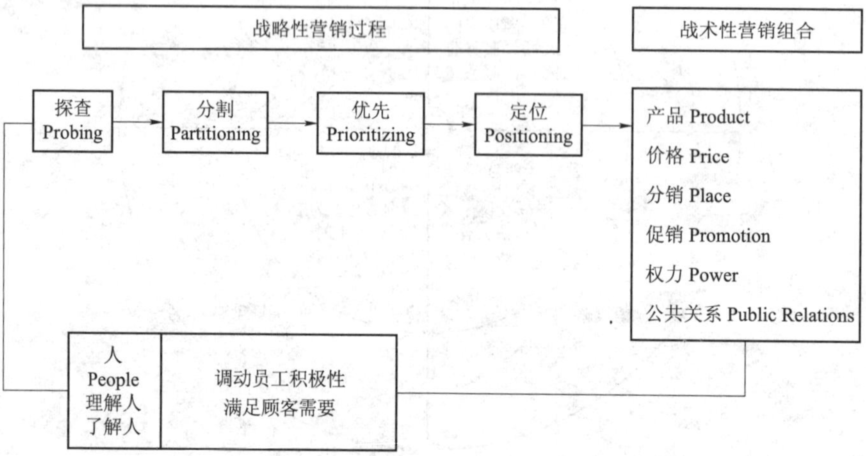

图2－8　11Ps组合

2.4.3　市场营销组合的特点

（1）可控性。构成市场营销组合的各种手段，是可以调节、控制和运用的因素。比如，企业根据目标市场的情况，能够自主决定生产什么产品，制定什么价格，选择什么销售渠道，采用什么促销方式。市场营销手段的这一特性，决定了营销组合的可能性。倘若这些因素不可控制，它们便是市场营销环境的内容，企业也就谈不上对它们的组合运用。市场营销管理过程的核心，正是企业通过艺术地运用其可控制因素，在动态适应市场营销中的不可控制因素的过程中，实现预期目标。

(2) 动态性。市场营销组合不是固定不变的静态组合，而是变化无穷的动态组合。组成特定市场营销组合的手段和因素，受到内部条件、外部环境变化的影响，必须能动地作出相应的反应。比如，同样的产品、同样的价格和同样的销售渠道，企业根据需要改变了促销方式；或其他因素不变，企业提高或降低产品价格等，都会形成新的、效果不同的市场营销组合。

(3) 复合性。构成市场营销组合的四大类因素或手段，各自又包括了多个一级或更次一级的因素。以产品为例，它由产品质量、外观、品牌、包装、服务等因素构成，每种因素又由若干更次一级的因素构成，如品牌便有多种。又如促销，包括人员促销、广告、公共关系促销和营业推广，其中，广告又有报纸广告、杂志广告、广播广告及电视广告等多种，每一种还可以继续往下细分。市场营销组合不仅要求四种手段的互相配合，而且每种手段的组成因素之间，每个组成因素的更次一级组成单位之间，都必须协调配合。

(4) 整体性。市场营销组合的各种手段及组成因素，不是简单的相加或拼凑集合，而应成为一个有机整体。在统一目标的指导下，彼此配合，相互补充，能够求得大于局部功能之和的整体效应。

2.4.4 市场营销组合的意义

市场营销组合理论是现代市场营销学的主要内容之一，它对市场营销的发展具有重要的意义。企业市场营销管理的主要任务，就是要确定营销目标和制定实现目标的战略。而制定营销战略的核心内容就是正确确定各营销变量，并将它们加以合理地组合，以使它们形成最佳的整体效果。具体说来市场营销组合的意义主要在于如下方面。

(1) 它提供了一种科学地分析和运用各种营销因素的思路和方法，指导企业经营者把影响营销效果的各种因素有机地结合起来，达到企业营销整体效果最优化。

(2) 它把营销战略决策和营销战术决策有机地结合起来。制定市场营销组合，需要确定各个营销策略变量，这是战术性决策。但是，市场营销组合并不是追求每一种营销策略达到最优，而是追求全部营销策略所形成的整体效果最优。因此，不能只是孤立地研究每一个营销策略的优劣，必须研究如何使各个营销策略变量协调配套，形成整体最佳的组合方案，这就需要战略性思维。

(3) 它为企业参与市场竞争提供了有力手段。例如，企业竞争的传统手段是价格竞争，但价格竞争是一把双刃剑，既会伤害竞争对手，也会伤害自己。而采用合理的营销因素组合，则有利于企业充分利用非价格因素来形成差别优势，提高企业的竞争能力。

小　结

1. 市场营销战略是对企业市场营销工作做出的全局性、长期性、方向性的谋划。一个企业的市场营销战略是受到企业战略计划的制约的，企业战略规划包括确立企业任务、确定企业目标、确定投资组合、确定发展战略、制定职能战略等过程。

2. 市场营销战略是企业战略的重要组成部分，营销战略的制定与实施，也就是市场营销管理的过程。市场营销管理包括了几个环节：发现和分析市场机会、选择目标市场、制定营销战略、营销战略的实施、营销战略的控制。

3. 制定营销战略从本质上讲就是选择适当的竞争战略。企业应在竞争环境分析、竞争行业分析、竞争者分析的基础上，进行竞争战略的设计。企业根据在市场上的地位不同，应采取不同的战略：市场领导者战略、市场挑战者战略、市场追随者战略、市场拾遗补缺者战略。

4. 市场营销组合战略是现代市场营销中极其重要的战略。市场营销组合，是指企业针对自己的目标市场，协调配套地运用各种可以控制的营销因素（变量），形成一种最佳的营销因素组合。经典的营销组合理论是"4Ps"，即产品（Product）、定价（Price）、分销地点（Place）和促销（Promotion）。在"4Ps"的基础上又提出了"11Ps"，即在"4Ps"的基础上增加了探查（Probing）、分割（Partitioning）、优先（Prioritizing）、定位（Positioning）、权力（Power）、公共关系（Public Relations）、人（People）。"11Ps"是对"4Ps"的延伸和发展。

复习思考题

1. 简述战略规划的程序。
2. 简述如何确定企业的投资组合。
3. 如何确定企业的发展战略？
4. 市场营销管理过程有哪些主要环节？
5. 什么是市场机会？如何寻找和利用市场机会？
6. 市场竞争战略有哪些基本类型？如何制定市场竞争战略？
7. 什么是市场营销组合？什么是"4Ps"组合？"11Ps"组合对"4Ps"组合作了哪些完善和补充？
8. 市场营销组合有何意义？

案例

OPhone 与 iPhone 对决中国 3G 市场

2009 年 1 月 7 日，中国工业和信息化部颁发 3G 牌照。之后，中国电信市场的两大运营商中国移动和中国联通便迅速展开了战略对决。

4 月 15 日，中国移送发布 G3 笔记本；

4 月 28 日，中国联通推出了其全业务品牌"沃"；

5 月 4 日，中国移送启动 TD－SCDMA [A] 三期招标，三期工程预计覆盖 328 个城市；

5 月 17 日，中国联通宣布在全国 55 个城市启动 3G 业务使用服务。

在3G手机用户市场，移动和联通的竞争尤其激烈。8月28日，中国联通和苹果公司达成iPhone手机销售协议，意欲通过引入强势终端产品合作打开3G手机用户市场。紧随其后的8月31日，中国移动也高调宣布，将携手谷歌和国内一些手机软件、硬件厂商推出OPhone手机。

一场3G手机大战拉开序幕，鹿死谁手，众人拭目以待。

1. 企业简介

1）中国移动

中国移动通信集团公司（简称中国移动），于2000年4月20日成立，全资拥有中国移动（香港）集团有限公司，后者是中国在境外上市公司中市值最大的公司之一。

截至2009年6月30日，中国移动资产总额为7 239.89亿元人民币，拥有客户4.98亿人，是全球网络规模、客户数量最大的电信运营企业。

中国移动主要经营移动话音、数据、IP电话和多媒体业务，并具有计算机互联网国际联网单位经营权和国际出入口业务经营权。除提供基本话音业务外，还提供传真、数据、IP电话等多种增值业务，拥有"全球通"、"神州行"、"动感地带"等著名业务品牌。

2009年1月7日上午，中国移动获得TD－SCDMA制式3G牌照。就在当天，中国移动推出了G3品牌标识和3G专属188号段。当其他运营商忙于制定3G商用时间表之际，中国移动再度抢先，公布了2009年TD－SCDMA发展规划。1月中旬，中国移动又将TD－SCDMA网络建设提速，将此前"到2011年，TD－SCDMA网络将覆盖全国95%的地级城市"修订为"到2011年覆盖全国100%的地级城市"。紧接着7月底，中国移动完成TD－SCDMA三期网络设备招标。按照规则，10月底中国移动将开通所有三期城市。2009年春节前，中国移动为TD－SCDMA市场发展制定了"3+1策略"（"3"包括TD－SCDMA上网卡、TD－SCDMA笔记本、家庭信息机（TD－SCDMA无线市话）；"1"指TD－SCDMA手机）。在这个策略中，上网本和上网卡成为中国移动发展TD－SCDMA用户的急先锋。电信咨询机构BDA分析师石磊表示，中国移动下半年会将大部分精力放在TD－SCDMA手机的销售上，而不再是TD－SCDMA数据卡和上网本。8月31日，中国移动正在发布基于Google Android源代码的OPhone平台［B］，并计划在下半年推出30多款TD－SCDMA手机。

2）中国联通

中国联合网络通信集团有限公司（简称中国联通）是2009年1月6日经国务院批准在原中国网通（2002年5月经国务院批准组建而成）和原中国联通（1994年7月经国务院批准正式成立）的基础上合并成立的国有控股特大型电信企业。中国联通在中国内地31个省（自治区、直辖市）及境外多个国家和地区设有分支机构，该控股公司是中国唯一在香港、纽约、上海三地上市的电信运营企业。

截至2008年底，资产规模达到5 266.6亿元人民币，员工总数46.3万人。截至2009年7月底，中国联通用户总数为3.2亿人，居世界第五。

中国联通拥有覆盖全国、通达世界的现代通信网络，主要经营：固定通信业务，移动通信业务，国内、国际通信设施服务业务，卫星国际专线业务、数据通信业务、网络接入业务和各类电信增值业务，与通信信息业务相关的系统集成业务等。

2009年1月7日下午，中国联通获得WCDMA［C］制式的3G牌照。4月28日，中国联通正式推出其全业务品牌，新品牌口号"精彩在沃"，以全新的品牌概念拉开了中国联通划时代的品牌序幕，同时还标志着中国联通3G时代的正式来临。5月17日，中国联通正式启动55个城市的3G试商用。同日，中国联通网上营业厅开通“3G在线客服”，提供包括3G产品、资费标准、网络覆盖、增值业务、国际漫游等咨询，并为首批186号段友好体验用户提供话费查询、交费充值、业务办理等服务。8月28日，联通与苹果公司达成iPhone手机的销售协议。

2. OPhone Vs iPhone

中国移动于2007年启动OPhone平台的研发，并用两年时间完成了商业应用平台的开发工作，许多终端厂商，包括联想、LG、飞利浦、海信等都加入到OPhone手机研发行列中。除此之外，全球主流的芯片厂商以及TD芯片厂商都与中国移动开展OPhone方面的合作。OPhone为全球厂商提供开放、高性能的软件平台，缩短了业务开发周期，提高用户体验的一次性，把内容供应商、开发者与消费者联系在一起。中国移动坚持开源、开放的合作模式，希望通过开展更多的合作来推动OPhone平台的发展。

OPhone手机是指采用OPhone平台（操作系统）的手机终端，内置了中国移动的服务菜单、音乐随身听、手机导航、号簿管家、139邮箱、飞信、快讯和移动梦网等特色业务。另外，OPhone是中国移动携手多家厂商联合推出的产品，因此对于不同的终端厂商，OPhone产品有不同的代号，如联想OPhone的代号为O1，戴尔OPhone的代号为“Mini 3i”等。

iPhone手机是由美国苹果公司发明的一款新型移动电话。它将创新的移动电话、可触摸宽屏iPod以及具有桌面的电子邮件、网页浏览、搜索和地图功能的突破性因特网通信设备等三种产品融为一体。iPhone引入了基于大型多触点显示屏和领先性新软件的全新用户界面，用户通过手指即可控制iPhone。中国联通于8月28日与苹果公司就未来三年内iPhone手机合作销售达成协定。另外在合作模式方面，常小兵表示中国联通iPhone手机的销售收入不会与苹果公司分成。苹果公司也表示iPhone不会通过与中国联通签署独家供货协议实现在华销售，即中国联通与苹果公司的销售协议并不具有排他性。

2009年9月16日，首款3G OPhone O1（联想手机）在京发布。同时，代表“时尚”、“领先科技”以及移动联通互联网应用的全新产品品牌——MIRO正式推出，并首次使用在联想O1手机上。随着中国移动发布Mobile Market移动应用商城及OPhone平台，联通引入iPhone，焦点越来越集中到移动互联网市场的争夺上。联想O1的推出，标志着OPhone和iPhone的竞争已经全面上演，3G终端大战正式拉开帷幕，移动互联网市场争夺战进一步深入。

那么，OPhone与iPhone究竟是如何争夺中国3G移动互联网手机市场的呢？

1）硬件

OPhone（以联想O1为例）使用的硬件配置相比普通智能手机有明显优势，不仅具备了624MHz的高性能处理器，而且屏幕分辨率达到320×480的等级，2:3的宽高比更加适合浏览网页、观看宽屏电影。内置至少8GB的闪存可以满足多数用户需求，而且还可以插MicroSD卡进行扩充。O1的电池是可拆卸设计，用完后可直接更换新电池。O1在只是TD-SCDMA网络的同时，还具备了CMMB［D］数字电视模块及Wi-Fi［E］无线模块，并同时兼容国内的WAPI［F］，这是本土手机的独特优势。

联通版iPhone 3GS，在3G无线通信模块、CPU和图形加速器上都做了升级。HSDPA

[G] 的加入使 iPhone 的理论下载速度提升到 14.4Mbps。虽然联通版 iPhone 的 CPU 工作频率略低于 O1，但 ARMCortex - A8 处理器使用了比 PXA930 更加先进的架构，实际性能表现将优于 O1。PowerVRSGX 图形加速器能对电影播放及 2D/3D 游戏提供加速，而仅靠 CPU 处理这些任务的 O1 在这些应用效果上将会大打折扣。多点触控屏和各种感应装置使 iPhone 的操作极为便利。另外，iPhone 只提供一块电池，并且不具备 Wi - Fi 无线模块。

2）软件

中国移动于 2009 年 8 月 17 日召开发布会，正式发布中国移动软件商店 Mobile Market，并鼓励开发者开发游戏、软件、主题等多种手机应用商品。Mobile Market 是中国移动在 E 时代搭建的增值业务平台，由广东移动和卓望科技负责共同建设。Mobile Market 平台的运作流程，是用户通过客户端接入运营商的网络门店下载应用，开发者通过开发者社区进行应用托管，运营商通过货架管理和用户个性化信息进行分类和销售。开发者在 Mobile Market 销售的软件将可获得七成收益，开发者也可在中国移动允许范围内自主定价。网易科技曾于 7 月 3 日、8 月 11 日率先报道其网站版本两次短暂上线。根据 Mobile Market 最后一次短暂上线时显示的数据，该商店已有 1 218 项应用商品，其中包括适合所有机型的 205 个软件、459 个游戏以及 554 个主题。

苹果公司则于 2008 年 7 月 10 日正式推出在线软件商店 App Store。到目前为止，App Store 上的软件数量达到 65 000 个，下载量高达 15 亿次。在提升 iPhone 软件竞争力的同时，还给苹果带来了额外的巨大利润。联通版 iPhone 已经确定在 10 月推出，但 App Store、iTunes [H] 等苹果特色服务的上线时间未定。但是针对联通 iPhone，据知情人士透漏，基于中国对电信增值业务的严格保护，App Store 的上线时间以及业务都将受到限制，初期将不会包括音乐盒游戏内容。但是到 2010 年第一季度之前，中国联通很可能和苹果在华成立合资公司，解决音乐盒游戏在 App Store 上的应用程序问题。由于行货 iPhone 自带的 App Store 短期无法上线，为了避免正版 iPhone 发布后成为“半裸机”，联通正在开发自己独立的手机软件商店，目前已经有消息称该商店命名为 Wo Store。

3）产品结构

OPhone 平台是中国移动联合运营商主导开发的第一个面向移动互联网智能终端的软件平台，并且已经有多家终端厂商在开发 OPhone 手机，包括联想、LG、飞利浦、海信等。除了终端厂商外，全球主流的芯片厂商以及 TD 芯片厂商都与中国移动开展 OPhone 方面的合作。另外，OPhone 开发者社区上线之后，短短三个月，已经注册了 8 000 多应用开发者。OPhone 手机首先分 TD - SCDMA 和 EDGE [I] 两版本，中国移动更鼓励厂商研发 TD - SCDMA 制式的 OPhone 手机。更多的厂商会推出众多硬件和功能各异的 OPhone 产品，适合不同的人群。而联通 iPHone 则只有 3G 和 3GS 两个款型（3G 版 iPhone 是第二代产品，3GS 版 iPhone 是最新一代产品），用户的选择范围较小。

4）产品定位

OPhone 重视对手机电视、GPS、WAP 浏览、彩信的支持，对于喜欢功能丰富的普通消费者具有较大的吸引力，因此其更倾向于中低端的产品定位。同时，由于 OPhone 并不是单一的品牌构成和产品结构，因此不同品牌在各自的定位会存在不同。

而 iPhone 的定位则十分明确，它立足于高端产品，消费群主要诉求为顶级的外观设计、强大的网络功能及强大的应用源支持，因此它面向的是追求个性化的特殊人群。

5）品牌

iPhone 由美国公司于2007 年6 月在美国上市，主要针对美国用户的生活习惯而设计。由于其在技术和用户体验上的大胆突破和创新，赢得了较强的品牌影响力。许多 iPhone 的用户之所以花费数千元购买该产品，主要是被其强大的用户体验功能所吸引。在中国市场上，iPhone 最被人称道的移动互联网功能却很少被深入使用。

而中国移动联合多家运营商推出的 OPhone 手机具有多个品牌，如联想、戴尔、LG 等，这些品牌在国内市场上都具有一定的知名度和影响力。虽然在具体的品牌战略上，中国移动主推运营商品牌、边缘化甚至淡化终端厂商品牌，但是由于各个厂商仍会尽量争取自己的品牌宣传，也带来了 OPhone 的快速发展。

6）价格预测

中国移动和中国联通都表示将对3G 手机给予一定的价格补贴，但是具体的补贴政策如何，目前都还没有明确的官方消息。

中国移动将投入60 亿元用于终端的补贴和营销，其中有部分将用于OPhone 手机，并曾提出希望 TD－SCDMA 手机能够降至1 000 元左右，而联想CEO 吕岩表示，联想支持千元机趋势，不过实际市场价格不会降至千元。2009 年9 月16 日中国国际信息通信展上，中国移动推出的 OPhone 手机型号为联想 O1，联想官方的建议预售价格为3 999 元，加之移动的补贴政策（有消息称移动将补贴50%，但未经官方证实），大多数消费者能够消费得起一部 OPhone 手机。

关于 iPhone 手机的补贴是多少，中国联通董事长常小兵则说，“中国联通在（与苹果公司）谈判的过程中，我们也一直在酝酿参考国外同行的一些做法，结合中国市场的实际情况，以便设计 iPhone 引入中国后的市场营销方案。我坦诚地告诉大家，我们会借鉴国际惯例，在用户承诺了消费门槛基础上，给出合理的补贴”，“这个方案也没最后敲定，我只能告诉大家，我们肯定是给补贴的”。2009 年9 月17 日，据消息人士称，联通版 iPhone 的销售价格已经确定，并采取手机和资费捆绑销售的形式。iPhone3G 版本的费用是绑定月最低消费186 元的套餐两年，销售价格为1 999 元一台，而 iPhone3GS 版本的价格则是绑定186 元套餐两年，销售价格为2 999 元一台。除此之外，假如用户对两种绑定的 iPhone 套餐价格都不太满意，也可以通过预存6 000 元，使用18 个月，免费获得 iPhone3GS 版手机。

7）本土化优势

OPhone 有着较强的本土化优势，它基于谷歌 Android 平台开发的操作系统 OMS，并且将中国移动的多项业务内置在手机里，比如飞信、快讯、手机邮箱、GPS、CMMB 等，比较适合中国用户的需求。同时，借助于中国移动强大的客户群，OPhone 也容易收到更多的客户反馈意见而进一步加强完善。而许多联通 iPhone 的应用功能一时间还不能完全植入联通定制的 iPhone 中，且许多 iPhone 原有功能模块和软件服务都将或被取消或被推迟使用。

8）营销力度

从目前各种营销手段来看，中国移动表现得要比中国联通更加积极主动。从8 月31 日高调宣布推出 OPhone 平台到9 月16 日中国国际信息通信展上推出联想 O1 型号 OPhone 手机，都体现了中国移动在营销方面的大力度投入。同时，中国移动采取强化 OPhone 手机的运营商品牌，逐渐边缘化甚至淡化终端厂商品牌的战略模式，也解释了它在营销力度上的强势。

而由于联通版 iPhone 在软硬件方面都尚未准备充分，因此在市场上，联通始终保持着比较低调的姿态，在 2009 年 9 月 16 日的中国国际信息通信展上未见到联想的 iPhone 产品。9 月 22 日联通才明确表示将于 10 月推出正版 iPhone 手机。

3. 未来势态

中国移动与中国联通向市场推出的 3G 手机终端产品值得关注，OPhone 与 iPhone 的市场前景也值得期待。

在 2009 年 9 月 17 日的北京国际通信展上，Mobile Monday 北京论坛组织者薄益群表示了对 iPhone 在中国发展的不看好。据他所说，其原因包括三方面：其一是应用虽多但出自相对极少量用户；其二是 iPhone 体系产生的价值在中国可能仅是非常小的部分；其三是包括 Qrange 在内的各国运营商均拥有应用程序商店，而下载量、价值和开发者均比苹果应用程序商店多，同时在市场推广销售等的成本方面，iPhone 平台也显得逊色。代表日本 3G 发展的移动互联网上市企业 DeNA 中国区 CEO、天下网 CEO 王勇表示对 OMS 十分看好，同时也希望通过这一平台将社区服务传递给中国用户。

而此时的市场反应和消费者偏好也值得重视。在 2009 年 9 月 16—20 日的“3GPK 台：腾讯百万用户大调查”中，有 52. 63% （583 122）的被调查者表示更看好 iPhone 的软件商店，26. 02% （299 701）的被调查者表示更看好 OPhone 的软件商店。

尽管业内人士和市场对 OPhone 与 iPhone 市场前景看法不同，但都没有否认两者之间的竞争关系。然而针对这个一直被关注的焦点问题，移动和联通内部人士的看法却值得深思。

2009 年 9 月 10 日，中国移动通信集团总裁王建宙在大连达沃斯论坛上接受媒体采访时表示：“我们的 OPhone 不是跟 iPhone 竞争的，OPhone 是不同的概念，（是）适合客户需要的，（如果）你用了 OPhone 以后会发现，OPhone 是非常有特点的手机操作系统，竞争当然是很激烈的，竞争对消费者有好处，但是作为运营商来说，我们还是考虑投资者的利益，还要考虑公司的长期盈利，所以说作为管理层来说，就是如何来平衡这两者的关系。”

而联通内部似乎有着不同的看法。联通内部人士表示，中国移动在智能手机操作系统上虽然走在了前头，但是这并不代表 OPhone 会对 iPhone 形成很大的竞争力，毕竟 iPhone 的品牌效应不可忽略，并且中国联通提前公布引进 iPhone 一定会抢得市场先机，让想买 OPhone 的人产生观望情绪。另据联通相关人士表示，中国联通引进 iPhone 只是权宜之计，如果与 iPhone 合作产生巨大效益的话，肯定也要自己开发手机操作系统，这个事情并不难，只要联通把自己成熟的业务整合交给厂家开发商，很快就会出来，而且今后联通还会开发很多业务和应用，都可以叠加上去。另外，联通也可以看看 OPhone 发展如何，学习其操作经验。之前也曾有消息称，中国联通已经在准备推出自有操作系统 UniPlus，并在此基础上推出 uPhone 手机。

OPhone 与 iPhone 在战略和市场策略上显然存在很大差异，但市场前景如何，还需进一步关注。

案例思考题

1. 中国移动与中国联通的竞争战略分别是什么？具体的策略是什么？
2. 哪个企业未来的市场前景会更好？
3. 结合本章知识，谈谈中国3G市场竞争未来的发展、变化情况。

资料来源：董大海. 营销管理. 北京：清华大学出版社，2010.

第3章

市场调研和预测

市场调研和预测也被称为市场研究，是现代市场营销活动必不可少的一个环节。企业通过市场调研与预测，可以得到相关的信息资料，了解到市场现状，从而预测市场未来的发展变化趋势，为企业的经营决策提供科学依据。

本章简要地介绍市场调研与预测概念和基本内容，研究步骤，一些常用的调查和分析方法，市场预测的原理及方法。

3.1 市场调研

3.1.1 市场调研的作用和内容

市场调研是指系统地设计、收集、分析和提出数据资料以及提出跟公司所面临的特定的营销状况有关的调查研究结果。也就是说，企业对用户及其购买力、购买对象、购买习惯、未来购买动向和同行业的情况等方面进行全部或局部的了解，从而掌握市场的现状及其未来发展趋势的一种企业经营活动。

市场调研对企业改善经营、搞活经济、提高经济效益等方面都有重大作用，是企业进行正确经营决策的前提。企业通过市场调研可以掌握市场供求状况，分析市场变化趋势，不断发现新需求和新市场，找到最有利的市场营销机会。企业还可以市场调研为依据，针对市场情况制定相应的市场营销决策，并且可以对企业已实行的营销策略效果进行比较分析，修订效果不佳的策略。总之，市场调研对企业市场预测，制定经营方针、产品方向、经营策略等具有重要的作用。

市场调研的范围，应根据外部环境的变化情况和自身的工作要求来定，一般可分为广义的市场调研范围和狭义的市场调研范围两种，狭义的市场调研范围，主要以销售工作方面为主；广义的市场调研范围，除销售方面外，还包括对产品的分析和市场潜力的研究等。其具体内容有以下几个方面。

1. 市场环境

（1）政治环境。掌握政府关于工农业生产发展的方针、政策，有关价格、税收、财政、信贷、外贸等方面的政策法令，并分析它们对市场营销的影响。

（2）经济状况。主要调查掌握国民经济的发展趋势，未来可能的要求，人口增长趋势，就业机会和人数，工资平均增长速度等，并分析在其影响下市场供求总量及结构的变化趋势，预测社会商品购买力与商品可供量总额平衡的情况。

（3）社会环境。掌握一定时期一定范围内的人口数量及其变化，掌握各相关团体对各类消费者需求的影响。

（4）自然环境。了解供应区内的地理位置、气候条件、气象变化等规律。

（5）社会时尚。掌握一定时期内某种消费者行为在广大群众中的流行趋势、流行周期及流行性影响。

（6）科学技术。了解和掌握与本企业有关的科学技术的发展趋势、速度、内容。

2. 市场供求情况

（1）市场供应状况。指对供应的渠道、价格、数量、时间等进行调查，并及时掌握和分析，选择出最有效、最合理的方案。

（2）市场需求和变化趋势。通过调查消费者市场、工业市场和农业市场的情况，测定市场的潜在需求和现实需求的总量，预测市场变化趋势。这类研究主要使用定量分析的方法，力求准确地判明市场前景，为调整经营结构或营销策略指明方向。

3. 市场竞争研究

企业为了立于不败之地，要进行竞争调查，又称为竞争关系分析。首先要调查清楚谁是竞争对手或潜在的竞争对手，进而了解他们的销售机构、组织状况、销售能力、销售渠道、销售价格、销售策略、市场占有率、产品策略等，了解本企业在竞争市场上的序列、销售市场占有率、顾客对本公司的看法、企业的信誉等。实际上竞争分析应该作为一条主线贯穿于全部市场研究活动之中，使企业管理者能够随时了解竞争态势的变化，采取相应的对策。

4. 市场营销组合因素

（1）产品研究。主要调查新产品发展情况，产品的款式、性能、体积、色彩、价格包装、服务、商标，消费者对产品的态度等。促进企业对自己的产品不断进行更新和改造，以适应用户新用途和开拓新市场。

（2）价格研究。主要调查市场上各种产品的价格水平、价差、价格趋势等内容，并以顾客的预期价格为依据制定本企业的定价策略。

（3）分销渠道研究。主要调研市场上可利用的分销渠道和中间商的种类、现状及发展趋势。

（4）促销研究。主要调研内容为：市场对推销员、广告、营业推广、公共关系活动的接受程度，可供利用的宣传媒介、广告公司及其他咨询策划公司等。

企业的市场调研的内容极为广泛，主要目的是为了探求如何使企业产品能适销对路，价廉物美，取得更多销售量和较大的经济效益。

3.1.2 市场调研的步骤

市场调研是一项非常复杂和艰巨的工作，必须要有准备、有计划、有步骤地进行，才能取得较好的效果。有效的市场调研包括以下五个步骤（见图3－1）。

图3－1　市场调研的步骤

（1）提出问题，确定目标。市场调研的目标是确定所需研究和解决的企业经营中的具体问题。确定目标前，首先要对企业的生产经营活动现状进行全面分析研究，找出需要解决的问题，再根据问题的轻重缓急，有计划地提出调研目标的层次，从而避免企业无目的地调研。

（2）制订调研计划。市场调研的第二个阶段是要求制订一个收集所需信息的最有效的计划。调研计划应由专业人员设计，设计调研计划时首先应明确营销决策需要哪些信息，然后再确定数据的来源、调研的方法、调研的工具、抽样计划和如何接触被调查对象等问题，最后提交书面调研计划。

（3）收集信息。收集信息资料是市场调研的中心环节，也是一个花费最昂贵、最易出错的阶段。必须把所需要的全部信息都收集到，并且要保证及时、准确，尽量通过各种不同的渠道和办法，以较低的费用取得企业所需的高质量的市场信息资料。

（4）分析信息。收集来的信息往往是杂乱无章、无法使用的，调研人员应协同营销人员，利用标准的计算程序和表格将这些信息整理好，并利用营销信息分析系统提供的更高级的统计技术或决策模型分析这些信息，以发现那些有助于营销管理决策的信息。

（5）提出市场调研报告，确定最佳方案。经过对收集的信息的整理分析，调研人员应提出调研报告，调研报告是向决策者汇报全部工作最终成果的主要形式。它应该根据客观事实材料，以严谨的逻辑结构和充分的论据，准确阐述调研结论，为决策提供可靠的依据。然后决策者根据调研报告选择最佳方案。经过一段时间的实施之后，还要对所实施的方案进行评价、调整和改进。

3.1.3 市场调查的类型、方法和工具

无论市场调研的目的或内容有何不同，一般都要通过市场调查来收集客观资料信息，调查方案设计得周详合理，就能以最少的时间和费用获得完整可靠的信息，达到及时性、准确性和效率性的目标。市场调查就是运用科学的方法有目的、有计划、系统、客观地收集、记录、整理、分析有关市场营销方面的信息资料，为进行市场预测、确定营销方针、编制营销计划、确定营销策略提供科学依据。

1. 市场调查的类型

1）根据市场调查的目的和作用分类

（1）探测性调查，也叫非正式调查，是指企业对需要调查的问题尚不清楚，无法确定

应调查哪些内容，因此只能搜集一些有关资料并进行分析，找出症结所在，然后再作进一步调查，也就是发现问题、提出问题，所以，这类调查，一般采用简便的方法。

（2）描述性调查，也叫记述性调查。是指通过调研如实地记录并描述诸如某种产品的市场潜量、顾客态度和偏好等方面的资料，也就是说明问题。其目的在于摸清问题的过去和现状，寻求解决问题的办法和措施。这类调查比探测性调查细致、具体，需要事先拟订调查计划，一般要进行实地调查，收集第一手资料，多数市场调查属这一类。

（3）因果关系调查，也叫解释性调查。是企业为了测试假设的市场上的因果关系而进行的专题调查，即分析某一现象发生的原因，预测发展的后果，探讨现象之间的因果关系，其目的主要在于找出问题的答案，搞清"为什么"的问题。一般是先进行探测性调查，再进行描述性调查，然后再进行因果关系调查。

（4）预测性调查。是为了预测市场今后一定时期内的行情的发展变化趋势而进行的市场调查。它是在前三种调查的基础上，对市场的潜在需求所进行的估算、预计和推断。

2）根据调查地区的不同分类

（1）整个地区调查。即调查的地区是企业的整个市场地区，也就是企业所有的产品市场。

（2）局部地区调查。即调查企业产品的某一个市场或某一个市场的某一小区域。

3）根据市场调查对象的选择方法分类

（1）全面调查。又称普查，即对整个地区或局部地区的所有调查对象，无一例外地进行调查。使用这种方法收集的资料最全面，调查结果较为可靠，但工作量很大，需要投入较多的人、财、物，故只适用于调查购买者数量有限、产品品种简单或用其他方法不能取得全面精确的统计资料时。

（2）典型调查。即在对调查对象进行全面分析的基础上，通过比较，有意识地选择具有代表性的单位为典型，进行全面、深入地调查，由个别事例来反映推算出一般状况。这种方法适用于调查总体大，调查人员对总体情况非常了解，准确地选择有代表性的个体的情况。

（3）重点调查。即在全部被调查单位中选取对调查总体有决定作用的部分单位进行调查，从而了解调查对象的主要情况。这种方法适用于要求掌握调查总体的主要情况，调查标志比较单一，调查标志与数量在总体中又占优势的情况。

（4）个案调查。即深入、细致地描述一个具体单位的面貌和具体的发展过程而进行的调查，其目的不是了解总体，因此不要求调查对象具有典型性和代表性。

（5）抽样调查。即在调查对象总体中抽取一定数量进行调查，从而推断出总体特征。这种方法时间短、耗资少、调查人员少。因此，大多数市场调查都采用抽查的方法。

2. 市场调查的方法

进行市场调查，必须运用科学的方法。市场调查方法很多，各有优缺点，必须对它们进行了解并结合实际情况与要求来合理选择。常用的市场调查方法有三类。

1）询问法

询问法是调查者先拟定出调查提纲，然后向被调查者提出问题，通过被调查者的答案获取有关的信息资料。按调查人员与被调查者接触方式的不同，可分为访谈法、邮寄调查法和电话调查法三种。

（1）访谈法。即调查人员直接与被调查者面谈讨论，以获得所需的情报、信息，可以是一次面谈或多次面谈。可以是调查人员外出对调查对象进行面谈调查，也可以是被调查者来企业进行生产现场参观和面谈。这种方法的优点是：可以马上得到调查结果，回收率100%；可以随时解释或纠正偏差；可以同时搜集调查问题以外的重要资料；具有弹性；具有激励效果；能控制程度高。缺点是：调查费用较高，被调查者可能会受调查人员的诱导而提供不真实的答案，调查对象有时缺乏代表性。根据不同的调查内容，访谈调查可以用个人访谈、小组座谈、一次访谈、多次访谈以及深层访谈等形式进行。

（2）邮寄调查法。即调查人员将设计好的问卷寄给被调查者，请其按调查的内容填写并按时寄回。这种方法的优点是：调查区域广，成本低，被调查者有充分时间思考，且不会受调查员偏见的影响。但缺点是：回收率低；被调查者可能误解问卷题意，产生偏差；时间长，可能遇到不负责者，易发生误差等。

（3）电话调查法。即调查人员按照抽样要求，用电话征询对方意见。优点是：可在短时间内调查较多调查者；成本很低；可及时纠正被调查者理解上的错误。缺点是：无法获得图表之类的观察资料，难以询问比较复杂的问题；无法获得较深的资料而且电话普及率制约着调查对象的代表性。

访问法的关键是问卷和调查表的设计。

2）观察法

即由调查人员直接或使用仪器在现场观察调查对象的一种方法。它主要用于对店铺内顾客活动的观察调查，对广告效果的观察调查，对新产品投放市场的观察调查，以及对顾客流量的观察调查等。观察法的优点是可以客观地取得所需情况，也可实地了解到当前使用产品的条件和技术要求，从中得到未来新产品的发展启示。缺点是不能了解到一些内在因素，如消费者的内心活动，而且常需观察较长时间才能发现某些规律性。因此，观察法与访问法结合使用，能够收到更好的效果。

3）实验法

即通过小规模的销售活动测验某种产品或某项营销措施的效果，以确定扩大销售规模的必要性，实验法又可分为实验调查法和现场实验两种。实验法是因果关系调查的主要方法。其应用范围较广，凡是改变与产品销售有关的因素，如品种、质量、装备、包装、式样、价格、广告等，都可用实验法了解用户反应，确定其是否合适和有效。实验法的优点是反应灵敏，能获得客观真实的信息资料，能揭示事物间的因果关系，应用范围广；缺点是费用很高，时间长，对实验人员要求高，实施困难。

以上介绍的市场调查类型和方法不是互相排斥的，常常是某一类市场调查可分别采用不同的方法，或某一种市场调查方法可适用于各类市场调查。而且，各种调查方法，使用时也并不是互相排斥的，在许多情况下互相结合使用或交替使用，均可收到更好的效果。

3. 市场调查的工具

在市场调查工作中，为了取得可靠的资料、情况，常常根据市场的不同内容、不同对象、不同特点和具体情况，由市场调查人员选用不同的市场工具，以保证市场调查结果能符合调查目的。常用的市场调查工具有两种：调查表和机械装置。

1）调查表

调查表是迄今用于收集第一手资料的最普遍的工具。一般说来，一份调查表是由向被调查者提问并征求他的回答的一组问题所组成的。调查表是非常灵活的，它有许多提问的方法。调查表需要认真仔细地设计、测试和调整，然后才可大规模使用，所以，一般由有经验的人来担任设计工作。在设计调查表时，营销人员必须精心地挑选要问的问题、问题的形式、问题的用词和问题的次序。

（1）要问的问题。调查表的内容设计要合理，所提问题不宜过多或过于分散，不能设计被调查者不能回答或不愿回答的问题，每一个问题都应加以核对，以确定它对研究目标是否有贡献，仅仅是趣味性的问题应该剔除，因为它会拖长所需的时间并使被调查人不耐烦。

（2）问题的形式。问题的形式会影响到反应，可分为以下几种。

① 自由回答题。即由被调查人员随意发表意见的问题，不预先划定回答的范围。这种形式不带强迫性，并能使被调查者充分发表自己的意见，往往能获得很重要的资料，但由于答案分散，篇幅往往过长，会使整理答案所需的时间长，分析结果相对困难。故常用于探测研究阶段，也称为“开放形式问题”。

② 是非题。即让被调查者从两个答案中选择一个肯定或否定的答案，例如，你用过我公司的产品吗：是（　），否（　）。这种方式回答容易，答案明了，适于询问简单的事实或意见。

③ 多项选择题。即由调查者预先列出几个可能答案，让被调查者从中选择一个或几个最适于他自己的答案。例如，您一般在什么地方购买牙膏？A. 超市（　）B. 商场（　）C. 家附近的小店（　）。这种方式提供的答案必须全面，但不能有重复交叉，它比较适合于调查消费者的购买动机和对商品的意见。

④ 比较题。即指被调查者对两种以上的事物进行比较和评定，以了解这些事物在被调查者心目中的地位。例如，您选择牙膏时注意什么因素？（按重要程度的大小在括号内填上序号）价格（　）；味道（　）；牌子（　）；颜色（　）；其他（　）。

②，③，④ 都属于“封闭式问题”，它们规定了回答方式，使阐释和制表变得比较容易。

（3）问题的词汇。对提问所适用的词汇必须十分审慎，应当选用简单、直接、无偏见的词汇，而且既要委婉，使人有亲切感，又要准确地把调查人的意图传递给被调查者，使被调查者知道怎样回答才能满足调查人的要求。

（4）问题的次序。在问题的次序安排上，一般应先提出概括性的问题，然后逐步具体化，层次分明。而且，应将引导性的问题，即使人引发兴趣的问题放在前面，回答困难的或涉及私人的问题应放在调查访问的最后，以避免被调查人处于守势的地位。所提出的问题应该合乎逻辑次序。有关被调查人的分类数据要放在最后，因为这更加涉及个人，而且被调查人对此也不大感兴趣。

下面设计一个问卷示例。

某罐装橙汁代理商想了解消费者对罐装橙汁的态度和意见，做了一次抽样调查，调查对象是家庭主妇，问卷设计采用直接与结构性的询问方式。

1. 你平时是否购买过罐装橙汁？

A 买过；B 未买过（如未买过，询问终止）

2. 在以下几种罐装橙汁的牌子中，你买过哪些？

A. AA；B. BB；C. CC；D. DD；E. EE；F. 其他牌子

3. 在以上各牌子之中，你经常购买哪种？

4. 上星期你买了几听橙汁？

5. 通常你在什么时候喝橙汁？

A. 早餐时；B. 早餐与午餐之间；C. 午餐时；D. 午餐与晚餐之间；E. 晚餐时；F. 晚餐后睡觉前

6. 你家里有哪些人喝橙汁：

	喝	不喝
丈夫	________	________
妻子	________	________
儿子（年龄）	________	________
女儿（年龄）	________	________
其他	________	________

7. 你认为喝橙汁有好处吗？如果有，请问有哪些？

8. 你经常买的听装橙汁重量是：

9. 在以下各果汁中，请按味道好坏分等（最高者为1，最低者为4）：

A 苹果汁；B 葡萄汁；C 橙汁；D 草莓汁

10. 在以下各果汁中，请按对人体健康有益的程度分等（最高者为1，最低者为4）：

A 苹果汁；B 葡萄汁；C 橙汁；D 草莓汁

11. 你通常在哪里购买听装橙汁？

A. 超级市场；B. 百货公司食品部；C. 食品杂货店；D. 路边小摊

12. 你丈夫的职业是____________________

13. 你家庭的每月总收入在下面的哪一组。

A. 500 元以下；B. 500 元≤总收入 <1 000 元；C. 1 000 元≤总收入 <1 500 元；D. 1 500 元≤总收入 <2 000 元；E. 2 000 元≤总收入 <5 000 元；F. 5 000 元以上

14. 你认为目前听装橙汁应作哪些改进？

A. 味道方面________；B. 包装方面________；C. 其他________。

2）机械工具

虽然调查表是最普遍的一种调研工具，但在营销调研中还常使用一些机械工具。例如，可利用录音机、录像机等工具进行实地录访；有的企业将音波计安装在被调查家庭的电视机上，用来记录这些家庭每天看电视的时间及所选择的频道，这些数据可帮助企业制定广告决策。另外，还可使用电流计、速示器、眼相机以及听度器等。

3.1.4 市场调研的数据分析技术

成功的市场调查可为企业带来大量有价值的数据信息。这些原始信息都很杂乱，只有经过分析处理才能作为经营决策的依据。所以，数据分析是市场调研中非常重要的环节。

市场调研中的数据分析能够有效地压缩信息量，从浩繁的数据资料中抽取出市场的主要特征，揭示市场变化的内在规律；而且分析过程很少带有主观成分，结论准确可靠。因此，作为营销人员应当了解并掌握这些技术。主要有以下几种。

（1）多元回归分析。多元回归分析是最常用的多元统计方法之一。在市场调研中，它主要用于分析多重因素对某个市场因素的影响。任何营销问题都涉及一组变量，市场营销研究人员通常对这些变量的其中一个感兴趣，比如说销售额，并且假设要了解导致该变量随时间和（或）空间变化的原因。这个销售变量称为因变量。研究人员假设的其他变量，称为自变量，这些随时间和空间变化的自变量可能促进因变量的变化。回归分析技术就是估计自变量促进因变量变化的一个方程。当只包含一个自变量时，这个统计方法称为简单回归；当包含两个或多个自变量时，这个过程就被称为多元回归。例如，企业产品的次品率、销售价格、竞争产品价格、企业的广告支出等对销售额的影响。多元回归技术不仅被应用于市场研究之中，也是研究各种经济和管理问题的有效方法。

（2）相关分析。相关分析是测定各种变化之间有无关系以及相互联系程度的一种方法。许多市场变化之间存在着相伴而生或是此长彼消的现象，比如随着居民收入的增加，市场对家用电器的需求也在迅速上升；电视普及率不断提高的同时，报刊读者和电影观众却减少了。这反映上述现象之间存在着某种联系。多元回归的思想是所使用的变量必须是真实独立的，它们将影响因变量而不受因变量的影响，或者自变量都是独立于其他变量的。所有配对变量的简单相关系数都显示出这些变量高度相关的特性。而相关分析是企图用以发现在一组较多数量的彼此相关的变量中可以构成并说明其相互关系少数基本因子的一种统计方法。

（3）聚类分析。有许多营销问题要求研究人员把一批对象分类成几个子群或聚类。这些对象可以是产品、人员、地点等。例如，研究人员可以把几个汽车制造情况分成几个主要组别，在组内的特征甚为相似，而在组与组之间差别尽可能大；并且假设在每一个组内的汽车具有最大的竞争性。或者，研究人员也可以把人员分为几个子群。这实质上就是我们所说的市场细分。在以上这些情况下，对象都是用多维数据加以描述的，并在数据处理上，应用已选定的聚类分群技术，把目标进行预期的分组处理。

（4）区分分析。区分分析和回归分析非常相似，都是用线性方程来描述一组自变量和因变量之间的关系。但在区分分析中，因变量是类别变量，它将研究对象分为不同的群体，使用一组指标测量每个对象的具体形态，然后分析这组指标与群体划分之间的关系。区分分析有两个重要目的，一是建立能够判别每个对象应该属哪个群体的综合标准；二是通过对这组标准的分析，认识每个群体的主要特征。

区分分析在市场调研中应用很多，比如分析细分市场的特征，分析影响消费者偏好的主要经济社会因素。这种方法甚至可以帮助企业迅速识别哪些顾客最有可能成为本企业产品的购买者，从而使企业采取更有效的推销方式。

3.2 市场预测

预测，即是对某一事物未来发展趋势的研究，从而指导或调节人们未来的行动和方向。市场预测是经济预测的一个重要部分，是指在正确的理论指导下，系统地对引起未来市场需求量和需求结构变化的诸因素（如社会经济发展情况、政府方针政策的变化、人口的变化、就业的变化、工资收入的变化等）进行调查，运用科学的方法，做出正确的预计和推测，从而掌握未来市场的发展方向和变化程度，用以指导企业的生产经营活动。

企业通过市场预测，可以揭示和描述市场变化趋势，从而为企业市场经营提供可靠依据，保证企业在经营中提高自觉性和克服盲目性，使企业增强竞争能力、应变能力，取得好的经济效益。

3.2.1 市场预测的基本原理

1. 可知性原理

从理论上说，世界上一切事物的运动、变化都是有规律的，因而是可以预测的、可知的。就市场预测而言，如果我们想预测某个消费者的购买行为，那是相当困难的，也无此必要。因为，消费者的购买行为受到各种经济的、社会的、心理的因素的影响，而且这些因素难以正确地测定。但是，大量消费者所表现出来的总购买力，却呈现出一种有规律的现象，因而是可以预测的，这就是市场预测的可知性原理。

2. 延续性原理

单个消费者的需求可能因某些特殊因素的影响（正影响或负影响）而发生剧烈的变化。但是，由于消费者的数量众多，每个消费者需求的变化并不可能对整个总需求产生明显的影响。同时，一部分消费者的正影响和另一部分消费者的负影响相抵消，从而使总需求量呈现出随时间的推移而连续变化的趋势。这就是市场预测的延续性原理。延续性原理是我们用时间序列方法进行预测的理论基础。必须指出，延续性原理不适合于个人因素起很大作用的场合。例如，某种商品的价格，可能因决策者的主观意志而大幅度地增加或减少。这时，若用基于延续性原理的时间序列方法来进行预测，就会失败。

3. 因果性原理

市场需求虽然受到多种因素的影响，但是，这些影响不外乎是正影响（使需求增加）或负影响（使需求减少）两种。在大多数情况下，大部分因素的正影响与负影响互相抵消，从而使市场需求明显地呈现出因一个或少数几个因素的变化而变化的规律。这就是市场预测的因果性原理。必须指出，这里所讲的正、负影响与前面延续性原理中所讲的正、负影响是不同的。这里的正、负影响，是指不同因素的变化对消费者群体总需求的影响；而前面所讲的正、负影响，是指不同消费者的需求变化对消费者群体总需求的影响。在某些情况下，用因果性原理来指导预测要比连续性原理更有效。例如，对婴儿食品的需求与婴儿出生人数之间有很强的因果关系，而每年的婴儿出生人数由于受各种因素的影响（如不少人不愿意在羊年生孩子），连续性并不太强，从而导致历年的婴儿食品销售量出现较大波动。这时，设法通过抽样调查从医院获得孕妇人数数据，并据此来预测对婴儿食品的需求，结果可能更为准确。

4. 类推性原理

类推性原理是说，世界上的事物有类似之处。我们可以根据已出现的某一事件的变化规律来预测即将出现的类似事件的变化规律。

类推性原理在缺乏历史数据时使用得较多。例如，从国外发达国家的家用电器发展过程，类推预测我国电器市场的发展趋势；从上海、广州等大城市的服装流行信息，预测中小城市的服装流行趋势等。但在类推预测中，要注意“一叶障目，不见森林”的错误倾向。

3.2.2 市场预测的类型

市场预测可以按不同的标准进行分类。

1. 按预测的时间跨度分

市场预测按预测的时间跨度分，可分为短期预测、近期预测、中期预测和长期预测。

短期预测，是根据市场上需求变化的现实情况，以旬、周为时间单位，预计一个季度内的需求量（销售量）。短期预测目标明确，不确定因素少，预见性较强，能对近期市场变化提供各种资料，为适应市场变化提供决策依据。

近期预测，主要是根据历史资料和当前的市场变化，以月为时间单位测算出年度的市场需求量。用以作为编制计划、安排市场、组织货源、进行供应以及确定企业经营管理目标的依据。

中期预测，是指 3 ～ 5 年的预测，一般是对经济、技术、政治、社会等影响市场发展长期起作用的因素，经过深入调查分析后，所作出的未来市场发展趋势的预测，为编制 3 ～ 5 年计划提供科学依据。这种预测相对长期预测来说，由于时间较短，不确定因素较少，时间序列资料比较完整，预测结果能见度较高，预见性比较强。对市场商品供需变化趋势测算、分析比较清楚，还能避免短期预测带来的某些局限性，所以中期预测在预测体系中是一种主要的基本形式，也是长期预测的具体化和短期预测的依据。

长期预测，一般指 5 年以上的预测，是为制定经济发展的长期规划（如 10 年规划）预测市场发展趋势，为综合平衡、统筹安排长期的产供销比例关系提供依据。因为长期预测时间太长，不确定因素较多，预测时难以全面预料，所以对未来只能是一个大概的、粗略的描述。必须通过中期预测、近期、短期预测才能加以具体化。

2. 按预测的空间范围分

（1）按地理空间范围分，市场预测分为国内市场预测和国际市场预测。这种预测分类比较简单，预测对象除地理位置不同外，无任何其他互相区别的特征。

（2）按经济活动的空间范围分，市场预测可分为宏观的市场预测和微观的市场预测。宏观的市场预测是指对市场发展的总趋势进行的综合性预测，如社会商品零售总额预测、社会商品购买力预测等。微观市场预测是指单个企业的产品销售量预测或单个商品的社会总需求预测等方面的预测。

3. 按预测的性质分

按预测的性质，市场预测可以分为定性预测和定量预测。

定性预测，是由预测人员凭借知识、经验和判断能力对市场的未来变化趋势作出性质和程度的预测。这种定性预测一般用于企业缺乏完整的统计资料，市场环境变幻莫测，影响市场的因素复杂难以进行定量分析的情况。

定量预测，是以过去积累的统计资料为基础，运用数学方法进行分析计算后，对市场的未来变化趋势作出数量测算。

总之，市场预测是多种多样的。对决策者来说，究竟采取哪种类型的市场预测，应根据其在市场上所处的地位和预测目的而定。就时间跨度而言，预测的时间越长，进行定量的估计就越是困难。因此，实践中应以中、长期预测来预测市场发展变化趋势，以短期、近期预测作为近期经营管理决策的依据。

3.2.3 定性预测方法

定性预测，又称判断预测。是由预测人员凭借知识、经验和判断能力对市场的未来变化趋势作出性质和程度的预测。这种预测一般用于企业缺乏完整的统计资料、市场环境变幻莫测、影响市场的因素复杂、难以进行定量分析的情况。具体的方法有：

1. 消费者意见调查预测法

这种方法是征询消费者和用户的意见，加以综合分析作出预测的方法。多用于征询消费者对商品花色、品种、规格、质量、包装等的评价意见，以便企业了解所供商品的需求状况。因为这种方法直接与消费者接触，所以预测的精确度较高。运用此法的方式很多，如采用消费者用户现场投票，向消费者、用户发调查征询意见、商品试销、消费者购买意向调查等。

2. 销售人员意见综合预测法

这种方法是在企业的高层决策者向全部销售人员介绍预测期的市场形势，或在给予有关未来经济环境变化的资料参考后，要求销售人员发表对今后一定时期内商品销售情况的看法和意见，提出一个自己认为最佳的预测数字，再进行综合，作为企业的销售预测结果的一种方法。采用这种方法分析的意见实际参考价值较高，但有时也因为他们缺乏理论知识，会缺少远见，发生估计过高或过低的现象。

3. 经理人员的意见评判法

这种方法是由企业销售经理，即主管销售业务并熟悉市场销售情况的人员交换情况，集思广益，对产品销售情况、市场动态、产销未来发展趋势等提出意见，对企业发展前景进行判断预测的方法。这种方法的优点是，这些人对市场情况熟悉，所提出的意见比较切合实际，而且这种方法方便、迅速。但它的缺点是，容易受各种主客观因素的制约，不能适当判断市场潜力和发展趋势。

4. 专家意见法

也称德尔斐法，实际上是专家会议法的一种发展，是用通信和不记名的形式向一些专家进行反复征询。预测组织者对每一轮意见都要进行汇总整理，作为参考资料再反馈给每个专家，供他们分析判断，并提出新的论证。如此反复多次，专家意见渐趋一致，结论的可靠程度越来越高。具体做法是：① 组成20人左右的专家调查预测组；② 确定预测问题，预测者将调查提纲、预测目标、必要的资料提交给专家小组中的每一个专家，征询专家意见；③ 收集、整理专家意见，对每一位专家所提供意见加以集中整理，再发给组内各个专家，进行再次征询意见；④ 对预测的意见进行修改，经过评估、修改后再发给各位专家；⑤ 经过几次反复修改，提出最后预测及其依据。

下面举例说明对预测结果的整理方法。

某企业聘请16位专家对某种家电产品达到饱和的时间进行预测，最后一轮结果列于表3－1。

表3－1　最后一轮结果

专家序号	1	2	3	4	5	6	7	8
预测结果（年）	2014	2017	2017	2016	2015	2015	2012	2013
专家序号	9	10	11	12	13	14	15	16
预测结果（年）	2016	2014	2019	2016	2018	2014	2016	2014

采用中位数和上下四分位数来描述预测的结果，首先将若干位专家所预测的结果（包括重复的）按从小到大（或从先到后）的顺序排列起来：

2012 2013 2013 2014 ∣ 2014 2014 2015 2015 ∣ 2016 2016 2016 2016 ∣ 2017 2017 2018 2019

下四分位数　　　中位数　　　上四分位数

其次，计算预测期望值：　$(2015+2016)/2=2015.5$

即2015年下半年预测期望值区间的下限：　$(2014+2014)/2=2014$

即2016年下半年预测期望值区间的上限：　$(2016+2017)/2=2016.5$

最后，可得出预测结果：该家电产品达到饱和的时间是在（2014—2016.5）区间内，最可能的时间是2015年下半年。

相对于专家面对面开调查会的方法，专家意见法具有下述特点。

（1）匿名性。为克服专家会议受心理因素影响的缺点，专家意见法采用匿名的方法，应邀参加预测的专家互不了解，这样就完全消除了心理因素的影响。

（2）轮番反馈沟通情况。专家意见法不同于民意测验，一般要经过三轮以上。为了使参加预测的专家掌握每一轮预测的汇总结果和其他专家提出的意见，调查组织者对每一轮的预测结果要作出统计，并反馈给每个专家作下一轮预测的参考。

（3）预测结果具有统计特性。专家意见法虽属定性预测的一种方法，但对预测结果兼作定量处理，这是专家意见法的一个重要特点。亦即为了定量评价预测的结果，该方法采用统计方法对其进行处理。

5. 主观概率法

概率分为主观概率和客观概率两种。主观概率是指根据预测者的主观判断而确定的事件可能性的大小，反映个人对某事件的信念程度。正因为主观概率凭个人经验的主观判断，所以由于每个人的经验、主观判断能力不同，对同一事件在同一条件下出现的概率，不同的人提出的概率数值很可能就是不相同的。同时，对各个人提出的概率的准确性，只有通过实践才能进行检验。

客观概率则是指某一事物在大量的观察和试验中，某事件相对出现的频率，它是一个客观存在。但是，由于影响市场的因素不仅很多，而且往往是瞬息万变的，因而在市场预测中，难以确定预测事件出现的客观概率。在这种情况下，就必须凭经验来判断事件的可能性。

在实际工作中，主观概率与客观概率的区分是相对的，任何一个主观概率多少总带有客观性，因为预测者的经验和其他信息多少能反映一些有关市场的客观情况。因此不能把主观概率看成纯主观的东西，看成主观臆断。另一方面，任何客观概率在测定过程中也难免有点主观因素，因为在实际工作中取得的数据数量很难达到“大数”规律的要求。所以，在实际中，既无纯客观的概率，又无纯主观的概率。

主观概率预测法是带有定量性质的定性预测，结合性强，概况的信息量大，能比较精确地表明预测者个人对未来事件的直接判断和信任的程度。也就是预测者对某种新商品试销是畅销、平销还是滞销的回答，可能是0.3∶0.5∶0.2。这就是说，该新商品在试销中畅销的可能性占30%，平销的可能性占50%，滞销的可能性占20%。

主观概率预测法一般和其他经验判断预测法结合运用。如由公司的销售人员、业务人员或聘请的市场专家，在对市场营销环境、公司营销因素组合进行分析研究的基础上，对销售的各种可能性，作出有根据的数量化的主观判断，从而使预测者得出一个定量化的预测结果。当然，主观概率法并不是一定不准确，有些成功的预测、决策确实是采用主观概率法作出的，但也有不少失败的例子。如能对客观事件进行实地调查，广泛收集资料并全面分析，则更能提高市场预测的正确性。

下面举例说明主观概率预测法。

设某公司研制了一种新产品，需对这种产品在未来市场能否获得成功进行预测。

该公司聘请了20名专家进行调查预测，但得到的意见很不一致。其中8名专家认为这种产品在近几年内很难在市场竞争中取胜，而其中9人却认为这种产品在投放市场后有很大可能性获得成功，另外3人没有明确的意见。我们便可以根据这20位专家的预测意见，以及预测意见获得成功的大小程度，利用主观概率法对其意见进行数量化。对其成功的可能性的估计结果填入表3-2内。

表3-2　对其成功的可能性的估计结果

成功的可能性	0.1	0.2	0.3	0.4	0.5	0.6	0.7	0.8	0.9	1.0
人数	0	3	2	3	3	4	3	2	0	0

依表3-2计算其主观概率的加权平均值，即

$$加权平均值=(0.1\times0+0.2\times3+0.3\times2+0.4\times3+0.5\times3+0.6\times4+0.7\times3+$$

0.8×2+0.9×0+1.0×0)÷20

=0.5

这就是说，这种新产品投放市场成功的可能性为0.5。

3.2.4 定量预测方法

定量预测，是以过去积累的统计资料为基础，运用数学方法进行分析计算后，对市场的未来变化趋势作出数量测算。常用的定量方法有历史引申法、回归法和保本分析法等。

1. 历史引申法

历史引申法又分为算术移动平均法、加权移动平均法、指数平滑法、社会购买力构成推算法、季节预测法等。

（1）算术移动平均法：这是一种最简单的时间序列预测法。它是利用过去若干期的销售统计数字，求出其算术平均值作为预测值。

现以某日用电器产品的销售额为例（见表3-3）。

表3-3 某日用电器产品的销售额

月份	实际销售额（y）	三个月移动平均（$\bar{y}$）	五个月移动平均（$\bar{y}$）
1	200.0		
2	135.0		
3	195.0		
4	197.0	176.7	
5	310.0	175.8	
6	175.0	234.2	207.5
7	155.0	227.5	202.5
8	130.0	213.5	206.5
9	220.0	153.3	193.5
10	277.0	168.3	198.5
11	235.0	209.2	191.4
12		244.2	203.5

对n项数值进行移动平均，n越大，对随机波动修匀程度越大，同时也意味着对随机波动的敏感性越差。对随机波动敏感度过高，往往会引起判断失误。但对随机波动过分修匀，则又可能对应引起注意的新迹象过分麻木，因为也许某个跳跃较大的数值可能意味着一种趋势转折。所以，n的选择要适宜，过大过小都有弊端。

（2）加权移动平均法：将不同月份加上不同的权数以扩大近期数据的作用，这种方法称为加权移动平均法。

一般来讲，在现象波动不很大的情况下，用加权移动平均法求预测值，其结果要比算术移动平均法来得理想。但由于近期数值权数大，因而担的风险也大，在现象随机波动较大时，加权移动平均法预测值的可靠性会降低。

(3) 指数平滑法：指数平滑法是从算术移动平均法发展而来的，由于简单移动平均法对以前数据的重要程度同样看待，而不能反映出近期数据比较远期数据更有影响这一特点，于是，人们广泛采用指数平滑法进行预测。其公式为：

$$F_n = F_{n-1} + a(Q_{n-1} - F_{n-1})$$

式中：F_n 为下一期的销售预测值；

F_{n-1}为本期的销售预测值；

Q_{n-1}为本期实际的销售量；

a 为平滑系数，取值范围为$0 \leqslant a \leqslant 1$。

由上式可知，确定了平滑系数 a 以后，只需知道本期的销售预测值和实际值，便可以预测下一期的销售量。

平滑系数 a 的选取可以根据销售预测之间的差别大小来确定，当本期的实际销售值与预测值相差较大时，a 取大值。a 值大，预测值的变化大，a 值小则预测值平滑；a 值大，则近期销售量的影响较大，a 值小，表示近期销售值的影响小。

当 $a=1$，$(1-a)=0$ 时，则 $F_n = Q_{n-1}$，预测值为本期销售值的重复；

当 $a=0$，$(1-a)=1$ 时，则 $F_n = F_{n-1}$，预测值等于本期的预测值。

由此可见，指数平滑法只是以权数为指数，并且所有权数之和为 1 的一种特殊加权平均法，正因为权数为指数形式，因而称为指数平滑法。

(4) 社会购买力构成推算法：通过对本企业各类商品零售额的分类分析对各类商品分别进行预测，以掌握企业商品销售的结构，即在企业商品销售的总预测值中各类商品应占多大销售比例，从而确定各类商品的销售预测值。构成推算也是一种对比分析法。

例如，某服装店零售总值及其各大商品 2010、2011 年的销售实绩如表 3－4 所示。如果该店 2012 年的预测总值为 300 万元，那么可以用构成推算法计算出该店各类商品 2012 年的预测值。

表 3－4 某服装店零售总值及其各大商品 2010、2011 年的销售实绩

年份	销售总值	童装		男青年装		女青年装	
	万元	万元	占总销售比例/%	万元	占总销售比例/%	万元	占总销售比例/%
2010 年销售实绩	280	60	21	110	39.5	110	39.5
2011 年销售实绩	320	80	25	110	34	130	41

表 3－4 中如果将各类商品两年的销售比例都考虑进去，其构成推算可采用下列公式：

$$某类商品明年预测值 = \frac{今年该商品销售比例 + 去年该商品销售比例}{2} \times 明年预测总值$$

2012 年童装预测值 = (21% + 25%) × 300/2 = 69 (万元)

2012 年男青年装预测值 = (39.5% + 34%) × 300/2 = 110 (万元)

2012 年女青年装预测值 = (39.5% + 41%) × 300/2 = 121 (万元)

(5) 季节预测法：采用季节指数的方法，首先要取得历年来每月的平均销售额，再计算每个月的季节指数，也就是各个月的销售额平均数占全年平均数的比值。这样，知道某一年的某一月的或几个月的实际销售值，就可以预测该年其他月份的销售潜量。

有的消费品的销售，是随着气候的变化而呈现出季节性的变化规律，因而商品的销售要按季节的规律来进行预测。季节预测的方法，可以采用移动平均法，但采用季节指数的方法将更为有效。

例如，已知某商店夏令商品历史上各月的销售量，则每个月的平均销售额和季节指数计算如表3－5所示。

表3－5　季节指数法算则

月份	2009年 万件 (1)	2010年 万件 (2)	2011年 万件 (3)	各月平均数 $(4)=\frac{(1)+(2)+(3)}{3}$	季节指数f $(5)=\frac{(4)}{\sum(4)}\times100\%$
1	8.2	8.7	9.2	8.7	14.31
2	16.4	17.1	18.1	17.2	28.29
3	32.2	34.3	36.7	34.4	56.58
4	51.2	56.7	59.2	55.7	91.61
5	116.0	126.4	129.3	123.9	203.78
6	133.2	187.5	191.2	187.3	232.06
7	162.0	171.2	180.1	171.1	211.99
8	65.4	57.5	77.2	66.7	109.70
9	28.0	29.0	29.7	28.9	47.53
10	17.2	16.2	16.1	16.5	27.14
11	12.3	11.9	10.9	11.7	19.24
12	7.8	7.6	7.1	7.5	12.34
平均	58.33	60.34	63.73	60.8	100

由表中数据可见，夏令商品从4月份到5月份销售量开始增加，6—7月份为旺季，8—9月份正是酷暑时节，销售量显著下降。现假定2010年1—3月份的销售量分别为9.3万件、19.8万件、41.5万件，可由下列公式预测各月份的销售量：

$$F_i=\frac{Q_1+Q_2+Q_3}{f_1+f_2+f_3}\times f_i$$

式中：F_i 为第 i 月的销售预测值；

f_i 为 i 月的季节指数。

现将1—3月的销售量和季节指数以及所求月份的季节指数代入，则得

$$F_4=\frac{9.3+19.8+41.5}{14.31+28.29+56.58}\times91.61=0.7118\times91.61=65.21\text{ 万件}$$

$$F_5=\frac{9.3+19.8+41.5}{14.31+28.29+56.58}\times203.78=0.7118\times203.78=145.06\text{ 万件}$$

⋮

2. 回归预测法

又称因果法或相关分析法。它是运用一定的数学模型，将一个自变量或几个自变量作为依据，来预测因变量发展变动趋势和水平的方法。运用回归预测法有四个步骤：

（1）从一组历史数据出发，找出这些变量间的统计规律，建立回归方程；

（2）对所建立的数学模型进行检验、调整；

（3）对影响因素进行显著性检验，剔除影响不大的变量，调整模式；

（4）利用所求得的模型进行预测。

回归预测法按回归方程中所包含的自变量的多少而分为一元回归预测法和多元回归预测法；按回归方程的性质又分为线性回归法和非线性回归法。这里，我们主要介绍一元线性回归法和二元回归法。

1）一元线性回归法

一元线性回归法是指一个因变量只与一个自变量有依从关系，它们之间关系的形态表现为具有直线趋势，其方程式为

$$y = ax + b$$

式中：y 为因变量；x 为自变量；a、b 为回归系数。

运用最小二乘方原理可得

$$\begin{cases} a = \dfrac{N \cdot \sum xy - \sum x \cdot \sum y}{N \cdot \sum x^2 - (\sum x)^2} \\ b = \dfrac{\sum y - a \sum x}{N} \end{cases}$$

如果时间序列采用离中差来表示，$\sum x = 0$，则上式为

$$\begin{cases} a = \dfrac{\sum xy}{\sum x^2} \\ b = \dfrac{\sum y}{N} \end{cases}$$

式中 N 为序列的个数。

例如，某商店零售额如下，预测2012年的销售量，见表3－6。

表3－6　某商店零售额

年份	序时 x	零售额 y 千元	$x \cdot y$	x^2
2005	1	70	70	1
2006	2	89	178	4
2007	3	100	300	9
2008	4	126	504	16
2009	5	135	675	25
2010	6	177	1 062	36
2011	7	198	1 386	49
合计	28	895	4 175	140

将表中最后一行的计算值代入计算 a、b 的公式：

$$a=\frac{7\times4\ 175-28\times895}{7\times140-28^2}=21.25$$

$$b=\frac{895-21.25\times28}{7}=42.86$$

$$y=21.25x+42.86$$

欲求 2012 年的销售预测值，以 $x=4$ 代入，$y=21.25\times4+42.86=127.86$。

2）二元回归预测法

是研究两个自变量对另一个因变量的影响，如研究消费者的收入、物价的变化对商品销售量的影响，这两个自变量和因变量之间的关系属线性关系，故称为二元线性回归。其方程式为

$$y=ax_1+bx_2+c$$

式中：y 为预测值；

x_1，x_2 为自变量；

a、b、c 为回归系数。

根据最小二乘方原理可得以下标准方程

$$\begin{cases}\sum y=a\sum x_1+b\sum x_2+cN\\ \sum x_1y=a\sum x_1^2+b\sum x_1x_2+c\sum x_1\\ \sum x_2y=a\sum x_1x_2+b\sum x_2^2+c\sum x_2\end{cases}$$

解方程可得 a、b、c 的值。将所得的回归系数 a、b、c 值代入二元线性回归方程式即可进行预测。

3）可化为线性回归的各类问题

在现实经济生活中，X 与 Y 变量之间不一定有线性关系，可能存在着某些非线性关系。此时，我们可将非线性回归化为线性回归，然后再进行预测。

（1）一元非线性回归预测法。

一元非线性回归方程的标准形式是

$$Y=\beta_0+\beta_1X+\beta_2X^2+\cdots+\beta_KX^K$$

其中回归系数 β_0，β_1，β_2，…，β_K 的求解方法为

设 $X_2=X^2$，$X_3=X^3$，…，$X_K=X^K$

则上式可以写成

$$Y=\beta_0+\beta_1X_1+\beta_2X_2+\cdots+\beta_KX_K$$

这样，就把一元 K 次回归方程变成了 K 元一次线性回归方程，只要把 $X_2=X^2$，$X_3=X^3$，…，$X_K=X^K$ 当做原始数据，利用多元线性回归预测方法，求出回归系数 β_0，β_1，β_2，…，β_K，从而建立起一元非线性回归预测模型，就可以展开预测了。

（2）多元非线性回归方程。

多元非线性回归方程的代表形式为

$$Y=aX_1^{\beta_1}X_2^{\beta_2}\cdots X_K^{\beta_K}$$

对上式两边取对数，得

$$\lg Y = a + \beta_1 \lg X_1 + \beta_2 \lg X_2 + \cdots + \beta_K \lg X_K$$

设 $Y' = \lg Y, X_j' = \lg X_j (j = 1, 2, \cdots, K)$，则得到

$$Y' = a + \beta_1 X_1' + \beta_2 X_2' + \cdots + \beta_K X_K'$$

以下，把 Y'，X_1'，X_2'，…，X_K' 当做原始数据，利用多元线性回归预测方法的回归系数求解方法，求得 a，β_1，β_2，…，β_K，然后代入第一式，即得多元非线性预测模型。

（3）特殊形式的非线性回归预测方法。

其他特殊形式的非线性函数，如幂函数、指数函数、对数函数、双曲函数，二次曲线函数等，均可采用变量替换法，使之变成线性函数形式，利用多元线性回归方法求出回归系数，再建立非线性回归预测模型，即可进行预测。

这里我们只介绍一种特殊的曲线函数

$Y = 1/(\beta_0 + \beta_1 X_1 + \beta_2 X_2)$ 的求解方法。

设
$$Y' = 1/Y$$

则
$$Y' = \beta_0 + \beta_1 X_1 + \beta_2 X_2$$

这样，只要把 Y'、X_1、X_2 当做原始数据，利用二元线性回归预测方法，求出回归系数 β_0，β_1，β_2，即得多元非线性预测模型。

3. 保本分析法

又称成本——产量——利润分析法。当其他条件不变时，成本与利润关系密切。成本降低则利润增加，成本增加则利润降低。成本中的变动成本与利润总数又均与产量成正比，固定成本则与产量成反比。

保本分析法的使用如下。

1）销售产品的总成本

$$总成本 = 固定成本 + 单位产品的变动成本 \times 生产量$$

2）成本的分解

成本的分解是把产品的各项成本按不同性质划分为固定成本和变动成本。例如，劳动者的固定工资、保险费、固定资产折旧费等，属于固定成本；原材料、加工费、运输费、包装和广告推销费用等属于变动成本。

3）保本销售计算公式

$$保本点销售量 = \frac{固定成本}{销售单价 - 单位变动成本}$$

其中：

$$单位变动成本 = \frac{最高点成本 - 最低点成本}{最高点产量 - 最低点产量}$$

4）企业利税目标销售量

$$企业利税目标销售量 = \frac{固定成本 + 利税目标}{销售单价 - 单位变动成本}$$

保本分析法是企业经营管理和市场销售预测中经常采用的方法之一，采用保本分析法算得的产品销售量，只是保证企业不亏本的最低销售量，并不一定能保证销售出去。

小　结

市场调研和预测也被称为市场研究，是现代市场营销活动必不可少的一个环节。企业通过市场调研与预测，可以得到相关的信息资料，了解市场现状，从而预测市场未来的发展变化趋势，为企业的经营决策提供科学依据。本章简要介绍了市场调研与预测的概念、基本内容、研究步骤，一些常用的调查和分析方法以及市场预测的原理和方法。

市场调研是指系统地设计、收集、分析和提出数据资料以及提出与公司面临的特定的营销状况有关的调查结果。市场调研对企业改善经营、搞活经济、提高经济效益等方面都有重大作用，是企业进行正确的经营决策的前提，通过调研可以掌握市场供求状况，分析市场变化趋势，不断发现新需求和新市场，找到最有利的市场营销机会。企业还可以市场调研为依据，针对市场情况制定相应的市场营销决策，并且可以对企业已实行的营销决策效果进行比较分析，修正效果不佳的决策。总之，市场调研对企业市场预测，对制定经营方针、产品方向、营销策略等具有重要的作用。

市场调研的范围包括市场环境、市场供求情况、市场竞争研究以及市场营销组合因素。市场调研共有五个步骤，即：提出问题，确定目标→制订调研计划→收集信息→分析信息→提出市场调研报告，确定最佳方案。

根据市场调查的目的和作用可分为探测性调查、描述性调查、因果关系调查和预测性调查。根据调查地区的不同可分为整个地区调查、局部地区调查。根据市场调查对象的选择方法可分为普查、典型调查、重点调查、个案调查和抽样调查。常用的市场调查方法主要有询问法、观察法和实验法。以上介绍的市场调查类型和方法不是互相排斥的，常常是某一类市场调查可分别采用不同种方法，或某一种市场调查方法可适用于各类市场调查。

在市场调查工作中，为了取得可靠的资料、情况，常常根据市场调查的不同内容、不同对象、不同特点和具体情况，由市场调查人员选用不同的市场调查类型。

成功的市场调查可为企业带来大量有价值的数据信息，但这些原始信息都很杂乱，只有经过分析处理才能作为经营决策的依据，所以数据分析是市场调研中非常重要的环节。常用的方法有多元回归分析、相关分析、聚类分析和区分分析。

市场预测工作是建立在市场调查的基础上的，其基本原理为可知性原理、延续性原理、因果性原理和类推性原理。按预测的性质分，市场预测可以分为定量预测和定性预测。定性预测，又称判断预测，一般用于企业缺乏完整的统计资料、市场环境变幻莫测、影响市场的因素复杂、难以进行定量分析的情况。定性预测的方法有消费者意见调查预测法、销售人员意见综合预测法、经理人员的意见评判法和专家意见法。定量预测方法主要有移动平均法、指数平滑法、社会购买力构成推算法、季节预测法、回归预测法和保本分析法。

复习思考题

1. 什么是市场调研？对企业来说，市场调研一般有哪些作用？
2. 市场调研的基本过程是什么？

3. 市场调查有哪些类型?
4. 设计市场调查表时应注意什么问题?
5. 市场预测的基本原理是什么?
6. 定性预测与定量预测有什么不同?
7. 什么是德尔斐法?
8. 简要介绍主要的定量预测方法。

案例

史氏服装店

辛普森调研公司（Simpson Research）的总经理约翰·辛普森（John Simpson）正在设计一个营销调研调查，以解决早上和史氏服装店（Smith's Clothing）的总裁吉姆·安德鲁斯（Jim Andrews）会谈时吉姆提出来的调研问题。调研问题看上去十分明确：

1. 有哪些女装店在和史氏服装店竞争?

2. 史氏服装店的形象如何？这一形象与其竞争者的形象相比如何？换句话说，史氏的定位相当于其竞争者而言怎么样?

3. 哪些人是史氏的顾客？史氏的顾客与其竞争者相比有何不同?

虽然安德鲁斯尚未作出最终决定，但他还是倾向于采用由被调查者在家里作答、自管理式问卷。只是，他不太确定是不是能设计一份问卷来回答所有这些调研问题。调研所感兴趣的人口总体被定义为那些家庭收入高于收入中位数水平的妇女。辛普森目前的任务是草拟一份问卷，并制订出一个尝试性取样计划。

史氏是一家有六个店铺的女装商店连锁，位于美国西南部一个不断发展的大城市贝维尤（Bayview），这家连锁为贝维尤市的中上阶层提供高级服装已经有40多年的历史了。二十年前，史氏开设了它的第一家郊区店铺，十年前关闭了它位于市中心的那个店铺。史氏现在拥有五家郊区店，第六家则开在附近一个拥有6万人的社区里。这许多年来，史氏一直避开时髦的流行趋势，偏爱经典、持久的设计。过去十年里，有五六家咄咄逼人的高档时装零售扩张到贝维尤市。因此，尽管高档女装的市场过去十年来有了很大增长，竞争却变得更激烈了。

安德鲁斯对史氏连锁店的担忧是很有道理的，这六家店铺里有五家的利润过去四年来每年都在下降。第六家店铺开业时间只有18个月，到目前还没有实现其目标增长率。虽然连锁店仍然在盈利，但如果现在这种趋势持续下去的话，史氏很快就要开始亏损了。

这种业绩状况刺激着安德鲁斯对整个连锁店的运营重新进行严肃评价。特别地，他开始重新审视史氏相当保守的产品线政策、广告政策、商店装潢政策和店铺人事政策。他感到，也许该是进一些时尚服装的时候了，这样可以提高史氏店铺对十几岁、二十几岁年轻女性的吸引力。一个还有待检验的假设是，相对于其他店铺来说，史氏对四十岁意思的妇女吸引力强一些，但对于年轻女性的吸引力则比较低。他意识到，任何这样的举措都有非常大的风险，因为这会威胁到现有的顾客群，同时并不能保证新吸引来的顾客能弥补上失去的老顾客。他认为在采取任何此类行动之前都必须确切地了解史氏目前的定位如何。他同时也觉得，他需要对史氏目前的顾客有个更可靠的了解，如他们的年龄、他们光顾哪些商店、他们的偏好和他们的购买情况等。有了这样的信息，他能更好地找出各种各类备选行动方案并对这些方案作出评价。

■ 案例思考题

拟订一个市场调研设计方案，其中要包括：

1. 要采用的调查类型；

2. 问卷。

资料来源：戴维·阿克，库马，乔治·戴．营销调研．7版．魏立原，译．北京：中国财政经济出版社，2004.

第4章

市场营销环境

4.1 市场营销环境的含义及特点

4.1.1 市场营销环境的含义

市场营销环境，是指影响企业市场营销活动和营销目标实现的各种因素和条件。这里所说的因素和条件并不是指企业整个的外界事物，而是指那些与企业营销活动有关联的因素的集合。市场营销环境包括宏观环境和微观环境。宏观环境是指一个国家或地区的自然、政治、法律、人口、经济、社会文化、科学技术等能够影响企业营销活动的宏观因素。微观环境是指企业内部条件、企业的顾客、竞争者、营销渠道和有关公众等对企业营销活动有直接影响的因素。宏观环境和微观环境是市场环境系统中的不同层次，所有的微观环境都受宏观环境的制约，反过来微观环境对宏观环境也有一定的影响。企业的营销活动就是在这种宏观和微观环境的互相联系和作用的基础上进行的，如图4－1所示。

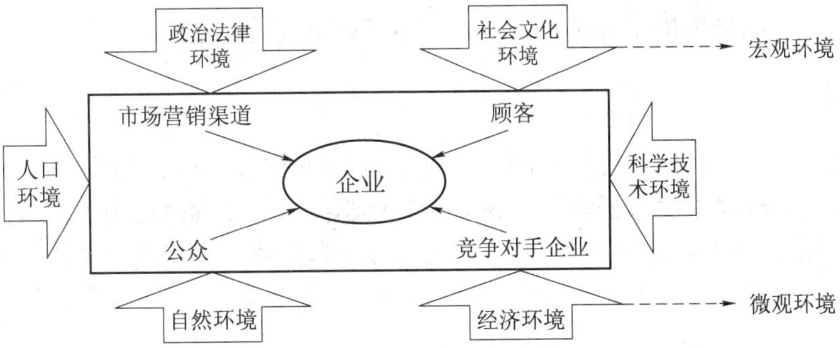

图4－1 市场营销环境

市场营销环境是一个不断完善和发展的概念。在20世纪初，工商企业仅将销售市场看做营销环境；到了30年代以后，又把政府、工会、竞争对手等与企业有利害关系者也看作是营销环境；到了60年代以后，进一步把自然生态、科学技术、社会文化等作为重要的环境因素。随着政府对经济干预的加强，70年代以来，现代企业开始重视对政治、法律环境的研究。这个营销环境不断扩大的过程，国外称之为“企业的外界环境化”。由此可见，随着经济的发展，企业也已越来越重视对市场营销环境的研究。

企业面对着上述诸多环境力量并不是一成不变的，而是经常处于变动之中；并且，许多变动往往又由于其具有的突然性而形成巨大的冲击，企业的营销活动就是企业适应环境变化，并对变化着的环境做出积极反应的动态过程。企业只有掌握了自己所处的营销环境，才能制定正确的战略和策略，实现企业的经营目标。

4.1.2　市场营销环境的特点

市场营销环境是企业生存和发展的条件。市场营销环境的发展变化，既可以给企业带来市场机会，也可能对企业造成严重的威胁。由于生产力水平的提高和科学技术的进步，当代企业外部环境的变化远远超过企业内部因素变化的速度，企业的生存和发展越来越取决于其适应外界环境变化的能力。如何适应、创造与之相适应的外部环境，对企业开展营销活动至关重要。企业要想在复杂多变的环境下驾驭市场，就必须认真研究市场营销环境的特点。

市场营销环境是一个多因素、多层次而且不断变化的综合体，对市场营销环境的研究是一项很复杂的工作，要搞好对市场营销环境的研究，首先必须了解它的特点。概括起来讲，企业的市场营销环境具有以下几个特点。

1. 差异性

市场营销环境的差异性不仅表现在不同的企业受不同环境的影响；而且，同样一种环境因素对不同企业的影响也是不同的。外界环境因素对企业作用的差异性，导致企业为应付环境的变化所采取的营销策略各有其特点。

2. 多变性

构成企业营销环境的因素是多方面的，每一个因素又随着社会经济的发展而不断变化。这就要求企业要根据环境因素和条件的变化，不断调整其营销策略。

3. 相关性

市场营销环境不是由某一个单一的因素决定的，而是受一系列相关因素的影响。如商品的价格不但要受市场供求关系的影响，还要受到科学技术进步和财政税收政策的影响。市场营销环境因素相互影响的程度是不同的，有的可以通过调查、分析进行评价，有的就难以估计和预测。

4. 目的性

企业研究市场营销环境，其目的是为了适应不同的环境，从而求得生存与发展。由于企业市场营销环境不等于企业的整个内外界事物，因此，企业需要适应的只是对企业营销活动有影响的环境因素。对这些因素，企业不但要积极主动地去适应，而且要不断创造对自己营销有利的环境。

4.2 市场营销宏观环境

宏观环境包括人口环境、经济环境、自然环境、科学技术环境、政治法律环境和社会文化环境等六大组成要素，一切营销组织都处于这些宏观环境因素之中，不可避免地受其影响和制约。鉴于其对企业营销活动产生直接或间接的作用，企业及其所处的微观环境，都在这些宏观力量的控制之下，是企业不可控的因素。这些宏观力量及其发展趋势给企业或者提供机会或者产生威胁。企业只有不断加强对其认识、研究和分析，确立适应环境的对策，才能使企业不断发展成长。

4.2.1 人口环境

市场营销第一个环境因素就是人口。市场是由具有购买欲望和购买能力的人构成的，营销活动的最终对象也是人。在日常生活中，人的衣食住行所产生的需求及生老病死的自然规律所诱发的需求，是市场需求最基本的动因。如铁路运输业中客流的季节性变化，就是由于人的旅行需求变化而造成的。因此，人口的多少直接决定市场潜在容量，而人口的分布、人口规模与增长率、人口的年龄结构、教育程度、家庭结构、地区特征与人口迁移等又会对市场需求的格局产生深刻的影响。因此，人口环境对市场营销的关系是十分密切的。

1. 世界范围内的人口爆炸性增长

世界人口正呈现出爆炸性的增长趋势。1991 年世界人口为 54 亿，并且以每年 1.8% 的速度增长。2011 年 11 月，世界人口已达 70 亿。今后的 13 年内，这个数字将再添 10 亿。我国自 1987 年以来，计划生育工作取得很大成就，人口增长率已有所下降（1977 年以前年平均增长率为 1.9%，1982 年降到 1.46%）。2000 年到 2010 年，我国人口共增加约 7 389 万人，增长 5.84%，年平均增长率为 0.57%。2011 年全国总人口约 13.7 亿。

人口爆炸是世界各国政府及各种团体极为关切的问题之一。在《增长的极限》一书所列举的许多发人深省的事实证明，人口无节制的增长和消耗必将导致食品供应的短缺、重要矿产的枯竭、珍稀物种的灭绝、人口过度拥挤、环境污染以及生活质量的全面恶化。因此，对计划生育观念进行世界范围内的社会市场营销也十分必要。

对于市场营销人员来说，人口增长意味着人类需要的增长，但只有在购买力有保证的前提下，人口增长才意味着市场的扩大。倘若人口的增长对粮食和各种资源的供应形成很大的压力，就会造成成本的提高和利润的降低。

2. 人口年龄结构的变化与地区差异

人口中，不同的年龄段，市场需求差异很大，市场营销人员要确定年龄段中可能成为目标市场的人群，就必须考察人口年龄结构的变化与地区差异性。而事实上，人口年龄结构的变化与不同地区变化的差异性正是目前世界范围内影响经济发展的最主要的原因之一。

1）人口年龄结构正发生着巨大的变化

世界上所有国家，不论发达国家还是发展中国家，都面临人口老龄化的问题。1950—2010年间，较发达国家的人口预期寿命增加了11岁，同期，欠发达国家则增加了26岁，最不发达国家增加了19.5岁。1950年时，60岁以上人口只占全球人口的8%，但2009年该比例已升至11%，预计2050年这一比例会达到22%。我国老龄人口比例也在直线上升。因为计划生育政策，大多数家庭只生一个孩子，生育率大幅降低，同时老年人生活得更加健康、长寿，这导致了老龄人口的增加。2011年我国60岁以上人口占比已达13.3%，比2000年提高近3个百分点。

由于不同年龄的人口的需求结构不同，老年人口比例的增加势必会带来整个市场需求结构的变化，如老年人口比例的增加可能会带来对养老院、小包装的食品和医疗设备的大量需要。同时，由于年轻的夫妻们有了更多的闲暇和收入，增加了旅游和娱乐时间，因而给旅馆、餐馆、航空公司等行业增加了市场机会。

另外，人口年龄结构的变化必然对某些行业造成威胁，却为另一些行业提供了市场机会。目前由于老龄化社会的到来，使专营儿童用品的企业经理寝食不安，纷纷改弦更张。如美国吉宝公司多年来的广告口号是"婴儿是我们的事业，我们的唯一事业"，但前些年悄悄放弃了这个口号，转而向老年人推销人寿保险，改用的口号是："吉宝现在像对婴儿一样地对待50岁以上的人。"而强生等一些儿童用品公司则极力把儿童用痱子粉、洗发液等向成年人推销。

2）各国人口的年龄结构各不相同

我国是世界上人口老龄化速度最快的国家之一。2011年，我国65岁及以上老龄人口占比为8.9%，新加坡为9.3%，而日本则高达23.3%。到2020年，我国65岁及以上老年人口占比将达11.9%。印度尼西亚是亚洲人口最为年轻的国家，15岁至25岁的人口占15岁以上人口的40%。

由于各国人口的年龄结构的差异，各国对产品的市场需求结构也存在着极大的差别。在人口年轻的国家里，重要的产品是学习用品或者儿童玩具；而在人口老龄化的国家里，对医药和医疗服务、易于消化的食品等的需要量则明显偏大。

3）各个年龄段人口的增长率大不相同，也将对营销者的目标市场战略发生影响

人口可以划分为六个年龄段：儿童（10岁以下者）、少年（10～19岁）、青年（20～34岁）、早期中年人（35～49岁）、晚期中年人（50～64岁）和退休者（65岁以上）。在未来十年内，各年龄段人口数量的增减将有所不同，需求也各有特点，对于市场营销人员来说，这决定了在未来几年内有大量需要的产品和服务的类型。这就需要营销者认真调查研究由于年龄结构引发的市场需求结构变化趋势。另外，值得注意的是，据联合国人口司统计，在老龄人口中女性多于男性，预计今后40年里全世界的老龄人口中女性比男性多50%。这是经济发展和生活条件改善的结果。对此，有关各行业的生产经营者们，应有足够的重视。

3. 家庭结构的变化与地区差异

传统的西方家庭组成是丈夫、妻子、孩子（有时有祖父母）。在中国等一些亚洲国家则还要包括兄弟姐妹。但即使是在我国，目前也出现了单身、同居、单亲家庭、无子女家庭等非传统家庭形式。以美国为例，第二次世界大战后传统式的家庭已经发生巨大变化，这主要

有以下几种趋势。

（1）晚婚。虽然96%的美国人都要结婚，但近年来初婚年龄不断提高，这使结婚用品及人寿保险的销路受到很大影响。

（2）子女减少。据1982年统计，美国有将近1/2的家庭没有18岁以下的子女；在那些有子女的家庭，平均少于2个小孩，而1955年时是3.5个。显然，儿童用品的需求量大为减少。

（3）离婚率高。美国的离婚率在世界上是最高的。有50%以上的婚姻终归离散，造成了100万以上的单亲家庭，从而增加了住房及其他一些家庭用品的需要。

（4）职业妇女增多。美国现在50%以上的已婚妇女参加工作，她们的收入约占家庭收入的40%，因而势必影响消费者市场的需求，使旅游、高档妇女服装、妇女用品及托儿服务的需求增加，同时对许多行业的广告语言和广告媒体的选择也有影响。

（5）非家庭住户兴起。近年来，在美国非家庭住户发展很快（1970年时占19%，1985年已达28%），形成各种需求不同的市场。这种住户主要是离家独居或同居的青年人，以及离婚后的独居者。据估计，到2000年非家庭住户和单亲住户将占美国总户数的47%，他们需要的是较小的公寓、廉价轻便的家具、器皿、小包装的食品、小型汽车等产品。此外，还需要更多的社交场所和旅游服务等。这种趋势应当引起营销者足够的重视。

4. 地理上的人口迁徙

人口流动的历史几乎就是人类文明的发展史。最常见的就是：从农村迁进城市，从城区迁往郊区。由于人们所处的地理位置影响着他们对产品与服务的需求与喜好，营销人员应密切注意人口迁徙所带来的市场机会。

比如，中国人历来有重乡土的传统，但在历史上也形成了几次比较大的人口迁徙。如著名的“闯关东”、“走西口”等。改革开放建立了一些沿海经济特区，使人口大量地从内地各省流向深圳之类的城市，这些城市人口的急剧增加势必会引起日常消费品的需求大量增加，相反，流出地区的日常消费品则会发生消费疲软。

从好动的美国人更能看出人口地理迁徙对营销活动带来的深刻影响。据统计，美国每年约有17%即4 100万的人口在流动。这主要有以下三种趋势。

（1）人口向温暖地带流动。西部和南部人口增加较快，东北部人口相对减少，这将影响消费需求的结构。

（2）人口从乡村流向城市。1880年美国人口约有70%在乡村地区，但现在75%的人住在都市。这大概是一切国家工业化、商品化过程中的必然趋势。我国城镇人口的比重1949年是10.6%，1987年增至37.1%，2011年再增至49.68%。如不加硬性控制，这一增长过程今后将更快。城市化不仅使消费结构和消费水平发生重大变化，而且势必影响商业网点的发展和服务方式的变化。工商企业要能够预见并适应这一趋势。

（3）人口从城市流向郊区。美国从50年代以来，由于汽车普及和高速公路的发展，加上城市环境污染日趋严重，人口有向郊区流动的趋势，许多收入较高的家庭迁居到市郊或小城镇。这就使得许多大城市的百货商店到郊区开设分店，并引起郊区购物中心（Shopping Center）的发展。但同时营销者也应注意，近年来人口又有向城市回流的倾向，有些年轻的和较年长的人在孩子长大后，被城市较高的文化生活和娱乐活动所吸引，又回到城市，这将给高级公寓房屋和零售商业提供新的营销机会。

5. 受教育程度

社会人口按受教育程度大致可以分为五类：文盲、高中以下、高中、大学、大学以上。通常人的受教育程度不同，所能接受的营销方式也有所不同。如一般来说，受教育程度越高，消费时越重视产品本身。这种由受教育程度不同所带来的消费上的差异为营销人员适应不同的社会需求做好营销工作提出了要求。这集中表现为以下几点。

1）受教育程度逐渐提高

2011 年，中国具有大学（指大专以上）文化程度的人口约 1.2 亿。同 2000 年相比，每 10 万人中具有大学文化程度的由 3 611 人上升为 8 930 人。这对营销者既是机会也是威胁。教育程度高的白领阶层人口愈多，对高级商店、文化用品、书刊以及旅游的需求愈多，同时看电视的人愈少。1950—1985 年，美国白领工人从 41% 增至 54%，蓝领工人从 47% 降到 33%，服务人员从 12% 增至 14%。据美国有关机构测算，今后增长最快的职业将是：计算机、工程、科学、医学、社会服务、贸易、秘书、建筑、冷藏、保健、私人服务和保卫等。

2）受教育程度存在地区差异

99% 的日本人受过教育，而中国人的受教育程度约为 86%。与此相适应，中国的市场营销与日本也有不同之处。

市场营销人员在密切关注以上人口关系的基础上，还应密切注意人口发展趋势。我国人口发展有如下特点与趋势。

（1）人口众多。目前人口已有 13.7 亿。

（2）人口的地理分布极不平衡。如果在我国的版图上，从黑龙江省的漠河到云南省的瑞丽，连接成一条直线，那么东南半壁人口占全国总人口数 94% 左右，而西北半壁人口仅占 6%。

（3）目前人口年龄构成较年轻，青少年在总人口中所占比例较大。但是，我国未来人口老化速度将大大高于西方发达国家。

（4）我国就业人口的构成中，农业人口所占比例大，约占总人口的 80%。

（5）我国家庭规模小型化将是一种趋势。

（6）我国人口由 56 个民族构成。少数民族人口占全国总人口比重不大，但增长速度比汉族人口快。不同民族的消费者有不同的风俗、生活习惯和需要。

4.2.2 经济环境

影响企业市场营销活动的经济环境是指企业与外部环境的经济联系。市场由有购买力的人口构成，而社会购买力受宏观经济环境制约，是经济环境的反映，它取决于现有的收入、价格、储蓄以及借贷情况。营销人员的各种营销活动都以经济环境为背景，能否适时地依据经济环境进行市场决策，是营销活动成败的关键。

主要指一个国家或地区的消费者购买力因素、商品供给因素、商品价格因素及消费结构和消费者储蓄和信用、消费者的支出模式等。而购买力因素是影响企业营销的最主要因素，企业应密切关注由于社会购买力的增减变动所带来的机会或威胁。

1. 购买力因素

消费者收入是影响购买力的最重要的因素。衡量购买力水平有多种不同意义的收入，例如，国民生产总值、国民收入和人均国民收入。对于营销人员来说，消费者不同的收入水平与结构直接影响着消费心理与消费习惯，营销战略与策略的制定会产生巨大的差异。这就要求营销人员关注以下几种消费者购买力的测算方式。

（1）必须区分实际收入和名义收入（货币收入）。由于实际收入和货币收入并不总是一致的，由于通货膨胀、失业、税收等因素的影响，有时货币收入虽然增加，但实际收入却可能下降。例如，美国从20世纪70年代到80年代初，货币收入一直是增加的，但由于通货膨胀率超过货币收入增长率，平均失业率高达6%～10%和赋税增加等因素的影响，实际收入反而有所下降。由于这些原因，使“可支配的个人收入”（Disposable Personal Income）即税后的个人收入减少，进而使“可随意支配的收入”（Discretionary income）即扣除衣食行等基本生活开支后的收入也逐渐减少。因此，使消费者在选购商品时精打细算，尽量节省开支；营销者则在广告中着重宣传其产品价廉物美。但是，这种情况从80年代中期起已有所改善，90年代中期美国人的实际收入逐年增长。

（2）区分国别产业结构。各国收入的水平与分配差异较大。而这与产业结构关系最为密切。通常，产业结构有四种类型：自给自足型的经济，由于绝大多数产品自行消费，为营销人员提供的机会较少；原材料出口经济，一般来说，一个国家只是一种或几种资源丰富，而其他方面匮乏，从而为营销人员创造了机会；工业化进程中的国家，工业化进程过程中，产生了富裕的阶层和逐渐增加的中产阶层，他们所需要的一些新兴产品大多需要进口，为营销人员提供了机会；工业化国家，庞大的制造业以及规模很大的中产阶级使这些国家成为所有产品的大市场。

2. 消费者储蓄和信贷情况

消费支出还要受储蓄和信贷的直接影响。居民个人收入不可能全部都用掉，总有一部分以各种形式储蓄起来，这是一种推迟了的、潜在的购买力，一般是用来购买耐用品的。如在日本，居民收入的18%都存入了银行。广义的个人储蓄包括银行存款、公债、股票和不动产等，这些都随时可转化为现实购买力。在正常情况下，银行储蓄与国民收入成正比，是稳定的，但是当通货膨胀物价上涨时，消费者就会将储蓄变为现金，争购保值商品。这是消费者的一种自卫行为，是消费者对经济前景不信任的一种表现。西方国家广泛存在的消费者信贷（Consumer Credit），对购买力的影响也很大。美国消费者信贷在全世界最高，各种形式的赊销、分期付款业务十分发达，增长迅速。由于它允许人们购买超过自己现时购买力（收入和储蓄）的商品，消费者信贷已成为美国经济增长的主要动力之一。这就创造了更多的就业机会、更多的收入，以及更多的需求，从而也为营销人员创造了机会。我国为了促进商品经济的发展，也开始使用“信用卡”，消费者赊销、分期付款购车、购房等商业信贷日益普及。

3. 消费者支出模式的变化

消费者支出模式即支出结构或需求结构的变化，对市场营销也具有十分重要的意义。支出模式主要取决于消费者的收入水平，德国统计学家 E. 恩格尔（Ernst EngeI，1821—1896）在1875年研究劳工家庭支出构成时指出：当家庭收入增加时，多种消费的比例会相应增加，但用于购买食物支出的比例将会下降，而用于服装、交通、保健、文娱、教育的开支及储蓄的比例将上升。这种趋势被称为“恩格尔定律”（Engel's law），这对研究需求结构、预测需求变化趋势从而制定企业的营销战略策略是很有价值的。

据统计，1991年我国城镇居民用于购买食品的支出约占53.8%，2006年降到35.8%；而交通通信的支出，1991年占1.4%，2006年则增加到13.2%；居民用于文化教育方面的开支，15年内翻了近10倍。

消费者支出模式除了主要受消费者收入影响外，还受以下两个因素的影响。

（1）家庭生命周期的阶段。有孩子与没有孩子的年轻人家庭的支出情况有所不同。没有孩子的年轻人家庭负担较轻，往往把更多的收入用于购买电冰箱、家具、陈设品等耐用消费品。而有孩子的家庭收支预算会发生变化。十几岁的孩子不仅吃得多，而且爱漂亮，用于娱乐、运动、教育方面的支出也较多，所以在家庭生命周期的这个阶段，家庭用于购买耐用消费品的支出会减少，而用于食品、服装、文娱、教育等方面的支出会增加。等到孩子独立生活之后，父母就有大量可随意支配的收入，有可能把更多的收入用于医疗保健、旅游、购置奢侈品或储蓄，因此这个阶段的家庭收支预算又会发生变化。

（2）消费者家庭所在地点。所在地点不同的家庭用于住宅建筑、交通、食品等方面的支出情况也有所不同。例如，住在中心城市的消费者和住在农村的消费者相比，前者用于交通方面的支出较少，用于住宅建筑方面的支出较多。

4. 商品供求因素

商品供求状况包含着可供总量的比例和品类及规格的结构的比例。例如，在一定的商品购买力条件下，某些商品供给充足程度变化，会引起购买力在不同类商品或同类商品的不同品种之间的转移；供给商品的品种、花色质量、档次的差别也会引起消费者需求增减，并促使购买力转移。一般情况下，在市场上某种商品供过于求时，生产此种商品的企业所承受的压力就大；而在供不应求时，企业的生产量和销售量会相应增加。企业营销人员对经济因素的关注直接体现在对商品供求变化趋势的预测上。

5. 商品价格因素

价格是消费者最为敏感的因素之一，直接影响消费者的需求，因而也是市场营销活动较为关心的因素。主要有以下三种情况。

（1）商品价格总水平发生升降变化，导致总的商品需求变化。商品需求同商品价格呈反方向运动。

（2）某种商品价格上升导致消费者将购买力转而投向其他同类商品或代用品，某种商品价格下降则会导致同类商品的购买力的转向。

（3）发生通货膨胀，即货币贬值，物价上涨，购买力下降，导致企业的营销环境恶化。一方面，引发恐慌心理，导致市场上出现以保值为目的的抢购风，给企业以混乱、虚假的需求信息，增加企业未来发展的风险；另一方面，各种生产要素涨价，使产品成本提高，对企业资金周转、投资组合和营销组合等不利，增加以后的营销难度。比如1993年上半年，我国国民经济由于投资需求的推动，全国各地同时大搞开发区和招商引进，导致基建规模过大。虚假的投资需求信号诱发生产资料轮番涨价，货币大量投放市场，流通领域中“皮包公司”趁机兴风作浪，许多生产企业采购成本直线上升，而物资流通企业库存急剧膨胀。从1993年下半年开始，政府采取“治理整顿”的调控措施，紧缩信贷，大大削减了基建规模、限制了投资需求，市场上主要生产资料价格就开始大幅度地回落，不少物资流通企业由于大量的库存而出现经营亏损的局面，给以后几年的经营造成十分不利的影响。因此，企业必须注意通货膨胀走势及其影响，正确判断经济发展的趋势，避免决策失误。

上述各类经济因素，对企业的发展战略和经营决策，都有重大的影响关系，必须进行专门研究，随时掌握动态，避免企业经营陷于被动。

4.2.3 自然环境

自然环境是指能够影响社会生产过程的自然因素，包括自然资源、企业所处地理位置、生态环境等。日益恶化的自然环境是90年代企业以及公众面临的主要问题之一，这种问题的存在既可能成为企业发展的机遇，也可能对企业产生潜在的威胁。因此，在市场寻求发展的企业营销人员不能不首先正视以下几个问题。

（1）原材料短缺，能源成本提高。地球上的自然资源可分为三大类：无限资源如空气、水等；有限但可再生资源，如森林和农产品等；有限不可再生资源，如石油、煤、锌、银等。空气与水，总体上是取之不尽、用之不竭的，但污染问题严重，部分地区水的供应也存在着短缺的现象。有限可再生的资源如森林和农产品等，短期内还不会有太大问题，但必须防止过量采伐和侵占耕地。有限不可再生的资源如石油、煤炭和各种矿产品，问题最为严重，据估计，到21世纪末，银、锡和铀等矿产品将会短缺，价格大涨，如果按目前的消耗量持续不减，到2050年更多的矿产资源将告枯竭。正因为这一点，能源成本趋于提高。比如石油价格从1970年的每桶2.23美元狂涨到1982年的每桶34美元，使得人们不得不疯狂地寻找替代品。如太阳能的开发已取得相当成就，在家庭取暖设备等方面已有若干新产品。还有些企业研制电动车，取代以石油为能源的汽车。面对能源短缺与成本提高所带来的威胁，这些企业抓住了同时存在的新的营销机会。但1985年12月以后，由于石油输出国组织放弃了限产战略，油价在竞争中下降到每桶20美元以下，这又给某些研制代用品的企业造成威胁。但从长远来看，开发太阳能、风力，是肯定有光辉前景的，由于原材料短缺，能源成本提高是世界范围内的事情，只有合理开发和利用矿产资源和生物资源，才能使企业在资源运用中进入良性循环；反之，如果掠夺性地开发资源，必将人为地造成对企业的威胁，其后果将会使企业可供利用的资源逐渐枯竭。对于资源短缺产品的经营，企业营销人员如何寻找代用品、节约能源、降低消耗、综合利用是企业兴盛的关键。

（2）地理位置的选择与利用。企业所处地理位置的状况，对掌握信息、贮运商品、扩大销售有很大影响。地处中心地区的企业，交通便捷，获取信息快，运输方便，有利于促销；地处偏僻地区的企业，则获得信息慢，运输不便，行销难度大。另一方面，企业地理位置条件不同，往往会有不同的级差收益。如新修公路、铁路，将促使沿线经济带地区发展，导致地价升值。企业所处地理位置在企业经营中的重要作用要求营销人员密切关注交通建设信息，在新建、扩建、改建选址上多下工夫，以同样的支出获取最大的收益。

（3）环境污染严重。现代工业的发展，对自然环境造成了不可避免的破坏。如化学废料、核废料、土壤以及食品的化学污染，废弃包装材料的处理等，已经成为当代社会的一个严重问题。西方发达国家自60年代以来在环境保护方面陆续采取了大量措施，已经收到一定的成效，但仍有大量问题亟待解决。在我国，近年来污染问题也已经引起政府和公众的重视，有关部门做了大量工作，但有些方面问题还相当严重。

公众以及政府对环境保护的关心，一方面限制了某些行业的发展；另一方面也带来了营销机会。如为治理污染的技术和设备提供了一个大市场的同时也为不破坏生态环境的新的生产技术和包装方法创造了营销机会。特别是环境保护主义的兴起，使消费者和生产经营者增强了生态意识，企业社会营销观念与绿色营销观念的增强都将促进企业与整个社会的全面进步。

（4）政府对环境保护的干预加强。由于公众对自然环境的日益关心，促使许多国家的政府加强了环境保护工作，加强了对自然资源的管理。但这往往与经济增长和企业的扩大生产发生矛盾。由于许多企业要投资于治理污染，因而不能增加生产设备和就业机会，这就影响了经济增长。目前有关的管理当局已注意到这个问题。但从社会的长远利益和整体利益来看，环境保护工作绝不可放松。企业不仅是生产经营单位，也是环境的制造者与受益者，因此企业营销人员必须注意有关法令的限制，严格守法，同时注意环境保护所提供的营销机会。如食品工业采取“天然”、“绿色”食品为主要食品，汽车工业开发耗能少、噪音低的新型汽车，包装工业应注意环境卫生等。这些行业的发展趋向为生产这些行业设备的企业带来开发市场的机会。

4.2.4 科学技术环境

科学技术是生产力，是最强大的生产力，是影响人类前途和命运的最大的力量。技术的进步对市场营销的影响，更是直接而显著。

（1）科学技术的发展直接影响市场供求。据统计，在1920年以前，适用商品从试销到成熟的平均时距为34年；1939—1959年间，这个时距缩短为8年。在20世纪初，依靠科技进步取得生产增长只占5%，进入90年代以后，其增长占90%以上。这种变化，不仅大幅度增加了商品的市场供给，而且也极大地刺激了消费者需求。

（2）新的产业部门的出现通常是新技术出现的必然结果，促使消费品种增加，范围扩大，进而使市场需求结构发生根本性变化。如我国信息产业部就是我国信息产业发展的必然结果，信息产业的飞速发展已经改变了我们日常的通讯手段与消费习惯。

（3）一种新技术以及与此相伴随的新产品的出现，所包含的“创造性”必然淘汰某些老产品，甚至使某些经营这些产品的企业破产。例如，晶体管威胁到了真空管的生产行业，电视威胁到了报纸，光盘威胁到了收录机行业，汽车抢走了铁路乘客，而电视吸引了电影观众等，不胜枚举。正因为技术对行业与企业经营所具有的特殊影响，要求营销人员密切关注技术环境的新变动，随时准备应变。营销人员主要应注意以下几种技术环境的变化趋势。

① 技术变革步伐加快。许多今天认为很普通的技术性产品，如电子复印、合成洗涤剂、袖珍计算器、石英手表等，在30年前并不存在。有些人曾经对一些新技术的构思产生怀疑，

如1903年莱特兄弟试飞前九天，《纽约时报》曾说，人类再过一千年也飞不上天。可在12月17日，莱特兄弟试飞了他们的飞机，从此以后飞机制造业飞速发展起来，到20世纪后期，发达国家的大部分客运都是由航空公司承担的。

托夫勒在他的《未来的冲击》一书中认为，未来新技术的发明、发展和传播会发展地更快，从构思到实现的时间将愈来愈短，新产品从开始上市到大量投产的时间也将大大缩短。在《第三次浪潮》一书中他曾预言，未来社会生活将全面电子化，人们不出家门便可通过电脑系统进行学习、工作、购物和娱乐等活动，如在家接受工作单位的指令，查阅公共图书馆的资料，通过电视购买商品等。目前，这些正在变成现实。

② 创新的机会无限。由于新技术革命迅速发展，在当代市场上创新的机会无穷无尽，凡是人们所需要的新的产品和劳务，总有源源不断的新构思出现，而且在技术上很快能有所进展。目前，各国科学家正在力争实现的构思主要有：实用太阳能、防治癌症和艾滋病的药物、电动车、海水淡化、家务机器人、有效而又无副作用的避孕药品等。这些构思和实验不仅是技术性的，而且是商业性的。也就是说，其中蕴涵着极大的营销机会。

在企业的技术开发工作中，市场营销部门应发挥重要作用，应对技术工作提供指导，使新产品的设计和老产品的改良符合市场需要。因为科学家们感兴趣的主要是解决科学上的难题，而不是发明可上市的新产品。但对企业的市场营销来说，技术上的突破只有在符合市场需求的情况下才有价值。

③ 研究与开发（R&D）预算很高。首先，预算投入大。美国的研究与开发预算在全世界是领先的，每年740亿美元；日本为300亿美元。其次预算增长快。1928年美国研究开发预算不过1亿美元，1953年达到50亿，1979年超过370亿，而1985年则超过1 070美元，1980—1985年间每年增长11.7%。其中每年的研究与开发基金约86%用于应用性研究，其余的用于基础性研究，多半是在高等学校中进行。

据统计，研究与开发预算的多少与企业的盈利能力关系极大，IBM等六家公司的研究与开发支出平均占销售额的5.7%，利润占销售额的15.3%；而波音、固特异等另外6家公司的平均研究与开发投资只占销售额的3.5%，它们的利润率则很低。

企业除自己进行技术的研究与开发外，还可以通过购买专利等多种途径取得新技术。企业在技术上只有善于博采众长，才能以相同的投资取得最大的效益。

④ 关于技术革新的法规增多。第二次世界大战后由于新技术的迅速发展，新产品的大量涌现，往往产生一些不良后果，因而一些国家的政府对新产品的检查和管理日益加强，对安全与卫生的要求越来越高。许多西方公司有这样的经验：花费数百万资金开发的新产品，结果由于政府认为不安全，被迫从市场上收回。如1998年北京上市的一种双人自行车由于政府禁止以自行车名义上牌照导致滞销等。正是为了避免类似情形的发生，营销者在发展新技术、创造新产品时，一定要充分注意有关法规的规定。

除了政府的管制外，社会上一些较为有影响的观点与看法也应成为营销人员密切注意的对象。如有些人认为，大规模的科技创新会对大自然、个人生活、环境卫生甚至整个人类社会造成威胁，因而主张以自行车代替汽车，以天然食品代替合成食品，以天然纤维织物代替化学纤维织物。他们也反对核工业、高层建筑、公园和风景区的游乐设施等，认为这些会破坏自然界生态平衡。

4.2.5 政治法律环境

市场经济是法制经济，包括营销活动在内的所有企业行为都必然受到政治与法律环境的强制约束。这种政治法律环境主要指国家政局、国家政治体制、经济管理体制以及相关的法令、法规、方针政策等对企业的运作存在着或多或少关联的要素。

第二次世界大战后，随着美国等许多西方国家的政府对经济的干预日益加强，经济立法日益增多，国家的政治法律环境对企业的市场营销活动的影响逐渐增强。西方国家的许多经济立法以及对经济活动的宏观调控和管理方法是符合社会化大生产和商品经济发展的客观要求，从而也是符合社会进步利益的，值得我们在社会主义市场经济建设过程中借鉴。

现代西方国家政治法律环境中对企业营销管理关系最密切的三种趋势是：管制企业的立法增多、政府机构执法更严和公众利益团体的力量增强。

1. 管制企业的立法增多

西方国家一贯强调以法治国，对企业营销活动的管理和控制也主要是通过法律手段。在这方面立法的目的主要有三个。

一是保护企业间的公平竞争。西方经济学认为自由竞争是社会发展的根本动力，但自由竞争不等于随心所欲，漫无限制，而是要保证所有的人都有平等机会参与竞争。因此，就需要通过立法限制垄断和打击各种用不正当手段进行的竞争。例如，美国1890年的《谢尔曼反托拉斯法》禁止垄断行为；1914年的《克列顿法》又补充规定了垄断行为的含义；1914年的《联邦贸易委员会法》规定企业以不正当手段竞争是非法的，并建立了“联邦贸易委员会”，该委员会成员有权调查和监督本法案的执行；1939年的《惠勒—李法》又补充规定禁止一切不公平的或欺骗的行为；1936年《鲁宾逊—帕特曼法》禁止“价格歧视”，以保护中小企业；1950年的《反吞并法》加强了政府机构防止公司非法兼并的权力；还有其他一些法案以及各州的有关法案都是为了保护公平竞争、维护自由竞争原则的。这些法律是在联邦贸易委员会和司法部有关部门监督下强制执行的。

我国1993年为维护市场经济秩序，保护公平竞争和合法权益也颁布了《反不正当竞争保护法》。

第二个目的是保护消费者的权益，制止企业非法牟利。有些企业以欺骗性的广告或包装招徕顾客，或以次品低价引诱顾客，对此也必须通过法律手段加以管制和制裁。如我国的《消费者权益保护法》；又如，美国1906年的《联邦食品药物法》、1938年的《食品药物和化妆品法》、1966年的《包装与标签法》和《儿童保护法》、1967年的《联邦香烟标签与广告法》、1968年的《消费者公平信贷法》、1970年的《公正信贷报告法》、1972年的《消费品安全法》、1975年的《消费品定价法》和《信贷机会平等法》、1978年的《公平收债执行法》、1984年的《玩具安全法》等，都是为这一目的服务的。

第三个目的是保护全社会的整体利益和长远利益，防止对环境的污染和破坏。许多企业只顾增加生产，提高利润，而不顾社会效益，导致生态环境被破坏。针对这种情况，20世纪60年代以来，许多国家加强了这方面的立法，如美国1958年《国家交通安全法》、1969年的《国家环境政策法》等。以上这几部法律都对企业的生产经营活动作出了若干规定，违反法律者将要受到严厉处罚。

另外，其他一些发达国家与美国的情况也大致相似。如日本官方统计资料表明，仅政府关于经济活动的限制就有1万项左右，其中关于产品和劳务的质量、性能等的检查、检验、认定等规定约1 700项；关于商业活动的许可、认可、承认等规定约3 600项（据1987年9月4日《经济参考》）。由此可见，企业的营销管理人员必须有很强的法制观念，对有关的法规和细则必须有充分的了解，否则进行营销活动时就会寸步难行。如果将市场上的竞争比作球场上的比赛，那么，竞争者就应当像运动员遵守比赛规则一样遵守所在国的法律，在法律（规则）许可的范围内争夺“金牌”。

法律属于上层建筑，它是经济基础的反映，并为经济基础服务。上述的种种法律正是高度发达的资本主义商品经济的反映，对保护和促进资本主义商品经济的发展起着重要作用。我国现在已实行改革开放政策，发展社会主义市场经济，开展竞争，因此也必须相应地制定各种有关的经济法规。近几年，我国在经济立法方面已经有很大进展，颁布了许多经济法规。但是，保护公平竞争和维护消费者权益方面的立法和执法还是不够，各地产销假药、假烟、假酒等冒牌伪劣商品的事件，以及用各种不正当手段进行的竞争活动层出不穷。特别是有些方面虽然早有明文立法，如环境保护、药品检验等，但执法不严以至于流弊丛生。这种现状如不彻底改善，社会主义市场经济就难以健康发展。这一切表明，市场经济的发展必然有相应的上层建筑为它服务。

2. 政府机构执法更严

市场经济的发展不但需要建立若干经济法规，而且要有明确的执行机构。在美国，有联邦贸易委员会、联邦药物委员会、食品和药物管理局、联邦动力委员会、消费品安全委员会、环境保护局、消费者事务局等执行机构。这些机构对企业的营销决策有极大影响，而且近年来执法更加积极和严格，其中各种公众团体的舆论压力起了很大的推动作用。

例如，1973年马自达汽车在美国的销售正在猛增，但美国环境保护部门在1973底年发表了一份报告，指出马自达汽车耗油量偏高，在城市每加仑汽油只能行驶11里，结果导致1974年头5个月该车销量减少了39%。又如，法国里昂市一名女学生于1987年6月30日在一家公司所属的小卖部买到一块三明治，发现里面有蛆，于是通过消费者组织提出控告，结果该公司被判罚款5万法郎，赔偿消费者个人损失1 000法郎，赔偿消费者组织损失5 000法郎。

美国等西方国家对药品的管制极严，近年来已有许多药品被淘汰和禁用。但是，有些企业主为了追逐利润，往往不择手段，据悉，目前许多药商把大量在本国被淘汰、禁用的副作用大或已失效的药品倾销到发展中国家。[①]

3. 公众利益团体力量增强

企业营销人员除必须懂得法律外，还要了解有关公众利益团体的动向。在西方公众利益团体被称为“压力集团”，这种团体对立法、执法和舆论有很大影响力。据估计，美国八个主要的利益团体所吸引的成员和拥有的基金比美国的两大政党还多。对市场营销有直接影响

① 据1987年8月27日《信息日报》。

的，主要是保护消费者和保护环境方面的团体。60 年代以来，在西方国家消费者保护主义运动已成为一支强大的社会力量，成为企业界的一大社会课题。当代西方各国都有许多消费者组织，并且还有国际性消费者组织。所谓消费者保护主义，菲利普·考特指出："是一项社会运动，目的在于扩大买者对卖者所要求的权利和权力。"1962 年美国总统肯尼迪在国情咨文中，首次提出了"消费者权利"问题，开"消费者权利"作为法律用语之先河，使消费者保护主义更加兴盛。例如，美国纽约州的消费者团体于 1969 年向政府控告企业主欺诈，索赔款项 1.4 万美元；日本东京地区消费者联合会从 1975 年起每年搞一次残次商品展览会，征求消费者意见。负责与政府或企业交涉，督促企业改善产品质量，否则就发动公众拒购它的产品。在美国还有些学校开设消费者必修课或选修课，瑞典公立学校对小学生普遍实施消费者教育，使儿童从上学起就学习作为一个消费者在市场上如何维护自己的权益。

在消费者保护主义运动的影响下，企业界本身也采取行动，以促进消费者的理解。如美国通用食品公司和赖佛兄弟公司都办过"消费者诊断所"，指导消费者如何使用本公司产品：惠尔普公司设有一条 24 小时服务的"冷线"电话，在任何城市均可直拨投诉，且不必付电话费；康了玻璃公司则指派一位经理专门负责保护顾客利益，站在顾客立场上督促公司处理顾客的意见和要求。

我国从 1984 年开始在各城市成立了不同层次的消费者协会，不但受理消费者投诉，而且还积极在消费者和企业中开展"消费者信得过企业"、"消费者最满意品牌"等活动，这既增强了企业的自律，又加强了对消费者的法制教育和消费者的自我保护意识。随着我国市场经济的发展，工商企业的经理们要有充分的远见和准备，既要善于应付消费者保护运动的挑战，又要善于捕捉消费者保护运动所提供的机会。

4.2.6 社会文化环境

社会文化是指一个社会的民族特征、风俗习惯、伦理道德、价值观念、生活方式、教育水平、语言文字、社会结构等的总和。它主要由核心文化和亚文化两部分组成。核心文化是某一社会群体所共同拥有的核心信仰和价值观念，核心文化具有延续性，可以代代相传；亚文化根据不同的标准可分为民族亚文化、宗教亚文化、地理亚文化和种族亚文化。企业营销人员应针对不同的社会文化环境及特征制定有效的营销策略。

1. 价值观

价值观是人们对社会生活中各种事物的态度和看法，是区分不同文化类型、不同社会和不同群体的根本。价值观是社会文化的核心内容。它包括人们对时间、社会成就、财富和创新、过程和结果、变化和个性的态度和评判标准，这些又影响着消费者的购买行为。对成就要求高的人把主要精力集中在目标而非过程上，利用达到目标的程度来衡量他们的成就。有些国家的人时间观念很强，准时成为社会中受人尊敬、获得信赖的前提。因此，能节约时间的产品就会受到欢迎，如快餐、速溶饮料。在美国，新奇变化的事物较受欢迎，而同样的事物在一些保守的国家中就有可能被当作冒险和另类遭到抵制。因此，重视价值观会使营销活动变得更有效率。

2. 宗教信仰

不同的宗教有不同的价值观和行为准则。据估计，全世界有近20亿宗教教徒。基督教、伊斯兰教、印度教和佛教是当今世界最主要的宗教。某些国家和地区的宗教组织在教徒购买决策中也有重大影响。一种新产品出现，宗教组织有时会提出限制，禁止使用，认为该商品与宗教信仰相冲突。例如，1984 年我国出口某阿拉伯国家的塑料底鞋，遭到当地政府出动大批军警查禁销毁，原因就是鞋底花纹酷似当地文字“真主”一词。在伊斯兰世界，脚，特别是脚底被认为是不干净的。所以企业可以把影响大的宗教组织作为自己的重要公共关系对象，在营销活动中也要针对宗教组织设计适当方案，以避免由于矛盾和冲突给企业营销活动带来的损失。

3. 审美观

审美观是人们对自然、艺术、社会生活的审美标准、审美方式和审美习惯 。在不同的文化环境下，人们对美有着不同的评价。如各种颜色在不同国家和地区有不同的寓意。如白色在日本、欧洲和美国代表纯洁、光明、坦率和美好，而在印度却代表不受欢迎。绿色在日本和巴西代表不吉利、不吉祥，是一种恶兆，但在多数国家却代表着春天、青春、生机、平静和安全。人们在市场上挑选、购买商品的过程，实际上也就是一次审美活动。审美观对产品的设计、色彩、广告促销中的音乐、商标名称有着重大的影响。近年来，我国人民的审美观念随着物质水平的提高，发生了明显的变化。表现为追求健康的美、追求形式的美、追求环境美。在这种趋势下体育用品、运动服装需求上升。鲜艳、明快、富有活力的色调以及对环境的美感体验成为消费的重点。

4. 风俗习惯

风俗习惯是人们历代传递下来的，在长期经济与社会活动中形成的一种消费方式。禁忌是风俗习惯的特殊表现形式。如中国人比较喜欢 2、6、8、9 这几个数字，对 4 比较忌讳。西方基督徒都忌讳 13。中国人喜欢逢年过节送酒，因为酒与“久”同音，代表健康长寿。吃年夜饭要有鱼，代表年年有余。不同的消费习俗具有不同的商品需要，研究消费习俗，有利于对消费用品的生产与销售进行管理，有利于正确、主动地引导健康的消费。了解目标市场消费者的禁忌、习俗、避讳、信仰、伦理等是企业进行市场营销的重要前提。

在研究社会文化环境时，还要重视亚文化群对消费需求的影响。每一种社会文化的内部都包含若干亚文化群。例如，移民、外侨、特殊阶层，由于他们不同的生活经历，表现出不同的信念和价值观，从而有不同的消费需求和行为。如根据我国传统，结婚等喜庆日着红色服装，以示吉祥；但根据西方传统，结婚时着白色礼服，表示纯洁。现在我国沿海城市有许多人受西方文化影响，风俗习惯已有所改变，对其中健康有益的部分，营销者应予以支持；而对那些腐朽有害的内容，则应予以坚决抵制。企业市场营销人员可以把每一个亚文化群视为一个细分市场，生产经营适销对路的产品，满足顾客需求。

总之，市场营销的宏观环境主要包括以上几个方面。这些对企业来说，都是不可控制的变数，企业只有设法适应这些环境，而不能改变环境，这是营销学的传统观点。但是近年来美国有些著名学者提出了不同的见解，修正和发展了传统的营销理论。他们认为，企业的营销活动不仅受外部环境的制约，同时通过向外提供产品和劳务，传播信息以及开展公共关系活动，如通过游说影响立法，利用宣传报道形成公众舆论等，也可以影响外部环境，使之变得有利于企业达到自己的目标。看来似乎不可控制的环境障碍，经过营销者的不懈努力，也是可以克服的。

4.3 市场营销微观环境

为目标市场创造有吸引力的产品和服务，这是每个公司营销管理的基本任务。它的成功与否，除了自身因素外，还会受到公司的其他部门、中间商、竞争对手和各种公众的影响。公司的营销管理者不能只注意目标市场的需求，也要考虑微观环境中的其他成员。下面将依次分别说明公司、供应商、营销中介、顾客、竞争对手和公众的作用和影响。

4.3.1 公司

公司的营销管理层在制订营销计划时，应该考虑公司其他部门的影响。这些部门包括高层管理者、财务部门、研究和开发部门、采购部门、制造部门和会计部门，这些相关部门构成了企业制订、执行、控制营销计划，实现营销职能的企业内部微观环境。

公司的高层管理者确定公司的使命、目标、总体战略和政策。营销经理必须根据高层管理层确定的计划从事决策。有些决策必须经过管理高层的批准才能执行。

营销部门也必须与公司的其他部门密切合作。财务部门关心的是能否取得执行营销计划所需资金，并且如何将资金有效分配到不同的产品和营销活动上；研发部门负责处理产品安全和外观等技术问题；采购部门负责供应所需的原材料和零部件；制造部门的责任是根据所要求的质量和数量生产产品；会计部门负责收集成本和收益的资料，这些资料可以帮助营销人员了解目标的完成进度。本公司的各个部门对营销部门的计划和活动都会产生影响。

4.3.2 营销中介

供应商是公司的整体顾客价值交付系统的重要环节。供应商为公司提供所需资源以生产其产品或者服务。例如，制造自行车需要钢材铝材、橡胶轮胎、齿链、坐垫和其他零部件，同时它也需要人力、设备、燃料、电力、电脑和其他生产要素。

供应商环境的发展对公司营销有相当大的影响。营销经理必须密切注意主要原材料的价格趋势，原材料涨价可能迫使公司产品价格提高，使预期的销售量降低。

4.3.3 营销中介机构

营销中介机构是指协助企业使其产品顺利到达目标顾客手中的各种企业或个人，包括中间商、物流公司、营销服务机构和金融机构。这些都是市场营销不可缺少的环节，大多企业的营销活动都必须通过他们的协调才能顺利进行。例如，企业生产集中于需求分散的矛盾，就必须通过中间商的分销来解决；资金周转不灵，则需要求助于银行和信托机构。随着市场经济的不断发展和完善，社会分工越来越细，这些中介机构的影响也越来越大。因此，企业在市场营销过程中，必须重视营销中介对营销活动的影响，并能处理好同它们的合作关系。

中间商是指帮助企业寻找顾客或者完成销售的分销公司，包括批发商和零售商。

公司为什么要利用中间商而不是自己直接销售给消费者呢？这是因为中间商能够以比较低的费用完成销售的职能。中间商可以在顾客所在地存储产品公司的产品；可以在顾客想要产品时，向他展示产品并且及时交货；可以做广告推销公司的产品和协商销售条件。因此公司认为通过独立的中间商销售系统比自己建立全国性的销售网更有利。

选择中间商并且与之合作并不是简单的工作。现在小规模的独立中间商越来越少，代之而起的是大规模的中间商组织。现在越来越多的产品经由大型的公司连锁书店、大型批发商、零售商和特许经销网络进行销售。这些公司有足够的力量要求制造商接受其合作条件。制造商为了获得货架空间，经常需要付出很大的努力。

物流公司协助制造商储存和运送产品。仓库是在产品运往下一个目的地之前，提供储存和保护的公司。运输公司负责将产品由一个地点运送到下一个地点，包括铁路公司、汽车运输公司、航空公司、航运公司和其他收取运费的公司。公司必须权衡考虑成本、交货期、速度、安全等因素，决定成本效益的最佳的贮运和运输方式。

营销服务公司是协助企业寻找正确的目标市场，并为其促销产品的公司，包括市场调查公司、广告代理公司、宣传媒介和营销咨询公司等。如果公司决定利用这些营销服务机构，应该审慎选择，因为这些公司在创意、品质、服务和价格等方面有很大的差异。公司必须定期评估它们的表现，及时更换表现不佳的公司。

财务中介包括银行、信贷公司、保险公司和其他协助产品交易融资和降低风险的公司，大部分的买卖双方都需要依靠财务中介公司为交易融资。资金成本的高低和信贷额度都会影响营销的绩效，因此公司必须与重要的财务中介建立良好的关系。

4.3.4 顾客

顾客就是市场，是企业进行营销活动的出发点和归宿。企业对市场掌握的程度，是企业营销成败的关键。可见市场是企业营销系统中极为重要的组成部分，它包括了消费者市场、生产者市场、中间商市场、政府市场和国际市场。

消费者市场，指购买产品和服务供自己消费的个人和家庭所构成的市场。

生产者市场，指为进一步加工或在生产过程中使用而购买所需要的产品及服务的组织所构成的市场。

中间商市场，指为转售牟利而购买商品及服务的批发商和零售商所构成的市场。

政府市场，指为提供公共服务或者转赠需要者而购买产品和服务的政府机构所构成的市场。

国际市场，指国外购买者所构成的市场，包括国外的消费者、生产者、中间商和政府机构。

4.3.5 竞争者

存在商品生产和商品销售的地方，就存在着竞争。因此企业在对目标市场进行营销活动的过程中，就会不可避免地遇到竞争者的挑战，企业要想在市场竞争中取得胜利，在满足消费者需要和欲望方面，就必须要比竞争对手做得更好。公司不仅要满足目标市场消费者的需求，还要考虑在同一目标市场中竞争对手的战略。因此，营销者不仅仅要适应顾客需要，也要通过在消费者心目中比竞争对手更优地定位其产品，获得战略优势。

从消费需求的角度划分，企业在市场上面临着四种类型的竞争者。

1. 一般竞争者

指所有争取同一消费者的竞争者。如手机生产商的一般竞争者就是家电、洗衣机生产者、食品生产者等所有与其争取同一消费者消费的企业。

2. 行业竞争者

是指提供相同或相似产品的竞争者，如丰田企业公司的行业竞争者就是福特等其他汽车制造商。

3. 产品形式竞争者

是指能够生产提供相同服务的产品的竞争者。汽车制造商的产品形式竞争者就是所有生产汽车、摩托车、自行车、卡车的企业。

4. 品牌竞争者

是指以相似的价格向相同的顾客提供类似产品和服务的竞争者。如福特汽车公司的品牌竞争者主要是丰田、本田、雷诺等其他提供中档价格汽车的汽车制造商。

企业的竞争者除了本行业现有的竞争者之外，还有替代品生产者、潜在进入者、买方、卖方等多种竞争力量，企业通过对竞争对手竞争能力的分析以及与本企业竞争能力的比较，可以发现自己的优势和劣势，创造战胜竞争者的机会，与此同时，还要及时了解市场竞争态势的变化，以便掌握竞争的主动权，取得企业自身应有的竞争地位。

4.3.6 公众

公司的营销环境也包括许多公众。公众是对公司实现其目标具有兴趣和影响的任何组织。公司的公众包括七类。

财务公众，指关心并可能影响企业获得自己的能力的团体和个人。如银行、证券交易所等。

媒体公众，指报纸、网站、杂志社、广播电台和电视台等大众传媒媒介。这些公众对企业的声誉有很重要的作用。

政府公众，指有关政府部门。营销管理者在制订营销计划时必须充分考虑政府的发展政策。企业必须向相关部门咨询有关产品安全、广告真实性、商人权利等方面可能出现的问题，以便同相关政府部门搞好关系。

民间公众，指消费者组织、环境保护者组织及其他群众团体。如自行车公司可能遇到关心子女安全的家长对产品安全性的咨询；而消费者协会更是企业应予以重视的力量，应有专人负责处理与它的关系。

地方公众，是指企业所在地附近的居民和社区组织。企业在其营销活动中，要避免与周围公众利益发生冲突，应指派专人负责处理这方面的问题，并对公益事业作出贡献。

一般公众，一个企业需要了解一般公众对其产品和活动的态度。企业的“公众形象”，即在一般公众心目中的形象，对企业的经营和发展都是很重要的。要争取在一般公众心目中建立良好的企业形象。

内部公众，指企业内部的公众，包括董事会、经理、白领工人、蓝领工人等。一般企业发行内部通讯，以对员工起到沟通和激励的作用。内部公众的态度也会影响到外部的公众。

企业的经营活动会影响周围各种公众的利益，公众也能便利或妨碍企业实现其经营目标。所以企业的市场营销活动不仅要针对目标市场的顾客，还要考虑到有关的公众，采取适当的措施，与周围公众保持良好的关系。

4.4 市场营销环境分析与对策

市场营销环境是企业生存和发展的条件，市场营销环境的发展变化可能会给企业带来市场机会，同时也可能会给企业造成威胁。随着生产力水平的不断提高和科学技术的不断发展，企业的生存和发展越来越取决于企业适应环境变化的能力。因此，企业必须要进行营销环境的分析并为企业制定切实可行的对策。

环境对企业产生的影响基本上可以从两个方面进行分析。一个是对企业市场营销有利的因素，即它对企业市场营销来说是机会；二是对企业市场营销不利的因素，它是对企业市场营销的威胁。也就是说，企业的营销环境基本上可以分为两大类，一个是市场机会；一个是市场威胁。

4.4.1 市场机会、机会分析与企业对策

市场机会，是指对企业市场营销管理具有吸引力的领域。在该领域内，企业将可以获得更多的营销成果。这些机会可以按其吸引力以及每一个机会可能获得的概率来加以分类。企业在每一特定机会中成功的概率，取决于其业务能力是否与该行业所需要的成功条件相符。

市场分析的方法有很多种，主要的有以下几种方式。

1. 市场机会矩阵图

市场机会分析的首选方法就是市场机会矩阵图分析法。市场机会矩阵图（见图4－2）的横坐标为“机会潜在的吸引力”，表示潜在的盈利能力；纵坐标为“成功概率”，表示获

得成功的可能性大小。

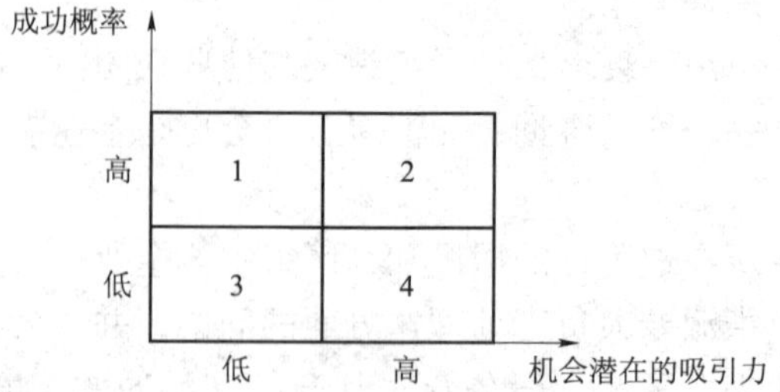

图4－2　市场机会矩阵图

区域1：属于机会潜在吸引力低和成功概率高的市场机会。对于大型企业遇到这样的机会往往是观察其变化趋势，而不是盲目地加以利用。但对于中小型企业来说，区域1的机会往往是中小型企业能够加以利用的，因其生产的利润已足够中小企业生存和发展。

区域2：属于机会潜在吸引力高和成功概率高的机会。企业一般应尽全力发展，因为它是企业最有利的市场机会。

区域3：属于机会潜在吸引力低和成功概率低的市场机会。企业应设法改善企业本身的不利条件。比如，成功可能性低可能是企业管理不善、技术水平低、产品质量差、人员素质低等各方面的原因。企业就是要想方设法来扭转不利因素，使企业自身条件加以改善。这样的话，区域3的市场机会也会逐步移动到区域2成为有利的市场机会。

区域4：属于机会潜在吸引力低和成功概率低的市场机会。企业应一方面积极改善自身的条件，以准备随时利用其一现即逝的市场机会；另一方面应观察其发展趋势。

2. 产品—市场发展分析矩阵

如图4－3所示，对于由现有产品和新市场组成的区域1来说，市场分析主要是考察在其他市场是否存在对企业现有产品的需求。这里所说的其他市场，是指包括其他消费群体、其他地理区域的市场在内的企业还未进入的所有市场。如果在其他市场上存在对企业现有产品的需求，这就是一种市场机会，企业相应采取的就是市场开发策略。

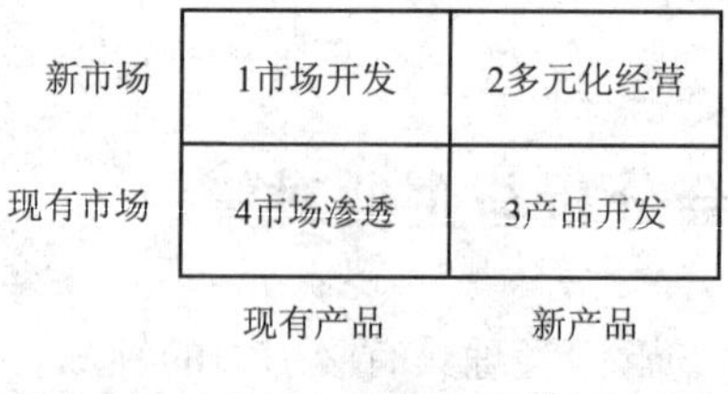

图4－3　产品—市场发展分析矩阵

对于区域2而言，企业主要分析新的市场中存在哪些未被满足的需求。由于在对这些市场机会分析和评价后，这些市场机会大多属于企业原有经营范围之外（即不属于本行业市场机会），因而企业相应采取多元化经营策略。

对于区域3而言，企业主要分析现有市场上是否有其他未被满足的需求存在。如果有，经过分析和评价，这种市场机会适合企业的目标和能力，企业就要开发新产品来满足这样的需求，这就是开发新产品的策略。

对由现有产品和现有市场组成的区域4而言，企业主要分析需求是否得到了最大满足，有无渗透机会，如果有这样的机会，企业相应采取的就是市场渗透策略。

3. 市场吸引力—企业优势分析矩阵

这种矩阵是由美国通用电器公司所创，又称GE电器公司多因素组合分析矩阵。如图4-4所示。

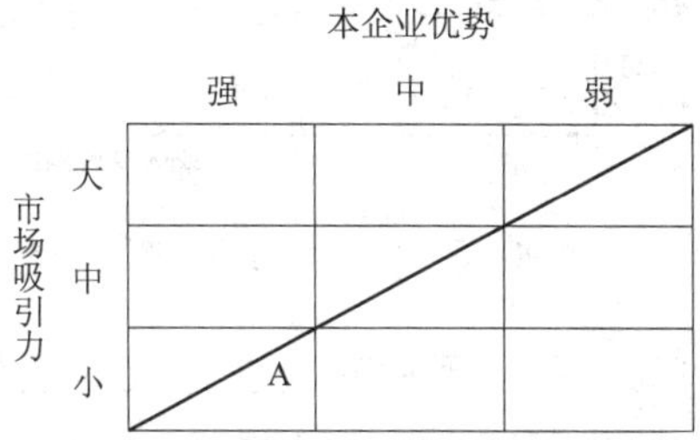

图4-4　市场吸引力—企业优势分析矩阵

从图中可以看出，本企业的优势可以分为强、中、弱三个级别，市场吸引力可以分为大、中、小三个级别。两个因素组合形成九种区域。企业营销人员主要从各个区域寻找和发现是否存在对企业有利的市场机会。

一般而言，企业营销人员应重视对角线左上部分的区域，这些区域场存在极佳的市场机会。对于右下角部分则要分析预测是否存在未来市场机会。因为随着环境变化，右下部分也存在着向上推移的可能。如果忽视了在这一区域的未来市场机会，有可能会给企业带来战略方向上的重大失误。例如，在电子表刚刚兴起时，对机械表行业来说，它处于市场吸引力小，企业优势强的左下角象限A中，但机械表行业并未重视这一未来的市场机会。此后，电子表行业逐渐兴起，它所处的象限位置逐渐上移，市场吸引力越来越大，而机械表行业的企业优势却由强变弱。

通过以上市场机会分析，企业会发现自身的市场机会。企业决策层面对企业所面临的市场机会，必须谨慎地评价其质量。著名市场营销学者奥多·莱维特曾警告企业家，要小心地评价市场机会。他说："这里可能是一种需要，但是没有市场；或者这里可能是一个市场，但是没有顾客；或者这里可能是一个顾客，但目前不是一个市场。又如，这里对新技术培训是一个市场，但是没有那么多的顾客购买这种产品。那些不懂得这种道理的市场观测者对于某些领域表面上的机会曾做出惊人的错误估计。"

4.4.2　环境威胁、环境威胁分析与企业决策

环境威胁，是指环境中一种不利的发展趋势所形成的挑战。如不采取果断的市场营销行动，这种不利趋势就会伤害到企业的市场地位。企业市场营销人员应善于识别所面临的威胁，并按其严重性和出现的可能性进行分类，之后，为那些严重性大且可能性大的威胁制订应变计划。

对于环境威胁，可按其威胁影响程度和出现威胁的可能性大小列成威胁分析矩阵进行分析。

在图 4－5 中，纵坐标表示出现威胁的可能性；横坐标表示威胁的影响程度，即威胁出现后给企业带来的利益损失的大小。

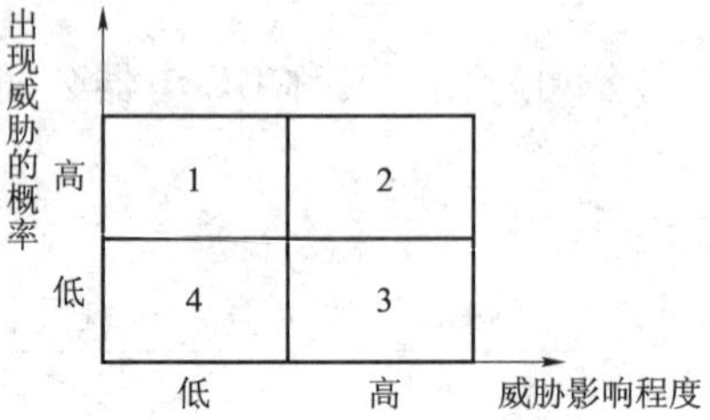

图 4－5　环境威胁矩阵图

区域 1：威胁出现的概率高，但出现后对企业造成的损失小，企业的管理者应加以注意。

区域 2：威胁出现的概率高，一旦出现，企业的利益损失也是很大的，应该引起特别的重视。

区域 3：威胁出现的概率低，但是一旦出现，会给企业带来较大的利益损失，不可以掉以轻心。

区域 4：威胁出现的概率低，即使出现，对企业造成的损失也小，是最佳的市场营销环境。

对于企业来说，应特别重视区域 2 的市场营销环境，把主要的精力放在对这种环境的监测和改变上，同时，对于区域 1 的市场环境也应予以一定的重视。

一般而言，企业对环境威胁可以采取以下三种对策。

1. 反攻策略

即试着限制或扭转不利因素的发展。如通过各种方式促使政府通过某种法令或达成某种协议，或制定某项政策来改变环境的威胁。例如，长期以来，日本汽车、家用电器等产品源源不断流入美国市场，而美国的牛肉和柑橘不能自由地进入日本市场。美国政府为了打破这一严重的环境威胁，一方面在舆论上提出美国的消费者愿意购买日本的优质汽车、电视、电子产品，为何不让日本的消费者购买便宜的美国牛肉和柑橘；另一方面美国向有关国际组织提出了起诉，要求仲裁。同时提出日本政府如果不改变农产品贸易保护政策，美国对日本工业产品的进口也要采取相应的措施。结果，日本被迫同意美国的牛肉和柑橘在三年以后、橘汁在四年以后，实行进入日本的自由化。

2. 减轻策略

即企业通过改变营销策略，以“减轻环境威胁”的程度。例如，美国的列维斯特劳斯公司于 20 世纪 70 年代末花费了 1 200 万～1 400 万美元，想通过 1980 年在莫斯科举行的夏季奥运会把列维服装推广为“美国的国服”，并做了大量的广告。后来因苏联出兵阿富汗美国拒绝参加该届奥运会，这对于该公司造成了一种严重的环境威胁。该公司立即改变营销策略，把很多费用转移到全国电视广告上，并改变广告宣传的内容，鼓励人们购买其服装作为圣诞节的礼物。结果，使该企业将环境威胁转为有利的营销机会。

3. 转移策略

即将产品转移到其他市场或转移到其他盈利更多的行业。例如，美国某公司多年来一直服务于儿童市场，但近年来，由于美国人口出生率下降，人口呈现老龄化趋势，市场对儿童服装、玩具及食品需求的增长率下降，给该公司的营销活动造成了环境威胁。在这样的环境下，该公司适时地采取了转移策略，一方面将婴儿食品大量外销；另一方面在国内发展老年人寿保险、旅馆、民航、饭店及旅游等多种经营，从而保证了公司的不断发展。

4.4.3 企业环境状况分析

通过对市场机会与环境威胁的分析，企业可以准确地找到企业面临的市场机会和环境威胁的位置，以便找到主攻方向。同时，对市场机会和环境威胁进行比较，还可以明确企业的发展前景是机会占主导地位还是威胁占主导地位。把这两个方面的分析结果重叠，就会形成一个新的矩阵图——企业环境状况矩阵图，如图4－6所示。

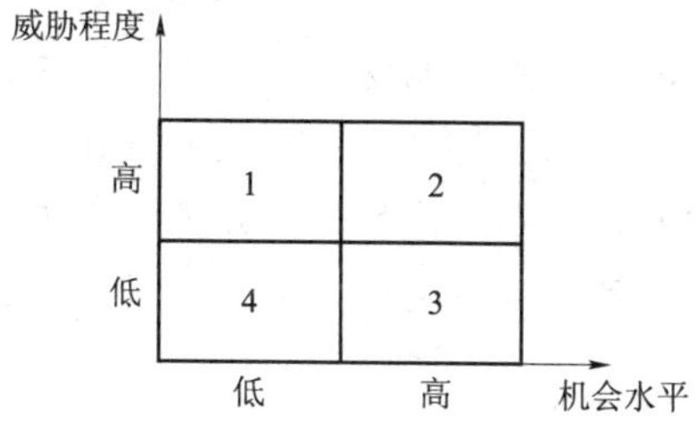

图4－6 企业环境状况矩阵图

在图中，纵坐标表示威胁程度；横坐标表示机会水平。

区域1：威胁程度高，机会水平低，是最坏的状态，处于这种环境中的企业是很困难的企业。在该区域的企业业务称为“困难业务”。

区域2：威胁程度高，机会水平也高，两者相比较，难分上下，因而处于这种环境的企业是冒险型的企业，在该领域的企业业务称为“冒险业务”。

区域3：威胁程度低，机会水平高，是最佳的状态，处于这种环境的企业是最理想的企业。在该领域的企业业务称为“理想业务”。

区域4：威胁程度低，机会水平也低，虽然盈利水平不高，但也没有多大威胁，因而处于这种环境的企业是成熟的企业。在该区域的企业业务称为“成熟业务”。

小　结

充分把握企业宏观环境信息，能够全面而及时地进行适当的反馈，是企业寻求市场机会、预见和避免危机的关键所在。对自身所处的微观环境进行深入了解是企业取得经营成功的前提。

复习思考题

1. 分析营销环境有什么重要意义？如何进行分析？
2. 企业的微观环境有哪些因素？宏观环境有哪些因素？
3. 我国人口环境的变化有哪些主要趋势？对市场营销有什么影响？
4. 影响消费者支出模式的因素有哪些？是怎样影响消费者支出的？
5. 新技术革命对市场营销有什么重要影响？
6. 微观营销环境分析包含的内容有哪些？
7. 面对市场营销环境所提供的机会和威胁，企业可以采取哪些有针对性的策略？

案例

与廉价商品化潮流搏斗的哈雷戴维森

就像中世纪的黑死病一样，几乎所有的现代企业都不同形式地遭受着来自廉价商品化的侵袭。当你需要不断提升产品质量或其他产品功能却为能够与竞争对手比肩而不得不降低售价时，或是当你不得不降低产品质量或产品功能来迎合不断下降的售价时，廉价商品化潮流就来了。但是，你绝不孤独。抗争永远存在，廉价化的陷阱，你要不要跳？想想摩托车界的行家哈雷戴维森，其终极高端的定价和标志性的产品表达了它的态度，要与低价商品化趋势斗争到底。打个比方，当其他产品无可避免地变成玻璃的时候，哈雷却依然希望自己是永具商业价值的钻石。

首个廉价商品化陷阱

哈雷是数个回合激烈价格战后的幸存者。就好像长而笔直的道路途中隐藏着些许坑洼，这些坑洼便是廉价商品化。

成立于1903年的哈雷是美国摩托车行业的塑造者。但是在1970年，它便遭遇了首次廉价商品化陷阱。哈雷被质量低下、缺乏创新和服务差劲的名声所牵累。而像本田（Honda）、铃木（Suzuki）和雅马哈（Yamaha）这样的日本竞争对手则针对哈雷的这一弱点以更低廉的价格推出了质量更可靠的摩托车。随着这些竞争对手以更低廉的价格推出更好功能的产品，结果可想而知。尽管哈雷在摩托车市场上具有传奇性的地位，但是在1979年至1983年间，它的市场份额还是从39%萎缩至23%。哈雷真的跌入廉价商品化的陷阱了。公司管理者必须要面对的问题是对此该采取什么措施。哈雷要么削减价格以保障它的市场份额，要么就维持高价而让出份额。鉴于公司既定的成本结构，这两种行为都不利于财务健康发展。它们只会导致价格竞争的加剧。

重塑品牌形象

哈雷的未来看上去有些险恶。但是，在1981年的一场融资收购之后，哈雷的管理层扭转了公司的形势。摆脱陷阱的方法是重新发掘消费者价值。在保持它在引擎动力方面传统优势的同时，公司强调一种其产品所带来的宝贵的间接的利益：以“叛逆”的形象和标志性地位为营销卖点。这就使得日本竞争对手的产品可靠性优势在购买和珍藏摩托车这个方面变得不那么重要。叛逆者们比起可靠性更注重榜样的力量。

哈雷所有者俱乐部（Harley Owners Group，HOG）为响应上述战略于1983年正式成立。HOG成为世界上最大规模的由制造商赞助的摩托车会员俱乐部，如今已经在世界范围内拥有超过100万会员。HOG帮助哈雷建立了一个能够适用于多样的服装和饰品的品牌，进一步强化哈雷冒险的生活方式和坏小子的形象。如果你买不起一辆哈雷摩托车，你总可以买一套哈雷夹克或是一枚哈雷徽章来塑造一个坏小子的形象。在20世纪80年代末，公司重振雄风。到2003年，哈雷成立一百周年之际，公司公布这一年的销售收入创历史新高，达到46亿美元，比上一年度增长了13%。伴随着这一声嘶吼，哈雷回归大道，而廉价商品化的陷阱，就仿佛后视镜中窥见的那一处避过的坑洼。

研究发现，在2002年，与哈雷相似配置的四大日本公司（本田、雅马哈、川崎和铃木）的产品相比，"HOG狂热者"哈雷的消费者更愿意平均多花费38%购买哈雷摩托车。尽管日本竞争者所提供的产品引擎排量比同价位的哈雷产品大8%到12%。哈雷消费者愿意多花三分之一的钱购买比日本竞争对手的产品少十分之一动力的哈雷摩托车。事实上，哈雷品牌的影响力甚巨，以至于它在日本成为大排量摩托车的领军品牌。

成功的感觉可以体会。哈雷扭转颓势显示了一家公司如何通过区别它的产品来击退廉价商品化。

与新贵的鏖战

故事还没有完。另一个廉价商品化陷阱正无声地逼近。哈雷将要与一头危险的犬面对面过招：这头壮猪（HOG）要直面大狗（Big Dog）了。

就在哈雷庆祝它击败日本竞争者的时候，两家美国本土的新品牌开始在行业内崭露头角：胜利（Victory）（为美国北极星工业有限责任公司所有，该公司在20世纪50年代推出雪上摩托车）和位于美国堪萨斯州威奇托的大狗（Big Dog）。到2004年，尽管没有什么征兆显示哈雷正在失去市场控制权，但是一些深入的分析却显示哈雷品牌已经不再毫无悬念地位于顶端。

2004年的价格功能分析显示哈雷与美国新的两家竞争对手相比并没有挣得额外的费用。事实上，胜利（Victory）和大狗（Big Dog）高度定制化的摩托车价格相比哈雷同样配备的产品价格要高出41%。

从战略的角度出发，这说明哈雷戴维森的品牌威力足够大到能够压制日本生产商，但是当它面对美国的竞争对手时，却处在一个不利的位置上。从销售额上看，这两个美国对手都只占很少的一部分。比如，大狗（Big Dog）自创立以来，从1994年到2009年总共生产了2.5万辆摩托车，而哈雷一年就将30万辆摩托车推向市场。但是，美国对手的威胁在2004年渐趋明朗而现在已经成为现实。随着时间的推移，大狗（Big Dog）成为世界上最大的定制摩托车生产商。哈雷不但要挡开低价的日本竞争对手，还要与高端的美国制造商一争高下。

哈雷与它的美国对手相比，正在把它的既得利益让予对手，因为它的服务、定制水平和品牌形象都不若对手那般优秀。哈雷的男子气概和坏小子的形象对于女性和X代人、Y代人的吸引力不大。

面对不断变化的市场营销环境，哈雷能够做得更加成功吗？

■ 案例思考题

1. 结合本案例谈谈企业分析市场营销环境的重要性。

2. 各种不同的外部市场环境是如何影响哈雷公司的战略计划的？哈雷公司是如何调整它的营销策略来适应变化的市场环境的？

3. 日本摩托车公司仍在轻型和中型摩托车型号的销售量上占领先地位。哈雷公司是否应该开发出新的战略——与已经做的工作相配套——以在这一市场上获得竞争优势？解释你的理由。

4. 面对两家美国本土公司的挑战，哈雷应当如何应对？

第5章

购买行为

营销的目标是使目标顾客的需要和欲望得到满足和满意。所谓消费者行为（consumer behavior）研究，是指研究个人、集团和组织究竟怎样选择、购买、使用和处理物品、服务、创意和经验，以满足他们的需要和愿望。

然而，认识顾客行为和顾客绝不是一件轻而易举的事情。顾客往往对他们的需要和欲望言行不一致。他们不会暴露他们的内心世界。他们对环境的反应在最后一刻会发生变化。不管怎样，营销者必须研究其目标顾客的欲望、知觉、偏好以及购买行为。

5.1 消费者购买行为

5.1.1 影响消费者购买行为的主要因素

1. 文化因素

文化因素对消费者的行为具有最广泛和最深远的影响。我们来观察一下购买者的文化、亚文化和社会阶层对购买行为所起的重要作用。

1）文化

文化（Culture）是人类欲望和行为最基本的决定因素。在社会中成长的儿童通过其家庭和其他主要机构的社会化过程学到了基本的一套价值、知觉、偏好等行为的整体观念。亚洲长大的儿童就有如下的价值观：重视家庭、讲究服从、诚实、敬老和孝顺。

2）亚文化

每一文化都包含着能为其成员提供更为具体的认同感和社会化的较小的亚文化（Subculture）群体。亚文化群体包括民族群、宗教群体、种族群体和地理区域。许多的亚文化构成了最重要的细分市场，营销人员可以根据他们的需要而设计特定的方案。

3）社会阶层

事实上，一切人类都存在着社会层次，有时以社会等级制形式出现，不同等级的成员被培养成一定的角色，而且不能改变他们的等级成员层级。然而，更为常见的是，层次以社会阶层形式出现，社会阶层是在一个社会中具有同质性和持久性的群体，它们是按等级排列的，每一阶层成员有类似的价值观、兴趣爱好和行为方式。社会阶层可以分为上层、中层、劳动和低层。

2. 社会因素

消费者的购买行为同样也受到一系列社会因素的影响，如消费者相关群体、家庭和社会角色与地位。

1）相关群体

一个人的行为受到许多群体的影响。一个人的相关群体（Reference Groups）是指那些直接（面对面）或间接影响人的看法和行为的群体。凡是对一个人有直接影响的群体称为成员群体。某些成员群体是主要群体，如家庭、朋友、邻居与同事，在他们之间能频繁接触并相互影响，人们还属于次要群体，如宗教、职业和贸易协会，这些一般更正式，相互影响较少。

营销人员总是试图识别他们的目标顾客的相关群体。人们至少在三方面受到其群体的重大影响。相关群体使一个人受到新的行为和生活方式的影响。相关群体还影响个人的态度和自我概念，因为人们通常希望能迎合群体。此外，相关群体还产生某种趋于一致的压力，它会影响个人的实际产品选择和品牌的选择。

营销人员对夫妻及子女在各种商品的劳务采购中所起的不同作用和相互之间的影响产生兴趣，这一点对不同国家和社会阶层是各不相同的。因此，营销人员经常调查特定目标市场下的特定模式。如传统的中国和日本家庭，丈夫把工资交给妻子，由妻子管理家用开支是很常见的；而印度则比较特殊，丈夫有大多数的决策权。

然而，由于妇女的就业，特别是她们进入非传统的工作行列，这些支配形式在不断变化。与国内劳动力分配相关的价值观的变化，弱化了某些传统的观念，如“妇女购买家庭用品”。最近的一个研究报告表示，如果双方都工作，夫妇两人一起去购买产品，但他们是为个人购买或其他目的。如果日用品营销人员不认为妇女是其产品主要或唯一的购买者，那就会犯错误。同样，营销者不应该自以为这类东西是男人买的而忽视女人购买的可能性。

2）角色与地位

一个人在一生中会参加许多群体——家庭、俱乐部以及各类组织。每个人在各群体中的位置可用角色和地位来确定。角色是一个人所期望做的活动内容。一个男人在家里对父母是孝顺儿子；对家庭是赚钱养家的人；在公司，他可能是管理决策者。

每一角色都伴随着一种地位。医生这个角色可能要比销售经理角色地位高；同样，销售经理角色的地位比一般职员的地位高。人们在购买商品时往往结合自己在社会中所处的地位和角色来考虑。例如，公司总经理们会坐梅塞德斯轿车，戴劳力士手表，喝 XO 干邑。营销人员已经意识到产品和品牌成为地位标志的潜力。然而，地位象征因社会阶层和地区不同而不同。身份象征在中国香港是养外国稀有鸟：在新加坡是拥有外国资产；在中国内地是金钱文化，送子女上私立学校。

3. 个人因素

购买者决策也受到其个人特征的影响，特别是受其年龄所处的生命周期阶段、职业、经济环境、生活方式、个性以及自我概念的影响。

1）年龄和生命周期阶段

人们在一生中购买的商品和劳务是不断变化的，幼年时吃婴儿食品；发育和成熟时期吃各类食物；晚年吃特殊食品。同样，人们对衣服、家具和娱乐的喜好也同年龄有关。

消费还根据家庭生命周期（Psychological Life Cycles）而变化。成年人在一生中会经历数次过渡时期和转化阶段（如毕业、离婚、丧偶）。这些变化情况会影响购买行为。

2）职业

一个人的职业也影响其消费模式。蓝领工人会买工作服、工作鞋和乘公交车。公司的总裁则会买贵重的西装，乘飞机旅行，做乡村俱乐部的会员，拥有大游艇等。营销人员试图识别那些对其产品和劳务比一般人有更多需求兴趣的一些职业群体。公司甚至要专门为某一特定的职业群体定制它所需要的产品。例如，一些电脑软件公司可能专门为品牌经理、工程师、律师、医师设计不同的计算机软件。

3）经济环境

一个人的经济环境会影响其产品选择。人们的经济环境包括可花费的收入（收入水平、稳定性和花费的时间）、储蓄和资产（包括流动资产的比例）、债务、借款能力以及对花费与储蓄的态度等。

4）生活方式

来自相同的亚文化群、社会阶层，甚至来自相同职业的人们，也可能具有不同的生活方式。

个人的生活方式（Lifestyle）是一个人在世界上所表现的他的活动、兴趣和看法的生活模式。人的生活方式描绘出同他或她的环境有相互影响的“完整的人”。营销人员要研究其产品和品牌与具有不同生活方式的各群体之间的相互关系。

5）个性和自我概念

每个人都有影响他的购买行为的独特个性。个性（Personality）是指一个人所特有的心理特征，它导致一个人对他所处环境的相对一致和持续不断的反应。一个人的个性通常可用自信、控制欲、自主、顺从、交际、保守和适应等性格特征来加以描绘。中国人与美国人相比，有以下特点：

（1）人际交往——更冷淡和超然；

（2）性格——不易激动和动情；

（3）更易屈从和随从；

（4）较少利他主义。

这对营销者意味着，中国消费者不多嘴。为了面子，购买前他们事先商量，购买后满意较少抱怨，购买后不满意不在脸上流露出来。还有，中国消费者较少试用创新产品。因此，目标意见领袖对营销者很关键。

4. 心理因素

一个人的购买决策受5种主要心理因素的影响，即动机、知觉、归因、学习以及信念和态度。

1）动机

在任何时期，每个人总有许多需要。有些需要是由生理状况引起的，诸如饥饿、口渴、不安等。另外一些需要是心理性的，由心理状况紧张而引起，如认识、尊重和归属。

心理学家已经提出了人类动机理论，最流行的有 3 种——西格蒙德·弗洛伊德（Sigmund Freud）、亚伯拉罕·马斯洛（Abraham Maslow）、费雷德里克·赫兹伯格（Frederick Herzberg）——这些动机理论给消费者分析和营销战略赋予了不同的含义。

（1）弗洛伊德的动机理论。

弗洛伊德假定，形成人们行为的真正心理因素大多是无意识的。因此，根据弗洛伊德理论，一个人不可能真正懂得其受激励的主要动因。

（2）马斯洛的动机理论。

亚伯拉罕·马斯洛试图说明在某一特定阶段人们为何受到各种具体需要的驱使。为什么一个人要花费大量时间和精力用于个人安全和追求别人的尊重呢？马斯洛认为，人类的需要可按层次排列，先满足最近的需要，然后，再满足其他需要。这些需要按重要程度排列，分别为生理需要、安全需要、社会需要、尊重需要和自我实现需要。一个人总是首先满足最重要的需要，但当他满足了最重要的需要之后，这个需要就不再是一种激励因素，而转向满足下一个重要的需要。

2）知觉

知觉（Perception）是个人选择、组织并解释信息投入，以便创造一个有意义的个人世界图像的过程。知觉不但取决于物质的特征，还依赖于刺激物同周围环境的关系以及个人所处的状况。

为何人们对同样情况会产生不同的知觉呢？事实上，我们是通过 5 种感官：视觉、听觉、嗅觉、触觉和味觉，来感知刺激事物的。但每个人感知、组织和解释这种信息的方法各不相同。

人们会对同一刺激物产生不同的知觉，这是因为人们经历了 3 种知觉过程，那就是：选择性注意、选择性扭曲和选择性保留过程。

3）归因

归因（Attribution）是一个人对某一行为所作出的临时的推断。归因分为内因和外因。内因是指个人本身的推断行为，而外因是指从机遇、命运或外方来的推断行为。有关防御归因，西方原则提出，个人的成功归因于内因（我买对了这品牌，因为我确实了解市场）。然而，研究发现，在韩国、中国大陆和台湾地区，消费者的谦逊意识比自我增强意识强。他们将成功归因于外因——机遇或命运而不是其内因技能，并且将失败归于内因——努力不够。像这种谦逊性归因部分起源于道学中的谦卑论，部分起源于亚洲传统地将重心放置于用功程度，而不是能力的培养。

4）学习

人们要行动就得学习。学习（Learning）是指由于经验而引起的个人行为的改变。人类行为大都来源于学习。学习论者认为，一个人学习是通过驱动力、刺激物、诱因、反应和强化的相互影响而产生的。

假若一个人，他从先锋公司买的电视机特别满意，那么，他就会推广到 VCR、碟片机，直到先锋公司的许多产品都是好的。推广的相反倾向是辨别。例如，在保修期内产品发生了变化，那么，他据此调整自己的反应，这时辨别开始了。

5）信念和态度

通过实践和学习，人们获得了自己的信念和态度，它们又转过来影响人们的购买行为。信念（Belief）是指一个人对某些事物所持有的描绘性思想。一个人可能认为宏碁是可信赖的品牌，而另一个人认为东芝更好。

态度（Attitudes）是指一个人对某些事物或观念长期持有的好与坏的认识上的评价、情感上的感受和行动倾向。人们几乎对所有事物都持有态度。如宗教、政治、衣着、音乐、食物等。态度导致人们对某一事物产生好感或恶感、亲近或疏远的心情。

态度能使人们对相似的事物产生相当一致的行为。人们没有必要对每一件事都以新的方式做出解释和反应。态度可以节省精力和脑筋，正因为如此，态度是难以变更的。一个人的态度呈现为稳定一致的模式，要改变一种态度就需要在其他态度方面作出重大调整。

5.1.2 消费者的购买过程

为了走向成功，营销人员应该越过对购买者的各种影响，了解消费者怎样真正作出购买决策，识别购买决策的类型以及购买过程中的步骤。

1. 购买决策过程中的各个阶段

聪明的公司会对涉及其产品类目的购买决策过程加以研究，他们要求消费者回答如下问题：何时开始熟悉本公司的产品类目？他们对品牌的信念是什么？他们对产品的爱好程度如何？如何作出品牌选择以及购买后如何评价满意程度？

图5－1显示了购买过程的“阶段模式”。消费者会经历5个阶段：问题认识、信息收集、对可供选择方案的评估、购买决策和购买后行为。可见，购买过程早在实际购买发生之前就开始了，并且购买之后很久还会有持续影响。

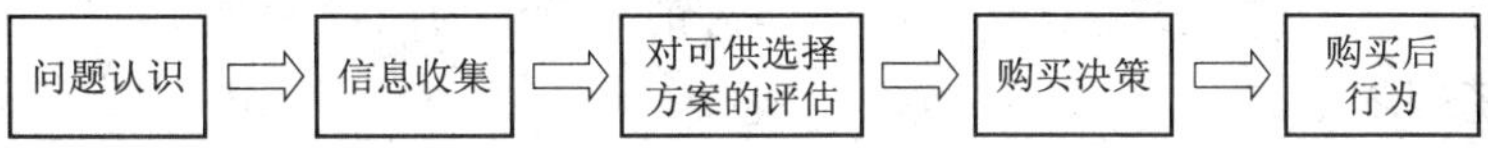

图5－1 购买过程的“阶段模式”

这一模式说明了消费者在购买物品过程中，经历五个阶段，我们发现，事实并非如此，尤其在低度介入产品的购买中更是如此。消费者可能会越过或颠倒其中某些阶段，正如一位购买固定牙膏品牌的妇女会越过信息收集和方案评估阶段，直接从对牙膏的需要进入购买决策。然而，我们仍将运用图5－1模式，因为这一模式阐述了一位消费者面对一项高度介入的新采购时所发生的全部思考过程。

2. 问题认识

购买过程从购买对某一问题或需要的认识开始。购买者意识到他在实际情况同期望情况之间的差异。内在的和外部的刺激因素都可能引起其需求。人的正常需要——饥饿、干渴、性欲——上升到某一界限，就成为一种驱动力。或者，需要也可由一种外来的刺激所引起。某人路过面包烘烤房，一件新鲜烘制的面包便激起了食欲；他羡慕一位邻居的新车；或是看见一则去巴黎度假的商业电视广告。有时，需要来自于某种新产品介绍的引诱。

3. 信息收集

一位被唤起需求的消费者可能会去寻求更多的信息。我们可以把这些收集区分为两种状态：适度的收集状态，我们称之为加强注意，在这种状态下，一个消费者对这个产品的信息变得更加关心，他会注意广告、杂志和从朋友处获取的信息。或者，这位消费者可能会进入积极收集信息状态，在这种状态下，他会外出寻找该产品的信息。例如，他会参加展示会、与代理商建立联系、索取手册以收集更多的信息。收集的信息要达到什么程度，有赖于他的驱使力的大小，有赖于他从最初掌握的信息中得到满足的程度。

营销人员最感兴趣的是消费者需要的各种主要信息来源，以及每种信息对今后的购买决策的相对影响，消费者信息来源可分为 4 种。

（1）个人来源：家庭、朋友、邻居、熟人。

（2）商业来源：广告、推销员、经销商、包装、展览。

（3）公共来源：大众传播媒体、消费者评审组织。

（4）经验来源：处理、检查和使用产品。

以上这些信息来源的相对影响随着产品的类别和购买者特征而变化。一般说来，就某一产品而言，消费者最多的信息来源是商业来源，也即是营销人员所控制的来源；另一方面，最有效的信息展现来自个人来源。每一信息来源对于购买决策的影响会起到不同的作用。商业信息起到通知的作用，个人信息来源起着对作出购买是否合理进行评价的作用。例如，内科医生通常从商业方面获知上市的新药，但究竟购买与否，则须借助于其他医生对该信息的评价。

4. 可供选择方案的评估

消费者怎样在选择品牌组内众多可供选择的品牌中加以选择？有着集中决策评价过程。消费者评价过程最流行的模式是认识导向，即营销人员认为消费者对产品的判断大都是建立在自觉和理性基础之上的。

一些基本概念有助于我们了解消费者的评价过程。我们看到顾客在努力地满足某些需要。顾客从产品答案中寻找某些利益。顾客把每个产品看成是各种不同的能释放其寻找的利益和满足其需要的一组属性。

消费者将根据其关系或特征来区别这些产品的属性。他们会密切注意预期需要有关的产品属性，产品市场常常可根据各不同消费者群体所感兴趣的属性来加以细分。

靠各自属性建立声誉的每一个品牌，消费者对此大概会发展为一组品牌信念（Brand beliefs）。消费者对某一品牌所具有的一组信念称为品牌形象（Brand Image），消费者由于个人经验和选择性注意、选择性扭曲以及选择性保留的影响，其品牌信念有可能与产品的真实属性并不一致。

消费者经过某些评价程序（Evaluation Procedure），对各个可供选择的品牌会有一种态度（判断、偏好），考虑用不同的评价方法在多属性目标上的选择问题。

我们用例子来说明涉及消费者各种目标的这些观念。假设戴维将其选择组局限于 4 个度假地（A，B，C，D），再假定他主要对 4 种属性有兴趣，即购物、景点、饮食和价格。表

5－1 显示了他根据这 4 种属性对每一度假地如何进行信念打分。戴维对度假地 A 打分如下：在 10 点的标尺上，购物为 10，景点为 8，饮食为 6，价格为 4（略贵）。同样，他也根据这些属性对其他 3 个度假地进行打分。

表 5－1 对度假地进行打分

度假	属性			
	购物	景点	饮食	价格
A	10	8	6	4
B	8	9	8	3
C	6	8	10	5
D	4	3	7	8

然而，大多数购买者会考虑几个属性，并对这些属性给出重要性不同的权数。如果知道戴维分配给 4 种属性的重要性权数，我们就可以更为可靠地预测他的选择。假定戴维对购物确定的重要性是 40%、景点是 30%、饮食是 20%、价格是 10%，他的权数乘以他对每个度假地的信念，由此得出以下认识值：

度假地 A＝0.4（10）＋0.3（8）＋0.2（6）＋0.1（4）＝8.0

度假地 B＝0.4（8）＋0.3（9）＋0.2（8）＋0.1（3）＝7.8

度假地 C＝0.4（6）＋0.3（8）＋0.2（8）＋0.1（5）＝7.3

度假地 D＝0.4（4）＋0.3（3）＋0.2（7）＋0.1（8）＝4.7

经过加权分析，认识价值最高者为 8.0，我么可以推测戴维将喜欢度假地 A。

假设大多数购买者说，他们是通过使用上述期望值过程而形成对产品的偏好的，那么，旅行社在了解了这一点之后，就可以做许多工作来影响购买者的决策。例如，度假地 C 的营销人员为使人们对其度假地产生更大兴趣，可应用下列战略来影响像戴维这一类对度假地 C 感兴趣的顾客。

（1）改进产品：旅行社可以重新设计其度假地，以便为这类购买者提供所期望的更完善的购物或其他属性特征，这个策略称为实际再定位。

（2）改变对品牌的新信念：旅行社可以设法发现度假地 C 在一些重要性方面的购买者信念。如购买者看重度假地 C 的质量，旅行社就应该重点介绍该度假地；如果购买者对度假地 C 有了准确的评价，那么，旅行社就没有必要对它加以介绍，过分吹嘘产品会引起购买者反感或不佳的评价，改变其对度假地的评价，称为心理再定位。

（3）改变竞争对手品牌的信念：旅行社设法改变购买者对竞争对手度假地在各个不同属性上的信念。对此我们称为竞争性反定位，它常常通过连续的比较性广告加以表达。

（4）改变重要性权数：旅行社试图说服购买者把他们所重视的属性，更多地放在本度假地所具有的接触属性上，度假地 C 的旅行社可以宣传度假地饮食优势，因为度假地 C 在这一属性上最为优越。

（5）唤起对被忽视属性的注意：旅行社可以设法使购买者重视被忽视属性。如果度假地 C 没有语言障碍，旅行社就可以强调沟通的好处。

（6）改变购买者的理想品牌：旅行社可以试图说服购买者改变其对一种或多种属性上的理想标准。度假地 C 的旅行社可以想办法使购买者确信，拥有大量设施的购物地多半会显得太昂贵，而设施适中的购物地较理想。

5. 购买决策

在评价阶段，消费者会在选择组的各种度假地之间形成一种偏好。消费者也可能形成某种购买意图而偏向购买他们喜爱的品牌。然而在购买意图与购买决策之间，有两种因素会相互作用。

第一个因素是其他人的态度。另一些人的态度会影响一个人所喜爱的选择，这取决于两件事：① 其他人对购买者的喜好持否定态度的强烈程度；② 购买者对服从旁人愿望的动机。旁人的否定态度越强烈，他与购买者越密切，购买者几乎越是会修改自己的购买意图。若从相反面来说，购买者偏好的品牌也因其喜欢而增加。

第二个因素是未预期情况因素的影响，如股票市场暴跌。某些突发事情可能会改变购买意图。因此，偏好和购买意图都不能作为购买行为完全可靠的预测因素。

6. 购后行为

消费者自购买产品之后会体验某种程度的满意感和不满意感。在产品被购买之后，营销者的工作并没有结束，而是进入了购后时期。营销者必须注意消费者购后是否满意、购后产品的使用和处理。

1）购后满意

购买产品后，消费者可能会发现某些缺陷。有些购买者不想要有缺陷的产品，另一些对缺陷不介意，还有一些甚至把缺陷看成是产品价值的增加。某些缺陷对消费者是危险的。生产汽车、玩具和药品的公司一旦发现其产品稍有可能损害用户的利益，就必须马上收回。

2）购后使用和处理

营销者还应监视购买者是怎样使用和处置产品的。如果消费者对一个产品发现了新的用途，营销者就应该用广告来宣传这种用途。如果消费者将产品搁置一边几乎不用，那它就是一种不会令人满意的产品，消费者对产品的传播也就不会强烈。如果它们将产品出售或者交换，那么就会阻碍公司新产品的销售。如果消费者要丢掉产品，营销人员应了解他们是怎样丢弃它的，特别是会造成环境污染的产品。如饮料容器和一次性纸尿布。

5.2 组织市场购买行为

5.2.1 组织市场

1. 组织市场的类型

我们将讨论三类组织市场：工业市场、中间商市场和政府市场。

工业市场包括所有购买产品或服务来制造其他产品和服务，以供销售、租赁的供应商个人或组织。

中间商市场包括将购买的产品再度出售或租赁，以获取利润的个人和组织，它创造时间、地点和所有权效用。

政府市场包括中央政府和各级地方政府机构和部门。这些机构购买或租赁产品或服务，以完成政府的主要功能。

2. 组织市场的特性

组织市场与消费者市场颇为类似——两者都有一些人担任购买角色并进行购买决策以满足其需求。但是在许多方面，组织市场与消费者市场有很大不同，主要差别在于市场结构和需求特性、购买单位的性质和决策类型与决策过程。

1）市场结构和需求特性

组织营销者面对的购买者，通常人数较少，而规模较大。组织市场在地理位置上比较集中。

许多组织市场的需求弹性并不大，即价格的变动对其总需求量的影响不大，特别是在短期的情况下。组织市场的需求波动性较大，即许多工业产品或服务的需求比消费品需求变动大。当消费者的需求小幅增加时，工业产品需求会大幅度增加。

2）购买单位的性质

与消费品采购相比，组织采购中参与购买的人数更多，并且更为专业化。在采购重要商品时，成立采购委员会是最常见的方法。采购委员会由技术专家和高层管理人员组成。

3）决策类型和决策过程

组织购买者通常比消费品购买者面临更加复杂的购买决策。采购通常涉及较大的金额。技术和经济上的考虑也更复杂。购买者组织中各个层级和部门的许多人员之间都会有复杂的相互影响。

组织购买过程通常比消费者购买过程更加正式。大机构的采购通常要求详细的产品规格、书面的订购单、审慎寻求供应商和正式的批准。

最后，在组织购买过程中，购买者和销售者通常需要相互依赖。组织营销者在购买过程的所有阶段中，都需要与顾客协力合作——从协助顾客确定问题、找出答案，到售后服务，以满足顾客的特殊需要。公司除了要满足顾客现有的需求以外，还应该考虑顾客未来的需求，以建立持续不断的长期关系。

4）其他特点

组织购买者通常直接向生产者直接购买，而不是向中间商购买，这对于比较昂贵或者技术较复杂的产品尤其如此。

组织购买者趋向于采用租赁方式，而不是直接购买的方式。

5.2.2 组织购买者的行为模式

在试图了解组织购买者行为之前，营销者应该首先回答几个问题：组织购买者进行哪些类型的购买决策？它们如何选择供应商？由谁来做出决策？组织购买决策过程是什么样的？什么因素可能影响组织的购买决定？

在组织的购买行为模式中，首先，营销和其他刺激影响组织，从而产生某种购买反应。营销刺激包括产品、价格、分销和促销对组织购买者的影响。其他刺激包括组织环境中的主要因素：经济、军事、政治、文化和竞争等。

在组织内，购买活动包括两大部分：购买中心（由涉及购买决策过程的人组成）和购买决策过程。以下将探讨影响组织购买者行为模式的各种因素。本章主要讨论较为重要的组织市场——工业市场。

5.2.3 工业购买者行为

1. 工业购买者的购买决策

1）购买的主要类型

直接重购是指购买者不经任何修正即再行采购以前购买过的产品。采购人员衡量过去采购的满意程度，从名单中挑选合适的供应商。

修正重购是指采购者需要改变产品规格、价格、交货条件或者供应商的情况。

新购指购买者第一次购买某一商品和服务的情况。在新购的情况下，购买者必须尽量收集有关可选产品和供应商的信息。购买者必须确定产品规格、价格范围、交货条件和时间、服务条件、付款条件、订购数量、可接受的供应商和所选定的供应商。

2）系统采购

许多购买者宁愿将它们的采购问题作一个整体性的解决，而不是分别作许多购买决策。这称为系统采购。

2. 工业购买过程的参与者

公司购买决策单位称为采购中心，其定义为参与购买决策，具有共同目标并且共同分担决策风险的个人和群体。

采购中心由在购买过程中扮演下列角色的所有人构成。

使用者：他们是公司中将要使用该产品的人。

影响者：他们是影响购买决策的人。

采购者：他们是正式有资格选择供应商协商购买条件的人。

决策者：他们是公司中有正式或非正式的权力来决定供应商的人，

把关者：他们是公司中负责控制采购信息流程的人。

采购中心在组织内并不是固定的和有正式编制的机构，而是在不同的采购条件下，由不同的人担任不同的购买决策。

采购中心的概念带给营销人员重大的挑战。工业营销者必须了解参与购买决策的主要是哪些人，他们各自可以影响哪些决策，他们之间的相对影响力如何，他们的决策标准是什么。

3. 影响工业购买者的主要因素

工业购买者在作购买决策时，可能会受许多方面的影响。采购人员可能受经济因素和个人因素的影响。当供应商的产品差异较大时，采购人员将对各种选择详加斟酌，对经济因素更加重视。而如果供应商所提供的条件大致相同，采购人员无法在理性方面加以选择。这时他们就可能考虑人际关系了。

影响采购人员决策的因素分为四大类：环境因素、组织因素、人际因素和个人因素。

1）环境因素

工业购买深受公司目前和未来的经济环境影响，如需求水平、经济前景和资金成本等。当经济不确定性提高时，工业购买者将不再进行厂房设备的新投资。

工业购买者同时也受技术、政治和竞争环境的影响，工业营销者应该随时注意这些因素，了解在新的环境下如何影响购买者，将问题变成机会。

2）组织因素

每个组织各有其目标、政策、程序、组织结构和制度。工业营销者应该尽量了解各种采购组织。营销者应该了解，有多少人参与购买决策，他们是哪些人，他们的评判标准是什么，购买者公司的政策和限制是什么。

工业营销者还应该注意以下采购方面的组织发展趋势。

近年来，由于通货膨胀和原材料短缺，许多公司不断提升采购部门在组织结构中的作用，许多大公司将采购部门负责人提升至副总裁的职位。

近年来，还逐渐出现了一种集中采购的趋势，由总部确认必须统一采购的材料，以增加公司的采购力量。

越来越多的工业购买者还要求订立长期合同，而不愿意订立短期合同。

许多公司在采购部门也开始设置绩优奖励计划，对采购绩效良好的经理给予奖励。

即时生产系统的出现也对组织购买政策造成了一个很大的冲击。

3）人际因素

采购中心通常包括许多参与者，彼此相互影响。参与者具有影响力的原因，可能是因为他控制奖励和惩罚，或因其受人喜欢，或因其有专业知识，或因为与公司总裁有裙带关系。人际因素往往非常微妙，工业营销者应该观察购买者的决策过程，了解所涉及的个性和人际因素，并设计能有效地应对这些因素的策略。

4）个人因素

在购买决策过程中，每个参与购买决策的人总不免掺入个人动机、知觉和偏好因素。这些个人因素受年龄、收入、教育程度、个人人格和对待风险的态度所影响。

4. 工业购买者的购买决策过程

1）确认问题

当公司内部有人发现，购买某产品或服务可以解决某个问题或者满足某种需要时，这就是购买过程的开始。确认问题可能是由公司外部，也可能是公司内部的刺激而产生的。

2）一般需要描述

一旦确定确实有需要，接下来就要准备一般需要说明书，以确定产品的一般需要和数量。对标准化的产品，这不是大问题，但是对于复杂的产品，采购人员必须与公司内部其他部门的人员商量。他们必须评估产品的耐用性、可靠性、价格和其他属性的重要性。在这个阶段，卖方可以提供很多帮助，因为买方往往不了解各种产品特点的价值，积极的营销可以帮助买方决定公司的需要。

3）确定产品规格

下一步，购买组织要确定产品的技术规格，这可由价值分析工程小组负责。价值分析是一种降低成本的分析方法，它仔细研究产品的各个元件是否重新设计、实行标准化或者使用更便宜的方式生产。工程小组会决定适当的产品特性并确定其规格。

4）寻求供应商

购买者为寻求适当的供应商，可以查阅工商企业名录、电脑资料或者征询其他公司的意见，然后剔除一些无法充分供应或者交货与信誉不佳的供应商，就形成一张人数较少的合格供应商名单。

购买任务越新，项目越复杂、昂贵，耗费在寻求供应商的时间就越多。供应商必须将自己的资料列在主要的工商企业名录上，并且在市场上建立良好的声誉。

5）征求报价

一旦确定几名供应商，必须尽快请他们提出报价。对于复杂和昂贵的产品项目，买方可能会要求详细的计划书，在其中挑选部分公司开会介绍详细计划，以便进一步评估。

工业营销人员必须精于研究、撰写计划书和介绍演讲。计划书应该是营销文件而不是技术文件。

6）选择供应商

在此阶段，采购中心的成员将审核报价书，并进行供应商分析，从而选择供应商。他们考虑的不仅是产品质量，还要考虑送货时间和其他服务等。采购中心关心的供应商的主要特性有：产品的质量和服务、准时送货、道德行为、诚信程度、价格竞争力、修理和服务能力、技术支持和咨询、地理位置和供应商声誉等。

7）正式订购

买方确定供应商之后，必须向供应商发订购单，说明产品的规格、数量、希望的交货时间、退货条件和产品保证等。

订立一揽子采购合同，供应商必须承诺在一定时间内，根据合同价格随时向买方供应所需产品。这是一种长期关系，存货存储在卖方手里。这种方式增加了向单一供应商购买产品的可能性。供应商与买方可以建立稳定的关系，减少其他供应商的可乘之机。

8）评估使用结果

在这个阶段，采购单位会评估向某供应商采购的成果。采购单位将请使用单位，根据满意程度对供应商予以评分。结论将影响公司与供应商的关系。卖方应该注意买方评估绩效的各项变量，确保顾客能够得到预期的满足。

小　结

营销人员在制订营销计划之前，必须先了解市场。

消费者市场购买商品和劳务是为了个人消费，它是组织各种经济活动的最终市场。购买者行为受到四种主要因素的影响：文化因素（文化、亚文化和社会阶层），社会因素（参考群体、家庭、角色和地位），个人因素（年龄和生命周期的阶段、职业、经济情况、生活方式、个性和自我观念），心理因素（动机、知觉、学习、信念和态度）。所有这些因素都为如何有效地赢得顾客和为顾客服务提供了线索。

公司在计划营销活动之前，需要识别其目标顾客以及他们所经历的决策过程类型。许多购买决策仅仅涉及一个决策者，而其他一些决策可能会涉及几个参与者，他们担当着发起者、影响者、决策者、购买者和使用者等不同角色。购买慎重程度和购买参与者的数量随着购买情况的复杂性而增加。营销人员应当有效地对顾客购买行为的四种类型作出规划，即复杂购买行为、化解不协调购买行为、寻求多样化购买行为和习惯性购买行为。这四种类型是按照消费者在购买过程中的介入程度和产品品牌的重大或一般差异程度来划分的。在复杂购买行为中，购买者经历了由确认需求、收集信息、评价选择、购买决策和购后行为等组成的决策过程。

另一种市场是组织机构市场，即由采购商品旨在进行--步生产、再售或再分配的所有个人和组织组成，各种组织机构是原料、制造材料和零部件、设备装备、辅助设备以及供应品和服务的市场。组织机构市场包括生产者市场、转卖者市场、政府市场和非营利性团体市场，与消费者市场比较，组织机构市场包容着较少的、较大的和地理上较集中的买主；需求是延伸性的，相对无弹性，动摇不定，其采购更具专业性。

生产者采购商品和服务是为了增加销售、降低成本、满足社会与法律要求，其制定的决策随购买情况或购买等级的不同而有所变化，购买等级包括三种类型，即直接重购、更新重购和新购，一个采购组织的决策单位——采购中心是由起着下列五种作用的人组成的，即使用者、影响者、购买者、决策者和信息控制者。采购过程包括八个阶段，称为采购阶段，即认识需求、确认需求、说明需求、寻求供应商、征求建议、选择供应商、正式订购和购后评价。购买行为类型不同，其经历的购买阶段也不同。

转卖者市场是由获得和再售他人生产的商品的个人和组织组成，转卖者必须对其经销品种、供应商、价格以及条件作出选择。他们面对三种购买情况：新品采购、选择最佳供应商和寻求较好的交易条件。对小批发商和零售组织来说，采购也许由一个或几个采购者来执行，而对较大的组织来说，采购是由一个总采购部门执行。就新品采购而言，采购者经历的购买过程类似于生产采购者，就标准品目而言，采购过程包括一系列再订购和再议合同的例行工作。

政府市场是一个商品和服务的巨大商场，其目的在于满足国际、教育、公共福利和其他公共需要，在大多数以公开招标或协议合同为特征的政府采购实务中，其专业化程度很高，规定很具体，政府采购者的经营活动除受环境、组织、人际和个人特性因素外，还受社会公众制约，还要受制于政府现行政策，要严格遵循规章，按照繁杂的手续完成，所以较为复杂、迟缓。

非营利团体性市场是对自已照看下的人员提供商品或服务的机构。如监狱、医院、学校等，它有着鲜明的特点：机构内消费者对商品或服务的选择性较小，一般只能是消费机构所提供的物品；另外，机构在对外采购中必须考虑商品的质量，而不能过多考虑价格，否则将遭到消费者的抱怨，从而影响机构声誉。

复习思考题

1. 消费者市场和组织机构市场的特点各是什么?
2. 消费者购买行为包括哪些类型? 其影响因素有哪些?
3. 阐述消费者购买决策过程。
4. 阐述生产者购买决策过程，是否任何企业每次购买都要经历这个过程，为什么?
5. 对政府采购者的购买影响与对生产者和转卖者的采购者的购买影响有何异同? 为什么?

案例

恰到好处的心理营销

北京西乐日用化工厂是北京市海淀区四季青乡化轻公司下属的一个乡办化妆品生产企业。它的前身是一个修补轮胎的手工作坊。1984 年，该厂根据社会对日用化妆品需求不断增长的趋势，正式转产护肤霜。几年来，西乐厂坚持依靠科技，不断开发适销对路的新产品，继 1984 年投产（当年产值达 20 万）后，销售额连年翻番，到 1990 年已突破 900 万元。这家只有 200 多名职工的乡办企业，目前已开发出 6 个系列 42 个品种的产品，每年为国家创利税上百万元，产品不仅在激烈的市场竞争中占有一席之地，而且已经在我国北部地区广为流行、走俏。

北京西乐日用化工厂之所以取得如此好的成绩，其中一个极为重要的原因就是该厂抓住了消费者对日用化妆品的消费心理，展开了心理营销。

一、抓住顾客求新求美心理

随着化妆品消费需求的发展，消费者不再仅仅追求化妆品的美容需要，更加重视其护肤、保健等多种功能。西乐厂在开发过程中意识到了这一点。1984 年，西乐厂引进了北京协和医院开发的硅霜生产技术，并把这种经过临床医疗试验证明具备护肤、治疗良效的专用技术，用来开发新型的化妆品，当年 9 月通过硅霜工业化生产的技术鉴定后，很快就生产出以"斯丽康"命名的护肤霜投入市场。这种化妆品与传统护肤霜的不同之处，在于它以硅油代替了以往常用的白油或动植物油脂。这种硅油擦抹在皮肤上，能形成一种薄膜，一方面能阻止皮肤表面因水分丧失而引起皮肤干燥的作用；另一方面又能维持皮肤细胞的正常新陈代谢。因此，斯丽康护肤霜使用了硅油可起到美容、增白、洁肤的作用。长期使用硅油化妆品，不但无害，而且还可使使用者的皮肤滑润、弹性好。几年来，该厂陆续推出的"斯丽康高级护肤霜"、"斯丽康增白粉蜜"以及化妆用的"底霜"、婴儿用的"宝宝霜"等多种新产品，已经受到了经常需要化妆品的顾客以及寒冷干燥地区消费者的青睐。西乐化妆品企业在满足消费者的这些求新求美心理中，不断挤占着新的市场。

二、抓住顾客的求实心理

对于化妆品消费者来说，最大的担心是化妆品的副作用。如害怕导致皮肤过敏，担心长期使用会患皮肤病，会影响身体健康。针对这一点，西乐厂牢牢把握产品质量关，并努力让消费者信赖该产品的质量。他们抓住消费者求安全动机这一心理特征，在推销化妆品过程中，必带“三证”，即生产许可证、卫生许可证和质量合格证，以取得用户对产品质量的信赖。该厂还主动邀请质量监督部门、卫生管理部门来厂检查、评定。由于该厂重视科技开发，严格质量检查，注重厂容，文明生产，因此，先后得到北京市经济委员会和农业部颁发的西乐牌斯丽康高级护肤霜、斯丽康增白粉蜜等优质产品证书，在检测、卫生评比中也多次受到肯定。通过这些上级主管部门的肯定性评价，提高了企业的声誉和形象。

为了推销新产品，西乐厂还经常派出技术人员参加展销会、订货会，由科技人员用医学道理，深入浅出地讲解皮肤的结构和斯丽康特有的功效，用科学道理解除用户的疑虑和误解。他们还通过直接演示法通俗易懂地说明硅油化妆品对皮肤的保护作用。在表演时，演示者用两块布，一块普通布，一块经过硅油处理过的布，做了两组对比实验。一组是：用一杯水分别从两块布上倒下去，普通布透水，硅油布滴水不透，从而形象地显示了硅油化妆品具有保持水分的良好性能。另一组实验是：分别在两块布下面点燃烟，结果普通布把烟挡在下面，而经过硅油处理的那块布却青云直上，显示硅油处理的布透气。两组实验直观地表现了斯丽康化妆品“透气不透水”的独创功能，说明对人体皮肤有益无害。这种“攻心战”使广大用户心悦诚服地接受了斯丽康化妆品，取得了心理营销的成功。

三、抓住顾客的求名心理

西乐厂化妆品之所以很快在市场上走俏，这与该厂选用“斯丽康”（SLK）这个牌子不无关系。“斯丽康”这个有机硅的英文 Silicone 音译而来的名字，发音响亮，并带有一点儿“洋味”，在一定程度上能够满足部分消费者追求高档、进口、名牌化妆品的心理需求。当广告上出现“斯丽康高级化妆品”的宣传时，广大消费者并没有把这个名字与乡镇企业联系起来。由于种种原因，当时社会上对乡镇企业产品抱有质差档低的成见；相反，认为高档的化妆品应是进口产品，或合资企业的产品。针对部分化妆品消费者这一心理，西乐厂在广告宣传时，采取着重宣传产品特色，而不是宣传企业自身的促销策略，随着“斯丽康”产品的推出，当“斯丽康护肤霜”深入人心，在北京家喻户晓的时候，人们并未想到享有盛誉的“斯丽康”化妆品出自一个乡办企业。一直到了斯丽康化妆品相当走俏时，北京西乐日用化工厂的名字才逐渐为顾客知晓。

案例思考题

1. 你认为化妆品消费者的消费心理特征有哪些？
2. 北京西乐日用品化工厂如何根据顾客需求心理搞产品开发？
3. 该厂在产品促销活动中采取了哪些营销策略？为什么要采取这些策略？
4. 试结合本案谈谈企业如何围绕顾客消费心理从事市场营销。

资料来源：宋小敏．市场营销案例实例与评析．武汉：武汉工业大学出版社出版，2002.

第6章

市场细分与目标市场选择

从企业市场营销的角度看，一种产品的市场是指这种产品现实和潜在购买者的总和。购买者成千上万，分布广泛，而且购买者的购买习惯和要求又千差万别。因此，任何规模的企业，都不可能满足所有购买者互有差异的整体需求。这就是说，某一个企业都只能满足一部分购买者的某种需求，而不可能满足所有购买者的所有需求。一个企业要想在市场竞争中求得生存和发展，都应当也只能为自己的企业规定一定的市场范围和目标。现代营销学把企业选定的市场范围称为“目标市场”。企业在选定目标市场前，必须先将市场按照某一标准进行细分，认识市场的潜在需求，并结合企业的资源和优势，选择企业的目标市场。这是企业市场营销战略的重要内容和基本出发点。

6.1 市场细分

6.1.1 市场细分的概念和作用

1. 市场细分的概念

市场细分是1956年由美国市场营销学家温德尔·斯密（Wendell R. Smith）首先提出来的一个新概念。[①] 它顺应了第二次世界大战后美国众多产品的市场转化为买方市场这一新的市场形式，是现代企业营销观念的一大进步，是旧的营销观念向现代营销观念转变的产物。

所谓市场细分，就是企业通过市场调研，依据消费者的需求和欲望、购买行为和购买习惯等方面的明显差异性，把某一产品的市场整体划分为若干消费者群的市场分类过程。每个消费者群可以说是一个细分市场，亦称“子市场”、“分市场”或“亚市场”。每一个细分市场都是由具有类似需求倾向的消费者构成的群体。因此，分属不同细分市场的消费者对同一产品的需求欲望存在着明显差别，而属同一细分市场的消费者，它们的需求和欲望则极为

---

① 温德尔·斯密：《产品差异和市场细分——可供选择的两种市场营销战略》，刊载于美国市场营销协会出版的《市场营销杂志》（1956年7月）第3－8页.

相似。企业营销者进行市场细分以后，就可以选择其中任何一个市场部分或子市场作为市场的目标市场。由此可见，市场细分的过程，也是将市场按一定标准去分割而又集合化的过程。例如，我们可以把鞋市场按照“性别”这个因素划分为两个市场：男鞋市场和女鞋市场。如果再按照“年龄”这个因素又可划分出八个细分市场：幼儿男、女鞋市场，青年男、女鞋市场，中年男、女鞋市场，老年男、女鞋市场。显然，八个细分市场各自对鞋的款式、型号、颜色及价格有不同的要求，而每一个细分市场内的需求和偏好却是大体相似的，这就是市场细分。

在理解市场细分的概念时，应注意以下几个方面。

（1）市场细分的理论基础是“多元异质性”理论。

这一理论认为，消费者对大多数产品的需求是多元化的，是具有不同的质的要求的。需求本身的“异质性”是市场可能细分的客观基础。从需求角度看，各种社会产品的市场可以分为两类：一类产品的市场叫做同质市场；另一类产品的市场叫做异质市场。凡消费者对某种产品的需求、欲望、购买行为以及对企业营销策略的反应等方面具有基本相同或极为相似的一致性，这种产品的市场就是同质市场。如消费者对食盐、火柴、大米等的需求差异性极小，这种市场称为同质市场。只有极少数产品的市场属于同质市场。在同质市场上，企业的营销策略比较相似。但是，绝大多数产品的市场属于异质市场，即消费者对某种产品的特性、规格、档次、花色等方面的需求不同，或在购买行为、购买习惯等方面存在差异。正是这些差异使市场细分成为可能。

（2）进行市场细分，是由商品经济内在发展引起的。

商品是用来交换的劳动产品，而产品只有其具体的使用价值能满足人们的一定需要，在交换中才会被人们接受。在市场上，人们的需求千差万别，很难找到一个典型的顾客，能够反映整个市场。因此，现代市场营销者不能无区别地对待所有消费者，而必须根据顾客的需求、购买行为与购买习惯的差异性，将整个市场划分为若干个子市场，采取不同的营销策略，以满足不同消费者的要求，从而运用最低的营销成本，达到最大的营销成果。

（3）市场细分并不总是意味着把一个整体市场加以分割。

实际上，市场细分化常是一个聚集而不是分解的过程。所谓聚集的过程，就是把对某种产品特点最易作出反应的人们或用户集合成群。聚集的过程可以根据多种变量连续进行，直到鉴别出其规模足以实现企业利润目标的某一顾客群。

2. 市场细分的作用

市场细分是制定市场营销策略的关键环节。市场营销策略包括两个基本观念：选择目标市场和决定适当的营销组合。在实际应用上，首先需要解决的问题是，如何将一个同质的市场细分为适当的子市场，然后才从若干子市场中选定目标市场，并采用与企业内部条件和外部环境相适应的目标市场策略，设计有效的市场营销组合。

例如，某国内知名化妆品公司，为了进一步扩大销路，提高市场占有率，专门对中国妇女化妆品市场作了调查研究。公司根据研究发现：化妆品的消费与妇女的年龄有密切的关系，不仅消费量而且消费品种、消费目的、消费习惯皆有不同。根据这一研究，公司将妇女消费者分为四类。

第一类：15 岁至 17 岁的少女消费者。她们正值妙龄，注重展示她们的成熟，讲究打扮，爱好时髦，对化妆品需求意识强烈，但是她们购买的往往是单一的化妆品。

第二类：18 岁至 24 岁的女青年消费者。她们是真正踏入成熟的一族，或是出于礼貌需要、工作需要或是感情需要、爱美的需要，她们对化妆品更关心，而且采取积极的消费行动，只要是中意的化妆品，价格再高也在所不惜。而且她们往往购买整套化妆品，需求量大，需求频繁。

第三类：25 岁至 34 岁的妇女消费者。她们大多数人已经结婚，对化妆品的需求心理和购买行为也有所变化，虽不如第二类妇女那样主动，但化妆也是她们的日常生活习惯。

第四类：35 岁以上的妇女消费者。她们可分为积极派（仍力图保持形象的年轻，竭力化妆）和消极派（感觉即将步入晚年，化妆只是应付一下），但她们都显示了对单一化妆品的需要。

实践证明，科学合理地细分市场，对于企业通向经营成功之路具有重要作用。

（1）市场细分有利于企业进行市场机会分析，发现新的市场机会，开拓和占领新市场。通过市场细分，企业可以有效地分析和了解各个消费群的需求满足程度和市场上的竞争状况。根据对每个分市场的分析，发现哪类消费需求已经满足，哪类满足不够，哪类尚未满足。通常，满足水平低的市场，存在着很好的市场机会。抓住这样的市场机会，结合企业的资源状况，从中挑选适合自己的目标市场，并以此设计出相宜的营销战略，迅速占领新市场。

（2）市场细分有利于企业用较少的营销费用，取得较大的经济效益。这是因为企业通过市场细分，选定目标市场，就可以制定最佳营销战略，提高竞争力。具体表现在：① 进行市场细分，易于分析每个细分市场上各个竞争者的优势和弱点，企业就可以有针对性地建立自己的目标市场，这有利于增强竞争能力，提高经济效益；② 建立以市场细分为基础的营销战略，可将企业有限的人力、财力、物力资源集中使用于一个或几个细分市场，有的放矢地进行营销，这样企业不仅可以降低费用，还提高自己的竞争能力；③ 市场细分能够增强企业的适应能力和应变能力，在子市场上开展营销活动，易于企业掌握消费需求的特点及其变化，便于企业及时、正确地规划和调整产品价格、产品结构、销售渠道和促销活动，保持产品适销对路。

6.1.2 市场细分的标准

市场细分是把整体市场按照一定的标准，分割成若干各不相同而内部需求相似的分市场。这种标准就是细分系数，它指影响消费者在需求和欲望方面产生明显差异的因素。

1. 消费品市场的细分标准

影响消费品市场需求的因素很多，可简单地概括为地理变数、人口变数、心理变数和行为变数四种。

（1）地理变数。按地理变数细分市场是把市场分为不同的地理区域。具体变量包括国家、地区、省市、乡村、城市规模、不同的气候带等。以地理变量作为细分消费者市场的基础，是因为处在不同地理位置的消费者，对同一种产品通常具有不同的需要，他们对企业的产品价格、销售渠道、广告宣传等营销措施的反应也存在差别。因此，有些产品只行销少数地区，有些则行销全国各地。如羽绒服的销售市场主要在我国中部和北方，而茶叶在全国各地都可行销。

按照地理因素细分产品市场，对于分析研究不同地区消费者的需求特点具有一定的意义。通过这种市场细分，企业应考虑到本企业的成本会随着所选择的市场不同而不同，企业应选择最能发挥自身优势的效益较高的地理市场作为目标市场。

（2）人口变数。人口变数细分是按不同的人口统计变数来划分消费者群。具体变量包括年龄、性别、家庭人数、收入、职业、宗教信仰、国籍、民族等。人口变数长期以来一直是细分市场的重要变数，因为上述变数通常决定着消费者的欲望和偏好。如按照人口变数可将奶粉的市场细分为婴儿奶粉、幼儿奶粉、老年人奶粉、孕妇奶粉等。

以人口变数为依据细分市场，可以使用单一的具体变量，如仅以“年龄”为标准来细分服装市场。但在大多数情况下，需要使用两个以上的具体变量，才能准确描述每个子市场的特征。例如，一家服装公司以“年龄”和“个人收入”两个变量将服装市场分为低档男/女装、中档男/女装、高档男/女装六个市场。再根据每个子市场的不同特点，设计不同款式、不同价格、不同风格的服装，并对每个子市场采取不同的营销组合，提高企业经营的效率。

人口因素包含的变量很多，且这些变数基本上都是影响消费者需求的最主要因素。因此，人口变数是市场细分最重要和最常用的细分依据。但是，它对消费者之间需求的差异却不能做出解释。例如，相同年龄、相同收入水平的女性，在购买化妆品时也有不同的购买习惯和选择标准。而一些不同年龄、收入水平的女性却可能在购买化妆品时表现出相同或相似的需求特征。这证明消费者对许多产品的购买并不单纯取决于人口变数，而是同其他因素特别是心理变数有着密切的联系。

（3）心理变数。消费者的心理特征同样可以作为细分市场的依据。心理变数十分复杂，包括生活方式、个性、购买动机、价值取向、生活态度，以及对商品和服务的偏爱、对商品价格的敏感程度等。这些与市场需求及促销策略有密切关系，尤其是在经济水平较高的社会中，心理变数对购买者行为的影响更为突出。

以人的心理特征为细分依据是有客观基础的。人的任何行为在不同程度上受其心理活动的影响，消费行为也不例外。如消费者对化妆品、服装的消费行为在很大程度上与消费者的生活格调有关。而生活格调的形成又与人们的个性、兴趣、价值观念、主张等心理特征密切相关。企业把具有共同个性、兴趣、价值观念、主张的消费者集合成群，并联系他们的行为方式，就可以划分出具有不同生活格调的群体。例如，美国有的服装公司把妇女分为“朴素型妇女”、“时髦型妇女”和“有男子气概的妇女”三个类型，分别设计不同的服装。

不过，心理变数比较复杂，没有一套公认有效的、相对稳定的具体变量。以心理变量作为细分市场的标准时，可能会在实际操作中遇到一些问题，如子市场的特征不稳定、细分变量比较模糊等。因此，企业在选择心理因素作为细分变量时，必须选择那些能够明显区分消费者的心理变数为细分变量。

（4）行为变数。行为变数是反映消费者购买行为特征的变量，具体变量有：购买时机、使用状况、使用频率、忠诚程度、待购阶段、消费者对营销的敏感程度等。

按照消费者进入市场的程度，可将一种产品的使用者区分为经常购买者、初次购买者和潜在购买者等不同群体；按照品牌忠诚程度，可将一种产品的消费者区分为单一品牌忠诚者、几种品牌忠诚者和无品牌偏好者等群体；按照购买的规模，可将全体购买者区分为大量用户、中量用户、少量用户；按照消费者进入市场的时机，可将某一产品的消费者分为早期采用者、中期采用者、晚期采用者等。

2. 工业品市场细分的标准

前述大多数用来细分消费品市场的因素，也可以用来细分工业品市场。但是由于工业品市场有自己的特点，导致用户购买行为产生差异的因素也不同于消费者市场的。因此，有必要对工业品市场的细分标准进行单独的分析。在对工业品市场进行细分时，还应考虑以下几个细分市场的因素。

（1）用户要求。产品最终用户的要求是细分工业品市场的最为通用的标准。在工业品市场上，不同的最终用户对同一商品会有明显的不同要求。例如，同样是大卡车，有的用作军用车，有的用作货物运输车。由于不同的使用目的，不同的最终用户必定会对产品的规格、品质、型号、价格、功能等方面有不同的要求。因此企业可以据此进行市场细分，把要求大致相同的企业集合在一起，并为不同的用户群设计实施不同的营销组合。由于用户要求的差异通常比较明显，易于发现，细分出来的子市场可衡量性较好，所以，这种细分方法成为细分工业品市场常用的方法。

（2）用户规模。用户规模的大小通常是以用户对产品需要量的多少来衡量的。因此，用户规模可作为细分工业品市场的依据，是因为不同规模的用户在需求的量的方面存在较大的差异。一般来说，用户规模大，购买力高，每次购买数量较多，购买周期较长，购买品种稳定；而小规模用户，购买力较低，每次购买数量较少，购买周期和购买品种也不稳定。对企业来说，应当选择价值最大的子市场作为目标市场，或者为不同的子市场设计不同的营销组合，分别对待。例如，对于大客户，易于直接联系，直接供应，销售经理亲自负责；对于众多小客户，则宜于使产品进入商业渠道，由批发商或零售商去组织供应。

（3）用户地点。用户距企业空间距离的远近、用户分布的分散与集中，也可以作为细分工业品市场的细分变量。一般来说，工业品市场比消费品市场更为集中。因为大多数国家和地区，由于气候条件、自然资源、历史传统、社会环境等方面的原因，会形成若干个不同的工业地带。如我国北京的电子工业区、江浙纺织工业区、山西煤炭工业区、辽宁的冶金工业区等。企业按用户的地理位置来细分市场，选择用户较为集中的地区作为自己的目标市场，不仅联系方便、信息反馈快，还可以有效地规划运输路线，节省运力和运费，降低运输成本。同时，也能更加充分地利用销售力量，降低销售成本。

上面介绍了细分消费品市场和工业品市场的一般标准。在实际运作中，企业究竟采用哪种标准来细分，还要根据时间、地点、商品的不同特点、顾客的不同需求以及企业的具体情况来决定，才能获得较好的机会。

6.1.3 市场细分的原则

市场细分的目的是为了识别顾客需求上的差异，以发现有利的营销机会。成功有效的市场细分，应当遵循四条基本原则。

（1）可衡量性。是指市场细分必须是可以识别的和可以衡量的，即细分出来的市场不仅范围明晰，而且也能估计该市场的规模及其购买力的大小。凡是企业难以识别、难以测量的因素或特征，都不能据以细分市场。因此，恰当地选择明确的、可以识别的市场细分变量十分重要。

（2）可进入性。是指细分的市场应是企业的营销活动能够进入的市场，即市场的细分和选择必须适应企业自身的开发和营销能力，必须是企业有足够的能力占领的市场。考虑市场细分的可进入性，实际上就是考虑企业营销活动的可行性。那些不能发挥企业资源作用或难被企业所占领的市场，则不能作为目标市场。显然，对于不能进入或难以进入的市场进行细分是没有现实意义的。

（3）可盈利性。是指细分市场的需求容量必须能保证企业获得足够的经济效益。因此，细分市场的规模必须适当，不宜过小也不宜过大。如果规模过小，企业的现有资源不能充分利用，难以确保利润；如果规模过大，企业无法满足，结果也白费功夫。

（4）稳定性。是指细分出来的市场具有相对稳定的时间性，不仅能为企业带来目前利益，还必须有较好的发展潜力，能够为企业带来较长远的利益。特别是对于要花费大量投资去开发的产品，尤其要重视需求的稳定性。

6.1.4 市场细分的程序

无论是细分消费品市场或是工业品市场，都要按一定的程序进行，才能较好地实现细分市场的基本要求。

（1）选择营销目标。选择与企业任务、企业目标相联系的一种产品或市场范围进行研究。市场细分常常是在已经从一个整体市场划分出来的局部市场上进行的，另一种情况则是在一种重大的技术创新发生时进行的。

（2）确定细分标准。可以是一种标准，更多的是两种以上标准的结合。企业往往根据以前营销的结果与经验进行选择。在选定的细分标准中，挑选出具体的细分标准，进行初步细分。例如，一家鞋业公司可以按照人口因素和生活方式来细分其产品的市场。

（3）初步细分市场。在选定细分变量的基础上，选出各种消费者为典型，分析消费者的具体需求特征，然后按细分变量进行初步细分。例如，一家采用地区细分的厂家，可能选择南方和北方作为细分标准，进行调研，并进行初步细分。

（4）筛选。通过调查，分析各个细分市场的特点，排除那些不需要的一般性消费需求因素，合并一些特点类似的消费需求因素，重点分析目标消费者的特点。

（5）评估细分市场。通过初步细分，确定各个细分市场的范围，接着就要仔细审查，估量各细分市场的竞争状况、大小和变化趋势等，分析估计各个细分市场的规模。

（6）选择目标市场。通过分析，企业可能发现若干个有利可图的细分市场，但企业的资源和短期生产能力又是有限的。因此，企业应将这些细分市场按照盈利性进行排序，从盈利性最大的细分市场顺序选择目标市场，直到企业的能力不能再满足为止。

（7）设计市场营销策略。企业应当根据所选择的目标市场，有针对性地制定市场营销组合，包括产品开发、价格策略、渠道选择、销售网络等，以保证企业有效地进入每一个选作目标市场的细分市场。

6.2 目标市场选择

所谓目标市场，就是指企业营销活动所要满足的市场，是企业为实现预期目标要进入的市场，即企业的服务对象。企业的一切营销活动都是围绕目标市场进行的。选择和确定目标市场，明确企业的服务对象，关系到企业目标、企业任务的实现与否，是企业制定营销战略的首要内容和基本出发点。

一般地，企业选择目标市场，是以市场细分为基础和前提的，但并非所有企业都必须进行市场细分。企业确定目标市场有多种选择方式，并会产生出不同的营销策略。

6.2.1 确定目标市场的方式

企业确定目标市场的方式有两种：一种不做市场细分，以产品的整体市场作为目标市场；另一种先进行市场细分，然后再选择一至两个细分市场作为目标市场。显然，后一种方式较为复杂，有市场细分和范围选择的问题，而前一类方式则无此类问题。

例如，吉林省白山市火柴厂是全国火柴行业的小字辈，既无先进的设备，也无雄厚的经济实力，但在激烈的市场竞争中，却甩掉了亏损的帽子，成为全国火柴行业佼佼者。他们成功的秘密是在搞好市场细分的基础上，选择最佳的目标市场，以巧取胜。1987 年在火柴市场竞争比较激烈的情况下，他们通过大量的市场调查发现，农村市场广大且比较平衡，是打开产品销路的最佳部位。因此，他们决定将销售的目标市场转向农村。这一举措使该厂扭亏为盈。

以市场细分为基础选择目标市场，通常采用产品——市场矩阵图分析法进行。

例如，一家电冰箱厂根据本厂优势、市场潜在销量、市场竞争状况等，决定进入上海市电冰箱市场。该厂运用产品——市场矩阵图对上海市的整体市场进行细分：从市场看，按家庭收入水平可分为中下、中、中上、高收入四个顾客群；从产品看，有单门和双门两种类型；两两组合就构成八个细分市场。根据市场调查和预测，“未来电冰箱市场是双门的天下”，且认为上海市居民的消费水平在大幅度提高，于是决定将 6、7、8 三个细分市场作为本厂近期的目标市场（见表 6-1），开发中高档电冰箱，以满足目标市场的需求。

表 6-1　某电冰箱厂选择目标市场图

产品		市场			
		中下收入	中等收入	中上收入	高收入
	单门	1	2	3	4
	双门	5	6	7	8

如果一种产品的市场是同质市场，那么营销管理者必定将以该产品的整体市场作为企业的目标市场。在这个市场上有许多企业在进行营销活动，各自的产品会有差异，但这并不意味着他们的目标市场不同，而是他们运用了产品差异化策略。产品差异化策略，是指企业从

已有的产品出发，通过改型使自己的产品与竞争者的产品有所差别，以期在消费者心中形成不同的形象。产品差异化策略不仅适用于整体市场是同质市场的产品，也广泛运用于针对细分市场开发出来的产品。

6.2.2 目标市场范围策略

运用市场细分化策略的企业，在选择目标市场时，可采用的范围策略主要有以下五种，如图6－1所示。

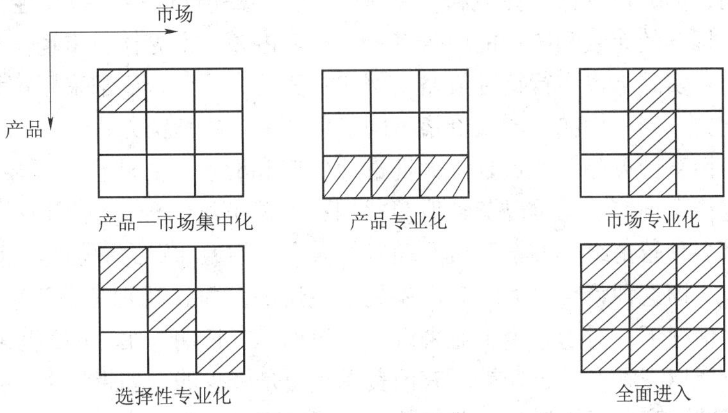

图6－1 选择目标市场的五种范围策略图

（1）产品—市场集中化。是指企业的目标市场无论从市场或是从产品角度，都是集中于一个细分市场。这种策略意味着企业只生产或只经营一种标准化产品，只供应某一顾客群。较小的企业通常采用这种策略。

（2）产品专业化。是指企业向各类顾客同时供应某种产品。当然，面对不同的顾客群，产品在质量、价格、款式等方面会有所不同。

（3）市场专业化。是指企业向同一顾客群供应性能有所区别的同类产品。

（4）选择性专业化。是指企业有选择地进入几个不同的细分市场，为不同的顾客群提供不同性能的同类产品。企业决定进入的几个细分市场之间没有明显的联系，但是每一个都必须存在良好的经营机会。

（5）全面进入。是指企业决定全方位进入各个细分市场，为所有顾客提供他们所需要的性能不同的系列产品。这是势力强的大企业在市场上占领领导地位甚至垄断市场而经常采取的目标市场范围策略。

在运用以上五种策略时，企业一般总是首先进入最有吸引力的细分市场，待条件和机会成熟时，才逐步扩大目标市场范围，进入其他细分市场。

6.2.3 目标市场营销策略

企业确定不同的目标市场，相应的营销策略也就不同。概括起来，主要有三种不同的目标市场营销策略可供企业选择：无差异性营销策略、差异性营销策略、集中性营销策略。

1. 无差异性营销策略

如果企业面对的市场是同质市场，或者企业把整个市场看作是一个无差异的整体，而认为消费者对某种需求基本上是一样的，可以作为一个同质的目标市场加以对待。在这两种情况下，企业采用的就是无差异性营销策略。实现无差异性营销策略的企业，是把整个市场作为一个大目标，忽略了消费者之间存在的不明显的差异，针对消费者的共同需要，制订同一生产和销售计划，以实现开拓市场，扩大销售。采用这一策略的企业，一般势力都较为强大，采用大规模生产方式，又有广泛而可靠的分销渠道，以及统一的广告宣传等。例如，美国可口可乐公司，因为拥有世界性专利，在60年代前曾实行这种无差异性营销策略，以单一的品种、单一标准的瓶装和统一的广告宣传，长期占领了世界饮料市场。在旧的经济体制下，我国许多企业实际上也实行这种策略。例如，我国有些牙膏厂都采用这种策略，采用同一品种、同一配方、同一口味、同一价格、同一包装和同一营销方式。

采取无差异性营销策略的优点是，大批量地生产和贮运，必然会降低单位产品的成本；无差异的广告宣传等推销活动可以节省促销费用；不搞市场细分，也相应减少了市场调研、产品研制、制订多种营销组合方案等所要耗费的人力、物力和财力。但是这种市场营销策略也存在许多缺点，即这种策略对大多数产品是不适用的。而且特别是在当前商品生产发达、市场竞争激烈的情况下，对于一个企业来讲，一般也不宜长期采用。因为市场处于一个动态的发展变化中，所以一种产品长期被所有消费者接受是极少的，如果许多企业同时在一个市场上采取这种策略，竞争必然激化，获得的机会反而减少。正因为如此，世界上一些曾经长期实行无差异性营销策略的大企业最终也转而实行差异性营销策略。例如，近年来，由于饮料市场竞争加剧，特别是百事可乐和七喜的异军突起，打破了可口可乐独霸市场的局面，可口可乐公司不得不改变其无差异性营销策略。

2. 差异性营销策略

差异性营销策略是以市场细分为基础。实现这一策略的企业，通常是把产品的整体市场划分为若干个细分市场，从中选择两个以上的细分市场作为自己的目标市场，并针对不同目标市场的特点，分别制订不同的营销组合方案。例如，某化妆品公司分别为不同年龄段、不同收入水平、不同生活方式的女性提供不同规格、不同档次、不同成分的化妆品，该公司在化妆品市场实行的就是差异性营销策略。

采用差异性营销策略的优点是，小批量、多品种，生产机动灵活，针对性强，能分别满足不同顾客群的需要，提高产品的竞争力，有利于企业扩大销售成果；同时如果一个企业在数个市场上都能取得较好的营销效果，就能树立良好的市场形象，大大提高消费者对企业产品的信赖程度和购买频率。现在，世界上越来越多的大公司如日本的松下电器、三洋电机、美国的可口可乐公司等都采用了这种策略，并取得了经营上的成功。但是，这种市场策略也存在许多缺点，即实行这种策略，将加大费用开支，增加营销成本。因为实行差异化营销，随着产品品种的增加，销售渠道的多元化，以及市场调研和广告宣传等营销活动的扩大与复杂化，生产成本、管理费用和销售费用必然会大幅度增加。因此，在决定采用差异化策略之前，要认真研究所选择的目标市场、消费者需求是否可靠，是否可以进入并具有一定的容量，权衡利弊，避免选错细分市场，也不宜卷入过多的细分市场。

3. 集中性营销策略

集中性营销策略是指企业不把目标放在整体市场上，而是选择一个或几个细分市场作为营销目标，然后集中企业的优势进行生产和营销，充分满足某些消费者的需要，以开拓市场。例如，某食品公司生产很多种食品，但重点在生产适合老年人的食品。由于集中企业的专家精心研制出价格合理、营养丰富的老年人食品，很快在市场上取得优势。采取这种策略的企业，是为了在一个或几个较小的细分市场上取得较高甚至是支配地位的市场占有率，而不是追求在整体市场上占有较小的份额。他们的具体做法不是把力量分散在广大的市场上，而是集中企业的优势，对一个或几个细分市场采取攻势营销策略，以取得市场上的优势地位。

集中性营销策略主要适用于资源力量有限的小企业。因为小企业由于资源有限，无力在大市场上与大企业抗衡，而可以在大企业未予注意或不愿顾及、自己能顾及的细分市场上集中优势力量，全力以赴，往往易于取得经营上的成功。而且由于企业集中所有力量为某一个或几个细分市场服务，在生产和销售上实现专业化，因而企业可以节省市场营销费用，提高投资收益率，增强盈利性。但是这个策略的缺点是潜伏着较大的风险。由于目标市场狭窄，一旦目标市场突然不景气，如市场需求发生急剧变化或出现更强大的竞争者，而本企业又不能随机应变时，就可能陷入困境。因此，采用这种策略，必须密切注意目标市场的动向，并制定适当的应急措施，避免因选点过窄而孤注一掷。

6.2.4 影响目标市场选择的因素

上述三种目标市场营销策略各有优缺点，因而各有适用的范围。一个企业究竟应当采用哪种策略，应取决于企业、产品、市场等多方面因素。

（1）企业实力。主要是指企业的人力、物力、财力、技术能力、创新能力、公关能力、竞争能力、应变能力等。如果企业实力雄厚，就可以采用无差异性和集中性营销策略。若企业实力不足，最好采用差异性营销策略。

（2）产品性质。是指产品是否同质、能否改型变异。例如，钢铁、原煤、原油、原粮等初级产品，虽有自然品质的差异，但消费者一般并不重视或不加区别。竞争焦点一般集中在价格和服务方面，因而这类产品适宜实行无差异性营销策略；反之，照相机、服装、日用百货等选择性强的产品则宜采用差异性或集中性营销策略。

（3）市场特点。是指顾客需求和爱好的类似程度。如果顾客的需求、购买行为基本相同，对营销方案的反应也基本一样，就可以采用无差异性营销策略；反之，宜采用差异性或集中性营销策略。

（4）产品生命周期。一般来说，处于投入期和成长期的新产品，竞争者不多，品种比较单一，宜采用无差异性营销策略，宜探测市场与潜在顾客的需求，也有利于节约市场开发费用。当产品进入成熟期或衰退期时，应采用差异性营销策略，以开拓新的市场，尽可能扩大销售；或实行集中性营销策略，以维持或延长产品生命周期。

（5）市场供求趋势。如果一种产品在未来一段时期内供不应求，出现买方市场，消费者的选择性将大为弱化，他们所关心的是能否买到商品，这时企业就可采用无差异性营销策略；反之，则采用差异性或集中性营销策略。

（6）竞争者的策略。在市场竞争激烈的情况下，企业采取哪种市场策略，往往视竞争者所采取的策略，并权衡其他因素而定。如竞争者实力较强并实行无差异性营销策略时，企业就应采取差异性或集中性营销策略，以提高产品的竞争能力。假如竞争者都采用差异性营销策略，企业就应进一步细分市场，去争取更为有利的市场。但当竞争者实力较弱时，也可以采用无差异性营销策略，在较大面积市场去夺取优势。

总之，企业选择目标市场策略时，应综合考虑上述因素，权衡利弊，作出选择。企业应当保持相对的目标市场策略，但当市场形势或企业实力发生重大变化时，也要及时转换。

6.2.5 目标市场进入策略

目标市场进入策略，是指企业采取何种方式进入所选择的目标市场。通常有以下三种不同的策略。

1. 收购现成的产品或企业

这是进入目标市场最为快捷的方式，在下列条件下采用这一策略是有利的：

（1）想要进入该市场的企业，对于这一行业的知识还不足；

（2）尽快进入新市场对企业有很大好处；

（3）企业如果依靠内部发展的方式进入新市场，将遭到种种障碍，如专利权、原材料、经济规模及其他所需物资供应的限制等。

2. 以内部发展的方式进入市场

内部发展，是指企业依靠自己对目标市场的调查研究，设计、制造并推销符合目标市场需求的产品。采取这种策略，往往是由于以下原因：

（1）没有合适的企业可供收购；

（2）收购的方式代价过高或存在其他收购障碍；

（3）内部发展方式有利于巩固本企业的市场地位。

3. 与其他企业合作的方式进入市场

企业间的合作可以是生产企业间的合作，也可以是生产企业与销售企业的合作；既可以是国内企业间的合作，也可以是与国外企业的合作。这种策略的优点是：

（1）合作降低了经营风险；

（2）合作的企业在技术资源等生产要素上相互支援，从而可以利用单个企业经营能力总和的新能力。

这种进入方式由于其明显优点而被企业界所广泛采用。

6.2.6 目标市场的管理

一个公司可能会在一项业务里服务于不同的细分市场，而每个细分市场在成本、技术和业绩方面可能会有一定的关系，比如可以共用生产设施和销售队伍，有某些通用的技术，业绩可能会因为相互竞争而此消彼长等。所以公司不能只着眼于一个细分市场，而是要从整项业务出发进行生产经营，以期获得最大效益，所以针对某一业务设置一个高级管理者统筹管理，是一个不错的选择。

6.3 市场定位

市场细分、目标市场和市场定位是营销机会选择过程中互相联系的三个环节。市场细分为企业展现多种营销机会；目标市场选择帮助企业寻找准备进入的最佳目标市场。企业选定目标市场后，市场细分的过程并未终结，还应对目标市场进行定位。

6.3.1 市场定位的概念

市场定位（Marketing Positioning）是20世纪70年代由美国学者阿尔·赖斯提出的一个重要的营销学概念。所谓市场定位，是指企业根据竞争者现有产品在市场上所处的位置，针对顾客对该类产品某些特征或属性的重视程度，为本企业产品塑造与众不同的、给人印象鲜明的形象，并将这种形象生动地传递给顾客，从而使该产品在市场上确定适当的位置。

市场定位是通过为自己的产品创立鲜明的特色或个性，从而塑造出独特的市场形象来实现的。而企业产品的特色，可以分别从产品实体上、价格水平上或质量标准上表现出来。企业要正确地确立自己的市场定位，就必须一方面了解竞争对手的产品具有何种特色，另一方面了解顾客对本企业产品的各种属性的重视程度，然后根据对这两方面的分析，决定本企业产品的独特形象。

6.3.2 市场定位的步骤

市场定位就是要在顾客心中留下本企业产品的独特形象。要达到这个目的，一般需开展以下工作。

1. 确定产品特色

确定产品特色是市场定位的出发点。第一，要了解市场上竞争对手的定位情况，他们提供的产品或服务有何特点；第二，要研究消费者对某类产品各属性的重视程度；第三，要考虑企业自身的实力，有些产品属性，虽然是顾客比较重视的，但企业如果力所不及，也不应成为市场定位的目标。通过综合考虑这几个方面因素，企业就可以明确自己所要确立的产品特色。

2. 树立市场形象

企业为产品塑造的特色是企业参与市场竞争的有力优势，但这些优势并不会自动在市场上显示出来。要使这些优势发挥作用，影响消费者的购买决策，企业就需要通过积极主动地与消费者沟通，将产品的这些独特个性传递给消费者，以引起消费者的注意，求得消费者的认可。市场定位的成功与否，直接反映在顾客对企业及其产品所持的态度上。

3. 巩固市场形象

顾客对企业产品的认识不会一直保持不变。由于竞争者的干扰或企业自身的沟通不好等原因，会引起企业产品的市场形象模糊，顾客对企业的理解出现偏差。所以，在建立市场形象后，企业必须不断地向顾客提供新的观点和论据，及时纠正与市场定位不一致的行为，巩固市场形象。

6.3.3 市场定位策略

市场定位策略实质上是一种竞争策略，它反映市场竞争各方的关系，是关于某企业在已经确定的目标市场上如何处理与其他企业竞争关系的基本思路。从这个角度出发，市场定位策略可分为以下几种类型。

1. 避强定位策略

这种策略是指企业力图避免与实力最强或较强的其他企业直接发生竞争，而将自己的产品定位于某个产品“空隙”，使自己的产品在某些特征或属性方面与最强或较强的对手有比较显著的区别。这种策略的优点是，企业能够迅速占领市场，并在消费者心中树立一定形象。由于这种定位策略的市场风险小，成功率高，常常为多数企业所采用。例如，美国七喜汽水的定位策略就是避强定位策略的一个经典个案。可口可乐和百事可乐是市场的领导品牌，占有率极高，在消费者心中的地位不可动摇。“非可乐”的定位使七喜处于与“百事”和“可乐”对立的类别，成为可乐饮料之外的另一种选择，避免了与两巨头的正面竞争。成功的定位使七喜在龙争虎斗的饮料市场占据了老三的地位。

2. 迎头定位策略

这种策略是指企业根据自身的实力，为占据较佳的市场位置，不惜与市场上占支配地位的、实力最强或较强的竞争对手发生正面竞争，而使自己的产品进入与对手相同的市场位置。例如，在世界饮料市场上，后起的百事可乐进入市场时，就采用这种定位策略，与可口可乐展开针锋相对的较量。企业实施这种策略时，由于竞争对手是最强大的，因此竞争过程往往相当引人注目，企业及其产品易较快地为消费者了解，达到树立市场形象的目的。但是迎头定位可能引发激烈的竞争，具有较大的风险。因此，实行迎头定位时，企业必须做到知己知彼，应该了解市场容量的大小，自己是否拥有比竞争者更多的资源和能力，是不是可以比竞争者做得更好。

3. 重新定位策略

重新定位策略是指对销路少、市场反应差的产品进行二次定位。初次定位后，由于顾客需求偏好发生推移，市场对本企业产品的需求减少；或者由于新的竞争者进入市场，选择与本企业相近的市场位置，致使本企业市场占有率下降。在这些情况下，企业就需要对其产品进行重新定位。因此，一般来说，重新定位是企业摆脱经营困境、寻求新的活力和获得利润增长的一条途径。但也有的企业并非因为已经陷入困境而重新定位，相反，却是由于发现新的产品市场范围引起的，例如，某种专门为男性设计的产品在女性中也开始流行后，这种产品就需要重新定位了。

小　结

市场细分、目标市场选择、市场定位是营销机会选择过程中相互联系的三个环节。市场细分是帮助企业寻找营销机会；目标市场选择帮助企业寻找最佳的目标市场；市场定位则帮助企业在已选定的目标市场上为产品确定最佳位置。

市场细分是把一个异质市场划分为若干个细分市场（子市场）的过程。一般来说，每一个细分市场都是同质的，是由需求特点、购买行为极为相似的购买者组成的。市场细分并不总是意味着把一个整体市场加以分解，而实际上常是一个聚集的过程。

市场细分有利于企业发现新的市场机会，增强企业的竞争能力，提高企业的经济效益，也有利于更好地满足千差万别的消费需要。为保证市场细分的正确性和有效性，市场细分应按一定的程序连续进行，并要遵循四条原则。市场细分的程序是：选择营销目标，确定细分标准，初步细分市场，筛选，评估细分市场，选择目标市场，设计市场营销策略。市场细分应遵循的原则是：可衡量性、可进入性、可盈利性、稳定性。

造成消费者或用户的需求具有差异性的因素是用来细分市场的基本依据。消费品市场细分的依据是：地理变数、人口变数、心理变数、行为变数。工业品市场细分的依据是：用户要求、用户规模、用户地点。这些细分依据可以单独应用，更多的则是两种以上结合在一起使用。每一种形式的细分都是依据具体的细分变量进行的。企业往往需要将多种细分变量组合在一起作为市场细分的依据。

目标市场是企业决定进入并为其服务的特定的市场。选择目标市场必须以细分市场的评估为基础。细分市场评估是指根据某个子市场的需求状况和竞争状况，判断企业在该市场的销售潜力及盈利能力。以市场细分为基础选择目标市场，首先要确定涵盖市场的范围，这方面共有五种方式可供企业选择应用：产品—市场集中化、产品专业化、市场专业化、选择性专业化、全面进入。而对已经细分的市场和多种可能的机会，企业可以用三种不同的思路考虑目标市场选择及营销策略制定问题：无差异性营销、差异性营销、集中性营销。无差异性营销是以产品的整体市场为目标市场，差异性营销是以若干个细分市场为目标市场，集中性营销只以一个细分市场或几个更小的市场部分为目标市场。企业进行选择时，应综合考虑企业资源、产品性质、产品生命周期、市场是否同质、竞争对手的策略等多方面的因素。

市场定位是指企业在已选定的目标市场上，根据竞争与需求两方面的状况，为自己的产品确定一个恰当的位置。市场定位的三种基本策略是避强定位、迎头定位、重新定位。

复习思考题

1. 什么是市场细分？为什么进行市场细分？
2. 市场细分有哪些标准和原则？
3. 市场细分的基本程序是什么？
4. 目标市场营销策略有哪几种？各自有什么优缺点？
5. 企业如何决定采取何种市场营销策略？
6. 影响目标市场进入的因素有哪些？
7. 常见的目标市场进入策略有哪三种？分别在什么情形下采用？
8. 什么是市场定位？市场定位的步骤是什么？
9. 避强定位、迎头定位和重新定位各有什么优缺点？

案 例

宝洁市场细分

宝洁公司（Procter & Gamble，简称 P&G）始创于1837年，是一家美国消费日用品生产商，也是目前全球最大的日用品公司之一。总部位于美国俄亥俄州辛辛那堤，经营300多个品牌的产品，畅销160多个国家和地区。作为在日化领域有着众多产品和品牌的知名企业，在中国，宝洁做得也非常成功。

当年宝洁公司选择从广州开始进入中国市场，然后逐渐向沿海地区（上海等地）扩展，这是经过慎重考虑的，因为广州靠近港澳，与东南有着密切联系，地理位置优越，又是中国改革开放前沿，投资环境优越，政策优惠，并且广州地区的消费水平和购买力也较高，而宝洁产品一向以高价位、高品质著称，二者不谋而合。1988年宝洁在广州成立了中国第一家合资企业———广州宝洁有限公司，为投资中国市场的历程打下坚实的基础，宝洁在广州的投资回报超过了世界各地。

宝洁进驻中国市场前，中国的洗发用品市场上，几乎没有什么高档的洗发、护发用品，蜂花、奥尼洗发香波占据市场主导地位，但它们同样采取低价策略，所以在当时，它们已经算是相对比较高档的产品了。由于传统的生活和消费观念，有更多的中国消费者还在使用洗发膏和散装洗发水。宝洁把自己定位于洗发水的高级市场，生产高档产品，主要的竞争对手就是联合利华。

宝洁公司采用的集中性的营销策略，选择城市市场上比较注重个人形象和生活品位的人群，他们通常收入和教育水平都比较高，也都比较年轻，能够比较容易接受新鲜事物，只要是好产品，也通常不会太在意价格，宝洁正是看中了年轻人富有个性色彩的生活画面和先导消费作用，广告画面多选用年轻男女的形象。宝洁公司很注重消费者，为深入了解中国消费者，建立持久的沟通关系，宝洁公司在中国的市场研究部建立了庞大的数据库，把消费者意见及时分析、反馈给生产部门，以生产出更适合中国消费者的产品。

根据对中国市场的深入调查与研究，宝洁推出以下几种洗发水品牌：飘柔，推崇自信优雅的生活态度，为消费者带来美丽的秀发和美好的生活，使头发更柔顺；海飞丝作为专业的去头屑品牌，有独特去屑功效。潘婷作为宝洁公司旗下的秀发护理专家，致力于健康头发的护理和增加头发的营养，提供各种秀发问题的解决方案；沙宣作为前卫和风尚的魅惑化身代表了专业美发，同时为消费者提供出色的全系列头发护理产品和造型产品。每种洗发水都根据市场上的不同细分需求设计，基本上覆盖了整个洗发水市场。最初这些洗发水价格是当时国内品牌的3～5倍，价格稍贵，但其高品质的形象、新颖的包装使其具有竞争力，其高份额的市场占有率充分证明了定位的正确性。

这只是宝洁在中国洗发水市场上的市场细分，在其他领域，包括洗衣粉、护肤等一系列日化用品中，宝洁同样把市场细分方法用得十分到位，取得了不俗的成绩。

案例思考题

1. 宝洁在其他日化产品中是如何运用市场细分策略的？试举说明。

2. 宝洁在对中国市场进行细分时采用了哪些标准？

3. 不同的细分市场间可能存在一定的关系，具体表现有哪些？你认为宝洁该如何去做才能处理好这些关系？

第7章

产品策略

产品是市场营销组合中的第一个要素。任何企业在制订市场营销战略计划时，首先要考虑的就是产品策略问题。因为产品是市场营销活动的中介，只有通过它才能使生产者和消费者之间实现交换的目的；同时，企业只有提供满足消费者需求的产品和服务，才能实现获取利润的目标。此外，市场营销组合中的其他三个要素：价格、渠道、促销，都是以产品策略为基础的。因此，产品策略直接影响和决定着其他市场营销组合的因素，关系着企业市场营销的成败。

7.1 产品与产品生命周期

7.1.1 产品

1. 产品的基本概念

人们从不同的角度给予产品不同的定义。一般来说，对产品的理解存在狭义和广义之分。

（1）狭义的产品是指某种为销售而生产出来的、满足人们需要的有形实体。如汽车、服装、牙刷、电视机等。这一认识强调产品的物质属性，是对产品的一种狭义认识，是生产观念的传统看法。这种理解将非生产劳动的非物质形态的产物，以及不仅仅是满足生存需要的产物都排除在外了。在科学技术高速发展、商品极大丰富、市场竞争日趋激烈的市场环境下，狭义的产品概念已不能适应需要了。

（2）广义的产品是指人们向市场提供的能满足消费者某种需要的物质产品和非物质形态的服务。物质产品主要包括产品实体、品质、特色、商标、式样和包装；非物质形态服务包括可以给顾客带来附加利益和心理满足感的售后服务、保证、产品信誉、企业形象等。这种概念是从现代营销的角度定义的，是产品整体的概念。

2. 产品的三个层次

从市场营销学的角度出发，产品的概念是一个整体概念。产品的整体概念，从理论上可以分解为三个层次：核心产品、形式产品和附加产品。它们的关系如图 7－1 所示。

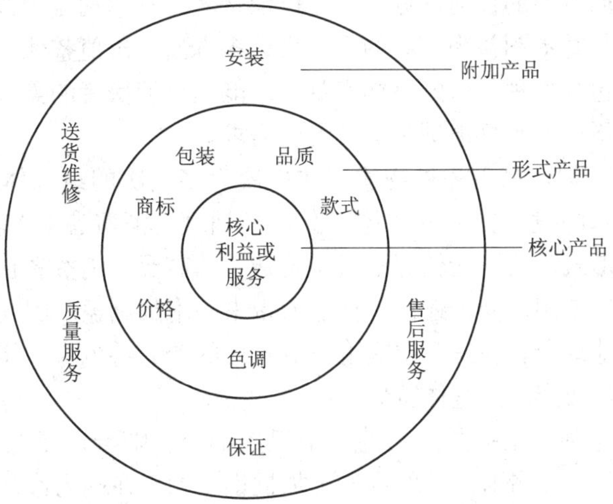

图 7－1　整体产品的三个层次

1）核心产品

也称为实质产品，是指产品能给购买者带来的基本利益和效用，即产品的使用价值，是构成产品的最核心的部分。顾客购买某种产品，并不是为了占有或获得产品本身，而是为了获得满足某种需要的利益或效用。人们购买产品都是为了满足自己的需要。如人们购买电视机，是为了从中获得娱乐、拓展自己的知识面；人们购买电冰箱，是为了通过它的制冷功能，使食物保鲜，方便人们的生活。总之，顾客购买的不是物质实体，而是购买最有效的利益。

2）形式产品

形式产品是指消费者需要的产品实体的具体外观，是核心产品的具体表现形式。任何产品都有其确定的外观。如果形式产品是实体物品，它在市场上通常表现为包装、商标、价格和特征形态等。即使是纯粹的服务，也有以上的特定形式，如理发店提供的服务，具有特定服务方式、服务质量、服务标志等。形式产品是能为顾客在市场上识别的，因此它是顾客选购商品的客观依据。市场营销者应首先分析顾客购买产品时所追求的利益，并以此作为出发点进行产品设计，以便能够更好地满足顾客需求。

3）附加产品

附加产品是指消费者购买产品时所能获得的全部附加利益和服务，包括产品提供的保证、安装、维修、送货、信贷、技术培训等，还包括企业的声望和信誉。在竞争激烈的市场上，企业对附加产品的精心管理，是企业提高竞争力的保证。尤其是在产品的性能和外观相似的情况下，产品竞争力的高低往往取决于附加产品。因此，如何提高附加产品的含量，使消费者购买产品后获得更加方便和有效的附加利益，是企业必须高度重视的问题。

3. 产品整体概念的意义

产品整体概念是对现代市场经济条件下的产品的科学表述。产品的整体概念对企业的市场营销活动有非常重要的意义，主要表现在以下几个方面。

（1）产品整体概念是以满足消费者的需求为中心。从产品的整体概念可以知道，产品整体中不同层次、不同方面的任何部分，都是以消费者的基本利益为核心。消费者购买一种产品，就是购买以产品基本利益为核心的多层次、多方面的价值整体。从产品整体概念可以得出，只有通过提供包含各种价值的整体产品，才能满足消费者的需求。因而，不懂得产品整体概念的企业，就不可能很好地满足消费者的需求。

（2）产品整体概念把产品由一种物质实体扩展为多层次的组合体，便于确定产品的市场地位。随着科学技术的发展，新的实体产品不断涌现，消费者对产品的要求也越来越多样。产品的单一实体形式，已不能较好地满足消费者的需要。消费者在购买产品时，不仅仅关心产品所带来的实体效用，同时还注重产品所带来的附加利益。因此，市场营销者只有将产品的三个层次较好地结合，在三个层次上形成自己的产品特色，才能将自己的产品与竞争者的产品区别开来，形成产品的整体特色。

（3）产品整体概念强调服务是产品的一个组成部分。随着市场竞争的日益激烈，大多数产品处于买方市场，消费者对产品的挑选更加挑剔。如现在国内许多消费者在购买电冰箱时，通常是以相应的服务作出选择。因此，伴随销售产品的各种服务不再是企业的“额外负担”，而是企业提高自己产品竞争力的一项有力措施。

7.1.2 产品的分类

按照不同的分类标准，可以把产品分为许多种类。从营销管理的角度看，有意义的分类主要包括以下几种。

1. 根据产品是否耐用和是否有形分

1）非耐用品

是指在正常情况下一次或几次使用就被消费掉的有形物品，如香皂、牙膏、洗发水等。这类产品消费周期短，消费者购买频繁。所以，经销商一般通过许多销售网点出售这类产品，以便消费者随时随地购买；同时，经销商定低毛利率，并大力开展广告宣传，诱导消费者购买本企业的产品。

2）耐用品

是指在正常情况下能较长时间多次使用的有形物品，如洗衣机、照相机、电饭锅等。这类产品消费周期长，消费者不经常购买。所以，这类产品通常需要人员推销和服务，毛利可定得高些，需要经销商提供质量保证等较大的担保条件。

3）服务

是指为出售而提供的活动、利益和满足等，如修理、理发、美容等。这类产品的主要特点是无形、不可分、可变和有时间性。所以，经营服务需要注重服务的质量、供给者的可靠性及信誉。

2. 根据消费者的购买习惯分

1）便利品

便利品是指消费者经常购买，并希望只花较少时间和精力去比较的一类产品，如报纸、香皂、香烟等。如果根据消费者特定的购买态度和购买时所处的环境，便利品可分为日用品、冲动购买品和急需品。日用品是指消费者需要经常购买的产品，如牙膏、香皂、干电池等；冲动购买品是指并未计划而一时冲动购买的产品，如工艺品、风味食品等；急需品是指消费者在某些情况下紧急需要购买的产品，如急救药等。

2）选购品

选购品是指消费者在购买过程中，对产品的花色、式样、质量、价格等方面进行多次比较才决定是否购买的产品，如妇女服装、家具、彩电等。这类产品挑选性强，耐用程度较高，不需要经常购买，所以消费者经常花费较多精力和时间进行比较购买。

3）特殊品

特殊品是指具有特定品牌或特殊效益，消费者通常认定品牌而决定购买的产品，如小汽车、计算机、组合音响等。消费者在购买此类产品前，都会对产品的特点、品牌等有充分的认识，并且愿前往特定的经销处购买。所以，经销者不需广泛设置销售网点。

4）非渴求品

非渴求品是指消费者不知道或虽然知道却没有兴趣购买的产品，如刚上市的产品。这类产品需要加强促销工作，使消费者对此类产品产生兴趣，从而吸引消费者购买。

7.1.3 产品生命周期理论

产品生命周期理论是市场营销学中十分重要的理论。研究产品的生命周期，对于有计划地开发新产品、制定产品决策、制定各项营销决策及指导企业的经营活动，都具有重要意义。

1. 产品生命周期的概念及意义

一种产品在市场上的销售情况和获利能力并不是固定不变的，它将随着时间的推移而变化。这种变化规律正如人和其他生物的生命一样，也经历了诞生、成长、成熟和衰亡的过程。产品的生命周期是指产品研制成功投入市场开始，经过成长、成熟阶段，最终被市场淘汰的整个过程。典型的产品生命周期共包括四个阶段：投入期、成长期、成熟期和衰退期。

产品生命周期表明了产品在各阶段的发展趋势，是推测产品发展前途的出发点；对产品生命周期的阶段划分，便于营销者根据产品不同阶段的特征，分析产品的营销状况，并在不同发展阶段制定不同的营销组合，掌握营销活动的主动权；研究产品的生命周期理论，将有利于把握新产品开发和上市的时机，及时替代老产品，更新换代。

2. 产品生命周期各阶段的主要特征

产品生命周期是产品在市场上销售能力的规律。如果以时间为横坐标，以销售额和利润额为纵坐标，产品生命周期就表现为一条类似S形的曲线。如图7－2所示。在这条典型的产品生命周期曲线上，可分为投入期、成长期、成熟期和衰退期四个阶段，各阶段表现出不同的特点。

（1）投入期，也叫介绍期、导入期或诞生期，一般是指新产品研制成功投放到市场试销的阶段。主要特征是：产品的生产批量小，试制费用高，因而产品的制造成本高；需要大

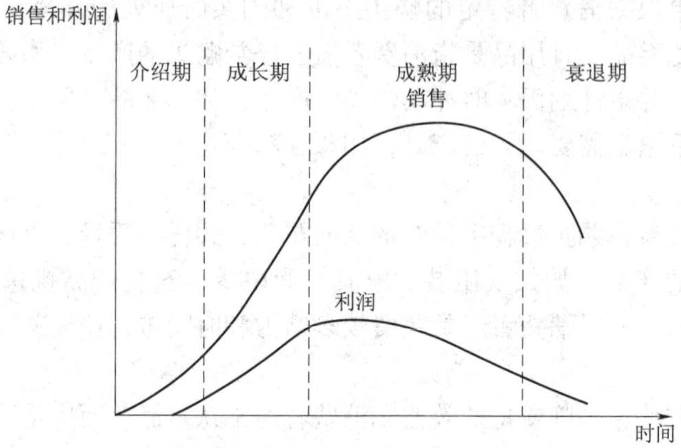

图 7－2　产品生命周期 S 形曲线

量的促销费用，对产品进行宣传，以便消费者乐于接受新产品；产品的售价常常偏高。主要是由于产量少，制造成本高所致；产品的销量有限，往往利润是负值；新产品在市场上的竞争品很少，甚至没有。

（2）成长期，是指新产品试销成功后，转入大批量生产和销售的阶段。主要特征是：销售额大幅度上升，主要是因为产品已为顾客所了解和熟悉，市场需求量大；生产成本大幅度降低，大批量生产使得分摊在每一个产品上的制造成本和促销费都大为减少；利润迅速增长。主要是由于生产批量大，单位成本降低，企业利润总额得以快速增长；其他厂商进入该产品的生产和销售领域，竞争趋势开始出现。

（3）成熟期，是指大多数购买者已经接受这种产品，市场销售额的增长速度开始减慢的阶段。主要特征是：产品的销售量虽然还会增加，但增加的速度趋于缓慢，产品的市场需求量已趋于饱和；同类产品的市场竞争激烈，导致产品价格降低，促销费用增加，产品的利润已不能维持增长的势头，由比较稳定走向下降；成熟期所经历的时间一般比其他各期都要长。

（4）衰退期，是指产品需要量迅速下降，产品逐渐老化转入产品更新换代的阶段。主要特征是：新产品进入市场，逐渐替代老产品；产品的需求量和销售量迅速下降；产品的价格经过成熟期的激烈竞争，已经降到极低的水平。

3. 产品生命周期的其他形态

产品生命周期经历四个阶段的说法，只是一种理想化的描述，实际上并非每种产品的产品生命周期都为典型的 S 曲线。每一种产品在市场上的营销状况，都受企业内部因素和外部环境的影响。这些影响使产品的生命周期发生了变异。常见的产品生命周期变异有以下几种。

（1）夭折。产品刚进入市场就由于种种原因被迫退出产品市场。其原因可能是由于新产品的设计存在缺陷无法满足消费者的需求，或者生产准备不充分、定价不合理等原因。

（2）循环—再循环。产品经过典型的投入期、成熟期，进入衰退期，由于企业加大促销力度，或者开发产品配套新产品或新功能，使产品再次进入投入期、成长期和衰退期。

（3）急速成长。产品一经上市立即急速成长，跃过投入期而达到成长期。

(4) 未老先衰。产品正常地经过投入期和成长期，但未经历足够长的成熟期而提早衰退。

(5) 扇形。在产品经过投入期、成长期，处于成熟期时，企业已经开发出满足市场需求的产品新功能，并在产品衰退期来临之前，将这种更新的产品推向市场，借助产品成熟期销售量趋于饱和的优势，不经过投入期而直接进入成长期和成熟期。企业不断及时地开发新产品，使该过程得以反复出现。

(6) 难产。产品开始投入市场时很正常，但由于种种原因经过漫长的投入期才进入成长期。

(7) 苟延残喘。产品已进入衰退期，销售量和利润都呈下降趋势，但由于企业尚未做好新产品开发工作，产品无法更新换代，只能继续推出老产品，以满足市场的残余需求。

4. 产品生命周期各阶段的市场营销策略

由于产品生命周期各阶段具有不同的特征，因此，企业可以针对不同阶段的产品，有的放矢地实施市场营销策略，以保证获得较好的经济效益。下面将对各阶段的市场营销策略进行分析。

1) 投入期的营销策略

企业的某种新产品上市即意味着投入期开始了。在这一时期，销售的增长往往比较缓慢，生产批量小，试制费用高，广告和其他营销费用开支大，企业一般没有什么利润，因此投入期的营销策略重在一个“短”字，即以最短的时间迅速进入市场和占领市场，为成长期打好基础。缩短投入期的主要途径是运用产品质量、价格、促销及分销渠道四个营销因素加以适当的组合，以尽可能避免发生不必要的费用。如果只考虑价格和促销两个因素时，企业经营者就可以在如下四个营销组合策略中加以选择，如表 7－1 所示。

表 7－1　产品投入期可供选择的市场营销策略

促销费用 价格水平	高	低
高	迅速撇油策略	缓慢撇油策略
低	迅速渗透策略	缓慢渗透策略

(1) 迅速撇油策略。

迅速撇油策略是指以高价格和高促销费用推出新产品的策略。企业为了迅速弥补产品的研制费用和小批量生产的高成本，以尽快收回投资，而在产品投入期把其价格定得比成本高得多。同时配以大量的促销费用，广泛宣传新产品的优点，以推进销售量的增长。高价高促销易于使消费者产生“优质优价”的感觉，便于提高产品的知名度，迅速打开市场。另外，高价位使企业在投入期获得较高利润，然后企业再将价格降低，便于与后进入的同行竞争。企业采取这种策略必须具备的条件是：潜在市场上的大部分人还不知道该产品，而了解该产品的人急于购买，并愿意按照卖主的定价付款；市场上无替代品或该产品有明显优于同类产品的特点；企业面临潜在竞争者的威胁应迅速使消费者建立对本产品的偏好。

(2) 缓慢撇油策略。

缓慢撇油策略是指以高价格和低促销费用推出新产品的策略。企业运用这种策略，可以节省销售成本，赚取更多的利润。一般来说，企业采取这种策略应具备以下条件：市场容量小，竞争者的潜在威胁不大；市场上的消费者已经了解该产品，并愿意支付高价来购买。

(3) 迅速渗透策略。

迅速渗透策略是指以低价格和高促销推出新产品的策略。这种策略价格低、销售费用高，企业的利润微薄，甚至亏损，但显著的作用是能以最快的速度取得尽可能大的市场占有率。企业采取这种策略应具有的条件是：市场规模大，大部分顾客对价格反应敏感，并有强大的潜在竞争力量。

(4) 缓慢渗透策略。

缓慢渗透策略是指以低价格和低促销费用推出新产品的策略。低价格使产品易被消费者接受，同时低促销可尽可能降低成本，实现较多的利润。企业采取这种策略应具备的条件是：市场容量大，消费者对产品熟悉但对价格反应敏感。采取该策略还应密切注意潜在竞争者，否则会被竞争者抢先占领市场。

2) 成长期的营销策略

经过投入期，产品已被消费者所接受，产品设计和工艺基本定型，企业投入大批量生产，单位成本降低，销售量和利润都迅速增加。因此，这一阶段的营销策略应突出一个“快”字，尽快抓住市场机会，迅速扩大生产能力，迅速取得最大的经济效益。但这一时期的竞争加剧，企业必须克服盲目乐观的情绪，制定相应的策略，保持自己的竞争优势。这一时期，企业有以下几种营销策略可供选择。

(1) 提高产品品质。

企业通过技术上的改进，进一步提高产品质量，增加新的性能、花色品种和款式，改进包装，增强产品的市场竞争能力，满足顾客更广泛的需求，吸引更多的顾客。

(2) 树立产品形象。

在产品的投入期广告宣传的重点是介绍产品，使消费者或用户知晓产品，成长期的广告宣传应转移到树立产品形象上，从而增强消费者对本企业产品的信赖程度。具体方法是，着重介绍本企业产品的特点、性能和功效，培养消费者的品牌偏好；加大宣传品牌和商标，树立企业和产品的良好市场形象。

(3) 开辟新市场。

结合投入期市场销售情况，通过市场细分，找到新的尚未满足的细分市场，做好充分的准备工作。一旦时机成熟，迅速进入新的市场。

(4) 调整产品价格。

产品的大批量生产和销售，致使成本降低。企业可以选择适当时机，灵活采取降价策略，既可以吸引那些对价格敏感的消费者购买产品，又可以阻止竞争对手的进入，提高竞争力。

(5) 拓宽销售渠道。

企业可以适当扩大销售网点，方便顾客的购买。

值得注意的是，企业在努力做销售工作、积极开拓市场的同时，必须考虑到企业的生产能力问题。因为如果企业的生产能力跟不上，较多的促销工作反而会使产品满足不了需求，从而导致仿制品和替代品，甚至假冒产品的大量涌现，加大了企业竞争的难度。

3）成熟期的营销策略

产品进入成熟期后，就进入了产品生命周期的黄金时代。在这一阶段，产品的销售量达到顶峰，给企业带来了巨额利润。但产品在成熟期的市场需求量趋于饱和，产品销售量虽然仍有增长，但增长率呈递减趋势，而且市场竞争十分激烈，企业的促销费用大幅度增加，不但影响着眼前的利润，还有可能造成损失。因此，这一时期的营销策略要突出一个“长”字，制定和运用合适的产品战略以延长此阶段的时间，获得更多的利润。在这一阶段，企业可以采用的策略有以下几种。

（1）市场改进策略。

其目的是巩固老顾客，尽可能赢得新顾客，开拓新市场，提高产品的销售量。这种策略不是改变产品本身，而是发现产品的新用途或改变推销方式等，以使产品的销售量扩大。这种策略的实现方式有以下几种：第一，寻找新的细分市场，使产品进入尚未使用本产品的市场。例如，我国彩电生产厂家，在城市供应市场接近饱和的情况下，大举进入农村市场。第二，刺激现有顾客，增加使用频率。如某一保健品厂家将保健品包装上的说明，由原来的早起空服改为早晚服用，从而加大了现有顾客的使用频率。第三，发展产品的新用途，即不改变产品的特性、质量、功能而发展的新用途。产品用途增加，消费者购买产品的数量就会大大增加。如运动员服装由原来只限于运动员穿着，通过重新定位，进入青少年市场，从而使企业的销售量大增。

（2）产品改进策略。

是指产品通过在性能、质量、功能等方面的适当改进，重新推向市场，吸引更多的消费者。具体的产品改进策略有以下几种：① 品质改进。主要侧重于增加产品的功能、效用，如可靠性、耐用性、口味等，使其相关功能更好、更强。② 性能改进。给产品增加新的特性，如大小、重量、附加特性等，以扩大产品的多方面适应性，使产品更方便使用。③ 款式改进。这主要是满足消费者对产品美学的要求，使产品有独特的个性，有较高的美学欣赏价值。④ 服务改进。对许多耐用消费品和工业品来说，增加附加服务会大大促进消费者的购买。服务工作可以从提高交货速度、增加技术服务、放宽信贷条件等方面加以改进。

（3）市场营销组合改进策略。

主要目的是通过营销组合中某一个要素或若干要素的改进来延长产品的成熟期，使企业获得更多的利润。常见的策略有：在产品品质不变的情况下，降低价格，从竞争者手中吸引一部分顾客；加强广告宣传，提高产品的市场知名度；增设销售网点，方便顾客的购买；改进产品包装，吸引不同需求的顾客；增加产品的附加价值，刺激顾客的购买动机等。值得注意的是，这种改进易被竞争对手效仿，企业应根据内外部条件的改变，选择最适合企业产品特点的营销组合策略，并及时调整。

4）衰退期的营销策略

产品进入衰退期时，销售额和利润通常急剧下降，大量替代品进入市场，消费者对老产品的忠诚度降低。企业过大的生产能力与萎缩的市场之间的矛盾突出。因此，衰退期的营销策略突出一个“转”字，企业应尽早把资本投入新产品的开发，制定适时的营销策略，避免出现“仓促收兵”和“难于割爱”两种情形。企业在这一阶段常采用的营销策略有以下几种。

（1）集中策略。

即把企业的人力、物力和财力集中在具有最大优势的细分市场上，经营规模相对缩小，以最有利的局部市场获得尽可能多的利润。在投资方面，企业可以用本企业与同行业中最大竞争对手的相对市场销售额比率来进行决策。一般来说，如果这一比率在5%以下，企业应大幅度降低投资额，采取绝对集中策略，在最大优势市场上获取尽可能大的利益；如果这一比率在5%以上，则可以采取相对集中策略，适当将投资格局向优势细分市场倾斜。

（2）持续策略。

即企业继续沿用过去的营销组合策略，对原有的市场定位、销售渠道、定价、促销等维持不变，使产品继续自然衰退，直至退出市场。这是因为新老产品之间有一个交替阶段，并且还会有一些顾客有继续使用老产品的习惯。

（3）放弃策略。

经过准确判断产品无法为企业带来利益时，企业决策者应放弃该种产品，而把早已研制成功的新产品推向市场，进入一个新的产品生命周期。当然，企业的放弃策略是有计划的，在产品推出市场后，还应为原产品的忠实用户在一定期限内提供维修和售后服务，以维护企业的名誉。

综上所述，企业应根据产品生命周期不同阶段的特点，实施不同的营销策略。

7.2 产品组合

现代企业为了满足目标市场的需要，为了扩大销售、分散风险和增加利润，往往需要经营多种产品。但是，一个企业究竟应当生产经营多少种产品，这些产品应当如何搭配，都需要企业根据市场需要和自身能力等条件来决定。为了合理规划产品结构，调整新老产品的组成，有必要对产品组合问题进行探讨。

7.2.1 产品组合的概念

所谓产品组合，是指一个企业生产经营的全部产品项目和产品线的组合方式。其中，产品项目是指每一个具体的产品；产品线由满足同类需求的，而规格、款式、档次不同的一组密切相关的产品构成。产品组合包括三个变化因素：广度、深度和相关性。

1. 产品组合广度

产品组合广度，也称产品组合宽度，是指企业经营多少条产品线。如某企业拥有彩电、VCD机、电冰箱等多种生产线；另一个企业只生产电冰箱，即只有一条生产线。那么，前者就比后者的产品组合要广。一般来说，产品线越多则产品组合越广；反之，就越窄。

2. 产品组合深度

产品组合深度，是指企业经营的各种产品线上平均具有的产品项目数，多者为深，少者为浅。如上述产品组合较广的企业生产四种型号的彩电、两种型号的VCD机、六种型号的电冰箱，那么，求出这些产品线上产品项目的平均数为4，则企业产品组合深度为4。

3. 产品组合的相关性

产品组合的相关性，是指各种产品线在最终用途、生产条件、分销渠道等方面的相关程度。例如，某日用品公司拥有香皂、洗衣粉、肥皂等多条生产线，但每条生产线都与日用品有关，这一产品组合就具有较强的相关性。一般进行多角化经营的公司，其产品的相关程度很小，甚至毫无关联，则其产品组合的相关性就较小或不相关。

产品组合的广度、深度和相关性不同，就构成不同的产品组合。分析产品组合的这三个因素，有利于企业更好地利用产品组合策略。一般情况，扩大产品组合的广度，即扩展企业的经营领域，可以使企业的资源、技术得到充分利用，开拓新的市场，分散企业的投资风险。增加企业产品组合的深度，即增加产品项目或使产品具有更多样的产品，可以适应众多的特殊需求，满足更广泛的消费者的不同需求和爱好。增加产品组合的相关性，可以增强企业在某一特定市场领域的地位。

7.2.2 对产品组合的分析和管理

一般来说，企业在安排它的产品的各条产品线和各条产品线中的产品项目时，总希望挑选一个最佳的产品组合，即优化产品组合。优化产品组合的过程，通常是分析、评价和调整现行产品组合的过程。由于产品组合状况直接影响到企业的销售额和利润水平，所以企业必须经常对现行产品组合作出系统的分析、评价和管理，通过增设、加强和剔除某些产品线和产品项目，优化产品组合广度和深度的关系，以达到提高销售额和利润的目标。

国内外市场营销学中讲述的产品组合分析法很多，在此只介绍其中较简单的两种。

1. 波士顿矩阵法

这是20世纪70年代初由美国著名的波士顿咨询公司（BCG）创立的，这种方法建议企业对其经营的所有产品用“市场增长率—市场占有率矩阵”（即波士顿矩阵法）进行分类。如图7－3所示。

图7－3　波士顿矩阵图

按照这种方法，可将产品分为以下四类。

（1）明星产品（Star）：这类产品线市场占有率和市场增长率都很高，具有一定的竞争优势。但是由于市场增长率很高，市场竞争激烈，需要大量资金以支持快速成长，所以并不能为企业带来丰厚的利润。随着市场占有率逐步减慢，将变为金牛产品，可为企业创造丰厚的利润。

（2）金牛产品（Cash Cow）：这类产品线有较低的市场增长率和高的市场占有率，能为企业赚取大量的利润，并可以支持企业的明星类、问题类和瘦狗类产品。

（3）问题产品：这类产品线具有高的市场增长率和低的市场占有率，将需要巨额资金，有较大的风险。所以，经营者对此类产品必须谨慎考虑，花费更多的资金去提高市场占有率是否有利。

（4）瘦狗类产品（Dog）：这类产品的市场增长率和市场占有率都很低，既没有竞争优势，又没有发展前途，应该逐步淘汰。

对产品线进行这样的分类评价后，企业可以据此调整自己的产品线组合。如果问题产品和瘦狗类产品较多，而明星产品和金牛产品较少，就为不合理产品线组合，急需进行调整。调整的措施是：金牛产品线应尽量保持其市场份额，以取得大量的资金收入；发展那些有发展前途的问题产品线，提高其市场占有率，使其尽快成为金牛产品；一些情况不佳的金牛产品、问题产品和瘦狗类产品应尽量减少投资；没有发展前途的瘦狗类产品和问题产品应及时放弃。

2. 产品系列平衡法

产品系列平衡法是一种经常用来调整产品结构、处理产品与市场关系的方法。把企业生产经营活动作为一个整体，围绕实现企业目标，从企业实力和市场引力两方面，对企业的产品进行综合平衡，最后作出最佳的产品组合决策。运用该方法的步骤如下。

（1）评定产品的市场引力。即将产品的市场容量、利润率、销售增长率等项指标以一定的标准，采用打分的方法，划分为大、中、小三个等级。然后将每种产品的三项指标所得分数分别相加，再按其总分确定其在企业实力的大、中、小三等级的位置。

（2）评定企业实力。其指标为综合生产能力、技术能力、销售能力、市场占有率等，具体划分同上。

（3）做产品系列平衡象限图。首先以市场引力为纵轴，以企业实力为横轴，各分大、中、小三等，做出象限图，再按各种产品在前两项综合指标中所得到的评价，分别编入相应的象限图。

（4）分析与决策。对各象限内的产品进行分析，并确定不同的策略。具体如表7－2所示。

表7－2　产品系列平衡决策表

		企业实力		
		大	中	小
市场引力	大	提高占有率，选择性投资	加强扩大，甘冒风险	积极投资
	中	选择性投资，或淘汰	稳定策略	积极投资，争取多赢利
	小	淘汰，力争最小损失	选择性投资或停止投资	回收资金选优少量投资

7.2.3　产品组合策略

产品组合，是指根据企业的经营目标，对产品组合的广度、深度和相关性进行最优决策。企业在产品组合决策中，可供选择的产品组合决策主要有以下几种。

1. 扩大产品组合策略

扩大产品组合策略包括开拓产品的广度和加强产品的深度。拓宽产品组合的广度是指增加一条或几条产品线，扩展产品经营范围，实现产品多样化。新增加的产品线，既可以与原有的产品线有关，也可以是不相关的。加强产品组合深度是指在原有的产品线内增加新的产品项目，增加企业的经营品种。如果新增的品种与竞争对手的相似，企业就应制定有一定特色的营销组合，比如为消费者提供更多的售前、售中和售后服务等。

扩大产品组合策略的优点是：充分利用企业的人力、物力和财力资源，避免企业能力的浪费，提高企业经营效果；减少企业受市场需求变动的影响，分散市场风险，降低损失；更好地满足不同偏好的消费者的各种需求，提高产品的市场占有率，并提高企业的声誉。

2. 缩减产品组合策略

缩减产品组合策略，是指通过缩小产品组合的广度或深度，实行集中经营。许多企业通常在市场不景气特别是原料和能源紧张时采取这种策略。从产品组合中剔除那些获利能力小的产品线和产品项目，以便集中力量经营那些获利大的产品线和产品项目。

缩减产品组合策略的优点是：集中技术资源改进保留的产品线，便于降低成本，提高竞争力；有利于生产经营的专业化，提高生产效率，降低成本，使企业向纵深发展，寻求合适的目标市场；减少资金占用，加速资金周转。

3. 产品线延伸策略

产品线延伸策略，是指部分或全部地改变企业原有产品线的市场地位，把产品线延长，超出组合目前的范围。产品线延伸的目的是为了适应顾客需求的变化，配齐该产品线的所有规格和品种；或者是为了利用剩余的生产能力，开辟市场。产品线延伸有三种形式：向上延伸，向下延伸，双向延伸。

1）向上延伸

即原来只定位于低档产品市场的企业，渐次增加高档产品项目，使企业进入高档品市场。企业采取这一策略的主要原因是：高档品市场具有较高的销售增长率和较大的利润率，企业在技术设备、营销能力等方面已经具备进入高档品市场的条件；企业希望拥有具有高、中、低档齐备的完整产品线。例如，我国台湾统一企业在方便面市场上奋战多年，鉴于袋装方便面食用不够方便，于是推出了碗装方便面，将产品线往上延伸，并有效地扩大了速食面市场。之后，又根据消费者对方便面要求提高这一现实情况，推出了高价位的“满汉全席”以迎合市场需求，并将产品线再往上延伸，受到了消费者的欢迎。

但实行这一策略也会给企业带来一定的风险：那些生产高档产品的竞争者会坚守自己的阵地，并可能采取反击战略，增大了企业的竞争压力；顾客可能会对企业生产的高档品的质量等问题产生怀疑，甚至会影响老产品的市场信誉；企业原有的营销人员和分销商可能不具备推销高档品的能力和经验。

2）向下延伸

即原来只定位于高档产品市场的企业，增加一些较低档的产品项目。向下延伸的主要理由是：企业发现高档产品市场增长缓慢，不得不去开拓较低档的产品市场；企业利用生产高档产品的声誉，吸收购买力较低的顾客慕名购买此产品线中较低档的产品；企业最初进入高档市场，是为了树立本企业信誉。例如，上海日用电机厂原来生产的空调机主要是用于工业系统。1991 年，当他们了解到家用空调将热销时，就及时以原有的 120 ～ 500 W 工业用空调电机为基础，向下延伸开发用于家用空调器的规格，突击开发了几种不同规格的空调，从而捷足先登，迎来了市场的旺销。

3）双向延伸

即生产中档产品的企业，逐渐向高档品和低档品两个方向延伸。这种策略在一定条件下，有助于扩大市场份额，加强企业的市场地位。例如，德州仪器公司在美国袖珍计算器市场，借助在中档市场的强劲优势，从惠普公司领导的高档产品市场和波玛公司占据的低档市场成功地夺取市场份额，成为整个市场的领导者。

丰田公司对其产品线也采取了双向延伸的策略。在其中档产品卡罗纳的基础上，为高档市场增加了佳美牌，为低档市场增加了小明星牌。该公司还为豪华汽车市场推出了凌志牌。这样凌志的目标是吸引高层管理者；佳美的目标是吸引中层经理；卡罗纳的目标是吸引基层经理；而小明星牌的目标是手里钱不多的首次购买者。此种战略的主要风险是有些买主认为在两种型号之间（如佳美和凌志之间）差别不大因而会选择较低档的品种。但对于丰田公司来说，顾客选择了低档品种总比转向竞争者好。另外，为了减少与丰田的联系，减少自相残杀的风险，凌志并没有在丰田的名下推出，它也有与其他型号不同的分销方式。

7.3 新产品开发

产品生命周期理论给我们提供了一个重要的启示，即在当代科学技术水平迅速发展，消费需求变化加快，市场竞争激烈的情况下，企业要持续不断地发展壮大，就必须不断地推出新产品，更新换代，以适应市场需求发展变化和产品生命周期日益缩短的趋势。无情的现实，迫使每一个企业不得不把开发新产品作为关系企业生存的战略重点。

7.3.1 新产品的概念和分类

一般来说，新产品是相对老产品而言的，是指在技术、结构、性能、材质、工艺等方面比老产品有明显提高或改进的产品。但是市场营销学中的新产品，是从企业经营角度认识和规定的，它与因科学技术在某一领域的重大发展所推出的新产品在概念上有所不同。前者比后者内容广泛，且包含了后者。市场营销理论规定了企业活动应以市场的消费需求为转移，因此，企业的产品只要在功能、形态等方面与原有产品有所差异，即可视为新产品。

新产品按照不同的标准有多种分类方法，常见的分类方法有以下几种。

1. 按照产品新颖程度

可分为全新新产品、换代新产品、改进新产品和仿制新产品。

（1）全新新产品，是指采用新原理、新材料及新技术制造出来的前所未有的产品。如汽车、飞机、电子管、尼龙、电脑等。全新新产品是应用科学技术新成果的产物，它往往代表科学技术发展史上的一个新突破。一个完全新型产品的出现，从研制到大批量生产，往往需要耗费大量的人力、物力和财力，这不是一般企业所能胜任的。

（2）换代新产品，是指产品的基本原理不变，部分采用新材料、新元件或新技术，使产品的功能、性能、经济指标有显著改变的产品。如电子计算机问世以来，从电子管、晶体管、集成电路到大规模集成电路的第四代，以及具有人工智能的第五代。换代新产品的开发难度较全新产品小，是企业进行新产品开发的重要形式。

（3）改进新产品，是指在材料、构造、性能、包装等某一个方面或几个方面进行了改进的新型产品。它是对老产品的改进，是由基本型派生出来的改进型。如药物牙膏、减肥香皂等。改进新产品的开发难度不大，也是企业产品发展经常采用的形式。

（4）仿制新产品，是指对市场上已有的新产品在局部进行改进和创新，但保持基本原理和结构不变而仿制出来的产品。例如，某些产品在国外已经投放市场，不算新产品，但我国还未生产过。如我国某一厂商进行仿制，在国内市场上首次提出的新产品，就属于仿制新产品。仿制新产品的开发仍然有其积极意义，尤其是落后国家对先进国家已经投入市场的产品的仿制，有利于填补国家生产空白，提高企业的技术水平。

2. 按新产品的区域特征分类

可分为国际新产品、国内新产品、地区新产品和企业新产品。

（1）国际新产品，是指在世界范围内首次生产和销售的产品。

（2）国内新产品，是在国外已经不是新产品，但国内第一次生产和销售的产品。这类新产品一般为引进国外先进技术，填补国内空白的产品。

（3）地区新产品和企业新产品，是指国内已有，但本地区或本企业第一次生产和销售的新产品。由于有现成的技术和样品可以借鉴，因而这种新产品的发展具有非常好的客观条件，是企业经常采用的一种产品发展形式。

7.3.2 开发新产品的意义

产品生命周期表明，任何产品都有一个投入、成长、成熟和衰退的过程。因此，企业要生存下去，就必须不断地开发新产品。具体来说，开发新产品对社会和企业有如下意义。

（1）新产品开发，能够推动社会进步和生产力的发展，极大地丰富了物质财富。新产品尤其是全新新产品的开发，往往是科学技术的新突破，会带动整个社会的科学进步，推动社会不断前进。

（2）新产品开发，是企业成长的重要保证。随着科学技术的发展，产品的生命周期也日益缩短，任何产品都不可能长期在市场上保持不变的优势。如果企业不开发新产品，没有适销对路的产品推向市场，就无法长期生存下去。许多国际知名公司，如美国的 IBM 公司、微软公司、日本的松下公司等，都将新产品开发视为企业成长的基石。

（3）新产品开发，是企业不断满足消费者需求的重要手段。随着人民生活水平的提高，人们的消费需求和消费习惯在不断地变化，这种变化一方面会给企业带来威胁，不得不淘汰难以适应消费者需求的老产品，一方面也给企业提供了越来越多的机会。企业要把握、利用好这些机会，就必须不断地开发出适应消费者需求的新产品，打开市场销路，满足消费者的需求。

（4）新产品开发，是企业提高声誉和增强竞争能力的重要保证。随着人们消费需求变化的加快，任何企业要想在市场上保持竞争优势，都必须不断地创新，开发新产品。不创新就意味着死亡。只有加强新产品的开发，争取在市场上占有领先地位，才能提高企业声誉。

（5）开发新产品是企业合理利用资源，提高企业经济效益的重要途径。一般来说，新产品在技术和使用性能等方面都优于老产品。因而，新产品具有比老产品更好的经济效益。发展新产品，可以充分利用企业的现有资源、技术、设备和资金，适应市场变化的需要。凡是经济效益较好的企业一般都具有较强的新产品开发能力，并在适当的时机推出新产品，从而保持企业的市场优势，提高企业的经济效益。

7.3.3 新产品的开发方式

新产品开发的方式，基本有以下四种。

1. 独立研制方式

是指由企业独立进行产品的全部开发工作。其目的是为了发展有本企业特色的新产品而在市场上占据有利地位。这种方式一般适用于技术力量雄厚的大型企业，有些中小企业也可以用这种方式开发不太复杂的产品或开发仿制新产品和改进新产品。

2. 技术引进方式

是指为了尽快发展某种比较成熟的产品，向国外生产这种产品的企业引进技术，购买专利来开发新产品。这种方式能使企业在较短的时期内掌握原来没有的技术，节省研制费用，缩短与竞争对手的差距；同时还能使企业产品迅速赶上国际先进水平。

3. 科技协作开发方式

是指由企业、高等院校或科研院所协作进行新产品的开发。由于许多新产品开发涉及广泛的学科领域，需要投入大量的人力、物力和财力，这种协作方式可以取长补短，发挥集体优势。这种方式应用十分广泛，不仅被大多数中小企业所采用，许多大企业也很重视该方式。

4. 独立研制与技术引进相结合的方式

这是发展新产品的常见方式。这种方式是在充分利用本企业技术的基础上，引进某些先进技术，以弥补自己的不足；或是在充分吸收国外先进技术的基础上，结合本企业实际情况进行创新。这种方式花钱少，见效快，产品有竞争力。能够较好地发挥引进技术的作用，提高企业发展新产品的能力。

7.3.4 新产品开发的程序

开发新产品是一项十分复杂而风险又很大的工作。事实证明，一个新产品在最初阶段虽可能有很多设想和方案，但能制造成功并成功立足于市场的却为数很少。为了提高新产品开发的成功率，企业必须建立科学的新产品开发管理程序。由于不同行业的生产条件与产品项目不同，其管理程序也就不同，但一般企业研制开发新产品都大致经历了构思产生、构思筛选、概念发展与测试、初拟营销计划、商业分析、产品开发、市场试销和正式上市八个阶段。如图7－4所示。

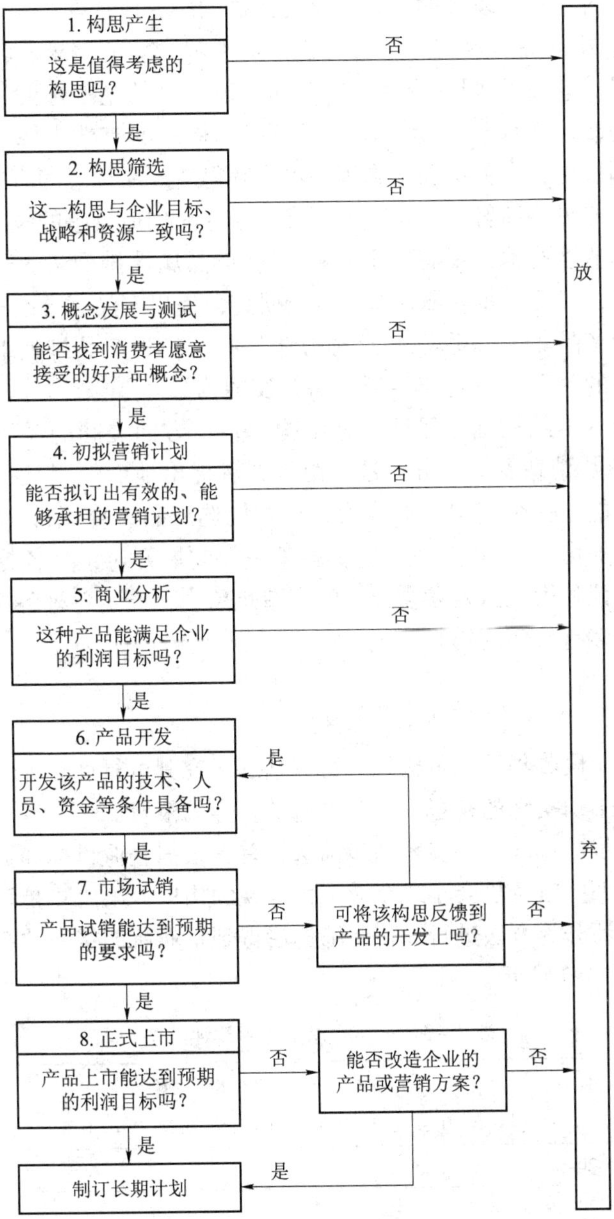

图7－4 新产品开发流程图

1. 构思产生

任何新产品的开发，都必须从产生构思开始。企业若想开发新产品，就必须重视寻找创造性的构思。新产品构思，是指新产品的设想，或称为新产品的创意。

新产品构思的来源很多，主要有以下几个方面。① 顾客。生产产品是为了满足消费者的需求，因此顾客的需求是新产品构思的重要来源。了解消费者对现有产品的意见和建议，掌握消费者对新产品有何期望，便于产生构思的灵感。② 竞争对手。分析竞争对手的产品特点，可以知道哪些方面是成功的，哪些方面是不成功的，从而对其进行改进。③ 科技人员。许多新产品都是科学技术发展的结果，科技人员的研究成果往往是新产品构思的一项重要来源。④ 中间商。中间商直接与顾客打交道，最了解顾客的需求。收集中间商的意见是构思形成的有效途径。⑤ 企业职工。企业职工最了解产品的基本性能，也最容易发现产品的不足之处，他们的改进建议往往是企业进行新产品构思的有效来源。除上述来源外，大学、咨询机构、专利机构、有关报刊杂志等，也是获得新产品构思的有效渠道。

好的产品构思需要灵感和努力，同时也要借助某些能创造灵感的技术。能帮助个人和企业产生较好构思的创造性技术主要有以下几种。① 产品属性排列法。这种方法将某一产品的主要属性列示出来，然后对每一属性进行分析研究，提出产品组合改进建议，从而在原有产品的基础上开发新产品。② 关联法。这种方法先将若干种产品排列组合起来，然后分析每一产品与其他产品的关系，由此产生新产品开发的构思。③ 结构分析法。这种方法要求先找产品组合问题的各个结构面，然后审查结构的各个方面之间的关系，再通过各种新组合，产生产品构思。④ 消费者提问分析法。由消费者提出他们使用某一产品时所遇到的问题，每一个问题都可能是一个新构思的线索，从中挑选产品组合值得开发的构思。⑤ 头脑风暴法。这种方法一般由 6 ～ 10 人在一起，就某一问题展开讨论，各抒己见，别人不准批评。这种头脑风暴会议将大大激发参会人员的创造想象力，产生各种各样的构思。这样，通过整理就可以得到许多有价值的构思。

2. 筛选

这一阶段将前一阶段收集的大量构思进行评估，研究其可行性。筛选的目的是尽可能地发现和放弃错误的或不切实际的构思，以较早避免资金的浪费。

筛选一般可分两步进行。第一步是初步筛选，首先根据企业目标和资源条件评价市场机会的大小，从而淘汰那些市场机会小或企业无力实现的构思；第二步是缜密筛选，是对剩下的构思利用加权平均评分等方法进行评价，筛选后得到企业所能接受的产品构思。如某产品的构思评分方法如表 7 - 3 所示。

表 7 - 3　产品构思加权平均评分法

产品成功的因素	相对权数 (A)	企业能力水平 (B)											评分 (A×B)
		0.0	0.1	0.2	0.3	0.4	0.5	0.6	0.7	0.8	0.9	1.0	
企业声誉	0.20					√							0.080
营销能力	0.20										√		0.180
研发能力	0.20									√			0.160
人力资源	0.15							√					0.090
财务能力	0.10											√	0.100
生产能力	0.05									√			0.040

续表

产品成功的因素	相对权数（A）	企业能力水平（B）											评分（$A\times B$）
		0.0	0.1	0.2	0.3	0.4	0.5	0.6	0.7	0.8	0.9	1.0	
地理位置和设备	0.05			√									0.010
采购和供应能力	0.05										√		0.045
总计	1.00												0.705
分等标准：0.00～0.40为差；0.41～0.75为尚佳；0.76～1.00为佳；最低接受标准：0.70													

3. 概念发展与测试

产品构思只是企业希望提供给市场的一个可能产品的设想，在这一阶段要将产品构思发展成产品概念。产品构思和产品概念是有区别的。产品构思是企业从自身角度考虑的能够向市场提供的可能产品的构想；产品概念是指企业从消费者角度对这种构思所作的详尽描述。企业必须根据消费者对产品的要求，将形成的产品构思发展成产品概念。

通常，一种产品构思可以转化为许多种产品概念。比如某企业获得一种奶粉的构思，在将其发展成为产品概念的过程中，可以形成多个产品概念，如儿童使用的有助于增强记忆的奶粉，老年人饮用的营养价值较高的奶粉，青年饮用的速溶奶粉等。企业对每一个产品概念，都需要进行市场定位，分析它可能与哪些现有产品竞争，以便从中挑选出最好的产品概念。

任何一种产品构思都可转化为几种产品概念。新产品概念的形成来源于针对新产品构思提出问题的回答，一般通过对以下三个问题的回答，可形成不同的新产品概念。即谁使用该产品？该产品提供的主要利益是什么？该产品适用于什么场合？以净化空气的产品为例。首先要考虑的是企业希望为谁提供净化空气的产品，即目标消费者是谁？大凡空气浑浊的地方都可使用这种产品，是针对家庭使用，还是提供给诸如商场、娱乐场所、医院等大型公共场所使用，或者专门用于各种交通工具（火车、汽车、轮船、飞机）内部的空气净化。其次，净化空气的产品能提供的主要利益是什么？促使室内外空气循环？制造新鲜空气？杀菌？增加氧气？减少二氧化碳？吸收灰尘？根据对这些问题回答的组合，可得到以下几个新产品概念。

概念1：一种家庭空气净化器，为家庭室内保持清新的空气而准备。

概念2：一种专门为保持火车、汽车、轮船及飞机内空气新鲜的空气净化器。

概念3：一种供大型公共场所使用的中央空气净化器。

概念4：专供医院使用的空气净化器，主要功能在于杀菌。

4. 初拟营销计划

产品概念确定后，企业就要拟订一个初步的市场营销计划，并在以后阶段不断发展完善。该市场营销计划一般由三个部分组成：第一部分描述目标市场的规模、结构和消费者的购买行为、新产品的市场定位、销售量、市场占有率等；第二部分规划新产品的最初价格策略、分销策略以及第一年的市场营销预算费用；第三部分阐述预期的长期销售额和利润目标，以及不同时期的营销组合策略。

5. 商业分析

商业分析是指对新产品未来的销售额、成本和利润进行估计，预计该产品能否达到企业的经营目标。首先，应预计其销售额是否能为企业带来足够的利润，在分析时应参照同类产品的销售历史，并应同时估计最高销售额和最低销售额，以了解风险的大小。然后，在销售预测之后由企业的研发部门、生产部门、营销部门和财务部门进一步估算该产品的预期成本和赢利状况。最后，如果对该产品的销售额、成本和利润的预计能满足企业目标，那么该产品就可以进入产品的开发阶段。

6. 产品开发

新产品构思经过一系列可行性论证后，就可以把产品概念交给企业的研发部门进行研制，开发成实际的产品实体。产品开发包括设计、试制和功能测试等过程。这一过程是把产品构思转化为在技术上和商业上可行的产品，需要投入大量的资金。

首先，企业的研发部门对该产品概念进行设计，如画出产品示意图纸，同时还应进行品牌和包装设计。然后，按照图纸生产出实体样品。该样品必须能体现新产品概念的属性，反映消费者的需求，并在经济上、技术上具有可行性。最后，对准备好的产品样品进行一系列严格的功能测试和消费者测试。功能测试是专业人员在实验室检测新产品的质量、性能等指标是否达到规定的标准；消费者测试则可以采用多种方式，以了解消费者对产品的意见和建议。

7. 市场试销

市场试销，是指选择一定的市场进行试销，以便企业了解顾客对该产品在处理、使用和重复购买上的实际反应，以及市场规模的大小。值得注意的是，并不是所有产品都必须经过试销，通常是选择性大的新产品需要进行市场试销，选择性小的新产品不一定试销。

描述试销效果的指标主要有两个：一是"试用率"，即第一次购买试销品的比率；二是"再购买率"，即顾客重复购买的比率，"再购买率"的高低往往决定着新产品的成功与否，因为只有重复购买才能真正说明消费者对新产品的认可。

试销过程中应重视回收反馈信息。回收的信息主要有三个方面：① 产品本身的信息；② 消费者或中间商对企业营销策略的意见；③ 顾客的重复购买率。反馈的信息便于企业有针对性地改进产品，调整市场营销组合，并及早判断新产品的成败。

8. 正式上市

如果新产品试销成功，企业就可以将新产品大批量投产，推向市场。这一过程，企业需要投入大量的人力、物力和财力。因此，企业在新产品上市之前，应在以下几个方面慎重考虑。

（1）投放时机。企业要判断何时是推出新产品的正确时机。一般有如下原则：要求具有较强季节性的产品，应当选在需求最旺盛的季节上市，以争取最大的销售量；如果新产品将替代本企业的老产品，应选在老产品库存量较少时上市，以免影响老产品的销售；对尚需改进的新产品，切记不要仓促上市，待改进完善后再投放市场。

(2) 投放地点。新产品的投放地点是仅限于一个地点，或是一个或几个地区，或是进入全国市场乃至国际市场，企业也应作出决定。一般来说，新产品不宜立即在全国范围内投放，可先在主要地区的市场上集中开展广告和促销活动，占有一定份额后，再向其他范围扩展。但是实力雄厚的大公司，也可将新产品的投放范围定得大一些。

(3) 目标市场。新产品初入市场，企业的促销应集中于最有可能购买的群体，以迅速获取高销量，吸引其他顾客。企业可事先对不同的市场作评判。一般来说，最有吸引力的市场应当具有的条件是：市场容量大；竞争对手少；营销费用低，该市场对其他区域市场的影响大；企业在这一市场的信誉好。

7.4 品牌策略

品牌是产品整体的一部分，在进行产品整体决策时，必然要作出品牌策略。随着营销管理的发展，品牌策略对企业产品营销的作用也越来越重要。所以，有必要对品牌的概念、作用及品牌策略等问题进行阐述。

7.4.1 品牌的概念

品牌，俗称牌子或厂牌。美国市场营销协会（AMA）对品牌的定义是：品牌是一个名称、术语、符号或图案设计，或者是它们的不同组合，用以识别某个或某群消费者的产品或劳务，使之与竞争对手的产品和劳务相区别。品牌是一个笼统的总名词，它包括品牌名称、品牌标志、商标等。

(1) 品牌名称，是指品牌中可以用语言称呼表达的部分，例如，“长虹”、“康佳”、“TCL”、“熊猫”都是我国彩电的著名品牌名称；“日立”、“松下”、“东芝”则是日本彩电的著名品牌名称。

(2) 品牌标志，是指品牌中可以识别但不能直接用语言表达的部分，常常用一些图形、符号、色彩等特殊的设计来表示。例如，“奥迪”是四个连环圆圈；“麦当劳”是黄色的“M”标志；“凤凰”自行车是凤凰图案。

(3) 商标，是指经过向政府有关部门注册登记并受到法律保护的品牌。商标所有者具有使用品牌名称、品牌标志的专用权，其他任何企业都不得仿效使用。商标与品牌既密切联系又有所区别。所有的商标都是品牌，但并非所有品牌都是商标。二者的根本区别在于是否经过一定的法律程序。

7.4.2 品牌的作用

产品品牌是市场营销管理中的重要内容。在市场上，同类产品的某些品牌供不应求，有的品牌却门可罗雀。因此，建立一个优秀的品牌，直接关系到企业的知名度和信誉。

例如，杭州市一家校办工厂与某高校合作开发了儿童营养液这一冷门产品，为了给这个与众不同的产品取个令人叫绝的名字，他们确实颇费了一番周折。首先，他们通过新闻媒介向社会广泛征集产品的名称，然后组织了30名专家对应征名称从市场学、心理学、传播学、社会学和语言学等学科的相关理论角度进行科学论证，最后确定了源自新疆民歌“娃哈哈”这三个字，这是因为：一是这三个字是孩子们最早和最易发的音，很易模仿，且发音洪亮，音韵和谐，容易记忆；二是从字面上看，哈哈是各种肤色的人表达欢笑喜悦之情的共同方式，包含了一种健康和喜悦的寓意，不仅孩子们喜欢，父母也会喜欢；三是同名儿歌以其特有的欢乐明快的音调和浓烈的民族色彩，唱遍了天山内外和大江南北。把这样一首民歌和产品名称联系起来，容易使消费者在喜悦的心境中熟悉它、想起它、记住它，从而提高它的知名度。结果正如人们所料，娃哈哈一投放市场就一炮走红。目前，该产品已成为中国同类产品中的佼佼者，生产该产品的校办小厂，也在短短的几年中一跃成为大型生产集团。

品牌的作用可以从企业和消费者两个方面来分析。

1. 从企业角度来说

1）有利于促进产品销售

由于品牌是信誉的保证，能吸引一部分忠实的顾客，保持一部分固定的销售额；名牌产品的附加价值高，能大大提高产品的销售，吸引更多的消费者；使用品牌有助于企业细分市场，占领更多的细分市场；品牌还有利于企业同一品牌产品系列的拓展。

2）获得法律保护

品牌商标一经注册，就代表企业产品的特色和质量特征得到法律的保护，任何其他企业不得模仿、抄袭或假冒，从而保护了企业的正当权益。

3）有利于监督产品的质量

由于产品有了特定的品牌和商标，企业只有保证其产品质量，才能在市场上树立和保持其品牌形象。这样，企业就会重视对产品质量的管理，促使自己努力创名牌、保名牌。

4）有助于广告宣传

品牌反映一个企业的特征和精神，通过对企业品牌的宣传，使品牌形象凝结为实实在在的标志，让人们一看就能明白，且容易记忆，从而有利于人们建立对企业的形象，使广告宣传更好地发挥促销作用。

2. 从消费者角度来说

（1）品牌有利于消费者识别各种商品，便于有效地选择和购买商品。

（2）借助品牌，消费者便于联系重复购买，可以得到相应的服务便利，如修理、更换零件等，无形中消费者的利益受到保护。

（3）品牌能有效地维护消费者的利益。消费者可以根据对品牌的印象来选择商品，避免上当，并且当产品的质量等方面出现问题时，消费者可以凭借商品品牌向厂家和销售商要求赔偿。

（4）好的品牌能满足消费者的精神需要。有的消费者购买商品时，不仅考虑商品的实用性，而且更重视的是品牌档次的高低。名牌产品能带给消费者心理上的满足，并能显示出消费者的消费档次。

7.4.3 品牌设计的基本要求

品牌设计是一种具有较高艺术和技巧的工作。它不仅需要设计者熟悉产品的特性和品质，而且需要有一定的文学和艺术修养，熟悉人文社会生活方面的知识。品牌设计一般有以下要求。

（1）品牌设计应新颖别致，特色鲜明。产品的品牌设计应与同类产品有较明显的差异，能充分体现出企业产品的特点和性质，给消费留下深刻的印象。如飞鸽牌自行车，形象地表现出骑在自行车上像飞翔的鸽子一样轻快。

（2）品牌设计应力求文字简明，易于辨认、拼写和记忆。这样才能使人们见到后能留下深刻的印象，在较短时间内为广大消费者所接受和牢记。例如，麦当劳快餐店的黄色M标志，就非常容易识别和记忆。

（3）品牌设计与目标市场的文化背景相适应。在设计产品的品牌时，应符合各国的规定和风俗习惯的要求，注意避免使用忌讳的图案、符号、色彩等，以免使消费者产生误解。如国际上都把三角形作为警句性标志；土耳其把绿三角视为“免费样品”；捷克人认为红三角是有毒的标记，等等。这些都是在品牌设计中应该避讳的，以免引起误解。

（4）品牌设计要适合消费者的心理需要，适应消费者对该产品的喜好和偏好。如永久牌自行车就深得喜好耐用性消费者的青睐。

（5）品牌设计应遵循国家有关法律，切忌与他人品牌雷同。

7.4.4 品牌策略

品牌策略是整个产品策略的一个重要组成部分。为了使品牌在市场营销中更好地发挥作用，必须采取适当的品牌策略。企业在进行品牌策略时，一般可以作出以下几种选择。

1. 品牌化策略

即决定产品是否使用品牌。使用品牌对大多数产品来说有着积极的作用，如规定品牌名称，有利于企业管理生产、订货、销售等一系列活动；通过商标注册，可以使企业的产品特色得到法律的保护，防止他人抄袭、假冒；良好的品牌有助于吸引更多的品牌忠诚者，树立良好的企业形象；同时，消费者通过品牌也可以了解各种商品质量的好坏，购物更有目的性。

但建立品牌也要付出代价，支付各种费用，如设计费、制作费、广告费、注册费等。所以并非所有的产品都必须使用品牌。通常，可以不使用品牌的商品有以下几类：① 产品本身并不具有因制造者不同而形成的特点，如钢材、电力、煤炭等；② 原材料或初级加工品，如棉花、大豆、沙石等；③ 习惯上不必认定品牌购买的商品，如面粉、大米、食盐等；④ 生产简单，选择性不大的小商品，如纽扣、缝衣针等；⑤ 临时性或一次性生产的产品。

2. 品牌归属策略

一旦决定对产品使用品牌，就必须决定采用制造商的品牌还是采用中间商的品牌，或这两种品牌混合使用。

（1）使用制造商的品牌。传统上，品牌是厂商的制造标记，产品的设计、质量、特色都是由制造商决定的。所以制造商品牌一直支配着市场，绝大多数制造商都使用自己的品牌。但是，近年来中间商的品牌日益增多。

（2）使用中间商的品牌。或称经销商品牌，是指制造商将产品大批量地卖给中间商，中间商再使用自己的品牌将产品转卖出去。一般来说，如果企业要在一个对本企业的产品不熟悉的新市场上推销产品，或者在市场上本企业的商誉远远不及销售商的商誉，则适宜采用中间商的品牌。

（3）制造商品牌和中间商品牌混合使用。如一部分产品使用制造商的品牌，另一部分产品采用中间商的品牌；或为了进入新市场，先采用中间商品牌，待产品在市场上打开销路以后，再改用制造商品牌。

3. 统一品牌策略

是指企业对其全部产品使用统一品牌的策略。使用这一策略，有利于企业利用已有的声誉迅速增强消费系列产品的声誉，解除顾客对新产品的不信任感，并能减少广告宣传等促销费用。同时，企业的统一品牌策略也更容易给公众留下深刻的印象，从而有利于树立企业鲜明的形象。

但是，采用统一品牌策略应具备如下条件：企业采用的品牌在市场上已获得一定的信誉，在市场上保持领先地位；采用统一品牌的各种产品具有相同的质量水平。如果各类产品的质量水平不一，则不宜使用统一品牌策略。

4. 个别品牌策略

是指企业对不同产品采用不同品牌的策略。这种策略能严格区分高、中、低档产品，使顾客易于识别并选购自己满意的产品，而且不会因为个别产品的声誉不好而影响其他产品，甚至整个企业的声誉。当企业的产品类型不多，产品系列之间关系程度较小，企业的生产条件、技术专长在各产品上有较大差别时，采用个别品牌策略较为有利。个别品牌策略的缺点是，企业的广告费用开支较大，并且品牌较多不易于管理。

5. 品牌扩展策略

是指企业利用其成功品牌名称的声誉来推出改良产品或新产品，也可以推出不同功能特点、不同质量水平、不同规格甚至不同包装和造型的产品的策略。企业采用这一策略，可以节省宣传新品牌的促销费用，使新产品能迅速顺利地进入市场。如我国海尔集团借助海尔冰箱在市场上的成功信誉，将彩电、空调、洗衣机等家电都采用“海尔”品牌推向市场，取得了较大的成功。但是，如果推展的品牌已在市场上有较高的声誉，则推展的新产品也必须与其有同样良好的质量、服务等，否则不仅会影响新产品的销售，更重要的是会降低已有品牌的声誉。

6. 多品牌策略

是指企业对同一种类产品使用两个或两个以上的品牌。采用多品牌策略的优点是：多种不同的品牌只要被零售商接受，就会占用较多的货架面积，而使竞争产品的陈列空间相对减少；采用多种品牌可以吸引更多的品牌转换者，提高市场占有率。因为大多数消费者都不会只忠诚于一种品牌而毫不注意其他品牌。他们都是不同程度的品牌转换者，发展多种不同的品牌，就可以吸引更多的消费者；发展多种不同的品牌，有利于在企业内部形成激励，提高效率。

但是，企业的品牌并不是多多益善。企业推出多种品牌时，可能每种品牌都只有极低的市场占有率，而没有利润率很高的品牌。这样，企业的资源就会过分分散，而不能集中于较成功的品牌。这时，企业就必须放弃一些较弱的品牌，将资源优势集中在保留下来的品牌上，以期夺取竞争对手的市场，而不是自相竞争。

7. 品牌再定位策略

是指企业因某些市场因素发生变化，而对品牌进行重新定位的策略。在下列情况需要重新定位：有些消费者的偏好发生了变化，形成某一特定偏好的消费群，而本企业的品牌已不能满足这部分消费群的偏好时；竞争者将品牌定位在靠近本企业品牌的附近，并夺取部分市场，使本企业的市场占有率减少时，企业有必要对品牌再次定位。

企业在进行品牌重新定位决策时，必须全面考虑两个方面因素：一是将品牌转移的费用，一般来说，重新定位离原位置距离越远，变化越大，则所需费用越高；二是品牌重新定位所能获得的收益大小，这取决于选定细分市场上消费者的数量、平均购买率、自己的实力及竞争者的数量等因素。企业管理者必须对品牌重新定位的费用和收益进行权衡，然后从中选定较优方案。

7.5 包装策略

在现代市场上，包装几乎已经成为任何产品不可缺少的组成部分。包装直接影响商品的价值和使用价值的实现，因此除了少数属于原材料类型的商品外，一般商品都要求不同方式的包装。而且，包装已经远远不仅是作为容器保护商品，已成为促进商品销售的重要因素之一。例如，我国苏州产的檀香扇原来只简简单单地包装在普通的盒子里，在香港市场上每把售价仅为65元。虽物美价廉，但仍购者寥寥。后经高人指点，改用锦盒包装，华丽的锦盒衬托出了檀香扇的高雅精细，结果每把扇子卖到了165元，而且销量大增。

7.5.1 包装的概念和作用

包装有两层含义：一是动态的含义，指将产品盛装或包扎起来的一系列活动；二是静态的含义，指那些用来盛装或包扎产品的容器和包扎物。从市场营销学的角度来看，包装的上述两层含义是紧密联系在一起的，即包装是指设计并生产容器或包装物，并将产品盛装或包扎起来的一系列活动。

包装的作用主要有以下几个方面。

（1）保护商品。这是包装的最基本的作用。包装可防止或减少产品在供应、运输、储存和销售过程中的各种损坏，如破损、变质、散落、挥发、虫蛀等。一般除了沙、石等初级原材料不用包装外，其他绝大多数商品都需要用包装来保护自己。

（2）便于运输、携带和储存，也便于消费者使用商品。产品从生产地到消费者手中，一般都要经过运输和储存等过程。产品经过包装后，便于在运输的过程进行装卸，并能节约运输和储存空间。同时，包装后的商品也便于消费者携带和使用。

（3）促进销售。包装能从外观上反映企业产品的特色，改进产品的外观，吸引顾客的注意力。好的包装能使产品在众多同类产品中脱颖而出，激发消费者购买的欲望，起到广告的作用和促销的功能。

（4）提高产品的价值。搞好产品包装可以实现商品的价值和使用价值，并且精美的包装还能使商品增加价值，树立商品的高贵形象，从而诱导消费者愿意用高价购买，为企业增加利润。

7.5.2 包装的设计

包装设计是对产品包装的材质、结构、图案、颜色等所作的设想和计划。设计除了力求方便外，还要在视觉上强有力地传达商品的内容、质感和特点，以便让消费者通过包装就能很好地了解商品的基本功能和特征，并产生购买的欲望。包装设计是一项技术性和艺术性很强的营销工作，国外有专门的包装设计公司，规模大的企业也有专门的包装设计部门。

包装可分为运输包装和销售包装。运输包装主要从保护商品和便于运输的角度出发，因而包装设计一般较为简单，艺术性不强；销售包装主要是要美化商品，使消费者看到包装就能对商品产生好感，进而产生购买的欲望。所以，销售包装一般更为独特和更具有艺术性。每种产品都有各自的特点，就会要求不同的包装设计，但是每一种产品的包装都要遵循一些共同的原则。

（1）包装要能准确地传递商品的信息。产品包装上的文字说明和图案要充分反映产品的属性，体现出产品的特点。一般来说，包装上要标明产品商标、生产厂家、出厂日期、使用说明、规格、性能特点等基本产品信息。

（2）包装的档次要与商品本身的价值相符合。对高、中、低档商品，其包装也应分别设计为高、中、低档。如贵重物品的包装就必须精美高档，与商品的价值相符。如果贵重物品用普通低档包装，就会使消费者对产品的档次产生怀疑，从而贬低了产品的价值。

（3）包装的设计应为运输、销售、携带、使用等提供方便。一般来说，为了便于识别商品，可设计为透明包装和开窗包装；运输包装要求大包装，销售包装要求小包装；一次性使用的商品用一次性包装；人们经常携带的商品，其包装设计应尽量备有提手等。

（4）包装设计应经济实用。包装应尽量选择便宜的、无环境污染、可再回收多次使用的包装材料，并尽可能合理包装和简化包装，以节约包装费用。

（5）包装设计应新颖、独特，适合消费者的心理。包装设计应有产品自己的特色，切忌模仿同类其他产品。包装造型尽量美观大方，让消费者感到有新意。

（6）包装设计还应考虑不同民族、不同地区、不同宗教信仰的需要。在设计包装时，应尽量避免使用有忌讳的图案、标志、色彩等。

7.5.3 包装策略

包装策略，是指对产品包装的形式、结构、方法、使用材料等所采取的各种策略。产品包装是促进产品销售的一个强大的武器。因此，企业在进行包装设计时必须选择适当的包装策略。常见的包装策略有以下几种。

1. 类似包装策略

类似包装策略，也称统一包装策略或产品线包装策略。是指企业将生产的多种不同产品，在包装上采用相同或类似的图案、色彩、结构、形状、标签或其他共同特征，使消费者容易意识到这是同一企业生产的产品。这种包装策略的优点是：节省包装设计成本和制造成本；壮大企业的声势，提高企业的市场地位；有利于新产品的上市，利用企业的声誉消除消费者对新产品的不信任感，迅速打开新产品的市场销路。

但这一策略仅宜于档次类同的产品，不适于质量等级相差悬殊的产品。否则会增加低档产品的包装费用，并会对高档产品产生不利影响，进一步影响企业的声誉。

2. 等级包装策略

等级包装策略是指企业将生产经营的产品分成若干等级，对不同等级的产品实行不同的包装，并在包装材质、包装风格上力求与产品档次相适宜。采用这一包装策略，使产品的价值与包装相一致，可以满足不同消费层次的消费者在不同使用环境中的消费需求。并且企业不会因为某一产品销路不畅而影响其他产品的销路。但是，等级包装策略会加大包装费用，也会使新产品上市时的宣传推广费用增加。

3. 综合包装策略

综合包装策略也称多种包装或成套包装，是指企业把使用时互相有关联的多种产品放入一个包装容器中一起销售的策略。这种包装策略的优点是：将若干不同种类或不同规格、大小的产品用同一包装物包装，可以节省包装费用，促进相关产品的销售；将新产品和老产品放在同一包装容器中销售，有利于新产品的销售。同时为消费者购买、携带、使用和保管产品提供了方便。

4. 再使用包装策略

再使用包装策略也称双重用途包装策略，是指用户将包装容器内的商品使用完毕后，原包装物还可做其他用途。如装果汁的瓶子用完后可以用作喝水杯，饼干盒可用来盛饼干或瓜子等。这种包装策略一方面有助于引起消费者的购买兴趣，另一方面还可以促进重新购买，起到潜移默化的广告宣传作用；缺点是包装成本高。

5. 附赠品包装策略

附赠品包装策略是指在包装物内附带某种赠品的策略。如在包装盒中附有某种精美别致的小商品，如连环画、粘纸、小玩具、奖券等。这种策略是企业通过在包装物内附赠某些赠品，以引起消费者的购买兴趣，导致重复购买。这是目前国内外市场上比较流行的包装策略。

6. 创新包装策略

创新包装策略也称改变包装策略，是指企业随着产品的更新和市场的变化，相应地改变包装设计，以维持或扩大产品销售。企业把陈旧、落后或没有吸引力的包装放弃，改用新的包装材料，以改进原有产品的形象，增强产品的诱惑力，促进产品的销售。但是，使用这一策略应该注意的是，更新包装对促进产品销售固然很重要，但是根本还是要提高产品质量，至少要达到使用要求。

小　结

任何企业都必须用产品（包括有形的货品和无形的服务）来满足目标市场的需求。产品决策是市场营销组合中的首要决策，是整个市场营销战略的基石。产品整体概念是市场营销学对产品的独特认识。整体产品三个层次的划分，为企业研究和制定市场营销策略开拓了思路。把握产品整体概念，对产品的认识不仅局限在产品特定的物质形态和具体用途上，而应联系到消费者期求的各种实际利益的满足，这是把握产品整体概念的关键。

产品组合是有关产品的又一个重要概念，它是指一个企业的产品结构问题。一个企业应当开设多少条产品线，每条产品线包含多少个产品项目，如何规划各产品线之间的关系，这三者就是产品组合的广度、深度和相关性问题。根据产品组合的原理可以引申出产品组合策略，其目的是调整产品组合的方式和结构，不断优化产品组合。

产品生命周期是指产品的市场生命周期，即产品从进入市场到退出市场的全过程，通常包括引入、成长、成熟、衰退四个阶段。研究产品生命周期的意义在于，根据各阶段的运动特点，采取不同的营销组合策略。引入期，营销重点是将产品推向市场，使消费者接受产品；成长阶段，应以扩大销售为主，提高市场占有率，尽量减少费用；在成熟阶段的重点主要是改进产品和开拓市场；衰退期，应采用集中力量策略或迅速开发新产品。

市场营销学所定义的新产品不仅包括科技发展推出的全新产品，而且包括并主要是指形态或功能上有所改变的产品。开发新产品是关系企业生死存亡的重要环节。新产品开发有一套管理程序，包括构思产生、筛选、概念发展与测试、初拟营销计划、商业分析、产品开发、市场试销、正式上市等环节。其中每一个环节都决定着新产品开发的成败，都需认真对待。

品牌是产品不可分割的组成部分，包括品牌名称、品牌标志、商标。其基本功能是将企业的同类产品区别开来。在企业市场营销活动中，品牌是参与市场竞争的武器，是广告宣传的中心，有助于新产品的推广，也便于顾客建立偏好。品牌策略包括：品牌化策略、品牌归属策略、统一品牌策略、个别品牌策略、品牌扩展策略、多品牌策略、品牌再定位策略。

包装是产品不可分割的组成部分。包装不仅有保护商品功能的作用，而且是促销的重要因素。它通过美化商品、方便使用、便于区分和吸收顾客以达到扩大产品销售的目的。常用的包装策略有：类似包装策略、等级包装策略、综合包装策略、再使用包装策略、附赠品包装策略、创新包装策略。

复习思考题

1. 怎样理解现代整体产品的概念?
2. 什么叫产品生命周期? 研究产品生命周期有何意义?
3. 产品生命周期各阶段有哪些主要特征? 在生命周期的不同阶段，企业应分别采取怎样的营销策略?
4. 什么是新产品开发? 新产品开发对企业有什么意义?
5. 新产品开发应遵循什么程序?
6. 什么叫产品组合? 产品组合有哪些策略?
7. 什么是品牌? 品牌的主要作用是什么?
8. 品牌策略有哪些?
9. 什么是包装? 其主要作用是什么? 包装设计要注意什么问题?
10. 如何正确地进行产品包装设计?
11. 包装主要有哪些策略? 请结合实际叙述。

案例

草珊瑚牙膏

一、草珊瑚牙膏的开发

草珊瑚牙膏正式投产是在1983年4月。此前，南昌日用化工总厂生产的十几个牙膏品种，由于质量欠佳、缺乏创新，销路一直不好。大量积压使企业亏损严重，1982年下半年还曾借款发放工资。为了摆脱困境，该厂先后派出五批调研人员分赴各地，了解市场情况。他们发现，仅在南昌一地，便有全国16个省市地27个厂家的产品。本厂虽然是在自己门前，但由于缺乏适销对路的品种，市场占有率仅为15%。同时在市场上，广大消费者对药物牙膏的需求越来越强烈，捷足先登的一批药物牙膏已经开始风行。通过进一步调查，他们认为这种现象并非偶然。就国内市场而言，我国人口众多，又有相当数量的消费者患有程度不同的各种口腔疾病。随着生活水平的提高，人们对牙膏品种的选择，已不仅仅满足于一般的清洁口腔。他们还希望牙膏能有治病、防病的作用，而无副作用的中草药牙膏更受欢迎。过去各个厂家长期忽视这个问题，大量生产和销售各种洁齿性牙膏，消费者的欲望并没有得到很好地满足。很显然，这是一个潜力很大的市场。

那么，本厂应开发什么样的中草药牙膏呢? 他们了解到，江西民间有一种俗称“肿节风”、学名“草珊瑚”的野生植物，当地群众总是喜欢用于泡开水，喝了预防口腔疾病。对草珊瑚药用性能的研究，江西中医学院的专家学者70年代已有成果，证明了它对口腔疾病疗效显著。草珊瑚在江西有丰富的资源，原料能有保证，价格又低廉。于是，他们决定开发含草珊瑚的中草药牙膏。

在江西中医学院的协助下，新产品经过一百多次实验，终于研制出较为理想的配方。先经江西中医附属医院，后又经上海第三人民医院口腔科分别对400名患者进行临床实验和分析比较，证明了这种牙膏具有清热解毒、抗菌消炎、止血止痛、祛除口臭及加速溃疡面愈合等功效，对防止多种口腔疾病的有效率在92.5%～94.5%。不仅对一般的口腔疾病如牙龈出血、牙周炎、冠周炎等疗效显著，对口腔溃疡更有特殊疗效，这正是当时市场上所缺的药物牙膏品种。在7月份的鉴定会上，专家们也一致认为新产品的各项理化指标均符合轻工业标准，是一种有良好医疗保健效果的药物牙膏。

新产品以中草药名称“草珊瑚”命名，以给人清新、芬芳之感的果绿色为基调设计销售包装图案，并注明南昌日用化工总厂、江西中医学院联合研制。按照薄利多销的原则，每支牙膏的售价为0.40元，低于其他同类产品的价格（洁银牙膏0.62元，芳草牙膏0.56元，中华牙膏0.45元，两面针牙膏0.44元）。

草珊瑚牙膏投放市场以后，该厂立即在江西的电台、电视台和报刊上连续做广告达40多家。此外还利用路牌、幻灯、霓虹灯、灯箱灯形式，加强促销力度，扩大影响。新产品果然一炮打响，很快有15个省市向厂家订货。到8月19日，该厂已经生产的160余万支草珊瑚牙膏全部销售一空，供不应求。第二季度的利润达17万元，比第一季度增加三倍多。

二、在大上海找“位置”

上海消费品工业发达，牙膏市场竞争更是激烈，有人喻之为“牙膏战”。当时的全国市场是外地牙膏多而沪产牙膏偏紧，因为上海牙膏生产历史悠久，质量稳定，深受消费者欢迎。一般外地牙膏是不容易进入上海市场的。这种情境，无形中使上海市场成了许多外地产品一展身价的场所，各地牙膏都希望能在上海市场找到“座位”。没有进入上海市场的，千方百计想打入上海市场；进入了上海市场的，更是不遗余力地保住阵地。仅在中百一店，当时药物牙膏就有上海防酸、中华药物、两面针、洁银、芳草、等十余个品种，加上其他牙膏有几十个品种。

南昌日化总厂很快也加入了竞争行列。从9月1日开始，草珊瑚牙膏先后出现在中百一店、二店、三店、五店、六店、七店、八店，金陵东路的广大、广芸百货商店、金鹿烟杂店等同时经营批发业务，更多的中小商店、货亭也开始销售草珊瑚牙膏。依靠这16个直接建立联系的经销网点，草珊瑚牙膏不仅打入上海市场，而且几乎覆盖了各个主要商业区。

在打进上海市场方面，该厂主要策划了以下行动。

（1）争取江西省政府驻上海办事处的支持。由于办事处领导亲自过问、指导，业务处帮助沟通与中百一店等销售渠道的联系，调研组提供了上海市场的情况，并为草珊瑚牙膏的宣传工作出谋划策，所以该厂尽管缺乏在上海市场的销售经验，但仍然较为顺利地完成了前期工作。

（2）通过多种途径，采用在上海聘用业务顾问的方式，同上海一些商业部门建立了联系。

（3）召开业务座谈会，在江西省政府驻上海办事处的帮助下，该厂领导8月中旬直接到上海，联合邀请为草珊瑚做过临床实验的上海第三人民医院口腔科医务人员，接受草珊瑚牙膏治疗并取得显著疗效的男女患者40余人，有业务联系的商业部门代表，以及《新民晚报》等新闻媒介的记者，进行座谈。通过厂方对产品的介绍，医院对临床效果的科学论证，患者的现身说法，赢得了商业部门代表的信任感，并借助于记者公之于报。座谈会收到了极好的宣传效果。

(4) 利用广告进行强大的宣传攻势。在草珊瑚牙膏进入上海市场之前，该厂就已经尝到广告的甜头。所以，同各经销处网点谈好业务后，便立即着手大张旗鼓地进行广告宣传。

多种形式的广告收到了明显的效果。许多消费者纷纷到商店询问，一些商店也贴出“草珊瑚牙膏货已到”的招贴吸引顾客，一时间草珊瑚在上海家喻户晓。9 月份该厂先后发往上海的 10 万余支草珊瑚牙膏，至月底基本售出。黄浦区百货商店进货 1.2 万支，不到五天批发一空。在中百一店，草珊瑚牙膏的日零售数量，领先于上海防酸牙膏，大大超过两面针和芳草牙膏，仅次于洁银牙膏。

三、继续巩固和扩展市场阵地

草珊瑚牙膏在上海立足之后，南昌日用化工总厂一方面继续巩固在上海的阵地，另一方面借势向各地扩展市场。他们在指导思想上认为，一个企业的产品要想拥有更多的顾客，一靠质量，二靠宣传。宣传在产品与消费者之间起着重要的媒介作用，产品不做宣传就等于没有市场。因此，他们更加重视调动各种手段和抓住时机为自己的产品和企业进行宣传。

■ 案例思考题

1. 南昌日用化工总厂采用什么样的程序来开发新产品——草珊瑚牙膏？请评价这一过程是否合理？

2. 南昌日用化工总厂在将草珊瑚牙膏推向上海市场时，采用了哪些措施？请评价这些措施的作用。

第8章

定价策略

在市场经济条件下，价格是实现再生产过程的重要因素之一，任何商品的交易都不能没有价格。价格是每笔交易业务中都存在的唯一要素。企业可以不去推销其产品，而只要求顾客亲自去工厂选购商品，或者甚至只制造某些毫无差别的商品，然而，企业必须决定一项价格策略。在市场营销组合中，企业通过产品、分销渠道和促销三个要素在市场中创造价值，通过定价从创造的价值中获取收益。在营销组合中，价格是唯一能产生收入的因素，其他因素表现为成本。价格也是营销组合中最灵活的因素，它与产品特征和承诺渠道不同，它的变化是异常迅速的。因此，价格策略是企业营销组合的重要因素之一，它直接地决定着企业市场份额的大小和盈利率高低。

商品价格的变化直接影响顾客的购买行为，直接影响到商品的销售和利润。随着营销环境的日益复杂，制定价格策略的难度越来越大，不仅要考虑成本补偿问题，还要考虑消费者的接受能力和竞争状况。如果价格不能被消费者所接受，那么市场营销组合的各种努力都是徒劳的。所以说，价格策略是市场营销组合中最重要的组成部分，与产品策略、促销策略和分销渠道策略相比，价格策略是企业可控因素中最难以确定的因素，要求企业更加重视商品的价格决策工作。

8.1 影响产品定价的因素

影响产品定价的因素很多，有企业内部因素，也有企业外部因素；有主观的因素，也有客观的因素。概括起来，大体上有企业的定价目标、产品成本、市场需求、竞争因素和其他因素五个方面。

8.1.1 企业的定价目标

定价目标是指企业通过制定一定水平的价格，所要达到的预期目的。定价目标一般可分为利润目标、销售额目标、市场占有率目标和稳定价格目标。

1. 利润目标

利润目标是企业定价目标的重要组成部分，获取利润是企业生存和发展的必要条件，是企业经营的直接动力和最终目的。因此，利润目标为大多数企业所采用。由于企业的经营哲学及营销总目标的不同，这一目标在实践中有两种形式。

1）以追求最大利润为目标

最大利润有长期和短期之分，还有单一产品最大利润和企业全部产品综合最大利润之别。一般而言，企业追求的应该是长期的、全部产品的综合最大利润，这样，企业就可以取得较大的市场竞争优势，占领和扩大更多的市场份额，拥有更好的发展前景。当然，对于一些中小型企业、产品生命周期较短的企业、产品在市场上供不应求的企业等，也可以谋求短期最大利润。

最大利润目标并不必然导致高价，价格太高，会导致销售量下降，利润总额可能因此而减少。有时，高额利润是通过采用低价策略，待占领市场后再逐步提价来获得的；有时，企业可以采用招徕定价艺术，对部分产品定低价，赔钱销售，以扩大影响，招徕顾客，带动其他产品的销售，进而谋取最大的整体效益。

2）以获取适度利润为目标

它是指企业在补偿社会平均成本的基础上，适当地加上一定量的利润作为商品价格，以获取正常情况下合理利润的一种定价目标。以最大利润为目标，尽管从理论上讲十分完美，也十分诱人，但实际运用时常常会受到各种限制。所以，很多企业按适度原则确定利润水平，并以此为目标制定价格。采用适度利润目标有各种原因，以适度利润为目标使产品价格不会显得太高，从而可以阻止激烈的市场竞争，或由于某些企业为了协调投资者和消费者的关系，树立良好的企业形象，而以适度利润为其目标。

由于以适度利润为目标确定的价格不仅可以使企业避免不必要的竞争，又能获得长期利润，而且由于价格适中，消费者愿意接受，还符合政府的价格指导方针，因此这是一种兼顾企业利益和社会利益的定价目标。需要指出的是，适度利润的实现，必须充分考虑产销量、投资成本、竞争格局和市场接受程度等因素。否则，适度利润只能是一句空话。

2. 销售额目标

这种定价目标是在保证一定利润水平的前提下，谋求销售额的最大化。某种产品在一定时期、一定市场状况下的销售额由该产品的销售量和价格共同决定，因此销售额的最大化既不等于销量最大，也不等于价格最高。对于需求的价格弹性较大的商品，降低价格而导致的损失可以由销量的增加而得到补偿，因此企业宜采用薄利多销策略，保证在总利润不低于企业最低利润的条件下，尽量降低价格，促进销售，扩大盈利；反之，若商品的需求的价格弹性较小时，降价会导致收入减少，而提价则使销售额增加，企业应该采用高价、厚利、限销的策略。

采用销售额目标时，确保企业的利润水平尤为重要。这是因为销售额的增加，并不必然带来利润的增加。有些企业的销售额上升到一定程度，利润就很难上升，甚至销售额越大，亏损越多。因此，销售额和利润必须同时考虑。在两者发生矛盾时，除非是特殊情况（如为了尽量地回笼现金），应以保证最低利润为原则。

3. 市场占有率目标

市场占有率，又称市场份额，是指企业的销售额占整个行业销售额的百分比，或者是指某企业的某产品在某市场上的销量占同类产品在该市场销售总量的比重。市场占有率是企业经营状况和企业产品竞争力的直接反映。作为定价目标，市场占有率与利润的相关性很强，从长期来看，较高的市场占有率必然带来高利润。美国市场营销战略影响利润系统的分析指出：当市场占有率在10%以下时，投资收益率大约为8%；市场占有率在10%～20%之间时，投资收益率在14%以上；市场占有率在20%～30%之间时，投资收益率约为22%；市场占有率在30%～40%之间时，投资收益率约为24%；市场占有率在40%以上时，投资收益率约为29%。因此，以市场占有率为定价目标具有获取长期较好利润的可能性。

市场占有率目标在运用时存在着保持和扩大两个互相递进的层次。保持市场占有率的定价目标的特征是根据竞争对手的价格水平不断调整价格，以保证足够的竞争优势，防止竞争对手占有自己的市场份额。扩大市场占有率的定价目标就是从竞争对手那里夺取市场份额，以达到扩大企业销售市场乃至控制整个市场的目的。

在实践中，市场占有率目标被国内外许多企业所采用，其方法是以较长时间的低价策略来保持和扩大市场占有率，增强企业竞争力，最终获得最优利润。但是，这一目标的顺利实现至少应具备两个条件。

（1）企业有雄厚的经济实力，可以承受一段时间的亏损，或者企业本身的生产成本本来就低于竞争对手。

（2）企业对其竞争对手情况有充分了解，有从其手中夺取市场份额的绝对把握。否则，企业不仅不能达到目的，反而很有可能会受到损失。

在企业的宏观营销环境中，政府对市场占有率作出了政策和法律的限制。比如美国制定有“反垄断法”，对单个企业的市场占有率进行限制，以防止少数企业垄断市场。在这种情况下，盲目追求高市场占有率，往往会受到政府的干预。

4. 稳定价格目标

稳定的价格通常是大多数企业获得一定目标收益的必要条件，市场价格越稳定，经营风险也就越小。稳定价格目标的实质即是通过本企业产品的定价来左右整个市场价格，避免不必要的价格波动。按这种目标定价，可以使市场价格在一个较长的时期内相对稳定，减少企业之间因价格竞争而发生的损失。

为达到稳定价格的目的，通常情况下是由那些拥有较高的市场占有率、经营实力较强或较具有竞争力和影响力的领导者先制定一个价格，其他企业的价格则与之保持一定的距离或比例关系。对大企业来说，这是一种稳妥的价格保护政策；对中小企业来说，由于大企业不愿意随便改变价格，导致其竞争性减弱，而且其利润也可以得到保障。在钢铁、采矿业、石油化工等行业内，稳定价格目标得到最广泛的应用。

将定价目标分为利润目标、销售额目标、市场占有率目标和稳定价格目标，只是一种实践经验的总结，它既没有穷尽所有可能的定价目标，又没有限制每个企业只能选用其中的一种。由于资源的约束，企业规模和管理方法的差异，企业可能从不同的角度选择自己的定价目标。不同行业的企业有不同的定价目标，同一行业的不同企业可能有不同的定价目标，同一企业在不同的时期、不同的市场条件下也可能有不同的定价目标，即使采用同一种定价目标，其价格策略、定价方法和技巧也可能不同。企业应根据自身的性质和特点，具体情况具体分析，权衡各种定价目标的利弊，灵活确定自己的定价目标。

8.1.2 产品成本

对企业的定价来说，成本是一个关键因素。企业产品定价以成本为最低界限，产品价格只有高于成本，企业才能补偿生产上的耗费，从而获得一定盈利。但这并不排斥在一段时期在个别产品上，价格低于成本。

根据统计资料显示，目前工业产品的成本在产品出厂价格中平均约占70%。这就是说，一般地讲，成本是构成价格的主要因素，这只是就价格数量比例而言。如果就制定价格时要考虑的重要性而言，成本无疑也是最重要的因素之一。因为价格如果过分高于成本会有失社会公平，价格过分低于成本，企业不可能长久维持。

企业定价时，不应将成本孤立地对待，而应同产量、销量、资金周转等因素综合起来考虑。成本因素还要与影响价格的其他因素结合起来考虑。

8.1.3 市场需求

产品价格除受成本影响外，还受市场需求的影响。即受商品供给与需求的相互关系的影响。当商品的市场需求大于供给时，价格应高一些；当商品的市场需求小于供给时，价格应低一些。反过来，价格变动影响市场需求总量，从而影响销售量，进而影响企业目标的实现。因此，企业制定价格就必须了解价格变动对市场需求的影响程度。反映这种影响程度的一个指标就是商品的价格需求弹性系数。

所谓价格需求弹性系数，是指由于价格的相对变动，而引起的需求相对变动的程度，从而反映需求量对价格的敏感程度。通常可用下式表示：

需求弹性系数 = 需求量变动百分比/价格变动百分比

即价格变动百分之一会使需求变动百分之几。在以下条件下，需求可能缺乏弹性：市场上没有替代品或者没有竞争者、购买者对较高价格不在意、购买者改变购买习惯较慢也不积极寻找较便宜东西、购买者认为产品质量有所提高或认为存在通货膨胀等，价格较高是应该的。

8.1.4 竞争因素

市场竞争也是影响价格制定的重要因素。根据竞争的程度不同，企业定价策略会有所不同。我们知道，按照市场竞争程度，可以分为完全竞争、不完全竞争与完全垄断三种情况。

1. 完全竞争

完全竞争也称自由竞争，它是一种理想化了的极端情况。在完全竞争条件下，买者和卖者都大量存在，产品都是同质的，不存在质量与功能上的差异，企业自由地选择产品生产，买卖双方能充分地获得市场情报。在这种情况下，无论是买方还是卖方都不能对产品价格进行影响，只能在市场既定价格下从事生产和交易。

2. 不完全竞争

它介于完全竞争与完全垄断之间，是现实中存在的典型的市场竞争状况。不完全竞争条件下，最少有两个以上买者或卖者，少数买者或卖者对价格和交易数量起着较大的影响作用，买卖各方获得的市场信息是不充分的，它们的活动受到一定的限制，而且卖者提供的同类商品有差异，因此，它们之间存在着一定程度的竞争。在不完全竞争情况下，企业的定价策略有比较大的回旋余地，它既要考虑竞争对象的价格策略，也要考虑本企业定价策略对竞争态势的影响。企业必须采取适当方式，了解竞争者所提供的产品质量和价格。企业在获得这方面的信息后，就可以与竞争产品比质比价，更准确地制定本企业产品价格。如果二者质量大体一致，则二者价格也应大体一样，否则本企业产品可能卖不出去；如果本企业产品质量较高，则产品价格也可以定得高一些；如果本企业产品质量较低，那么，产品价格就应定得低一些。还应看到，竞争者也可能随机应变，针对企业的产品价格而调整其价格；也可能不调整价格，而调整市场营销组合的其他变量，与企业争夺顾客。当然，对竞争者价格的变动，企业也要及时掌握有关信息，并做出明智的反应。

3. 完全垄断

完全垄断是完全竞争的反面，是指一种商品的供应完全由独家控制，形成独占市场。在完全垄断竞争情况下，交易的数量与价格由垄断者单方面决定。完全垄断在现实中也很少见。

企业的价格策略，要受到竞争状况的影响。完全竞争与完全垄断是竞争的两个极端，中间状况是不完全竞争。在不完全竞争条件下，竞争的强度对企业的价格策略有重要影响。所以，企业首先要了解竞争的强度。竞争的强度主要取决于产品制作技术的难易，是否有专利保护，供求形势以及具体的竞争格局。其次，要了解竞争对手的价格策略，以及竞争对手的实力。再次，还要了解、分析本企业在竞争中的地位。

8.1.5 其他因素

企业的定价策略除受成本、需求以及竞争状况的影响外，还受到其他多种因素的影响。这些因素包括政府或行业组织的干预、消费者习惯和心理、企业或产品的形象等。

1. 政府或行业组织干预

政府为了维护经济秩序，或为了其他目的，可能通过立法或者其他途径对企业的价格策略进行干预。政府的干预包括规定毛利率，规定最高、最低限价，限制价格的浮动幅度或者规定价格变动的审批手续，实行价格补贴等。例如，美国某些州政府通过租金控制法将房租控制在较低的水平上，将牛奶价格控制在较高的水平上；法国政府将宝石的价格控制在低水平，将面包价格控制在高水平；我国某些地方为反暴利对商业毛利率的限制等。一些贸易协会或行业性垄断组织也会对企业的价格策略进行影响。

2. 消费者心理和习惯

价格的制定和变动在消费者心理上的反映也是价格策略必须考虑的因素。在现实生活中，很多消费者存在“一分钱一分货”的观念。面对不太熟悉的商品，消费者常常从价格上判断商品的好坏，从经验上把价格同商品的使用价值挂钩。消费者心理和习惯上的反应是很复杂的，某些情况下会出现完全相反的反应。例如，在一般情况下，涨价会减少购买，但有时涨价会引起抢购，反而会增加购买。因此，在研究消费者心理对定价的影响时，要持谨慎态度，要仔细了解消费者心理及其变化规律。

3. 企业或产品的形象因素

有时企业根据企业理念和企业形象设计的要求，需要对产品价格作出限制。例如，企业为了树立热心公益事业的形象，会将某些有关公益事业的产品价格定得较低；为了形成高贵的企业形象，将某些产品价格定得较高等。

8.2 定价的一般方法

定价方法，是企业在特定的定价目标指导下，依据对成本、需求及竞争等状况的研究，运用价格决策理论，对产品价格进行计算的具体方法。定价方法主要包括成本导向、竞争导向和顾客导向三种类型。

8.2.1 成本导向定价法

成本导向定价是企业定价首先需要考虑的方法。成本是企业生产经营过程中所发生的实际耗费，客观上要求通过商品的销售而得到补偿，并且要获得大于其支出的收入，超出的部分表现为企业利润。以产品单位成本为基本依据，再加上预期利润来确定价格的成本导向定价法，是中外企业最常用、最基本的定价方法。成本导向定价法又衍生出了总成本加成定价法、目标收益定价法、边际成本定价法、盈亏平衡定价法等几种具体的定价方法。

1. 总成本加成定价法

在这种定价方法下，把所有为生产某种产品而发生的耗费均计入成本的范围，计算单位产品的变动成本，合理分摊相应的固定成本，再按一定的目标利润率来决定价格。其计算公式为

$$单位产品价格 = 单位产品总成本 \times (1 + 目标利润率)$$

采用成本加成定价法，确定合理的成本利润率是一个关键问题，而成本利润率的确定，必须考虑市场环境、行业特点等多种因素。某一行业的某一产品在特定市场以相同的价格出售时，成本低的企业能够获得较高的利润率，并且在进行价格竞争时可以拥有更大的回旋空间。

在用成本加成方式计算价格时，对成本的确定是在假设销售量达到某一水平的基础上进行的。因此，若产品销售出现困难，则预期利润很难实现，甚至成本补偿也变得不现实。但是，这种方法也有一些优点：首先，这种方法简化了定价工作，便于企业开展经济核算；其

次，若某个行业的所有企业都使用这种定价方法，它们的价格就会趋于相似，因而价格竞争就会减到最少；再次，在成本加成的基础上制定出来的价格对买方和卖方来说都比较公平，卖方能得到正常的利润，买方也不会觉得受到了额外的剥削。成本加成定价法一般在租赁业、建筑业、服务业、科研项目投资以及批发零售企业中得到广泛的应用。即使不用这种方法定价，许多企业也多把用此法制定的价格作为参考价格。

2. 目标收益定价法

目标收益定价法又称投资收益率定价法，是根据企业的投资总额、预期销量和投资回收期等因素来确定价格。与成本加成定价法相类似，目标收益定价法也是一种生产者导向的产物，很少考虑到市场竞争和需求的实际情况，只是从保证生产者的利益出发制定价格。另外，先确定产品销量，再计算产品价格的做法完全颠倒了价格与销量的因果关系，把销量看成是价格的决定因素，在实际上很难行得通。尤其是对于那些需求的价格弹性较大的产品，用这种方法制定出来的价格，无法保证销量的必然实现，那么，预期的投资回收期、目标收益等也就只能成为一句空话。不过，对于需求比较稳定的大型制造业、供不应求且价格弹性小的商品、市场占有率高、具有垄断性的商品，以及大型的公用事业、劳务工程和服务项目等，在科学预测价格、销量、成本和利润四要素的基础上，目标收益法仍不失为一种有效的定价方法。

3. 边际成本定价法

边际成本是指每增加或减少单位产品所引起的总成本的变化量。由于边际成本与变动成本比较接近，而变动成本的计算更容易一些，所以在定价实务中多用变动成本代替边际成本，而将边际成本定价法称为变动成本定价法。

采用边际成本定价法时是以单位产品变动成本作为定价依据和可接受价格的最低界限。在价格高于变动成本的情况下，企业出售产品的收入除完全补偿变动成本外，尚可用来补偿一部分固定成本，甚至可能提供利润。

边际成本定价法改变了售价低于总成本便拒绝交易的传统做法，在竞争激烈的市场条件下具有极大的定价灵活性，对于有效地对付竞争者，开拓新市场，调节需求的季节差异，形成最优产品组合可以发挥巨大的作用。但是，过低的成本有可能被指控为从事不正当竞争，并招致竞争者的报复，在国际市场则易被进口国认定为“倾销”，产品价格会因“反倾销税”的征收而畸形上升，失去其最初的意义。

4. 盈亏平衡定价法

在销量既定的条件下，企业产品的价格必须达到一定的水平才能做到盈亏平衡、收支相抵。既定的销量就称为盈亏平衡点，这种制定价格的方法就称为盈亏平衡定价法。科学地预测销量和已知固定成本、变动成本是盈亏平衡定价的前提。

在此方法下，为了确定价格可利用如下公式

$$盈亏平衡点价格(P) = 固定总成本(FC) \div 销量(Q) + 单位变动成本(VC)$$

以盈亏平衡点确定价格只能使企业的生产耗费得以补偿，而不能得到收益。因此，在实际中均将盈亏平衡点价格作为价格的最低限度，通常在加上单位产品目标利润后才作为最终市场价格。有时，为了开展价格竞争或应付供过于求的市场格局，企业采用这种定价方式以取得市场竞争的主动权。

从本质上说，成本导向定价法是一种卖方定价导向。它忽视了市场需求、竞争和价格水平的变化，在有些时候与定价目标相脱节，不能与之很好地配合。此外，运用这一方法制定的价格均是建立在对销量主观预测的基础上，从而降低了价格制定的科学性。因此，在采用成本导向定价法时，还需要充分考虑需求和竞争状况，来确定最终的市场价格水平。

8.2.2 竞争导向定价法

在竞争十分激烈的市场上，企业通过研究竞争对手的生产条件、服务状况、价格水平等因素，依据自身的竞争实力，参考成本和供求状况来确定商品价格。这种定价方法就是通常所说的竞争导向定价法。其特点是：价格与商品成本和需求不发生直接关系；商品成本或市场需求变化了，但竞争者的价格未变，就应维持原价；反之，虽然成本或需求都没有变动，但竞争者的价格变动了，则相应地调整其商品价格。当然，为实现企业的定价目标和总体经营战略目标，谋求企业的生存或发展，企业可以在其他营销手段的配合下，将价格定得高于或低于竞争者的价格，并不一定要求和竞争对手的产品价格完全保持一致。竞争导向定价主要包括以下方法。

1. 随行就市定价法

在垄断竞争和完全竞争的市场结构条件下，任何一家企业都无法凭借自己的实力而在市场上取得绝对的优势，为了避免竞争特别是价格竞争带来的损失，大多数企业都采用随行就市定价法，即将本企业某产品价格保持在市场平均价格水平上，利用这样的价格来获得平均报酬。此外，采用随行就市定价法，企业就不必去全面了解消费者对不同价差的反应，从而为营销、定价人员节约了很多时间。

采用随行就市定价法，最重要的就是确定目前的“行市”。在实践中，“行市”的形成有两种途径：第一种途径是在完全竞争的环境里，各个企业都无权决定价格，通过对市场的无数次试探，相互之间取得一种默契而将价格保持在一定的水准上；第二种途径是在垄断竞争的市场条件下，某一部门或行业的少数几个大企业首先定价，其他企业参考定价或追随定价。

2. 产品差别定价法

从根本上来说，随行就市定价法是一种防御性的定价方法，它在避免价格竞争的同时，也抛弃了价格这一竞争的“利器”。产品差别定价法则反其道而行之，它是指企业通过不同的营销努力，使同种同质的产品在消费者心目中树立起不同的产品形象，进而根据自身特点，选取低于或高于竞争者的价格作为本企业产品价格。因此，产品差别定价法是一种进攻性的定价方法。

产品差别定价法的运用，首先要求企业必须具备一定的实力，在某一行业或某一区域市场占有较大的市场份额，消费者能够将企业产品与企业本身联系起来。其次，在质量大体相同的条件下实行差别定价是有限的，尤其对于定位为“质优价高”形象的企业来说，必须支付较大的广告、包装和售后服务方面的费用。因此，从长远来看，企业只有通过提高产品质量，才能真正赢得消费者的信任，才能在竞争中立于不败之地。

3. 密封投标定价法

在国内外，许多大宗商品、原材料、成套设备和建筑工程项目的买卖和承包以及选择生产经营协作单位、出租出售小型企业等，往往采用发包人招标、承包人投标的方式来选择承包者，确定最终承包价格。一般说来，招标方只有一个，处于相对垄断地位，而投标方有多个，处于相互竞争地位。标的物的价格由参与投标的各个企业在相互独立的条件下来确定。在所有投标者中，报价最低的投标者通常中标，它的报价就是承包价格。这样一种竞争性的定价方法就称为密封投标定价法。

在招标投标方式下，投标价格是企业能否中标的关键性因素。高价格固然能带来较高的利润，但中标机会却相对减少；反之，低价格，利润低，虽然中标机会大，但其机会成本可能大于其他投资方向。那么，企业应该怎样确定投标价格呢？

首先，企业根据自身的成本，确定几个备选的投标价格方案，并依据成本利润率计算出企业可能盈利的各个价格水平。其次，分析竞争对手的实力和可能报价，确定本企业各个备选方案的中标机会。竞争对手的实力包括产销量、市场占有率、信誉、声望、质量、服务水平等项目，其可能报价则在分析历史资料的基础上得出。最后，根据每个方案可能的盈利水平和中标机会，计算每个方案的期望利润。每个方案的期望利润 = 每个方案可能的盈利水平 × 中标概率（%）。最后，根据企业的投标目的来选择投标方案。

8.2.3 顾客导向定价法

现代市场营销观念要求，企业的一切生产经营必须以消费者需求为中心，并在产品、价格、分销和促销等方面予以充分体现，只考虑产品成本，而不考虑竞争状况及顾客需求的定价，不符合现代营销观念。根据市场需求状况和消费者对产品的感觉差异来确定价格的方法叫做顾客导向定价法，又称“市场导向定价法”、“需求导向定价法”。其特点是灵活有效地运用价格差异，对平均成本相同的同一产品，价格随市场需求的变化而变化，不与成本因素发生直接关系。需求导向定价法主要包括理解价值定价法、需求差异定价法和逆向定价法。

1. 理解价值定价法

所谓“理解价值”，也称“感受价值”、“认知价值”，是指消费者对某种商品价值的主观评判。理解价值定价法是指企业以消费者对商品价值的理解度为定价依据，运用各种营销策略和手段，影响消费者对商品价值的认知，形成对企业有利的价值观念，再根据商品在消费者心目中的价值来制定价格。

理解价值定价法的关键和难点，是获得消费者对有关商品价值理解的准确资料。企业如果过高估计消费者的理解价值，其价格就可能过高，难以达到应有的销量；反之，若企业低估了消费者的理解价值，其定价就可能低于应有水平，使企业收入减少。因此，企业必须通过广泛的市场调研，了解消费者的需求偏好，根据产品的性能、用途、质量、品牌、服务等要素，判定消费者对商品的理解价值，制定商品的初始价格。然后，在初始价格条件下，预测可能的销量，分析目标成本和销售收入，在比较成本与收入、销量与价格的基础上，确定该定价方案的可行性，并制定最终价格。

2. 需求差异定价法

所谓需求差异定价法，是指产品价格的确定以需求为依据，首先强调适应消费者需求的不同特性，而将成本补偿只放在次要的地位。这种定价方法，对同一商品在同一市场上制定两个或两个以上的价格，或使不同商品价格之间的差额大于其成本之间的差额。其好处是可以使企业定价最大限度地符合市场需求，促进商品销售，有利于企业获取最佳的经济效益。

根据需求特性的不同，需求差异定价法通常有以下几种形式。

1）以用户为基础的差别定价

它指对同一产品针对不同的用户或顾客，制定不同的价格。比如，对老客户和新客户、长期客户和短期客户、女性和男性、儿童和成人、残疾人和健康人、工业用户和居民用户等，分别采用不同的价格。

2）以地点为基础的差别定价

它随着地点的不同而收取不同的价格，比较典型的例子是影剧院、体育场、飞机等，其座位不同，票价也不一样。例如，体育场的前排可能收费较高，旅馆客房因楼层、朝向、方位的不同而收取不同的费用。这样做的目的是调节客户对不同地点的需求和偏好，平衡市场供求。

3）以时间为基础的差别定价

同一种产品，成本相同，而价格随季节、日期甚至钟点的不同而变化。例如，供电局在用电高峰期和闲暇期制定不同的电费标准；电影院在白天和晚上的票价有别。对于某些时令商品，在销售旺季，人们愿意以稍高的价格购买；而一到淡季，则购买意愿明显减弱，所以这类商品在定价之初就应考虑到淡、旺季的价格差别。

4）以产品为基础的差别定价

不同外观、花色、型号、规格、用途的产品，也许成本有所不同，但它们在价格上的差异并不完全反映成本之间的差异，而主要区别在于需求的不同。例如，棉纺织品卖给纺织厂和卖给医院的价格不一样，工业用水、灌溉用水和居民用水的收费往往有别，对于同一型号而仅仅是颜色不同的产品，由于消费者偏好的不同，也可以制定不同的价格。

5）以流转环节为基础的差别定价

企业产品出售给批发商、零售商和用户的价格往往不同，通过经销商、代销商和经纪人销售产品，因责任、义务和风险不同，佣金、折扣及价格等都不一样。

6）以交易条件为基础的差别定价

交易条件主要指交易量大小、交易方式、购买频率、支付手段等。交易条件不同，企业可能对产品制定不同价格。比如，交易批量大的价格低，零星购买价格高；现金交易价格可适当降低，支票交易、分期付款、以物易物的价格适当提高；预付定金、连续购买的价格一般低于偶尔购买的价格。

由于需求差异定价法针对不同需求而采用不同的价格，实现顾客的不同满足感，能够为企业谋取更多的利润，因此，在实践中得到广泛的运用。但是，也应该看到，实行区别需求定价必须具备一定的条件，否则，不仅达不到差别定价的目的，甚至会产生副作用。这些条件包括以下四个方面。

（1）从购买者方面来说，购买者对产品的需求有明显的差异，需求弹性不同，市场能够细分，不会因差别价格而导致顾客的反感。

（2）从企业方面来说，实行不同价格的总收入要高于同一价格的收入。因为差别定价不是目的，而是一种获取更高利润的手段，所以企业必须进行供求、成本和盈利分析。

（3）从产品方面来说，各个市场之间是分割的，低价市场的产品无法向高价市场转移。这种现象可能是由于交通运输状况造成的，也可能是由于产品本身特点造成的。如劳务项目难以通过市场转卖而获取差额利润，所以，适宜采用差别定价方法。

（4）从竞争状况来说，无法在高价市场上进行价格竞争。这可能是本企业已垄断市场，竞争者极难进入，也可能是产品需求弹性小，低价不会对消费者需求产生较大的影响；还可能是消费者对本企业产品已产生偏好。

3. 逆向定价法

这种定价方法主要不是考虑产品成本，而重点考虑需求状况。依据消费者能够接受的最终销售价格，逆向推算出中间商的批发价和生产企业的出厂价格。逆向定价法的特点是：价格能反映市场需求情况，有利于加强与中间商的良好关系，保证中间商的正常利润，使产品迅速向市场渗透，并可根据市场供求情况及时调整，定价比较灵活。

8.3 定价的基本策略

前面所提到的各种定价方法是依据成本、需求和竞争等因素决定产品基础价格的方法。基础价格是单位产品在生产地点或者经销地点的价格，尚未计入折扣、运费等对价格的影响。但在市场营销实践中，企业还需考虑或利用灵活多变的定价策略，修正或调整产品的基础价格。

8.3.1 心理定价策略

每一件产品都能满足消费者某一方面的需求，其价值与消费者的心理感受有着很大的关系。这就为心理定价策略的运用提供了基础，使得企业在定价时可以利用消费者心理因素，有意识地将产品价格定得高些或低些，以满足消费者生理的和心理的、物质的和精神的多方面需求，通过消费者对企业产品的偏爱或忠诚，扩大市场销售，获得最大效益。常用的心理定价策略有整数定价、尾数定价、声望定价和招徕定价。

1. 整数定价

对于那些无法明确显示其内在质量的商品，消费者往往通过其价格的高低来判断其质量的好坏。但是，在整数定价方法下，价格的高并不是绝对的高，而只是凭借整数价格来给消费者造成高价的印象。整数定价常常以偶数，特别是“0”作尾数。例如，精品店的服装可以定价为1 000元，而不必定为998元。这样定价的好处是：

（1）可以满足购买者炫耀富有、显示地位、崇尚名牌、购买精品的虚荣心；

（2）省却了找零钱的麻烦，方便企业和顾客的价格结算；

（3）花色品种繁多、价格总体水平较高的商品，利用产品的高价效应，在消费者心目中树立高档、高价、优质的产品形象。

整数定价策略适用于需求的价格弹性小、价格高低不会对需求产生较大影响的商品，如流行品、时尚品、奢侈品、礼品、星级宾馆、高级文化娱乐城等，由于其消费者都属于高收入阶层，也甘愿接受较高的价格，所以，整数定价得以大行其道。

2. 尾数定价

又称“奇数定价”、“非整数定价”，指企业利用消费者求廉的心理，制定非整数价格，而且常常以奇数作尾数，尽可能在价格上不进位。比如，把一种毛巾的价格定为2.97元，而不定3元；将台灯价格定为19.90元，而不定为20元，可以在直观上给消费者一种便宜的感觉，从而激起消费者的购买欲望，促进产品销售量的增加。

使用尾数定价，可以使价格在消费者心中产生三种特殊的效应。

（1）便宜。标价99.97元的商品和100.07元的商品，虽仅相差0.1元，但前者给购买者的感觉是还不到“100元”，后者却使人认为“100多元”，因此前者可以给消费者一种价格偏低、商品便宜的感觉，使之易于接受。

（2）精确。带有尾数的定价可以使消费者认为商品定价是非常认真、精确的，连几角几分都算得清清楚楚，进而会产生一种信任感。

（3）中意。由于民族习惯、社会风俗、文化传统和价值观念的影响，某些数字常常会被赋予一些独特的涵义，企业在定价时如能加以巧用，则其产品将因之而得到消费者的偏爱。

3. 声望定价

这是根据产品在消费者心中的声望、信任度和社会地位来确定价格的一种定价策略。声望定价可以满足某些消费者的特殊欲望，如地位、身份、财富、名望和自我形象等，还可以通过高价格显示名贵优质，因此，这一策略适用于一些传统的名优产品、具有历史地位的民族特色产品，以及知名度高、有较大的市场影响、深受市场欢迎的驰名商标。

为了使声望价格得以维持，需要适当控制市场拥有量。英国名车劳斯莱斯的价格在所有汽车中雄踞榜首，除了其优越的性能、精细的做工外，严格控制产量也是一个很重要的因素。在过去的50年中，该公司只生产了15 000辆轿车，美国艾森豪威尔总统因未能拥有一辆金黄色的劳斯莱斯汽车而引为终生憾事。

4. 招徕定价

招徕定价是指将某几种商品的价格定得非常之高，或者非常之低，在引起消费者的好奇心理和观望行为之后，带动其他商品的销售。这一定价策略常为综合性百货商店、超级市场甚至高档商品的专卖店所采用。

招徕定价运用的较多的是将少数产品价格定得较低，吸引顾客在购买“便宜货”的同时，购买其他价格比较正常的商品。美国有家“99美分商店”，不仅一般商品以99美分标价，甚至每天还以99美分出售10台彩电，极大地刺激了消费者的购买欲望，商店每天门庭若市。一个月下来，每天按每台99美分出售10台彩电的损失不仅完全补回，企业还有不少的利润。

将某种产品的价格定得较低，甚至亏本销售，而将其相关产品的价格定得较高，也属于招徕定价的一种运用。

值得企业注意的是，用于招徕的降价品，应该与低劣、过时商品明显地区别开来。招徕定价的降价品，必须是品种新、质量优的适销产品，而不能是处理品。否则，不仅达不到招徕顾客的目的，反而可能使企业声誉受到影响。

8.3.2 折扣定价策略

折扣定价是指对基本价格作出一定的让步，直接或间接降低价格，以争取顾客，扩大销量。其中，直接折扣的形式有数量折扣、现金折扣、功能折扣、季节折扣，间接折扣的形式有回扣和津贴。

1. 数量折扣

指按购买数量的多少，分别给予不同的折扣，购买数量愈多，折扣愈大。其目的是鼓励大量购买，或集中向本企业购买。数量折扣包括累计数量折扣和一次性数量折扣两种形式。累计数量折扣规定顾客在一定时间内，购买商品若达到一定数量或金额，则按其总量给予一定折扣，其目的是鼓励顾客经常向本企业购买，成为可信赖的长期客户。一次性数量折扣规定一次购买某种产品达到一定数量或购买多种产品达到一定金额，则给予折扣优惠，其目的是鼓励顾客大批量购买，促进产品多销、快销。

数量折扣的促销作用非常明显，企业因单位产品利润减少而产生的损失完全可以从销量的增加中得到补偿。此外，销售速度的加快，使企业资金周转次数增加，流通费用下降，产品成本降低，从而导致企业总盈利水平上升。

运用数量折扣策略的难点是如何确定合适的折扣标准和折扣比例。如果享受折扣的数量标准定得太高，比例太低，则只有很少的顾客才能获得优待，绝大多数顾客将感到失望；购买数量标准过低，比例不合理，又起不到鼓励顾客购买和促进企业销售的作用。因此，企业应结合产品特点、销售目标、成本水平、资金利润率、需求规模、购买频率、竞争者手段以及传统的商业惯例等因素来制定科学的折扣标准和比例。

2. 现金折扣

现金折扣是对在规定的时间内提前付款或用现金付款者所给予的一种价格折扣，其目的是鼓励顾客尽早付款，加速资金周转，降低销售费用，减少财务风险。采用现金折扣一般要考虑三个因素：折扣比例；给予折扣的时间限制；付清全部货款的期限。在西方国家，典型的付款期限折扣表示为“3/20，Net 60”。其含义是在成交后20天内付款，买者可以得到3%的折扣，超过20天，在60天内付款不予折扣，超过60天付款要加付利息。

由于现金折扣的前提是商品的销售方式为赊销或分期付款，因此，有些企业采用附加风险费用、管理费用的方式，以避免可能发生的经营风险。同时，为了扩大销售，分期付款条件下买者支付的货款总额不宜高于现款交易价太多，否则就起不到“折扣”促销的效果。

提供现金折扣等于降低价格，所以，企业在运用这种手段时要考虑商品是否有足够的需求弹性，保证通过需求量的增加使企业获得足够利润。此外，由于我国的许多企业和消费者对现金折扣还不熟悉，运用这种手段的企业必须结合宣传手段，使买者更清楚自己将得到的好处。

3. 功能折扣

中间商在产品分销过程中所处的环节不同，其所承担的功能、责任和风险也不同，企业据此给予不同的折扣称为功能折扣。对生产性用户的价格折扣也属于一种功能折扣。功能折扣的比例，主要考虑中间商在分销渠道中的地位、对生产企业产品销售的重要性、购买批量、完成的促销功能、承担的风险、服务水平、履行的商业责任以及产品在分销中所经历的层次和在市场上的最终售价等。功能折扣的结果是形成购销差价和批零差价。

鼓励中间商大批量订货，扩大销售，争取顾客，并与生产企业建立长期、稳定、良好的合作关系是实行功能折扣的一个主要目标。功能折扣的另一个目的是对中间商经营的有关产品的成本和费用进行补偿，并让中间商有一定的盈利。

4. 季节折扣

有些商品的生产是连续的，而其消费却具有明显的季节性。为了调节供需矛盾，这些商品的生产企业便采用季节折扣的方式，对在淡季购买商品的顾客给予一定的优惠，使企业的生产和销售在一年四季能保持相对稳定。例如，啤酒生产厂家对在冬季进货的商业单位给予大幅度让利，羽绒服生产企业则为夏季购买其产品的客户提供折扣。

季节折扣比例的确定，应考虑成本、储存费用、基价和资金利息等因素。季节折扣有利于减轻库存，加速商品流通，迅速收回资金，促进企业均衡生产，充分发挥生产和销售潜力，避免因季节需求变化所带来的市场风险。

5. 回扣和津贴

回扣是间接折扣的一种形式，它是指购买者在按价格目录将货款全部付给销售者以后，销售者再按一定比例将货款的一部分返还给购买者。津贴是企业为特殊目的，对特殊顾客以特定形式所给予的价格补贴或其他补贴。比如，当中间商为企业产品提供了包括刊登地方性广告、设置样品陈列窗等在内的各种促销活动时，生产企业给予中间商一定数额的资助或补贴。又如，对于进入成熟期的消费者，开展以旧换新业务，将旧货折算成一定的价格，在新产品的价格中扣除，顾客只支付余额，以刺激消费需求，促进产品的更新换代，扩大新一代产品的销售。这也是一种津贴的形式。

8.3.3 地区定价策略

一般地说，一个企业的产品，不仅卖给当地顾客，而且同时卖给外地顾客。而卖给外地顾客，把产品从产地运到顾客所在地，需要花一些装运费。所谓地区性定价策略，就是企业要决定：对于卖给不同地区（包括当地和外地不同地区）顾客的某种产品，是分别制定不同的价格，还是制定相同的价格。也就是说，企业要决定是否制定地区差价。地区性定价的形式有以下几种。

（1）FOB原产地定价。就是顾客（买方）按照厂价购买某种产品，企业（卖方）只负责将这种产品运到产地某种运输工具（如卡车、火车、船舶、飞机等）上交货。交货后，从产地到目的地的一切风险和费用概由顾客承担。如果按产地某种运输工具上交货定价，那么每一个顾客都各自负担从产地到目的地的运费，这是很合理的。但是这样定价对企业也有不利之处，即远地的顾客有可能不愿购买这个企业的产品，而购买其附近企业的产品。

（2）统一交货定价。和前者正好相反，统一交货定价就是企业对于卖给不同地区顾客的某种产品，都按照相同的厂价加相同的运费（按平均运费计算）定价。也就是说，对全国不同地区的顾客，不论远近，都实行一个价。因此，这种定价又叫邮资定价。

（3）分区定价。这种形式介于前二者之间，是企业把全国（或某些地区）分为若干价格区，对于卖给不同价格区顾客的某种产品，分别制定不同的地区价格。距离企业远的价格区，价格定得较高；距离企业近的价格区，价格定得较低。在各个价格区范围内实行一个价。企业采用分区定价也存在问题：① 在同一价格区内，有些顾客距离企业较近，有些顾客距离企业较远，前者就不合算；② 处在两个相邻价格区界两边的顾客，他们相距不远，但是要按高低不同的价格购买同一种产品。

（4）基点定价。企业选定某些城市作为基点，然后按一定的厂价加上从基点城市到顾客所在地的运费来定价，而不管货实际上是从哪个城市起运的。有些公司为了提高灵活性，选定许多个基点城市，按照顾客最近的基点计算运费。

（5）运费免收定价。有些企业因为急于在某些地区打开市场，负担全部和部分实际运费。这些卖主认为，如果市场扩大，其平均成本就会降低，因此足以弥补这些费用开支。采用运费免收定价策略，可以使企业加深市场渗透，并能在竞争日益激烈的市场上站得住脚。

8.3.4 促销定价策略

为了促进商品销售，公司可以采用促销定价技术来刺激更早、更多地购买，主要方式有以下几种。

1. 牺牲品定价

超级市场和百货商店以某些著名品牌的商品作为牺牲品将其价格定低，以招徕顾客，并刺激商店里商品的额外销量，如果正常价格商品的销售足以弥补牺牲品的低定价，它们就得到了补偿。但是，一般说来，制造商不愿以自己的品牌作为牺牲品。因为这样不仅会引起其他以正常价格销售的零售商的抱怨，还会损害品牌形象。制造商曾试图通过零售价保护阻止中间商采用牺牲品定价法，但是这些法律已被取消。

2. 特别事件定价

在某种季节里，卖主也利用特别事件定价来吸引更多的顾客购买。例如，每年的8月底是学生返校购物的旺季。

3. 现金回扣

汽车和其他消费品制造厂商有时会向在特定时间内进行购买的顾客提供现金回扣，刺激他们购买产品；回扣能够帮助处理存货，且公司不必降价销售。

4. 低息贷款

公司不降价而是向顾客提供低息借款。汽车生产商曾采取给顾客以无息贷款的方法来招徕顾客。

5. 较长的付款条款

销售者，特别是贷款银行和汽车公司，延长它们的贷款时间，这样就减少了每月的付款金额。顾客经常对贷款成本考虑较少（如利率），他们担心的是每月的支付自己能不能承受。

6. 保证和服务合同

公司可以增加免费或低成本的保证或服务合同来促销。

7. 心理定价

这是指故意给产品定个高价，然后大幅度降价出售它，如“原价359元，现价，299元”。

促销定价战略常常是个得不偿失的游戏。它们一旦被应用，竞争者便会竞相仿效，因此，对公司来说就会丧失其效果。如果它们失败了，这就浪费了公司的资金，而这些资金原可用于其他能产生长期影响的营销方法，如改进产品质量和服务或通过广告改善产品形象。

8.3.5 差别定价策略

公司常常会调整其基价以适应在顾客、产品、地理位置等方面的差异。差别定价（Price Discrimination）描述了这样一种情况，在那里公司以两种或两种以上不反映成本比例差异的价格来推销一种产品或者提供一项服务。在一级差别定价中，卖方依据需求的大小而对每个顾客收取不同的价格。在二级差别定价中，卖方对于大宗购买者提供更优惠的价格。在三级差别定价中，卖方对不同的顾客群收取不同的价格。差别定价有以下几种方法。

1. 顾客细分定价

即对同样的产品或者服务，不同顾客支付不同的数额。例如，博物馆对学生和老年人收取一个较低的门票费用。

2. 产品式样定价

即产品的式样不同，制定的价格也不同，这个价格对于它们各自的成本是不成比例的。

3. 形象定价

指有些公司根据不同的形象，给同一种产品定出两个不同的价格。

4. 渠道定价

指根据产品所使用的不同销售渠道制定不同的价格。如可口可乐针对产品是在高级餐厅、快餐店或自动售货机出售而索要不同的价钱。

5. 地点定价

指同一产品在不同地点可制定不同的价格，即使在不同地点提供物的成本是相同的。如一个戏院就按不同的座位收取不同票价，因为观众偏爱某些地点。

6. 时间定价

指价格按季节、日期甚至钟点而变动。长途电话按一天的不同时段，以及按周末与一周内其余不同的日子分段收费。旅馆和航空公司常采用占位定价（yield pricing）的形式，即为了保证高占位，在没有满座的情况下，对未售出的客房和机票可以降价。

实行这种差别定价，必须具备一定条件。

（1）市场必须能够细分，而且这些细分市场要显示不同的需求程度。

（2）低价细分市场的人员不得将产品转手或转销给付高价的细分市场。

（3）在高价的细分市场中，竞争者无法以低于公司的价格出售。

（4）细分的控制市场的费用不应超过差别定价所得的额外收入。

（5）实践这种定价法不应该引起顾客反感和敌意。

（6）差别定价的特定形式不该是非法的。

8.3.6 产品组合定价策略

当某种产品成为产品组合的一部分时，对这种产品定价的策略必须加以修订。在这种情况下，企业要寻找一组在整个产品组合方面能获得最大利润的共同价格。定价是困难的，因为各种各样产品在需求和成本之间有内在的相互关系，并受到不同程度竞争的影响。我们在产品组合定价中可区分出6种情况：产品线定价法、选择特色定价法、附属产品定价法、两段定价法、副产品定价法和产品捆绑定价法。

1. 产品线定价法

公司通常宁愿发展产品线而不愿搞单件产品。在许多商业行业中，卖主为其行业的产品使用众所周知的价格点。于是男子服装店可以将男式西装定在三种价格水平上：200美元，400美元和600美元。有了这三个价格“点”，顾客就会联想到这是低质量、中等质量和高质量的西装。卖方的任务就是建立能向价格差异提供证据的认知质量差异。

2. 选择特色定价法

许多公司提供各种可选择产品或具有特色的主要产品。汽车购买者能够选购电动窗户控制器、去雾装置和灯光调节器。然而，为这些选择制定价格是个棘手的问题。餐馆面临着同样的定价问题，餐馆的顾客可能在饭菜以外要杯酒。许多餐馆将酒的价格定得高，食品的价格定得低，食品收入弥补食品和其他经营餐馆的费用，而靠酒类商品获得利润。这就解释了为什么服务员要力图说服顾客买酒喝。另外一些餐馆则会将它们酒类的价格定得低而食品价格定得高，以引来一大群好喝酒的人。

3. 附属产品定价法

有些公司生产必须与它的主要产品一起使用的产品，或称附属产品。生产剃须刀架和照相机的制造厂商常常将它们的价格定得低，而将一个高的毛利额加在刀片和胶卷上。

4. 两段定价法

服务性公司常常采用两段定价法，先收取固定费用，另加一笔可变的使用费。如电话用户每个月至少要付一笔座机费，同时还要支付使用费。游乐园先收入场券的费用，如果增加游玩项目，还要再收费。

服务性公司面临着与相关产品定价相似的问题，即基本服务收费多少？可变使用收费多少？固定费用应该较低，以便吸引顾客使用该服务项目，并通过可变使用费获取利润。

5. 副产品定价法

在生产加工如食用肉类、石油产品和其他化学产品等特定产品时，常常有副产品。如果这些副产品对某些顾客群具有价值，必须根据其价值定价。副产品的收入多，公司将更易于为其主要产品制定较低价格，以便在市场上增加竞争力。

6. 产品捆绑定价法

销售商常常将一些产品组合在一起定价销售。在组合捆绑的情况下，出售方把个别的商品组合起来。在一个组合捆绑中，卖方经常比单件出售要少收很多钱。例如，剧场公司可出售季度预订票，售价可低于分别购买每一场演出的费用；供应商的供应品中包括免费送货和培训。顾客本来无意购买全部产品，但在这个捆绑价格上节约的金额相当可观，这就吸引了顾客购买。某些顾客并不需要捆绑产品的全部内容，顾客要求的是“非捆绑”或“重新捆绑”的供应物，如果顾客取消某些项目，公司的成本上减少的开支比价格减少更多，则销售者实际将增加利润。例如，供应商不送货节约了100元，而顾客价格减少80元，则供应商增加了20元的利润。

8.3.7 新产品定价策略

新产品定价的难点在于无法确定消费者对于新产品的理解价值。如果价格定高了，难以被消费者接受，影响新产品顺利进入市场；如果定价低了，则会影响企业效益。常见的新产品定价策略，有三种截然不同的形式：撇脂定价、渗透定价和适中定价。

1. 撇脂定价

新产品上市之初，将新产品价格定得较高，在短期内获取厚利，尽快收回投资。这一定价策略就像从牛奶中撇取其中所含的奶油一样，取其精华，所以称为“撇脂定价”策略。一般而言，对于全新产品、受专利保护的产品、需求的价格弹性小的产品、流行产品、未来市场形势难以测定的产品等，可以采用撇脂定价策略。

利用高价产生的厚利，使企业能够在新产品上市之初，即能迅速收回投资，减少了投资风险，这是使用撇脂策略的根本好处。此外，撇脂定价还有以下几个优点。

（1）在全新产品或换代新产品上市之初，顾客对其尚无理性的认识，此时的购买动机多属于求新求奇。利用这一心理，企业通过制定较高的价格，以提高产品身份，创造高价、优质、名牌的印象。

（2）先制定较高的价格，在其新产品进入成熟期后可以拥有较大的调价余地，不仅可以通过逐步降价保持企业的竞争力，而且可以从现有的目标市场上吸引潜在需求者，甚至可以争取到低收入阶层和对价格比较敏感的顾客。

（3）在新产品开发之初，由于资金、技术、资源、人力等条件的限制，企业很难以现有的规模满足所有的需求，利用高价可以限制需求的过快增长，缓解产品供不应求状况，并且可以利用高价获取的高额利润进行投资，逐步扩大生产规模，使之与需求状况相适应。

当然，撇脂定价策略也存在着某些缺点。

（1）高价产品的需求规模毕竟有限，过高的价格不利于市场开拓、增加销量，也不利于占领和稳定市场，容易导致新产品开发失败。

（2）高价高利会导致竞争者的大量涌入，仿制品、替代品迅速出现，从而迫使价格急剧下降。此时若无其他有效策略相配合，则企业苦心营造的高价优质形象可能会受到损害，失去一部分消费者。

（3）价格远远高于价值，在某种程度上损害了消费者利益，容易招致公众的反对和消费者抵制，甚至会被当作暴利来加以取缔，诱发公共关系问题。

从根本上看，撇脂定价是一种追求短期利润最大化的定价策略，若处置不当，则会影响企业的长期发展。因此，在实践当中，特别是在消费者日益成熟、购买行为日趋理性的今天，采用这一定价策略必须谨慎。

2. 渗透定价

这是与撇脂定价相反的一种定价策略，即在新产品上市之初将价格定得较低，吸引大量的购买者，扩大市场占有率。利用渗透定价的前提条件有：

（1）新产品的需求价格弹性较大；

（2）新产品存在着规模经济效益。

采用渗透价格的企业无疑只能获取微利，这是渗透定价的薄弱处。但是，由低价产生的两个好处是：首先，低价可以使产品尽快为市场所接受，并借助大批量销售来降低成本，获得长期稳定的市场地位；其次，微利阻止了竞争者的进入，增强了自身的市场竞争力。

对于企业来说，撇脂策略和渗透策略何者为优，不能一概而论，需要综合考虑市场需求、竞争、供给、市场潜力、价格弹性、产品特性、企业发展战略等因素才能确定。在定价实务中，往往要突破许多理论上的限制，通过对选定的目标市场进行大量调研和科学分析来制定价格。

3. 适中定价

适中定价策略既不是利用价格来获取高额利润，也不是让价格制约占领市场。适中定价策略尽量降低价格在营销手段中的地位，重视其他在产品市场上更有力或有成本效率的手段。当不存在适合于撇脂定价或渗透定价的环境时，公司一般采取适中定价。例如，一个管理者可能无法采用撇脂定价法，因为产品被市场看作是极其普通的产品，没有哪一个细分市场愿意为此支付高价，同样，它也无法采用渗透定价法，因为产品刚刚进入市场，顾客在购买之前无法确定产品的质量，会认为低价代表低质量（价格—质量效应）；或者是因为，如果破坏已有的价格结构，竞争者会做出强烈反应。当消费者对价值极其敏感，不能采取撇脂定价，同时竞争者对市场份额极其敏感，不能采用渗透定价的时候，一般采用适中定价策略。

虽然与撇脂定价法或渗透定价法相比，适中定价法缺乏主动进攻性，但并不是说正确执行它就非常容易或一点也不重要。适中定价没有必要将价格定得与竞争者一样或者接近平均水平。从原则上讲，它甚至可以是市场上最高或最低的价格。东芝笔记本电脑具有高清晰度的显示器和可靠的性能，认知价值很高，所以虽然产品比同类产品昂贵，市场占有率仍然很高。与撇脂价格和渗透价格类似，适中价格也是参考产品的经济价值决定的。当大多数潜在的购买者认为产品的价值与价格相当时，纵使价格很高也属适中价格。

8.4 价格调整策略及价格变动反应

企业为某种产品制定出价格以后，并不意味着大功告成。随着市场营销环境的变化，企业必须对现行价格予以适当的调整。

调整价格，可采用减价及提价策略。企业产品价格调整的动力既可能来自于内部，也可能来自于外部。倘若企业利用自身的产品或成本优势，主动地对价格予以调整，将价格作为竞争的利器，这称为主动调整价格。有时，价格的调整出于应付竞争的需要，即竞争对手主动调整价格，而企业也相应地被动调整价格。无论是主动调整，还是被动调整，其形式不外乎是削价和提价两种。

8.4.1 企业削价与提价

1. 削价策略

这是定价者面临的最严峻且具有持续威胁力量的问题。

企业削价的原因很多，有企业外部需求及竞争等因素的变化，也有企业内部的战略转变、成本变化等，还有国家政策、法令的制约和干预等。这些原因具体表现在以下几个方面。

（1）企业急需回笼大量现金。

对现金产生迫切需求的原因既可能是其他产品销售不畅，也可能是为了筹集资金进行某些新活动，而资金借贷来源中断。此时，企业可以通过对某些需求的价格弹性大的产品予以大幅度削价，从而增加销售额，获取现金。

（2）企业通过削价来开拓新市场。

一种产品的潜在顾客往往由于其消费水平的限制而阻碍了其转向现实顾客的可行性。在削价不会对原顾客产生影响的前提下，企业可以通过削价方式来扩大市场份额。不过，为了保证这一策略的成功，有时需要以产品改进策略相配合。

（3）企业决策者决定排斥现有市场的边际生产者。

对于某些产品来说，各个企业的生产条件、生产成本不同，最低价格也会有所差异。那些以目前价格销售产品仅能保本的企业，在别的企业主动削价以后，会因为价格的被迫降低而得不到利润，只好停止生产。这无疑有利于主动削价的企业。

（4）企业生产能力过剩，产品供过于求，但是企业又无法通过产品改进和加强促销等工作来扩大销售。在这种情况下，企业必须考虑削价。

（5）企业决策者预期削价会扩大销售，由此可望获得更大的生产规模。特别是进入成熟期的产品，削价可以大幅度增进销售，从而在价格和生产规模之间形成良性循环，为企业获取更多的市场份额奠定基础。

（6）由于成本降低，费用减少，使企业削价成为可能。随着科学技术的进步和企业经营管理水平的提高，许多产品的单位产品成本和费用在不断下降，因此，企业拥有条件适当削价。

（7）企业决策者出于对中间商要求的考虑。以较低的价格购进货物不仅可以减少中间商的资金占用，而且为产品大量销售提供了一定的条件。因此，企业削价有利于同中间商建立较良好的关系。

（8）政治、法律环境及经济形势的变化，迫使企业降价。

削价最直截了当的方式是将企业产品的目录价格或标价绝对下降，但企业更多的是采用各种折扣形式来降低价格。如在上面提到的数量折扣、现金折扣、回扣和津贴等形式。此外，变相的削价形式有：

（1）赠送样品和优惠券，实行有奖销售；

（2）给中间商提取推销奖金；

（3）允许顾客分期付款；

（4）赊销；

（5）免费或优惠送货上门、技术培训、维修咨询；

（6）提高产品质量，改进产品性能，增加产品用途。

由于这些方式具有较强的灵活性，在市场环境变化的时候，即使取消也不会引起消费者太大的反感，同时又是一种促销策略，因此在现代经营活动中运用得越来越广泛。确定何时削价是调价策略的一个难点，通常要综合考虑企业实力、产品在市场生命周期所处的阶段、销售季节、消费者对产品的态度等因素。比如，进入衰退期的产品，由于消费者失去了消费兴趣，需求弹性变大、产品逐渐被市场淘汰，为了吸引对价格比较敏感的购买者和低收入需求者，维持一定的销量，削价就可能是唯一的选择。由于影响削价的因素较多，企业决策者必须审慎分析和判断，并根据削价的原因选择适当的方式和时机，制定最优的削价策略。

2. 提价策略

提价确实能够增加企业的利润率，但却会引起竞争力下降、消费者不满、经销商抱怨，甚至还会受到政府的干预和同行的指责，从而对企业产生不利影响。虽然如此，在实际中仍然存在着较多的提价现象。其主要原因如下。

（1）应付产品成本增加，减少成本压力。这是所有产品价格上涨的主要原因。成本的增加或者是由于原材料价格上涨，或者是由于生产或管理费用提高而引起的。企业为了保证利润率不致因此而降低，便采取提价策略。

（2）为了适应通货膨胀，减少企业损失。在通货膨胀条件下，即使企业仍能维持原价，但随着时间的推移，其利润的实际价值也呈下降趋势。为了减少损失，企业只好提价，将通货膨胀的压力转嫁给中间商和消费者。

（3）产品供不应求，遏制过度消费。对于某些产品来说，在需求旺盛而生产规模又不能及时扩大而出现供不应求的情况下，可以通过提价来遏制需求，同时又可以取得高额利润，在缓解市场压力、使供求趋于平衡的同时，为扩大生产准备了条件。

（4）利用顾客心理，创造优质效应。作为一种策略，企业可以利用涨价营造名牌形象，使消费者产生价高质优的心理定势，以提高企业知名度和产品声望。对于那些革新产品、贵重商品、生产规模受到限制而难以扩大的产品，这种效应表现得尤为明显。

为了保证提价策略的顺利实现，提价时机可选择在这样几种情况下：

（1）产品在市场上处于优势地位；

（2）产品进入成长期；

（3）季节性商品达到销售旺季；

（4）竞争对手产品提价。

此外，在方式选择上，企业应尽可能多采用间接提价，把提价的不利因素减到最低程度，使提价不影响销量和利润，而且能被潜在消费者普遍接受。同时，企业提价时应采取各种渠道向顾客说明提价的原因，配之以产品策略和促销策略，并帮助顾客寻找节约途径，以减少顾客不满，维护企业形象，提高消费者信心，刺激消费者的需求和购买行为。

至于价格调整的幅度，最重要的考虑因素是消费者的反应。因为调整产品价格是为了促进销售，实质上是要促使消费者购买产品。忽视了消费者反应，销售就会受挫，只有根据消费者的反应调价，才能收到好的效果。

8.4.2 消费者对价格变动的反应

不同市场的消费者对价格变动的反应是不同的，即使处在同一市场的消费者对价格变动的反应也可能不同。从理论上来说，可以通过需求的价格弹性来分析消费者对价格变动的反应，弹性大表明反应强烈，弹性小表明反应微弱。但在实践中，价格弹性的统计和测定非常困难，其状况和准确度常常取决于消费者预期价格、价格原有水平、价格变化趋势、需求期限、竞争格局以及产品生命周期等多种复杂因素，并且会随着时间和地点的改变而处于不断地变化之中，企业难以分析、计算和把握。所以，研究消费者对调价的反应，多是注重分析消费者的价格意识。

价格意识是指消费者对商品价格高低强弱的感觉程度，直接表现为顾客对价格敏感性的强弱，包括知觉速度、清晰度、准确度和知觉内容的充实程度。它是掌握消费者态度的主要方面和重要依据，也是解释市场需求对价格变动反应的关键变量。

价格意识强弱的测定，往往以购买者对商品价格回忆的准确度为指标。研究表明，价格意识和收入呈负相关关系，即收入越低，价格意识越强，价格的变化直接影响购买量；收入越高，价格意识越弱，价格的一般调整不会对需求产生较大的影响。此外，由于广告常使消费者更加注意价格的合理性，同时也给价格对比提供了方便，因而广告对消费者的价格意识也起着促进作用，使他们对价格高低更为敏感。

消费者可接受的产品价格界限是由价格意识决定的。这一界限也就规定了企业可以调价的上下限度。在一定条件下，价格界限是相对稳定的，若条件发生变化，则价格心理界限也会相应改变，因而会影响企业的调价幅度。

依据上面介绍的基本原理，可以将消费者对价格变动的反应归纳为以下几点。

（1）在一定范围内的价格变动是可以被消费者接受的；提价幅度超过可接受价格的上限，则会引起消费者不满，产生抵触情绪，而不愿购买企业产品；降价幅度低于下限，会导致消费者的种种疑虑，也对实际购买行为产生抑制作用。

（2）在产品知名度因广告而提高、收入增加、通货膨胀等条件下，消费者可接受价格上限会提高；在消费者对产品质量有明确认识、收入减少、价格连续下跌等条件下，下限会降低。

（3）消费者对某种产品削价的可能反应是：产品将马上因式样陈旧、质量低劣而被淘汰；企业遇到财务困难，很快将会停产或转产；价格还要进一步下降；产品成本降低了。而对于某种产品的提价则可能这样理解：很多人购买这种产品，我也应赶快购买，以免价格继续上涨；提价意味着产品质量的改进；企业将高价作为一种策略，以树立名牌形象；卖主想尽量取得更多利润；各种商品价格都在上涨，提价很正常。

8.4.3　竞争者对价格变动的反应

虽然透彻地了解竞争者对价格变动的反应几乎不可能，但为了保证调价策略的成功，主动调价的企业又必须考虑竞争者的价格反应。没有估计竞争者反应的调价，往往难以成功，至少不会取得预期效果。

如果所有的竞争者行为相似，只要对一个典型竞争者作出分析就可以了。如果竞争者在规模、市场份额或政策及经营风格方面有关键性的差异，则各个竞争者将会作出不同的反应，这时，就应该对各个竞争者分别予以分析。分析的方法是尽可能地获得竞争者的决策程序及反应形式等重要情报，模仿竞争者的立场、观点、方法思考问题。最关键的问题是要弄清楚竞争者的营销目标：如果竞争者的目标是实现企业的长期最大利润，那么，本企业价格降低，它往往不会在价格上作相应反应，而在其他方面做出努力，如加强广告宣传、提高产品质量和服务水平等；如果竞争者的目标是提高市场占有率，它就可能跟随本企业的价格变动，而相应调整价格。

在实践中，为了减少因无法确知竞争者对价格变化的反应而带来的风险，企业在主动调价之前必须明确回答以下问题。

（1）本行业产品有何特点？本企业在行业中处于何种地位？

（2）主要竞争者是谁？竞争对手会怎样理解我方的价格调整？

（3）针对本企业的价格调整，竞争者会采取什么对策？这些对策是价格性的还是非价格性的？它们是否会联合作出反应？

（4）针对竞争者可能的反应，企业的对策又是什么？有无几种可行的应对方法？

在细致分析的基础上，企业方可确定价格调整的幅度和时机。

8.4.4 企业对策

竞争对手在实施价格调整策略之前，一般都要经过长时间的深思得失，仔细权衡调价的利害，但是，一旦调价成为现实，则这个过程相当迅速，并且在调价之前大多要采取保密措施，以保证发动价格竞争的突然性。企业在这种情况下，贸然跟进或无动于衷都是不对的，正确的做法是尽快迅速地对以下问题进行调查研究：① 竞争者调价的目的是什么？② 竞争者调价是长期的还是短期的？③ 竞争者调价将对本企业的市场占有率、销售量、利润、声誉等方面有何影响？④ 同行业的其他企业对竞争者调价行动有何反应？⑤ 企业有几种反应方案？竞争者对企业每一个可能的反应又会有何反应？

在回答以上问题的基础上，企业还必须结合所经营的产品特性确定对策。一般说来，在同质产品市场上，如果竞争者削价，企业必须随之削价，否则大部分顾客将转向价格较低的竞争者；但是，面对竞争者的提价，本企业既可以跟进，也可以暂且观望。如果大多数企业都维持原价，最终迫使竞争者把价格降低，使竞争者涨价失败。

在异质产品市场上，由于每个企业的产品在质量、品牌、服务、包装、消费者偏好等方面有着明显的不同，所以面对竞争者的调价策略，企业有着较大的选择余地。

（1）价格不变，任其自然，任顾客随价格变化而变化，靠顾客对产品的偏爱和忠诚度来抵御竞争者的价格进攻，待市场环境发生变化或出现某种有利时机，企业再做行动。

（2）价格不变，加强非价格竞争。比如，企业加强广告攻势，增加销售网点，强化售后服务，提高产品质量，或者在包装、功能、用途等方面对产品进行改进。

（3）部分或完全跟随竞争者的价格变动，采取较稳妥的策略，维持原来的市场格局，巩固取得的市场地位，在价格上与竞争对手一较高低。

（4）以优越于竞争者的价格跟进，并结合非价格手段进行反击。比竞争者更大的幅度削价，比竞争者小的幅度提价，强化非价格竞争，形成产品差异，利用较强的经济实力或优越的市场地位，居高临下，给竞争者以毁灭性的打击。

小　结

1. 在现代营销过程中，尽管非价格因素的作用在增长，但价格仍是营销组合中的一个重要因素；其他三个因素表现为成本，只有价格表现为收益。

2. 在制定价格政策中，公司要考虑公司的定价目标、成本、需求与竞争。

3. 公司通常不要制定一种单一的价格，而要建立一种价格结构，它可以反映诸如地理性需求和成本、市场细分要求、购买时机、订单水平和其他因素的变化情况。可适用的价格修订战略有好几种：① 心理定价；② 价格折扣和折让；③ 地理定价；④ 促销定价；⑤ 差别定价；⑥ 产品组合定价，它包括产品线定价、选择特色定价、附属产品定价、两段定价、副产品定价和产品捆绑定价等方法；⑦ 新产品定价。

4. 公司在制定了它们的定价战略后，往往又面临着修改价格的局面。价格下降可能是由于过剩的生产能力，市场份额在下降，通过低成本争取市场支配地位的愿望，或经济衰退。提价的原因可能是成本膨胀或供不应求。公司面对由竞争才发动的一个价格变更，必须努力了解竞争者的意图和价格变更能持续的时间。公司的战略常常取决于它的产品是同质还是异质的。

复习思考题

1. 影响企业定价的最主要因素是什么?
2. 企业的定价方法有哪些? 各有什么利弊?
3. 企业制定好价格后可以如何进行价格调整?
4. 如何看待中国家电行业的价格战?

案例

海信空调的价格策略

关于空调是否降价的话题，从 1998 年开始就成为媒体探讨的重点。价格战的硝烟席卷了包括彩电、冰箱、洗衣机、影碟机、微波炉等在内的几乎所有家用电器，在这些行业的格局因价格战发生了根本性变化的同时，这些产品也逐步走入寻常百姓家，成为居家生活的必备用品。例外的是，国内几大主要的空调器生产企业却一直遵守着其“保持价格稳定，有钱大家赚”的君子协议，而使空调业未受到价格战的洗礼。空调器高居不下的价格使它成为家用电器中的“贵族”，让许多消费者在买还是不买的问题上颇费思量。终于，随着 20 世纪最后一个春天的来临，空调器企业之间的这一默契被打破了。

自 2000 年 2 月中旬开始，市场上部分空调品牌就开始了每年例行的春季“跳点”——小幅降价 6%～8%，进行淡季促销，从而拉开了新一年竞争的序幕。除春兰、美的进行了小幅度的价格调整外，出手比较“重”的一家就是科龙：在春季促销中推出的几款特价机降幅均在 300～400 元之间。尽管这几家企业的有关人员反复宣称这仅仅是每年例行的价格调整，并不足以对市场价格产生大的影响，但是对于处在市场第一线的销售人员来说，价格战的阴云正迅速在天空集结。

果不其然，3 月初，海信打出“工薪变频”的旗号，以 3 680 元和 3 880 元的低价在市场上推出了两款变频空调，与同类产品的市场价格落差达 1 000 元，从而点燃了空调降价风波的导火索。起初，因为海信并非全面降价、变频空调并非目前市场上的主流机型以及海信尚处空调行业的第二集团军，其市场占有率不高等原因，各空调大户都不以为然，反应平淡，它们认为这仅仅是海信的炒作。但几天后，却从京城各大商场传回了消息说，“海信工薪变频卖疯了”，蜂拥而至的消费者举着刊载“变频空调降价千元”消息的报纸挤到海信空调柜台前抢购“工薪变频”。在几大商场，海信空调的日销量都突破了两位数（去年同期，海信在这几家商场的日销量也就是两三台）；在整个北京市，海信“工薪变频”的日销量几乎接近千台（去年同期，海信空调在京城的日销量不超过100台）。仅3月份一个月，海信两款工薪变频空调的全国销量就突破了6万套，创下了淡季单型号销量的最高纪录。

3月12日，空调大户春兰下调了两种畅销机型的价格，最高降幅达800元。降价后春兰各销售网点的出货速度和数量在随后一段时间的统计结果令人吃惊，仅3月19日一天，春兰降价机型在南京、上海、北京等多个城市的日销量均突破千台大关，其中上海最高，达1 260台。4月1日，在北京市场上知名度并不很高的森宝空调爆出了大冷门，推出2 000元的特价空调，当天就售出了5 000台，在一些商场甚至出现了拿号排队抢购的场面。北京本地产品“古桥”也随即推出了2 188元的特价空调。在采取一两款机型特价销售的投石问路之举引起消费者的强烈反响后，4月11日，春兰再次宣布下调其两大类19个品种空调产品的价格，降价品种覆盖了分体机的大部分型号和家翔柜机的全部型号，最大降幅逾千元。紧接着在4月13日，海信集团宣布在原有两款“工薪变频”的基础上再增加5款机型，届时7款“工薪变频”空调全面上市，且不限时不限量，保证全国市场的供应，其中一款变频柜机与市场上同种规格的产品相比价格落差2 000多元，再一次引起了空调市场的轰动。

4月初，海尔、美的、格力、科龙、新科、波尔卡六家空调生产企业不顾海信、春兰的降价攻势，在南京约法三章，组建价格同盟，挂出免战牌。但仅仅在十天后，新科空调就调头加入到降价促销的行列中来，以2 780元和2 880元推出两款特价机型，之后又在5月19日对其旗下12个品种、22个规格的产品价格下调600～2 000元不等，平均降幅达15%。科龙集团也在随后的5月20日将其160余个空调品种的价格全部下调，最高让利达1 500元，规模之大、品种之多创下了当年空调市场之最。与此同时，海尔、美的、格力虽一再声称坚决不打价格战，但事实上，他们也在跟进，纷纷推出了他们的特价机（降幅在300～500元之间）或实行购买赠送等促销手段。

在这场降价风潮中，海信在恰当的时候果断出击，给空调业价格战开了一个头，并尝到了第一口鲜美的汤。据来自中国社会经济决策咨询中心的信息，2 000年4月份全国106家大型商场空调器销售占有率排名中，海信仅次于海尔位居第二，为9.6%，比2月份的4.3%提高了123%（此数据的统计仅限于全国106家大商场，其他形式的销售终端的销售情况未包括在内）。可见，海信从3月份开始实施的价格策略对其抢占市场份额发挥了积极的作用。春兰的迅速跟进也使其销售量有了明显的增长。但逐渐地，精明的消费者在众多的降价面前开始由惊喜抢购转为理智思考。正所谓“买涨不买跌”，由于消费者对降价商品还未降至谷底的消费预期，空调市场产生了明显的持币待购、旺季不旺的现象。至此，这场由海信的低价策略引发的价格风波在业界引起了激烈的争论。

对空调降价持肯定态度的业内人士指出，从行业发展规律来看，空调已经进入高速发展期，继续保持发展初期的高利润率是不现实的，对行业的长期发展也不一定有利。把价格降下来，会刺激这个市场的加速成长，同时抬高这个市场的“准入门槛”，避免一些不必要的资源浪费，提高我国空调行业的整体素质。

而对降价持反对意见的厂家指出：价格下降必然会削减企业的盈利，减少企业的资本积累，从而使企业被迫削减其技术创新的资金投入，造成企业发展后劲不足，并影响整个行业的技术进步。同时，对消费者而言，他们实际上所需要的是顾客总价值与顾客总成本之比的最大化，而顾客总成本是购买成本和使用成本之和。空调器属于半成品，它的售后服务诸如安装和维修质量的好坏直接影响着空调消费者日后的使用成本。如果企业不留有足够的利润空间，它将无法保证提供良好的售后服务。如果消费者用表面上很有吸引力的价格购买了产品而实际上仅仅支付的是购买成本，他们的使用成本就没有在这次交换中表现出来，在日后使用过程中很可能会出现使用成本增加，这是企业对消费者不负责任的行为。因此，企业不应该一味降价去抢占市场份额，而应该拿到合适的利润，将重点放在提高产品质量和完善售后服务上去，更好地满足消费者需求。

面对外界的种种评论，海信一再强调"无意挑起价格战"，"推出'工薪变频'只是想以成熟的技术制造出适合中国消费需求的变频空调，让更多的消费者买得起变频空调"，并称他们的降价举措是基于以下几点考虑的。

第一，海信空调技术起点高，从建厂初期就以变频空调为拳头产品，一直致力于变频技术的研究与创新，成功地掌握了变频空调的核心技术和相关软件的开发技术，并实现了电器控制系统的高度集成化，是国内目前变频空调品种最多、产量最大的生产基地，从而使得制造成本大大降低。同时，借助于企业集团先进的管理手段和成熟的营销网络，企业的资源得到优化配置，这一切都促成了海信在价格上的重大突破。

第二，一个企业拥有成熟的技术，单纯靠制造科技含量高、质量可靠的产品还不够，必须要使其快速转化为能顺应消费需求、有竞争力价格的商品，才能赢得市场。变频空调作为传统定速空调的换代产品，其在降价前的价格与大多数消费者心目中的消费预期还存在一定差距，而在目前国内空调市场处于供大于求的买方市场下，需求对价格的决定作用远大于供给，变频空调能否真正成为大众消费品，关键是看它能否实现消费者所能承受的"平民价格"。因此，价格下调能够有效刺激消费者对空调的潜在需求转化为实际购买，从而推动变频空调在中国的普及。这一点从海信的低价策略得到市场的热烈回应也可以证明。

第三，当时中国入世在即，而国内空调业的整体技术水平在国际上还处于劣势，如果在价格上又没有竞争力，那么当国外品牌大举进入中国市场的时候，国内企业又该如何去面对呢？从这个角度来讲，整个空调行业不管是通过价格还是通过别的什么方式进行整合，对整个行业的发展都是有利的。因此，不管外界理解与否，海信已确定的低价策略是不会动摇的。

■ 案例思考题

1. 从空调降价的结果来看，消费者对空调的需求在价格上是富有弹性的还是缺乏弹性的？

2. 你认为海信空调采取降价措施是否明智？为什么？

3. 空调价格实际上包含了产品价格和服务价格两部分，对此你如何评价？这一概念的提出对空调产品的定价能产生什么影响？

4. 如果你是海信空调势均力敌的竞争对手，你将如何应对海信的价格攻势？

第9章

分销策略

从生产者的角度来看，商品和劳务只有到达消费者和用户的手中才是现实的产品，停留在生产者手中的产品只具有初始形式，企业还需运用一定的市场分销渠道，经过实体分配过程，将产品在适当的时间、地点以适当的价格供应给目标顾客，从而实现产品的最终形式。这种把生产者和消费者联系在一起，最终实现产品所有权转移的时空通道，便构成了市场分销渠道。

9.1 分销渠道

9.1.1 什么是分销渠道

所谓分销渠道，是指某种商品和服务从生产者向消费者转移过程中，取得这种商品和服务的所有权或帮助所有权转移的所有企业和个人。因此，分销渠道包括商人中间商（因为他们取得所有权）和代理中间商（因为他们帮助转移所有权），此外，它还包括处于渠道起点和终点的生产者和最终消费者或用户。

分销渠道在市场营销策略中起着关键作用，因为它们提供了将产品和服务从生产商转移到消费者或工业用户手中的手段。市场营销中介存在于批发和零售水平上。作为执行市场营销的功能的专家，而非生产或者制造功能，它们能比生产商或者消费者更有效地进行这些活动。市场营销中介即分销渠道的重要性，可以用它们创造的效用和执行的功能来说明。

1. 创造效用

分销渠道为消费者创造了三种类型的效用。

（1）时间效用。当消费者想要购买某种商品，而同时分销渠道提供这些商品可供销售时，它创造了时间效用。

（2）地点效用。当货物和服务在方便的地点可供购买时，它创造了地点效用。

（3）所有权（或者占有）效用。当产品的所有权从生产商或中介传送给购买者时，它创造了所有权效用。

在有的情况下，所有权并未转移给购买者，这时也创造占有效用，如在租用汽车的情况下。

2. 分销渠道的功能

分销渠道在整个市场营销系统中执行着若干功能。它的主要功能有：有利于交换过程，在分类中减少差异，交易标准化，以及寻找过程。

（1）有利于交换过程。

分销渠道发展从交换过程开始。随着市场经济的发展，交换过程本身变得越来越复杂。因为有更多生产商以及潜在的购买者，市场营销中介通过减少市场联系的次数而有利于交易。

（2）分类。

分销渠道的另一个十分重要的功能是调整供需双方的产品品种方面的差异，称为分类。生产商倾向于在一条有限的产品线上生产最大量的产品，而购买者需要的是较多品种的选择和最小的数量。分类通过减少这些差异调整购买者和生产商需要。

（3）使交易标准化。

在复杂市场经济中，如果每一次的交易都需要洽谈，交换过程将会很混乱。分销渠道将产品交易过程标准化。分销渠道将订货地点、价格、支付条件、交货进度表和购买批量逐步标准化。

（4）寻找过程。

分销渠道也为购买者和销售者提供寻找产品的方便。购买者寻找特定货物和服务以满足其需要，而销售者试图了解消费者想要什么。

9.1.2 分销渠道的类型

1. 分销渠道的层次

分销渠道可根据其渠道层次的数目来分类。在产品从生产者转移到消费者的过程中，任何一个对产品拥有所有权或负有推销责任的机构，就叫做一个渠道层次。由于生产者和消费者都参与了将产品及其所有权带到消费地点的工作，因此，他们都被列入每一渠道中。所以可以用中间机构层次的数目确定渠道的长度。如图 9－1 所示。

（1）零层渠道通常叫做直接分销渠道。直接分销渠道是指产品从生产者流向最终消费者的过程中不经过任何中间商转手的分销渠道。直接分销渠道主要用于分销产业用品。因为，一方面，许多产业用品要按照用户的特殊需要制造，有高度技术性，制造商要派遣专家去指导用户安装、操作、维护设备；另一方面，用户数目较少，某些行业工厂往往集中在某一地区，这些产业用品的单价高，用户购买批量大。现在，某些消费品有时也通过直接分销渠道分销。

（2）一层渠道含有一个销售中介机构。在消费者市场，这个中介机构通常是零售商；在产业市场，则可能是销售代理商或佣金商。

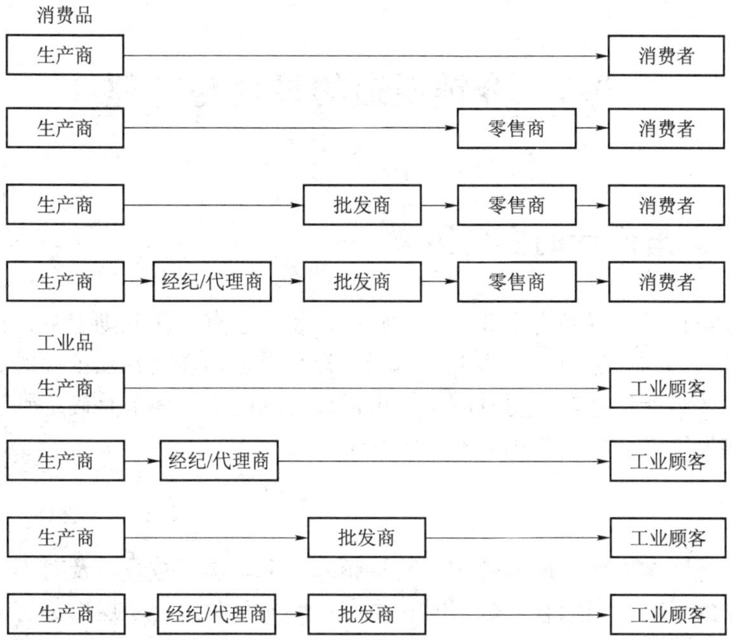

图 9－1　消费品和工业品的分销渠道

（3）二层渠道含有两个销售中介机构。在消费者市场，通常是批发商和零售商；在产业市场，则通常是销售代理商和批发商。

（4）三层渠道含有两个销售中介机构。通常有一专业批发商处于批发商和零售商之间，该专业批发商从批发商进货，再卖给无法从批发商进货的零售商。

（5）更高层次的分销渠道较少见。从生产者观点看，随着渠道层次的增多，控制渠道所需解决的问题也会增多。

2. 分销渠道的宽度

分销渠道的宽度是指渠道的每个层次使用同种类型中间商数目的多少，它与企业的分销策略密切相关。而企业的分销策略通常可分为三种：密集分销、选择分销和独家分销。

（1）密集分销，是指制造商尽可能地通过许多负责任的、适当的批发商、零售商推销其产品。消费品中便利品和产业用品中的供应品，通常采取密集分销，使广大消费者和用户能随时随地买到这些日用品。

（2）选择分销，是指制造商在某一地区仅仅通过少数几个精心挑选的、最合适的中间商推销其产品。选择分销适用于所有产品。但相对而言，消费品中的选购品和特殊品最宜于采取选择分销。

（3）独家分销，是指制造商在某一地区仅选择一家中间商推销产品，通常双方协商签订独家经销合同，规定经销商不得经营竞争者的产品，以便控制经销商的业务经营，调动其经营积极性，占领市场。

9.2 分销渠道的设计与管理

9.2.1 影响渠道设计的主要因素

有效的渠道设计，应以确定企业所要达到的市场为起点。从原则上讲，目标市场的选择并不是渠道设计的问题。然而，事实上，市场选择与渠道选择是相互依存的。有利的市场加上有利的渠道，才可能使企业获得利润。渠道设计问题的中心环节是确定到达目标市场的最佳途径，而影响渠道设计的主要因素有以下几个。

1. 顾客特性

渠道设计深受顾客人数、地理分布、购买频率、平均购买数量以及对不同市场营销方式的敏感性等因素的影响。当顾客人数多时，生产者倾向于利用每一层次都有许多中间商的长渠道。但购买者人数的重要性又受到地理分布程度的修正。此外，购买者对不同市场营销方式的敏感性也会影响渠道选择。

2. 产品特性

产品特性也影响渠道选择。易腐坏的产品为了避免拖延及重复处理增加腐坏的风险，通常需要直接市场营销。那些与其价值相比体积较大的产品（如建筑材料、软性材料等），需要通过生产者到最终用户搬运距离最短、搬运次数最少的渠道来销售。非标准化产品（如顾客订制的机器和专业化商业表格）通常由企业推销员直接销售。这主要是由于不易找到具有该类知识的中间商。需要安装、维修的产品经常由企业自己或授权独家专售特许商来负责销售和保养。单位价值高的商品则应由企业推销人员销售而不通过中间商。

3. 中间商特性

设计渠道时，还必须考虑执行不同任务的市场营销中间机构的优缺点。例如，由制造商代表与顾客接触，花在每一顾客身上的成本比较低，因为总成本由若干个顾客共同分摊。但制造商代表对顾客所付出的销售努力则不如中间商的推销员。一般来讲，中间商在执行运输、广告、贮存及接待顾客等职能方面，以及在信用条件、退货特权、人员训练和送货频率方面，都有不同的特点和要求。

4. 竞争特性

生产者的渠道设计还受到竞争者所使用的渠道的影响，因为某些行业的生产者希望在相同或相近的经销处与竞争者的产品抗衡。

5. 企业特性

企业特性在渠道在选择中扮演十分重要的角色。企业的总体规模决定了其市场范围、较大客户的规模以及强制中间商合作的能力。企业的财务能力决定了哪些市场营销职能可由自己执行，哪些应交给中间商执行。财务薄弱的企业，一般都采用“佣金制”的分销方法，尽量利用愿意并且能够吸收部分贮存、运输以及顾客融资等成本费用的中间商。企业的产品组合也会影响其渠道类型。企业产品组合的广度越大，则与顾客直接交易的能力越大；产品组合的深度越大，则使用独家专售或选择性代理商就越有利；产品组合的关联性越强，则越应使用性质相同或相似的市场营销渠道。企业过去的渠道经验和现行的市场营销政策也会影响渠道的设计。以前曾通过某种特定类型的中间商销售产品的企业，逐渐形成渠道偏好。再如，对最后购买者提供快速交货服务的政策，会影响到生产者对中间商所执行的职能、最终经销商的数目与存货水平以及所采用的运输系统的要求。

6. 环境特性

渠道设计还要受到环境因素的影响。

9.2.2 渠道的选择方案

每一渠道选择方案都是企业产品送达最后顾客的可能路线。生产者所要解决的问题，就是从那些看起来似乎很合理但又相互排斥的方案中选择最能满足企业长期目标的一种。因此，企业必须对各可能渠道选择方案进行评估，评估标准有三个，即经济性、控制性和适应性。

1. 经济性标准

在这三项标准中，经济标准最为重要。因为企业是追求利润而不是追求渠道的控制性与适应性。经济分析可用许多企业经常遇到的一个决策问题来说明，即企业应使用自己的推销力量还是应使用制造商的销售代表商。假设某企业希望其产品在某一地区取得大批零售商的支持。现有两种方案可供选择：一是向该地区的营业处派出销售人员，除了付给他们基本工资外，还采取根据推销成绩付给佣金的鼓励措施；二是利用该地区制造商的销售代理商，该代理商已和零售店建立起密切的关系，并同派出推销员，推销员的报酬按佣金制支付。这两种方案可导致不同的销售收入和成本。判别一个方案好坏的标准，不应是其能否导致较高的销售额和较低的成本费用，而是能否取得最大利润。

这种经济分析，应从估计每个方案的销售开始，因为有些成本会随着销售水平的变化而变化。究竟使用企业推销人员取得的销售额大，还是使用制造商的销售代理商取得的销售额大？大多数市场营销管理人员都认为使用企业推销人员所收到的成效较高。因为他们只专心于推销本企业产品，在销售本企业产品方面有过较专门的训练，比较积极肯干，他们的前途与企业发展紧密相连。此外，由于顾客比较喜欢与企业直接打交道，故使用本企业推销人员更容易取得交易成功。但事实上，制造商的代理商也可以达到与使用本企业推销员相同销售水平。这主要是由于：

（1）代理商的推销员也可能与企业推销员一样积极卖力，这要取决于本企业产品的推销和推销其他企业产品在报酬上的差异；

（2）顾客较喜欢与企业推销员打交道而不愿与代理商的推销员打交道确是事实，但这并不是绝对的、无条件的普遍现象，当产品及交易条件标准化时，顾客会觉得与谁打交道都无所谓，他们甚至更喜欢与经销多种产品的代理商打交道，而不愿与只卖一家企业产品的销售员打交道；

（3）多年建立起来的八面玲珑的广泛交际关系，是代理商的一项重要资本，也正是他们优于企业推销员的地方，因为企业推销员需从头开始一步步地建立这种关系。

从上述几个方面来看，代理商通常也能为制造商创造较高的销售额，至少在开始的前几年是这样，因此，要估计企业推销员与代理商二者的销售潜量，还必须对具体情况做具体分析，并注意征求该行业中经验丰富的管理人员及专家的意见。

经济分析的第二步是估计各种方案实现某一销售额所需花费的成本。利用代理商所花费的固定成本，比企业经营一个营业处所需固定成本低。但是，另一方面，利用代理商实现某一销售水平所需增加的成本比率要比利用企业推销员高，其原因是代理商的佣金率比企业推销员高。

一般来讲，小企业以及在较小地区从事经营活动的大企业，最好利用代理商推销产品。如果不能假设两种渠道方案会达到相同的销售水平，则最好直接对投资收益率作简单估计。代理商与企业推销员的经济分析，只能大致表明某一渠道在经济上是否优于另一渠道。这种评估范围必须加以扩大，同时考虑到各渠道方案的激励性、控制性与冲突性。

2. 控制性标准

使用代理商无疑会增加控制上的问题。一个不容忽视的事实是，代理商是一个独立的企业，他所关心的是自己如何取得最大利润。他可能不愿与相邻地区同一委托人的代理商合作。他可能只注重访问那些与其推销产品有关的顾客，而忽略对委托人很重要的顾客。代理商的推销员可能无心去了解与委托人产品相关的技术细节，也很难正确认真对待委托人的促销资料。

3. 适应性标准

在评估各渠道选择方案时，还有一项需要考虑的标准，那就是生产者是否具有适应环境变化的能力，即应变力如何。每个渠道方案都会因某些固定期间的承诺而失去弹性。当某一制造商决定利用销售代理商推销产品时，可能要签订 5 年的合同。这段时间内，即使采用其他销售方式会更有效，但制造商也不得任意取消销售代理商。所以，一个涉及长期承诺的渠道方案，只有在经济性和控制性方面都很优越的条件下，才可予以考虑。

9.2.3 渠道成员的选择、激励、评估与调整

企业管理人员在进行渠道设计之后，还必须对个别中间商进行选择、激励与评估，以及对渠道系统进行调整。

1. 选择渠道成员

生产者在招募中间商时，常处于两种极端情况之间。一是生产者毫不费力地找到特定的商店并使之加入渠道系统。他之所以能吸引经销商前来加入渠道系统，可能是因为他很有声

望，也可能是因为他的产品能赚钱。在某些情况下，独家分销或选择分销的特权也会吸引大量中间商加入其渠道。对于那些毫不费力地得到所需数目的中间商的生产者来讲，他所做的工作只是选择适当的中间商而已。二是生产者必须尽心才能找到期望数量的中间商。

不论生产者遇到上述哪一种情况，它都须明确中间商的优劣特性。一般来讲，生产者要评估中间商经营时间的长短及其成长记录、清偿能力、合作态度、声望等。当中间商是销售代理商时，生产者还需评估其经销的其他产品大类的数量与性质、推销人员的素质与评估商店的位置、未来发展潜力以及经常光顾的顾客类型。

2. 激励渠道成员

生产者不仅要选择中间商，而且还要经常激励中间商使之尽职。促使中间商进入渠道的因素和条件已构成部分激励因素，但仍需生产者不断地监督、指导与鼓励。生产者不仅利用中间商销售商品，而且把商品销售给中间商。这就使得激励中间商这一工作十分必要而且非常复杂。

激励渠道成员使其具有良好表现，必须从了解各个中间商的心理状态与行为特征入手。许多中间商常受到如下批评：① 不能重视某些特定品牌的销售；② 缺乏产品知识；③ 不认真使用供应商的广告资料；④ 忽略了某些顾客；⑤ 不能准确地保存销售记录，有时甚至遗漏品牌名称。

然而，生产者所批评的上述缺点，如果从中间商的角度看，可能很容易理解：① 中间商并不是制造商所雇佣的分销链中的一环，而是一个独立的市场营销机构，并且逐渐形成了以实现自己目标为最高职能的一套行之有效的方法，能自由制定政策而不受他人干涉；② 中间商主要执行顾客购买代理商的职能，其次才是执行供应商销售代理商的职能，他卖得起劲的产品都是顾客愿意购买的产品，不一定是生产者叫他卖的产品；③ 中间商总是努力将他供应的所有产品进行货色搭配，然后卖给顾客，其销售努力主要用于取得一整套货色搭配的订单，而不是单一货色的订单；④ 生产者若不给中间商特别奖励，中间商绝不会保存所销售的各种品牌的记录。而那些有关产品开发、定价、包装和激励规划的有用信息，常常是保留在中间商很不系统、很不标准、很不准确的记录中，有时甚至故意对供应商隐瞒不报。尽管以上四个论点很简单，但与以往观点不同。激励的首要步骤，就是站在别人的立场上了解现状，设身处地为别人着想，而不应仅从自己的观点出发看待问题。

生产者必须尽量避免激励过分与激励不足两种情况。当生产者给予中间商的优惠条件超过他取得合作与努力水平所需条件时，就会出现激励过分的情况，其结果是销售量提高，而利润量下降。当生产者给予中间商的条件过于苛刻，以致不能激励中间商的努力时，则会出现激励不足的情况，其结果是销售量降低，利润减少。所以，生产者必须确定应花费多少力量以及花费何种力量，来鼓励中间商。

一般来讲，对中间商的基本激励水平，应以交易关系组合为基础。如果对中间商仍激励不足，则生产者可采取两条措施：① 提高中间商可得的毛利率，放宽信用条件，或改变交易关系组合使之更有利于中间商；② 采取人为的方法来刺激中间商，使之付出更大努力。

3. 评估渠道成员

生产者除了选择和激励渠道成员外，还必须定期评估他们的绩效。如果某一渠道成员的绩效过分低于既定标准，则须找出主要原因，同时还应考虑可能的补救方法。当放弃或更换中间商将会导致更坏的结果时，生产者则只好容忍这种令人不满的局面。当不出现更坏的结果时，生产者应要求工作成绩欠佳的中间商在一定时间内有所改进，否则，就要取消他。

如果一开始生产者就与中间商签订了有关绩效标准与奖惩条件的契约，就可避免种种不愉快。在契约中应明确经销商的责任，如销售强度、绩效与覆盖率；平均存货水平；送货时间；次品与遗失品的处理方法、对企业促销与训练方案的合作程度；中间商对顾客须提供的服务等。

除了针对中间商绩效责任签订契约外，生产者还须定期发布销售定额，以确定目前的预期绩效。生产者可以在一定时期内列出各中间商的销售额，并依销售额大小排出先后名次。这样可促使后进中间商为了自己的荣誉而奋力上进，也可促进先进的中间商努力保持已有的荣誉，百尺竿头，更进一步。

需要注意的是，在排列名次时，不仅要看各中间商销售水平的绝对值，而且还须考虑到他们面临的各种不同可控制程度的变化环境，考虑到生产者的产品大类在各中间商的全部产品组合的相对重要程度。

4. 调整渠道系统

生产者在设计了一个良好的渠道系统后，不能放任其自由运行而不采取任何纠正措施。事实上，为了适应市场需要的变化，整个渠道系统或部分渠道成员必须随时加以调整。

企业分销渠道的调整可从三个层次上来研究。从经营层次上看，其调整可能涉及增减某些渠道成员；从特定市场的规划层次上看，其改变可能涉及增减某些特定分销渠道；在企业系统计划阶段，其改变可能涉及在所有市场进行经营的新方法。

1）增减某些渠道成员

在考虑渠道改进时，通常会涉及增减某些中间商的问题。作这种决策通常需要进行直接增量分析，通过分析，要弄清这样一个问题，即增减某些渠道成员后，企业利润将如何变化。但是，当个别渠道成员对同一系统其他成员有间接影响时，直接增量分析方法就不再适用了。例如，在某大城市中，某汽车制造商授予另一新经销商特许经营权这一决策，会影响其他经销商的需求、成本与士气，而该新经销商加入渠道系统后，其销售额就很难代表整个系统的销售水平。有时，生产者打算取消所有那些不能在既定时间内完成销售定额的中间商，由此导致总体影响，运用增量分析是难以奏效的。因此，在实际业务中，还不能单纯依据增量分析的结果采取具体行动。如管理人员确实需要对该系统进行定量化分析，则最好的办法是用整体系统模拟来测量某一决策对整个渠道系统的影响。

2）增减某些分销渠道

生产者也会常常考虑这样一个问题，即他所使用的所有分销渠道是否仍能有效地将产品送达某一地区或某类顾客。这是因为，企业分销渠道静止不变时，某一地区的购买类型、市场形势往往处于迅速变化中。企业可针对这种情况，借助损益平衡分析与投资收益率分析，确定增减某些分销渠道。

3）调整市场营销系统

对生产者来讲，最困难的渠道变分决策是调整整个市场营销系统。

9.3 中 间 商

9.3.1 批发商

批发包括一切将货物或服务销售给为了转卖或者商业用途而进行购买的人的活动。我们使用批发商这个词来描述那些主要从事批发业务的公司。

1. 批发商与零售商的差异

批发商和零售商之间在以下方面存在差异。

（1）批发商不太注重促销、环境和地点，因为他们是与顾客而不是最终消费者打交道。

（2）批发业务量往往比零售业务大，批发商所覆盖的贸易地区一般比零售商大。

（3）政府对批发商和零售商分别采取不同的法律条令和税收政策。

2. 批发商存在的必要性

的确，制造商完全可以不用批发商而将货物直接卖给零售商或最终消费者。不过，批发商的存在也为制造商带来了好处。

首先，小型制造商财力有限，无法单独设立一个直销部门，而批发商的存在就解决了它们的这一难题。

其次，即使制造商财力雄厚，他也宁愿将钱投在生产设备上，而不愿投资于费用高昂的分销渠道上。

再次，由于批发商在分销上可以享有规模经济（即可以享受到由于大批量购销而产生的费用成本的节约），而且它与零售网点接触面广，还具有进货、批发的专门技术，因此，制造商都认为批发商的分销效率高，愿与之合作。

最后，由于经营品种繁多的零售商都愿意与批发商打交道，而不愿意与单个制造商打交道，因此，那些经营产品种类有限的制造商更需要批发商为其解决产品销售难题。

批发商可以有效地执行下述职能。

（1）销售与促销职能，批发商通过其销售人员的业务活动，可以使制造商有效地接触众多小客户，从而促进销售。

（2）采购与搭配货色职能，批发商代替顾客选购产品，并根据顾客需要，将各种货色进行有效的搭配，从而使顾客节省不少时间。

（3）整买零卖职能，批发商可以整批地买进货物，再根据零售商的需要批发出去，从而降低零售商的进货成本。

（4）仓储服务职能，批发商可将货物储存到出售为止，从而降低供应商和顾客的存货成本和风险。

（5）运输职能，由于批发商一般距零售商较近，可以很快地将货物送到顾客手中。

（6）融资职能，批发商可以向客户提供信用条件，提供融资服务；另一方面，如果批发商能够提前订货或准时付款，也就等于是为供应商提供融资服务。

（7）风险承担职能，批发商在分销过程中，由于拥有货物所有权，故可承担失窃、瑕疵、损坏或过时等各种风险。

（8）提供信息职能，批发商可向其供应商提供有关买主的市场信息，诸如竞争者的活动、新产品的出现、价格的剧烈变动等。

（9）管理咨询服务职能，批发商可经常帮助零售商培训推销人员、布置商店以及建立会计系统和存货控制系统，从而提高零售商的经营效益。

由上述分析可知，批发商之所以有其存在的必要性，主要是由于它能为制造商、零售商以及其他机构提供多种职能服务。从国内外经济发展趋势看，批发商仍有广阔的发展前景。其中，以下发展趋势更使得批发商必不可少。首先，产量迅速增加的大制造商一般都位于远离消费者的地区。其次，大多数制造商的生产开始于订货之前，而不是根据订货进行生产。再次，产品的中间制造与使用的层次愈益增多。最后，消费者对产品的数量、包装、品种、类型的要求越来越高，越来越复杂。

3. 批发商的主要类型

批发商主要有三种类型，即商人批发商、经纪人和代理商、制造商销售办事处。

1）商人批发商

商人批发商是指自己进货，取得商品所有权后再批发出售的商业企业，也就是人们通常所说的独立批发商。商人批发商是批发商的最主要的类型。

商人批发商按职能和提供的服务是否完全来分类，可分为两种类型。① 完全服务批发商。这类批发商执行批发商业全部职能，它们提供的服务主要有：保持存货、雇用固定的销售人员、提供信贷、送货和协助管理等。完全服务批发商分为批发商和工业分销商两种。批发商主要是向零售商销售，并提供广泛的服务。工业分销商向制造商而不是向零售商销售商品。② 有限服务批发商。这类批发商为了减少成本费用，降低批发价格，只执行一部分服务。他们又可分为六种类型。一是现购自运批发商。他不赊销，也不送货，顾客要自备货车去批发商的仓库选购货物，当时付清货款，自己把货物运回来。现购自运批发商经营食品杂货，其顾客主要是食品杂货商、饭馆等。二是承销批发商，他们拿到顾客（包括其他批发商、零售商、用户等）的订货单，就向制造商、矿商等生产者进货，并通知生产者将货物直运给顾客。所以，承销批发商不需要有仓库和商品库存，只要有一间办公室或营业所就行了，因而这种批发商又叫做“写字台批发商”。三是卡车批发商，他们从生产者那里把货物装上卡车后，立即运送给各零售商店、饭馆、旅馆等顾客。所以这种批发商不需要有仓库和商品库存。由于卡车批发商经营的商品是易腐和半易腐商品，他们一接到顾客的要货通知就立即送货上门，每天送货几十次。卡车批发商主要执行推销员和送货员的职能。四是托售批发商。他们在超级市场和其他食品杂货商店设置自己的货架，展销其经营的商品；商品卖出后，零售商才付给货款。这种批发商的经营费用较高，主要经营家用器皿、化妆品、玩具等商品。五是邮购批发商。指那些全部批发业务采取邮购方式的批发商。他们经营食品杂货、小五金等商品，其顾客是过远地区的小零售商等。六是农场主合作社。它为农场主共同所有，负责将农产品组织到当地市场上销售。合作社的利润在年终时分配给各农场主。他们经常努力改进产品质量并宣传推广合作社的厂牌。

2）经纪人和代理商

经纪人和代理商是从事购买或销售或二者兼备的洽商工作，但不取得商品所有权的商业单位。与商人批发商不同的是，他们对其经营的商品没有所有权，所提供的服务比有限服务商人批发商还少，其主要职能在于促成商品的交易，借此赚取佣金作为报酬。与商人批发商相似的是，他们通常专注于某些产品种类或某些顾客群。

经纪人和代理商主要分为以下几种。

（1）商品经纪人。经纪人的主要作用是为买卖双方牵线搭桥，协助他们进行谈判，向雇用他们的一方收取费用。他们并不持有存货，也不参与融资或风险。

（2）制造商代表。也称制造商代理商，比其他代理批发商人数多。他们代表两个或若干个互补的产品线制造商，分别和每个制造商签订有关定价政策、销售区域、订单处理程序、送货服务和各种保证以及佣金比例等方面的正式书面合同。他们了解每个制造商的产品线，并利用其广泛关系来销售制造商的产品。制造商的代表常被用在服饰、家具和电气产品等产品线上。大多数制造商代表都是小型企业，雇用的销售人员虽少，但都极为干练。那些无力为自己雇用外勤人员的小公司往往雇用代理商。另外，某些大公司也利用代理商开拓新市场，或者在那些难以雇用专职销售员的地区雇用代理商作为其代表。

（3）销售代理商。销售代理商是在签订合同的基础上，为委托人销售某些特定商品或全部商品的代理商，对价格条款及其他交易条件可全权处理。这种代理商在纺织、木材、某些金属产品、某些食品、服装等行业中常见，在这些行业，竞争非常激烈，产品销路对企业能否生存至关重要。

销售代理商与制造商代表一样，也和许多制造商签订长期代理合同，替这些制造商代销产品，但他们之间也显著不同，首先，一般来讲，每一个制造商只能使用一个销售代理商，而且制造商将其全部销售工作委托给某一个销售代理商以后，不得再委托其他代理商代销产品，也不得再雇用推销员去推销产品；而每一个制造商可以同时使用几个制造商代表，此外，制造商还可以设置自己的推销机构。其次，销售代理商通常替委托人（制造商）代销全部产品，而且不限定只能在一定地区内代销，同时在规定销售价格和其他销售条件方面有较大的权力；而制造商代表要按照委托人规定的销售价格或价格幅度及其他销售条件，在一定地区内，替委托人代销一部分或全部产品。总而言之，制造商如果使用销售代理商，实际上是将其全部销售业务由销售代理商全权处理，用某些美国市场营销学家的话来说，就是“把委托人（制造商）全部要上市行销的鸡蛋都放在一个篮子里”。销售代理商实际上是委托人（制造商）的独家全权销售代理商。

某些制造商特别是那些没有力量自己推销产品的小制造商，使用销售代理商。

（4）采购代理商。采购代理商一般与顾客有长期关系，代他们进行采购，往往负责为其收货、验货、贮运，并将货物运交买主。其中一种是主要服饰市场的常驻采购，他们为小城市的零销商采购适销的服饰产品。他们消息灵通，可向客户提供有用的市场信息，而且还能以最低价格买到好的货物。

（5）佣金商。佣金商又称佣金行，是指对商品的实体具有控制力并参与商品销售谈判的代理商。大多数佣金从事农产品的代销业务。农场主将其生产的农产品委托佣金代销，付给一定佣金。委托人和佣金商的业务一般只包括一个收获和销售季节。

3）制造商及零售商的分店和销售办事处

批发的第三种形式是由买方或卖方自行经营批发业务，而不通过独立的批发商进行。这种批发业务可分为两种类型。

（1）销售分店和销售办事处。生产者往往设立自己的销售分店和销售办事处，以改进其存货控制、销售和促销业务。销售分店持有自己的存货，多在木材和自动设备零件等行业中经营。销售分店不持有存货，在织物制品和针线杂货业最为突出。

（2）采购办事处。许多零售商在大城市设立采购办事处。这些办事处的作用与经纪人或代理商相似，但却是买方组织的一个组成部分。

随着市场经济的发展，批发业将继续发展，主要通过兼并、合并和地区扩张来实现。地区扩张要求分销商懂得如何在更广泛和更复杂的地区内有效地竞争。电脑系统的使用日益推广，这将有助于批发商在这方面开展业务。批发商在扩大其地区范围时，将越来越多地雇用外部公共或私人运输工具运送商品。外国公司在分销方面所起的作用将有所加强。

9.3.2 零售商

零售包括所有向最终消费者直接销售商品和服务，以供其作个人及非商业性用途的活动。任何从事这种销售活动的机构，不论是制造商、批发商还是零售商都在从事零售业务，也不论这些产品和服务是如何销售（经由个人、邮寄、电话或自动售货机），或者是在何处（在商店、在街上或在消费者家中）销售的，都属于此范畴。而零售商或者零售商店是指那些其销售量主要来自零售的商业企业。

零售商的类型千变万化，新组织形式层出不穷。可分为三种类型：商店零售商、非商店零售商、零售机构。

1. 商店零售商

1）专用品商店

专用品商店经营的产品线较为狭窄，但产品的花色品种较为齐全。

2）百货商店

百货商店一般销售几条产品线的产品，尤其是服装、家具和家庭用品等，每一条产品线都作为一个独立部门由专门的采购员和营业员管理。此外还有一些专门售服装、鞋子、美容化妆品、礼品和皮箱的专用品百货商店。由于百货商店之间竞争激烈，还有来自其他的零售商，特别是来自折扣商店、专用品连锁商店、仓储零售商店的激烈竞争，加上交通拥挤、停车困难和中心商业区的衰落，百货商店正逐渐失去往日魅力。为了应付挑战，百货商店采取了一系列的革新措施，如：① 在郊区购物中心设立分店；② 采用廉价大拍卖的方法与折扣商店的威胁相抗衡；③ 改建装修店堂，建成“流行时装商店”等；④ 将柜台出租给外面的零售商，有的则试行邮购和电话市场营销业务；⑤ 裁减雇员人数，缩小产品经营范围，削减顾客服务项目，如取消送货上门和信用购货等。

3）超级市场

超级市场是规模相当大、成本低、毛利低、销售量大的自我服务的经营机构，主要经营各种食品、洗涤剂和家庭日常用品等。超级市场的主要竞争对手是方便食品店、折扣食品店和超级商店。为了迎接竞争，超级市场的发展趋势是：① 规模越来越大，营业面积大大增加；② 经营品种日益增多，突出表现在非食品类产品的增多，许多超级市场正在将其经营范围扩大到药品、家庭用具、唱片、运动用品、小五金、园艺工具，甚至照相机等商品上去，其目的是增加经营毛利高的产品，以提高利润；③ 营业设施不断改善，如在更昂贵的地段设店，扩大停车场面积，精心设计建筑和内部装修，延长营业时间和星期日营业等；④ 努力增加顾客服务项目，如支票付现、休息室和播放音乐等；⑤ 不断增加促销费用；⑥ 大量经营私人品牌，以便减少自己对全国性品牌的依赖性和增加毛利率。

4）方便商店

方便商店是设在居民区附近的小型商店，营业时间长，每周营业七天，销售品种范围有限、周转率高的方便产品。消费者主要利用它们做“填充”式采购，因此其营业价格要高一些。

5）超级商店、联合商店和特级商店

超级商店比传统的超级市场更大，主要销售各种食品和非仪器类日用品。它们通常提供洗衣、干洗、修鞋、支票付现、代付账单和廉价午餐等项服务。联合商店的面积比起超级市场和超级商店更大，呈现一种经营多元化的趋势，主要向医药和处方药领域发展。特级商场比联合商店还要大，综合了超级市场、折扣和仓储零售的经营方针，其花色品种超出了日常用品，包括家具、大型和小型家用器具、服装和其他许多品种。其基本方法是原装商品陈列，尽量减少商店人员搬运，同时向愿意自行搬运大型家用器具和家具的顾客提供折扣。

6）折扣商店

一个真正的折扣商店具有下列特点：① 商店常以低价销售商品；② 商店突出销售全国性品牌，因此价格低廉并不说明商品的质量低下；③ 商店在自助式、设备最少的基础上经营；④ 店址趋向于在租金低的地区，要能吸引较远处的顾客。折扣商店之间、折扣商店与百货商店之间的竞争非常激烈，从而导致许多折扣零售商经营品质高、价钱昂贵的商品。它们改善内部装修、增加新的产品线，如穿戴服饰；增加更多服务，如支票付现、方便退货；在郊区购物中心开办新的分店。这些措施导致折扣商店成本增加，被迫提价。另外，百货商店经常降价与折扣商店竞争，使两者之间的差距日益缩小。折扣零售已经从普通商品发展到专门商品商店，例如，折扣体育用品商店、折扣电子产品商店和折扣书店。

7）仓储商店

仓储式商业是一种以大批量、低成本、低售价和微利促销的连锁式零售商业。仓储商店一般具有以下特点：① 以工薪阶层和机关团体为其主要服务对象，旨在满足一般居民的日常性消费需求，同时满足机关企业的办公性和福利性消费的需要；② 价格低廉，通过从厂家直接进货，省略了中间销售环节，尽可能降低经营成本；③ 精选正牌畅销商品，从所有商品门类中挑选最畅销的商品大类，然后再从中精选出最畅销的商品品牌，并在经营中不断筛选，根据销售季节等具体情况随时调整，以使仓储式连锁商场内销售的商品占有较大的市场份额，同时保证商品的调整流转；④ 会员制，仓储式商场注意发展会员和会员服务，加强与会员之间的联谊，以会员制为基本的销售和服务方式；⑤ 低经营成本，运用各种可能的手段降低经营成本，如仓库式货架陈设商品；⑥ 先进的计算机管理系统，计算机收银系统及时记录分析各店的品种销售情况，不断更新经营品种，既为商场提供现代化管理手段，也减少了雇员的人工费用支出。

8）产品陈列室推销店

这类商店将产品目录推销的折扣原则用于品种繁多、加成高、周转快和有品牌的商品。

这些商品包括珠宝首饰、动力工具、提包、照相机及照相机器材。这些商店已经成为零售业的最热门形式之一，甚至对传统的折扣商店形成威胁。产品陈列室推销店散发四色印刷的目录，每本长达500页以上，此外还增发季节性的小型增补版，上面标有每一项商品的定价和折扣价。顾客可用电话订货，由店方送货上门，顾客支付运费。顾客也可开车来商店亲自验货提货。

2. 非商店零售商

虽然大多数货物和服务是由商店销售的，但是非商店零售却比商店零售发展得更快。下面介绍非商店零售商的四种形式：直复市场营销、直接销售、自动售货和购物服务。

1）直复市场营销

直复市场营销是一种为了在任何地方产生可度量的反应和达成交易而使用一种或多种广告媒体的互相作用的市场营销系统。直复市场营销者可在一定广告费用开支允许的情况下，选择可获得最大订货量的传播媒体，使用这种媒体是为了扩大销售量，而不是像普通广告那样刺激顾客的偏好和树立品牌形象。直复营销主要有以下几种方式。

（1）直接邮购。直接邮购是指直销人员将装有信件、广告、样品等物的邮件按照通讯录寄给潜力大的顾客。通讯录可根据往来客户自行编制，也可从邮寄名单经纪事务所购买。通讯录详细记录了顾客的姓名、地址、爱好和财产等状况，以便直销人员划分顾客群体，进行目标营销。这种零售方式对于推销书籍、订阅报刊和开展保险业务行之有效，有较强的针对性且灵活方便。

（2）目录营销。销售商按照选好的顾客名单通过邮寄目录进行直销，或备有目录随时供顾客索取。销售商往往要把上亿种产品的名单寄给潜在的顾客。这对消费者而言，既经济实惠，又简便迅捷，深受欢迎。近几年，美国许多专业商店通过目录营销来满足某些细分市场中的顾客需求，向百货公司提出了挑战。

（3）电话营销。早在20世纪60年代后期，这种业务就很兴旺，80年代末已发展成直接营销的主要方式之一。其特点是：用电话直接向消费者和公司企业接受订单、推销产品、培植和选择主要的目标顾客；可联系距离较远的顾客，或及时为现有客户提供服务；节约人员推销费用，增加销售额。如兰翎（Releigh）自行车公司利用电话营销，推销人员的差旅费减少了50%，而推销额增加了34%。

（4）电视营销。电视营销有两种主要形式。一是直接订货广告。由营销人员播放60～100秒的简短广告，反复宣传某项产品，并将订货电话号码告知顾客。顾客可打免费电话，订购广告上宣传的产品。这一方式对于推销书籍、小型家用电器、唱片或磁带等商品很奏效。二是家庭采购频道。直销人员把这个频道的全部节目都用于推销商品。美国最大的家庭采购电视网，每天24小时进行首饰、灯具、玩具、家用电器等商品的推销，顾客可打免费电话订购此类商品，所订货物一般48小时内便可送到顾客手中。

（5）电子销售。电子销售也包括两种形式。一是视频信息系统。这是一种通过电视电缆或电话连接起来的双向系统。视传部门人员根据生产者、零售商、银行、旅行社等单位提供的资料编制出商品目录，消费者坐在家中，利用必要的电子设施，从该项目录中选购所需的商品。二是使用具有服务功能的计算机给中心数据库打电话，对提供销售的各种产品进行比较，用打印机将订单连同记账卡号码一同打入电脑进行购物。

2）直接销售

直接销售主要有挨门挨户推销、逐个办公室推销和举办家庭销售会等形式。推销人员可以直接到顾客家中或办公室里进行销售，也可以邀请几位朋友和邻居到某人家中聚会，在那里展示并销售该公司产品。直接销售成本高昂（销售人员的佣金为20%～50%），而且还需支付雇用、训练、管理和激励销售人员的费用。由于越来越多的妇女在白天要上班工作，直接销售这一方法的前途一时难以断定。不过，将来直销售货员很可能要被电子销售代替。

3）自动售货

使用硬币控制的机器自动售货是第二次世界大战后出现的一个主要的发展领域。自动售货已经被用在相当多的商品上，包括经常购买的产品（如香烟、软饮料、糖果、报纸和热饮料等）和其他产品（袜子、化妆品、点心、热汤和食品、书、唱片、胶卷、T恤、保险和鞋油等）。售货机被广泛安置在工厂、办公室、大型零售商店、加油店、街道等地方。自动售货机具有向顾客提供24小时售货、自我服务和无需搬运商品等便利条件。同时，由于要经常给相当分散的机器补充存货、机器常遭破坏、失窃率高等原因，自动售货的成本很高，因此，其销售商品的价格比一般水平要高15%～20%。对顾客来说，机器损坏、库存告罄以及无法退货等问题也是非常令人头痛的。自动售货机提供的服务越来越多，如桌上弹珠机、吃角子老虎（一种赌具）、投币式自动电唱机和新型电脑游戏机。银行也广泛地使用自动出纳机这种高度专业化的机器，它可以为银行顾客提供昼夜24小时开支票、存款、提款和资金转账等项服务。

4）购物服务公司

购物服务公司是不设店堂的零售商，专为某些特定顾客，通常是为学校、医院、工会和政府机关等大型组织的雇员提供服务。这些组织的雇员可成为购物服务公司的会员，他们被授权从一批经过挑选的、愿意向这些成员以折扣价售货的零售商那里购货。如有一位顾客想买一台录像机，就可以从购物服务公司领一种表格，拿到经过批准的零售商那里以折扣价购买录像机，然后，该零售商要向购物服务公司付一小笔费用。

（1）零售组织。

尽管许多零售商店拥有独立的所有权，但是越来越多的商店正在采用某种团体零售形式。例如，在购物中心里连锁商店或特许经营商店越来越多，取代了独立的商店。团体零售有五种主要类型：连锁商店、自愿连锁商店和零售店合作社、消费者合作社、特许专营机构和销售联合大企业。

（2）连锁店。

20世纪零售业最重要的发展是连锁店。连锁店包括两个以上或者更多的共同所有和共同管理的商店，它们销售类似产品线的产品，实行集中采购和销售，还可能具有相似的建筑风格。连锁店有各种零售经营形式：超级市场、折扣商店、杂货店、专用品商店和百货公司。连锁店成功的原因，在于它们能够扩大销售量、降低毛利，因此，它们比独立商店享有更多的价格优势。连锁店可在以下几个方面提高其经济效益：① 连锁店能够大量进货，以便充分利用数量折扣和运输费用低这个优势；② 连锁店能够雇用优秀管理人员，在销售额预测、存货控制、定价和促销等方面制定科学的管理程序；③ 连锁店可以综合批发和零售的功能，而独立的零售商却必须与许多批发商打交道；④ 连锁店所做的广告可使各个分店都能受益，而其费用可由分店分摊，从而做到促销方面的经济节约；⑤ 连锁店允许各分店享有某种程度的自由，以适应消费者不同的偏好，有效地对付当地市场的竞争。

（3）自愿连锁店和零售店合作社。

连锁店引发了独立商店的竞争反应，它们开始组成两种联盟。① 自愿连锁店。它是由批发商牵头组成的独立零售商店集团，从事共同采购和共同销售业务。② 零售店合作社。它是由一些独立的零售商店组成一个集中采购组织，采取联合促销行动。这些组织在销售商品方面可达到一定的经济节约要求，而且能够有效地迎接连锁店的价格挑战。

（4）消费者合作社。

这是一种由消费者自身所拥有的零售公司。社区的居民认为当地零售商店服务欠佳，或者售价太高，或者提供的产品质量低劣，于是他们就自发组织起消费者合作社。这些居民出资开设自己的商店，采用投票方式进行决策，并推选出一些人对合作社进行管理。这些店可以定价较低，也可以按正常价格销售，根据每个人的购货多寡给予惠顾红利。

（5）特许专卖组织。

特许专卖组织是特许人（制造商、批发商或服务机构）和特许经营者（购买特许专卖系统中一个或若干个品种的所有权和经营权的独立的商人）之间的契约式联合。特许专卖组织的基础一般是独特的产品、服务或者是生产的独特方式、商标、专利或者是特许人已经树立的良好声誉。快餐、音像商店、保健中心、理发、汽车租赁、汽车旅馆、旅行社会、不动产和其他几十个产品和服务业主要使用特许专卖这一方式。特许人从特许经营者手中得到的补偿包括：首期使用费，按毛销售额计算的特许权使用费，对其提供的设备装置核收的租金，利润分成，有时还收定期特许执照费。有时，特许人也加收管理咨询费，但是特许经营者往往有权将此项服务作为全部合约的一部分而享有此项服务。

（6）销售联合大企业。

这种销售联合大企业是自由形式的公司，它以集中所有制的形式将几种不同的零售商品按类别的形式组合在一起，并将其分销、管理功能综合为一整体。将来，多样化零售可能会被更多的连锁店采用。主要的问题是多样化零售能否产生卓越的管理系统并使各种零售商品类别均能获益。

小　结

1. 从生产者的角度来看，商品和劳务只有到达消费者和用户的手中才是现实的产品，停留在生产者手中的产品只具有初始形式，企业还需运用一定的市场分销渠道，经过实体分配过程，将产品在适当的时间、地点以适当的价格供应给目标顾客，从而实现产品的最终形式。这种把生产者和消费者联系在一起，最终实现产品所有权转移的时空通道，便构成了市场分销渠道。

2. 分销渠道可根据其渠道层次的数目分类，也可根据渠道的宽度分类，即密切分销、选择分销和独家分销。

3. 分销渠道的设计受多种因素的影响，渠道设计的好坏可用三种标准进行评估。分销渠道方案确定后，必须对每个中间商进行选择、培训、激励和评价。此外，随着时间的变化，渠道安排必须调整。

4. 中间商有批发商和零售商两种，其各自又有许多类型。

复习思考题

1. 什么是分销渠道？分销渠道在营销中承担着什么作用？
2. 分销渠道有哪些类型？
3. 如何评估分销渠道？
4. 影响分销渠道设计的因素有哪些？
5. 批发商和零售商的差异是什么？

案例

零售王国沃尔玛

1996 年 8 月，全球头号零售品牌沃尔玛（Wal－Mart）进入中国市场，在深圳掀起购物旋风，使传统百货零售业目瞪口呆。沃尔玛的营销秘诀是什么？沃尔玛凭什么建立起称雄世界的零售王国？

沃尔玛创始人山姆·沃尔顿一语破的——

我们并肩合作，这就是秘诀。我们为每一位顾客降低生活开支。我们要给世界一个机会，来看一看通过节约的方式改善所有人的生活是个什么样子。

936 亿美元：销售额创世界纪录

没有一项产业会比零售业与消费者的日常生活有更密切的关系。一位美国学者曾把零售业的使命形象地定义为“提高生活水准、传播幸福”。而沃尔玛（Wal－Mart）正是这一行业中最璀璨的一颗明珠。

1991 年，沃尔玛年销售额突破 400 亿美元，成为全球大型零售企业之一。据 1994 年 5 月美国《幸福》杂志公布的全美服务行业分类排行榜，沃尔玛 1993 年销售额高达 673.4 亿美元，比上一年增长 118 亿多美元，超过了 1992 年排名第一位的西尔斯（Sears），雄居全美零售业榜首。1995 年沃尔玛销售额持续增长，并创造了零售业的一项世界纪录，实现年销售额 936 亿美元，在《财富》杂志 95 家美国最大企业排行榜上名列第四。事实上，沃尔玛的年销售额相当于全美所有百货公司的总和，而且至今仍保持着强劲的发展势头。而相比之下，我国北京、上海和广州的一些大型百货公司年销售额只有几十亿人民币，与沃尔玛相差之大，令人咋舌。

至今，沃尔玛已拥有 2 133 家沃尔玛商店，469 家山姆会员商店和 248 家沃尔玛购物广场，遍布美国、墨西哥、加拿大、波多黎各、巴西、阿根廷、南非、中国、印尼等处。它在短短几十年中有如此迅猛的发展，不得不说是零售业的一个奇迹。

试问，沃尔玛何以能从一家小型的零售店，迅速发展成为大型零售集团，并成为全球第一零售品牌？

首先，沃尔玛提出了“帮顾客节省每一分钱”的宗旨，而且实现了价格最便宜的承诺。

其次，光有价廉的商品是不够的，沃尔玛还向顾客提供超一流服务的新享受。公司一贯坚持“服务胜人一筹、员工与众不同”的原则。走进沃尔玛，顾客便可以亲身感受到宾至如归的周到服务。

再次，沃尔玛推行“一站式”购物新概念。顾客可以在最短的时间内以最快的速度购齐所有需要的商品，正是这种快捷便利的购物方式吸引了现代消费者。

此外，虽然沃尔玛为了降低成本，一再缩减广告方面的开支，但对各项公益事业的捐赠上，却不吝金钱、广为人善。有付出便有收获，沃尔玛在公益活动上大量的长期投入以及活动本身所具的独到创意，大大提高了品牌知名度，成功塑造了品牌在广大消费者心目中的卓越形象。

最后，沃尔玛能超越西尔斯最关键的一个原因，是沃尔玛针对不同的目标消费者采取不同的零售经营形式，分别占领高、中、低档市场。例如，针对中层及中下层消费者的沃尔玛平价购物广场，只针对会员提供各项优惠及服务的山姆会员商店，以及深受上层消费者欢迎的沃尔玛综合性百货商店等。

以上五点原因，使沃尔玛得以从零售业中脱颖而出，建立起了当代独特的零售王国。以下从这五个方面详细阐述其成功之道，国内零售企业或可从中得到启发，加快发展国际性零售品牌的进程。

1. 价格最便宜的承诺

所有的大型连锁超市都采取低价经营策略，沃尔玛与众不同之处在于，它想尽一切办法从进货渠道、分销方式以及营销费用、行政开支等各方面节省资金，提出了“天天平价、始终如一”的口号，并努力实现价格比其他商号更便宜的承诺。

严谨的采购态度、完善的发货系统和先进的存货管理是促成沃尔玛做到成本最低、价格最便宜的关键因素。

其创始人沃尔顿曾说过，“我们重视每一分钱的价值，因为我们服务的宗旨之一就是帮每一名进店购物的顾客省钱。每当我们省下一块钱，就赢得了顾客的一份信任。”为此，他要求每位采购人员在采购货品时态度要坚决。他告诫说：“你们不是在为商店讨价还价，而是在为顾客讨价还价，我们应该为顾客争取到最好的价钱。”

沃尔玛一般是直接从工厂以最低的进货价采购商品。一旦交易达成，总部便会通知厂商把货品直接发送到沃尔玛发货中心。沃尔玛在美国拥有16个发货中心，都设在离网点不到一天路程的地方。它所拥有的6 000多辆货车，平均每天要发货19万箱。1987年，公司建立起全美最大的私人卫星通信系统，以便节省总部与分支机构的沟通费用，加快决策传达以及信息反馈的速度，提高整个公司的运作效率。总部的高速电脑与16个发货中心以及1 000多家的商店连接。通过商店付款台激光扫描器售出的每一件货物，都会自动记入电脑。当某一货品库存减少到一定数量时，电脑就会发出信号，提醒商店及时向总部要求进货。总部安排货源后送往离商店最近的一个发货中心，再由发货中心的电脑安排发送时间和路线。在商店发出订单后36小时内所需货品就会出现在仓库的货架上。这种高效率的存货管理，使公司能迅速掌握销售情况和市场需求趋势，及时补充库存不足。这样可以减少存货风险、降低资金积压的额度，加速资金运转速度。

沃尔玛也采用了仓储式经营，因而在商品销售成本上更充分体现出规模效益。例如，山姆会员店内装修简洁，尽量利用所有的货架空间储存、陈设商品。价格不是标在每件商品上，而是统一标于货架，只要通过扫描商品的条形码，收银机便会准确地收取价款。商品多以大包装出售，以减低单独包装的成本。随着我国生产力水平的不断提高、消费者购买能力的增强，许多城市已具备推行这一模式的条件。商家渐渐认识到仓储式经营模式的优点，并开始了一些尝试，类似天客隆的平价仓储商店纷纷开业。目前最关键的问题是，吸取国外成功企业（如沃尔玛）的经验，更全面、更彻底地做到成本最低，实现规模效益。

除了以上几点，沃尔玛为了减少经营开支，选择了压缩广告费用的策略。美国一般大型百货公司每年在电视或报纸上要做50～100次广告，而沃尔玛只有12次。面对广告泛滥的美国市场，沃尔玛大胆地采用了这种广告策略，并可长久立于不败之地，从中可以得到一点启示：对于商家来说，一味地追加广告投入，营业额并非一定成正比例增长。有时适当地缩减广告费用，经营成本相应降低之后，绩效也会有明显的提升。

2. 超一流服务新享受

在零售业中，舒适的购物环境、优质周到的服务必然与较高的价格相联系；而在商品价格低廉的连锁超市中，顾客往往只能得到购物价格上的优惠，而无法享受到优质的服务。凯马特（K－Mart）是美国一间著名的大型折扣连锁店，它的卖场广大，为了节约人工成本，店员却很少。虽然店里陈列着品种繁多、价格便宜的商品，但顾客如想找一两位店员询问有关问题却不是件容易的事。在这里，顾客虽然满足了购买便宜商品的欲望，但是没有感觉到店员对他们付出了一点点关心，于是在顾客心中就产生了美中不足的遗憾。

零售企业要在顾客心目中树立品牌形象，仅靠质优价廉的商品是不够的，顾客还希望在购物的同时享受到细致盛情的服务。沃尔玛正是考虑到这一点，从顾客的角度出发，以其超一流的服务吸引着大批顾客。走进任何一间沃尔玛店，店员立刻就会出现在你面前，笑脸相迎。店内贴有这样的标语“我们争取做到，每件商品都保证让您满意！”顾客在这里购买的任何商品如果觉得不满意，可以在一个月内退还商店，并获得全部货款。沃尔顿曾说，“我们都是为顾客工作，你也许会觉得是在为上司工作，但事实上他也和你一样。在我们的组织之外有一个大老板，那就是顾客。”沃尔玛把超一流的服务看成是自己至高无上的职责。在很多沃尔玛店内都悬挂着这样的标语：

顾客永远是对的；

顾客如有错误，请参看第一条。

这是沃尔玛顾客至上原则的一个生动写照。有一些员工感慨地说，“是沃尔玛第一次让我们认识到顾客永远是对的。”

沃尔玛经营秘诀在于不断地了解顾客的需要，设身处地为顾客着想，最大程度地为顾客提供方便。有一次，一位顾客到沃尔玛店寻找一种特殊的油漆，而店中正好缺货，于是油漆部门的经理便亲自带这位顾客到对面的油漆店购买。该顾客和油漆店的老板都感激不已。沃尔顿常对员工说，“让我们以友善、热情对待顾客，就像在家里招待客人一样，让他们感觉到我们无时无刻不在关心他们的需要。”

3. “一站式”购物新概念

顾客是否能在店中一次购齐所有需要货品，是否可以得到及时的新产品销售信息，是否可以享有送货上门、免费停车等附加服务，是否可以在任何有空闲的时间入店购物……这些问题也是评价一间商店好坏的重要标志。

在沃尔玛，消费者可以体验“一站式”购物（One-Stop Shopping）的新概念。在商品结构上，它力求富有变化和特色，以满足顾客的各种喜好。其经营项目繁多，包括食品、玩具、新款服装、化妆用品、家用电器、日用百货、肉类果菜等。

另外，沃尔玛为方便顾客还设置了多项特殊的服务类型。

● 免费停车。如深圳的山姆店营业面积有12 000多平方米，有近400个免费停车位，而另一家营业面积达17 800多平方米的沃尔玛购物广场也设有约150个停车位。

● 沃尔玛将糕点房搬进了商场，更设有“山姆休闲廊”，所有的风味美食、新鲜糕点都给顾客在购物劳顿之余以休闲的享受。

● 店内聘有专业人士为顾客免费咨询电脑、照相机、录像机及其相关用品的有关情况，有助于减少盲目购买带来的风险。

● 店内设有文件处理商务中心，可为顾客提供包括彩色文件制作、复印，工程图纸放大缩小，高速文印在内的多项服务。

● 一次购物满2 000元或以上，沃尔玛皆可提供送货服务，在指定范围内每次49元(因为商品价格中不含送货成本)。

● 另外，深圳山姆店办理一切移动电脑售机业务，包括移动局销售的所有机型。价格均比其他代办网点便宜100元；它还代理销售润讯的通讯产品，代收各类机型的台费，各种中文机、数字机均比市面其他润讯网点便宜50元。

在店址选择上，沃尔玛也以方便顾客购物为首要考虑因素。在美国，它的触角伸向西尔斯、凯马特所不屑一顾的偏远小乡镇。从明尼苏达到密西西比，从南加州到奥克拉荷马，沃尔玛无所不在。哪座乡镇缺乏廉价商店，沃尔玛就在哪里开业。

4. 捐赠公益树立形象

沃尔玛为了向顾客提供更多的实惠，尽量缩减广告费用，而在促销创意上颇费心思，力争以最少的投入获取最佳的效果。凡是沃尔玛所促销的商品总是能被一抢而空。在促销方式中，沃尔玛特别重视发挥活动行销（Event Marketing）的作用。例如，在纳布拉斯加州费尔佰利的分店成立了一支“精确购物花车训练队”，并组织参加了当地举行的花车游行活动。所有的队员都穿着沃尔玛的制服，推着花车变换队形，在游行队伍中显得格外引人注目。为了给社区乏味枯燥的生活增添些情趣，制造欢乐气氛，沃尔玛会经常性开展一系列户外大拍卖、乐队和马戏团表演，以吸引顾客前来购物。每年十月的第二个星期六，沃尔玛都会在奥尼安塔分店的停车场举行“吃圆月饼”的竞赛活动。这一活动吸引了许多来自其他州的顾客前来参加、观看。新闻媒体的采访报道更提高了该项竞赛以及沃尔玛的知名度。另外，在沃尔玛公司股票上市时，曾邀请华尔街的证券分析家和股东们泛舟溪流、露营湖畔。

尽管沃尔玛一再缩减其广告开支，但另一方面在对非营利性组织和公益事业（如学校、图书馆、经济发展团体、医院、医学研究计划和环保方案等）进行捐赠时，却不吝金钱，十分慷慨。

▲ 1983年以来，沃尔玛为美国各州“联合之路”慈善机构捐赠了5 200万美元。

▲ 乔治亚香山城的分店举办了亲猪大赛为慈善机构募捐。

▲ 1988年以来，为协助各儿童医院开设的“儿童的奇迹”电视栏目，沃尔玛筹集了5 700万美元，是其中最大的赞助商。

▲ 沃尔顿还积极资助公、私立学校，成立特殊奖学金，协助拉丁美洲的学生到阿肯色州念大学。他还将自创品牌“山姆美国精选”，商品营业额的一定比例捐作奖学金，提供给研究数学、科学与计算机的学生。

而国内的零售企业很少愿在短期直接利益不明显的公益事业上有所投入，他们所关心的往往是应季的促销宣传等。其实捐助公益事业（如希望工程等）是一项长期的投资，从长远来看对于提高品牌知名度，提升企业形象都有着不容忽视的作用。

5. 细分市场全面覆盖

西尔斯公司是全球大宗邮购与零售业的始祖，创立于1886年。在1992年以前，它一直保持着零售业之冠的地位。它在美国的普及度令人吃惊——美国平均每10人中就有8人一年至少去西尔斯购物一次。西尔斯所走的商品路线，一向是以中下阶层为消费诉求对象。它的一个主要卖点与沃尔玛一样，就是商品价格低廉。但进入90年代以后，西尔斯的零售业危机四伏，到1992年就已经为只有几十年历史的沃尔玛所赶超，为了公司的生存和发展，西尔斯不得不改变经营策略，把注意力转移到保险业、不动产业、金融业和信用卡业，进行多角化经营。那么为什么在零售业的战场上沃尔玛得以战胜稳居霸主地位多年的西尔斯?

沃尔玛在品牌经营策略上，选择了多种零售形式以针对不同档次的目标消费者。正是由于沃尔玛全方位出击、抢占了高低档市场，所以沃尔玛取代了曾经风靡整个美国的西尔斯，成为零售业第一品牌。

第二次世界大战后，消费者的结构层次就开始不断变化。原来的中下阶层已逐渐分化为“中上”和“下”两个阶层。沃尔玛针对这一变化，果断采取了不同经营形式的品牌策略。其中1983年创立的山姆会员店和1988年创立的沃尔玛购物广场是针对“下”层消费者，更彻底地做到减少开支的理想境地，争取到原来属于西尔斯的大部分顾客。另一种是1987年创立的经营形式——沃尔玛综合性百货商店。它装修气派，规模庞大，服务超级，出售的产品变化多样、独具特色，比较起来西尔斯出售的商品多是一些朴实的样式，欠缺独特之处，因此“中上”阶层的顾客当然也就不再眷恋西尔斯公司。由于沃尔玛从这两方面同时向西尔斯提出挑战，发起进攻，所以西尔斯无力与之抗衡，终于让出了盟主的位置，转到零售业以外的行业去了。

会员制是一种新兴的零售形式。山姆会员商店是沃尔玛经营的一大特色，是它夺取市场战胜西尔斯的一大法宝。

实行会员制给沃尔玛带来了许多利益。

(1) 建立了长期稳定的消费市场。通过会员制，沃尔玛以组织约束的形式，把大批不稳定的消费者变成稳定的客户，从而大大提高了沃尔玛的营业额和市场占有率。

(2) 培养了大批品牌忠诚者。通过会员制，成为会员的消费者会长期在山姆会员店购物，这样很容易产生购买习惯，从而培养起消费者对沃尔玛这一零售商品牌的忠诚感。

(3) 会费收入相当可观。会费虽相对个人是一笔小数目，但对于会员众多的山姆店来说，却是一笔相当可观的收入，它往往比销售的纯利润还多。

另一方面，实行会员制是类似于减价优惠的一种促销形式，消费者也可以从中获取许多利益，例如：

享受超低价优惠或特殊服务。对于消费者来说，加入山姆店可以享受价格更低的优惠，一次性支出的会费远小于以后每次购物所享受到的超低价优惠，所以往往愿意加入会员店。

方便购物。消费者一旦成为会员之后，可以享受各式各样的特殊服务，如可以定期收到有关新到货品的样式、性能、价格等资料，享受送货上门的服务等。

可利用会员卡馈赠亲友。会员卡的形式很多，其附属卡便可以礼品的形式转赠他人。

山姆会员商店的会籍分为商业会籍和个人会籍两类。商业会籍申请人须出示一份有效的营业执照复印件，并可提名8个附属会员；个人会籍申请人只需出示其居民身份证或护照，并可提名2个附属会员。两类会籍收费统一，主卡年费均为150元，附属卡年费每张50元(以深圳山姆店为例)。简便的入会手续，保证了每一位消费者都有成为会员、享受优惠的可能性。

沃尔玛（Wal－Mart）小档案如下：

1950年，山姆·沃尔顿开设了第一家特价商店；

1962年，沃尔顿以“Wal－Mart”为名在阿肯色州拉杰斯市开办了第一家沃尔玛平价商店；

1972年，沃尔玛公司在纽约上市股票，其价值在以后的17年间（到1989年）翻了100倍；

1979年，沃尔玛总销售额首次突破10亿美元；

1983年，成功地开设了凭会员资格方能平价购物的山姆会员商店（SAM'S CLUB)；

1985年，美国著名财经杂志《福布斯》把沃尔顿列为全美首富；

1987年，在德州加伦市开设了第一家综合性百货商店（HyperMart)，并建立起美国最大的私人卫星通信系统之一，将下属分店与总部联结起来；

1988年3月，在密苏里州华盛顿市成立了第一家沃尔玛平价购物广场（Super Center)；

1991年，在墨西哥与当地著名的CifaS. A合作建立起45家山姆会员商店和沃尔玛购物广场，又在加拿大开设了122家连锁店；

1992年3月17日，沃尔顿荣获“总统自由勋章”；

1993年，在英、法、德等欧洲国家已拥有330家零售商店，其海外营业额已占总营业额的27.6%；

1994年，正式成立国际业务部，专门负责境外事务；

1996年8月12日，中国第一家沃尔玛平价购物广场和山姆会员商店在深圳开业。

山姆·沃尔顿成功经营十大法则：

1. 全心经营，比别人更尽心尽力；
2. 和同事分享利润；
3. 激励你的同事；
4. 凡事和同事沟通；
5. 感激同事对公司的贡献；
6. 成功要大肆庆祝，失败则不必丧志；
7. 聆听公司内每一个人的意见；
8. 超越顾客的期望，他们就会一再光临；
9. 控制成本低于竞争对手；
10. 逆流而上，走不同的路，放弃传统观念。

资料来源：朱诩敏，卢泰. 销售与市场，2000－07－03.

第10章

促 销 策 略

成功的市场营销活动，不仅需要制定适当的价格、选择合适的分销渠道，向市场提供令消费者满意的产品，而且需要采取适当的方式进行促销。正确制定并合理运用促销策略是企业在市场竞争中取得有利的产销条件、获取较大经济效益的必要保证。

10.1 促销与促销组合

10.1.1 促销的含义

促销（Promotion）是指企业通过人员推销或非人员推销的方式，向目标顾客传递商品或劳务的存在及其性能、特征等信息，帮助消费者认识商品或劳务所带给购买者的利益，从而引起消费者的兴趣，激发消费者的购买欲望及购买行为的活动。从这个概念不难看出，促销具有以下几层含义。

（1）促销本质上是一种通知、说服和沟通活动，促销工作的核心是沟通信息。

企业与消费者之间达成交易的基本条件是信息沟通。若企业未将自己生产或经营的产品和劳务等有关信息传递给消费者，那么，消费者对此则一无所知，自然谈不上认购。只有将企业提供的产品或劳务等信息传递给消费者，才能引起消费者注意，并可能产生购买欲望。

（2）促销的目的是引发、刺激消费者产生购买行为。

在消费者可支配收入既定的条件下，消费者是否产生购买行为主要取决于消费者的购买欲望，而消费者购买欲望又与外界的刺激、诱导密不可分。促销正是针对这一特点，通过各种传播方式把产品或劳务等有关信息传递给消费者，以激发其购买欲望，使其产生购买行为。

（3）促销的方式有人员促销和非人员促销两类。

人员促销，亦称直接促销或人员推销，是企业运用推销人员向消费者推销商品或劳务的一种促销活动。它主要适合于消费者数量少、比较集中的情况下进行促销。非人员促销，又称间接促销或非人员推销，是企业通过一定的媒体传递产品或劳务等有关信息，以促使消费者产生购买欲望、发生购买行为的一系列促销活动，包括广告、公关和营业推广等。它适合于消费者数量多、比较分散的情况下进行促销。通常，企业在促销活动中将人员促销和非人员销结合运用。

10.1.2 促销的作用

促销是企业营销活动中不可缺少的重要组成部分，促销具有如下功能。

1. 传递信息，提供情报

销售产品是市场营销活动的中心任务，信息传递是产品顺利销售的保证。信息传递有单向和双向之分。单向信息传递是指卖方发出信息，买方接收，它是间接促销的主要功能。双向信息传递是买卖双方互通信息，双方都是信息的发出者和接受者，直接促销有此功效。在促销过程中，一方面，卖方（企业或中间商）向买方（中间商或消费者）介绍有关企业现状、产品特点、价格及服务方式和内容等信息，以此来诱导消费者对产品或劳务产生需求欲望并采取购买行动；另一方面，买方向卖方反馈对产品价格、质量和服务内容、方式是否满意等有关信息，促使生产者、经营者取长补短，以更好地满足消费者的需求。

2. 突出特点，诱导需求

在市场竞争激烈的情况下，同类商品很多，并且有些商品差别微小，消费者往往不易分辨。企业通过促销活动，宣传、说明本企业产品有别于其他同类竞争产品之处，便于消费者了解本企业产品在哪些方面优于同类产品，使消费者认识到购买、消费本企业产品所带来的利益更大，从而乐于认购本企业产品。生产者作为卖方向买方提供有关信息，特别是能够突出产品特点的信息，能激发消费者的需求欲望，变潜在需求为现实需求。

3. 指导消费，扩大销售

在促销活动中，营销者循循善诱地介绍产品知识，一定程度上对消费者起到了教育指导作用，从而有利于激发消费者的需求欲望，变潜在需求为现实需求，实现扩大销售之目的。

4. 形成偏爱，稳定销售

在激烈的市场竞争中，企业产品的市场地位常不稳定，致使有些企业的产品销量此起彼伏、波动较大。企业运用适当的促销方式，开展促销活动，可使较多的消费者对本企业的产品产生偏爱，进而稳住已占领的市场，达到稳定销售的目的。对于消费者偏爱的品牌，即使该类商品需求下降，也可以通过一定形式的促销活动，促使消费者对该品牌的需求得到一定程度的恢复与提高。

10.1.3 促销组合

促销的方式多种多样，大体上可分为直接促销和间接促销两种。具体又可分为广告、营业推广、公共关系和人员推销四种。由于各种促销方式各有优点与缺点，所以在促销过程中，为了以最小的成本投入，获取最大的经济效益，企业需要对各种不同的促销活动进行有机组合，形成促销组合，从而使企业的全部促销活动互相配合，协调一致，最大限度地发挥整体效果，顺利实现促销目标。如图 10－1 所示。

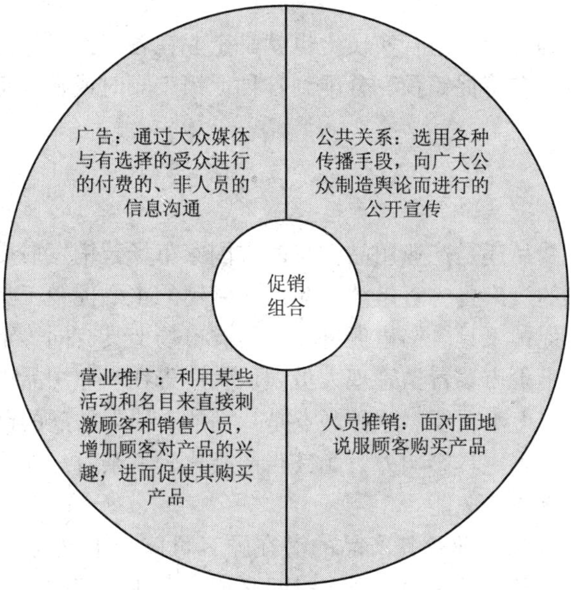

图 10－1　促销组合

所谓促销组合（Promotion Mix），就是企业根据产品的特点和营销目标，综合各种影响因素，对各种促销方式的选择、编配和运用。促销组合是促销策略的前提，在促销组合的基础上，才能制定相应的促销策略。因此，促销策略也称促销组合策略。

企业在制定促销组合时，首先会遇到两个主要问题：一是应花费多少投资用来进行促销活动；二是这些投资应如何在众多的促销工具之间分配。

企业在制定沟通或促销决策之前，须估计用于促销的支出是否比用于新产品开发、降低售价、改进分销渠道等方面的效益更好。如果不是这样，市场营销沟通或促销支出就不能太多。事实上，增加新产品开发、降低售价、改进分销渠道等方面的费用支出，会使顾客感到可得到更多的实在价值，进而产生实惠感。然而，促销也是企业必须进行的市场营销活动之一，可以帮助顾客认识产品，引起兴趣，进而促使其购买，并且由于促销的影响，顾客购买后心理上的满足感也会增强。从这个意义上讲，促销也是一种实在价值的创造过程。对于现代企业来讲，促销也是一种实在价值的创造过程。对于一个现代企业来讲，问题不在于是否应进行促销活动，而在于应花多少钱来进行沟通、促销活动。一般来讲，在下述情况下，促销活动应比其他市场营销活动具有更大的作用，因而在下列情况下应适当多投资。

（1）当竞争者产品相似，市场领导者有意在顾客心理上造成差异印象时，应大规模地进行促销活动，多投资金，多采取措施。

（2）产品生命周期的介绍期应多采取促销措施，因为在这一阶段顾客对于产品及其用法、用途还不熟悉，需要企业进行大规模的促销活动来介绍并引起购买者的兴趣。此外，在产品生命周期的成熟期，也要多采取促销措施，以维持自己已有的市场占有率。

（3）以邮购方式销售的产品应大力开展促销活动，因为购买者在采取购买行动之前不能看到货物，急需企业大力宣传介绍产品。

（4）用自动售货机销售的商品应多采取促销措施，因为售货时无人在现场说明或提供服务。

由上述分析可知，确定促销组合实质上也就是企业在各促销工具之间合理分配促销预算的问题。一般来讲，企业在将促销预算分配到各种促销工具时或在确定促销组合时，需考虑如下因素。

1. 产品类型

主要是指产品是消费品还是产业用品。从西方国家市场营销发展史看，消费品与产业用品的促销组合是有区别的。广告一直是消费品市场营销的主要促销工具，而人员推销则是产业用品市场营销的主要促销工具。销售促进在这两类市场上具有同等重要程度。

上述情况曾一度使不少市场营销管理人员误认为广告在产业用品市场营销不重要，而人员推销在消费品市场营销上不重要。这种观点是片面的、错误的。的确，在产业用品的市场营销中访问推销通常比广告更具影响力，尤其当产品比较复杂时。但是，广告在产业用品市场营销中也执行着十分重要的职能。

（1）建立知晓。不知道企业及其产品的潜在顾客可能会拒绝与推销员见面，即使顾客同意与推销员见面，推销员也可能须花很多时间来描述企业及其产品。而广告则有助于省去这些麻烦。

（2）建立理解。广告可以宣传产品的新特色，帮助消费者正确理解产品。

（3）有效地提醒。假如潜在顾客已经知道该产品但尚未准备购买，则可利用广告有效地提醒消费者尽快购买该产品，这要比访问推销更省钱。

（4）提供线索。附有回寄赠券的广告可以为推销人员提供线索，使其推销工作方向明确。

（5）证明有效。推销人员可以利用企业的印刷广告，证明其企业及产品的有效性、合法性。

（6）再度保证。广告可以告知顾客如何使用产品，并且再度保证他们的购买。

西奥多·本维特为考察企业声誉（主要靠广告建立的企业声誉）与企业销售展示在产业用品市场营销中的相对重要性，曾作过专门的实验。其主要内容是虚构一种作为油漆原料的新型技术性产品，并将该产品的销售展示制成不同的影片，然后让邀请来的消费者代表观看。实验变数是展示的性质以及该推销员所代表的是一个著名企业、还是较不著名但可靠的企业，或是不知名的企业。看完影片后，将这些消费者代表的反应及评分都收集起来，五周后再做一次实验。结果发现：① 企业广告在能够树立企业声誉的前提下，有助于推销员的工作；② 著名企业的推销员在销售方面具有优势，他们的销售展示就可以达到预期标准；较不著名企业的推销员如果销售展示工作做得具有优势，他们的销售展示就可以达到预期标准；较不著名企业的推销员如果销售展示工作做得卓有成效，也可以克服其弱点；较小企业愿意用其有限的资金来挑选、训练优秀的推销人员，而不愿用来做广告；③ 企业声誉在产品复杂、风险大以及购买者所受专业训练少的情况下，一般具有较强的影响力。以上研究表明广告在产业用品市场营销过程中扮演着十分重要的角色。

在市场营销实践中，正如许多产业用品市场营销人员轻视广告的作用一样，也有不少消费品市场营销人员轻视人员推销的作用。在许多生产经营消费品的企业里，其推销员的工作仅限于收集代理商的订单，再看货架上是否有足够的存货。因此，人们一般的感觉是“推销员把产品放在货架上，而广告把产品卖掉”。但是，如果企业重视推销员的作用，那么一个训练有素的推销员还可以对消费品市场营销做出如下重要贡献。

（1）增加货位。那些具有较强说服力的推销员，可以说服代理商储存更多的企业产品，为企业产品提供更多的货位空间。

（2）培养热情。具有较强说服力的推销员能够将有计划的广告以及对代理商的销售促进戏剧化，从而培养起代理商对本企业产品的忠诚度。

（3）传教推销。训练有素的推销员能够像传教士那样劝导更多的代理商努力经营企业产品。

2. 推式与拉式策略

企业是选择推式策略还是选择拉式策略来创造销售，对促销组合也具有重要影响。

推动策略（Pushing Strategy）是指利用推销人员与中间商促销产品推入渠道。生产者将产品积极推到批发商手上，批发商又积极地将产品推给零售商，零售商再将产品推向消费者。

拉引策略（Pulling Strategy）是指企业针对最后消费者，花费大量的资金从事广告及消费者促销活动，以增进产品的需求。如果做得有效，消费者就会向零售商要求购买该产品，于是拉动了整个渠道系统，零售商会向批发商要求购买该产品，而批发商又会向生产者要求购买该产品。

推动策略着重点在于企业的能动性，表明消费需求可以通过企业的积极促销而被激发、引导、创造；拉引策略则直接从消费者需求出发。企业对推式策略和拉式策略的偏好各有不同。这种策略选择显然会影响各种促销工具的资金分配。如图 10－2 所示。

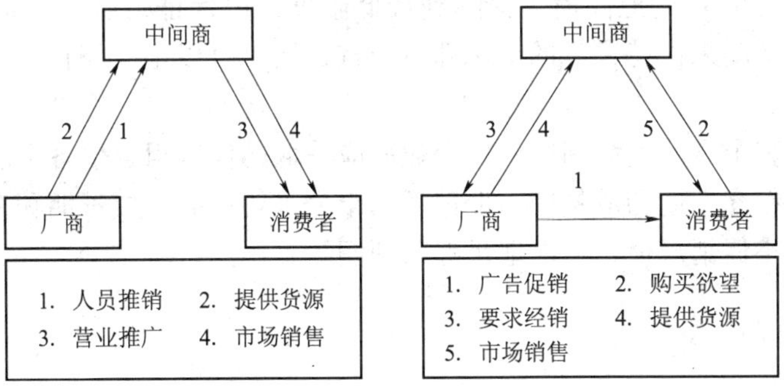

图 10－2 推动与拉引策略

3. 沟通任务

确定最佳沟通或促销组合，尚需考虑沟通任务或促销目标。相同的促销工具在实现不同的促销目标上，其成本效益会有所不同。例如，尽管经营产业用品的企业花在人员推销上的钱远远高于广告费用支出，但是所有促销目标都靠人员推销一种促销工具去实现也是不切实际的。

广告、销售促进和宣传在建立购买者知晓方面，比人员推销的效益要好得多。在促进购买者对企业及其产品的了解方面，广告的成本效益最好，人员推销居其次。购买者对企业及其产品的信任，在很大程度上受人员推销的影响，其次才是广告。购买者订货与否以及订货多少主要受推销访问影响，销售促进则起协调作用。上述研究发现具有十分重要的实践价值。① 企业可在推销工作的最初阶段派出少量推销人员，而将推销力量集中在推销工作的关键部分（即达成交易），这样，就可以提高促销的经济效益，克服促销工作的盲目性，以有限的投入取得最大的产出。② 当企业试图利用广告这一促销工具去实现更多的促销目标时，应注意采取不同的形式，有些用来建立产品知晓，有些则用来促进购买者对企业及其产品的了解。

4. 产品生命周期阶段

在产品生命周期的不同阶段，促销支出的效果也有所不同。

在产品生命周期的介绍期和成熟期，促销是一个十分重要的市场营销组合因素。这是由于新产品初上市时消费者对其不认识不了解，必须通过促销活动来吸引广大消费者的注意力。

（1）在介绍期，广告与销售促进配合使用以促进消费者认识、了解企业产品。

（2）在成长期，社交渠道沟通方式开始产生明显效果，口头传播越来越重要。如果企业想继续提高市场占有率，就必须加强原来的促销工作。如果企业想取得更多利润，则宜于用人员推销来取代广告和销售促进的主导地位，以降低成本。

（3）在成熟期，竞争对手日益增多，为了与竞争对手相抗衡，保持住已有的市场占有率，企业必须增加促销费用。这一阶段可能发现了现有产品的新用途，或推出了改良产品，在这种情况下，加强促销能促使顾客了解产品，诱发购买兴趣。运用赠品等促销工具比单纯的广告活动更为有效，因为这时的顾客并不只是需要提供广告即可。

（4）在衰退期，企业应把促销规模降到最低限度，以保证足够的利润收入。在这一阶段，只用少量广告活动来保持顾客的记忆即可，宣传活动可以全面停止，人员推销也可减至小规模。

由上可知，在整个产品生命周期中，企业所应采取的促销组合依各个阶段的不同而有所不同。总的来看，在介绍期和成熟期，促销活动十分重要；而在成长期和衰退期，则可降低促销费用支出，缩小促销规模，以保证足够的利润。

5. 经济前景

企业应随着经济前景的变化，及时改变促销组合。例如，在通货膨胀时期购买者对价格反应十分敏感。在这种情况下，企业可采取如下对策：① 提高销售促进相对于广告的份量；② 在促销中特别强调产品价值及价格；③ 通过传播各种信息告诉顾客在何处以及如何明智地购买。

10.2 广　　告

10.2.1 广告的含义及作用

1. 广告的定义

广告作为商品经济发展的产物，以私有制的形成和商品交换的产生为前提。“广告”二字，从中文字面上理解是“广而告之”，在西方，“广告”一词则源于拉丁语（Advertere），作“诱导”、“注意”解，后演化为英语口语中的 Advertising（广告活动）和 Advertisement（广告宣传品或广告物）。广告作为一种熟悉的事物，人人都可以对它指点评说，可是，又很难把它的定义本质把握准确，这是广告有趣又复杂之处。

广告指法人、公民和其他经济组织，为推销商品、服务或观念，通过各种媒介和形式向公众发布的有关信息。大众传播媒介刊播的经济信息和各种服务信息、报道商品、服务的经营者、提供者，凡收取费用或报酬的，均视为广告。

2. 广告的作用

有位大公司总裁曾说：“人们是否喜欢广告，这并不是一个问题。广告是我们生活和现实社会政治经济制度中不可缺少的组成部分，他们喜欢不喜欢，都毫无意义。”话虽偏颇，却道出了广告在现代经济生活中的重要性。它可以从市场、企业和消费者三个层次进行分析。

（1）从市场层看，广告是传播市场商品信息的主要工具。市场的一般定义是指买卖双方相互联系、相互作用的总表现。那么，买卖双方是如何相互联系、相互作用的呢？二者的沟通是通过商品流通来实现的。商品流通由三部分组成：商品交易流通，商品货物流通，商品信息流通。信息流是开拓市场的先锋。可以说没有信息，买卖双方就成了哑巴，不能沟通，无法交流。那么大量信息是怎样飞到人们那儿去的呢？靠的是传播。当今世界具有传播商品信息功能的行业和渠道很多，最主要的就是广告信息渠道。

（2）从企业层看，广告是企业竞争的有力武器。

第一，传递信息，沟通产需。传递信息是广告最基本的作用，通过各种媒体，广告帮助消费者了解产品特点，创造销售机会，通过广告，企业还可以沟通企业—中间商—消费者的，帮助销售部门的销售活动。

第二，刺激需求，促进销售。广告能够诱导顾客的需求，影响其心理，刺激其购买行为。

第三，改善服务，加强竞争。在激烈的竞争中，各企业都希望突出自己的产品，争先诱导顾客购买，并为此进行激烈的广告战。因此，企业应当树立全方位竞争观念，重视广告，力争舆论。

第四，介绍知识，指导消费。由于经济的发展，产品种类日益繁多，新产品层出不穷，顾客很难及时地认识和分辨各种产品。通过广告，企业就能够向消费者介绍产品的功能和作用，指导他们的消费。对于社会大众来说，优秀的广告也是一种文化消费。

第五，树立企业信誉和产品形象。在生产观念和推销观念的影响下，广告被当成一种增加短期销售，甚至推销积压商品的手段。久而久之，某些顾客和管理者对广告造成了误解。事实上，广告除了推销功能外，还能树立企业和产品形象，加强顾客的记忆和好感，提高品牌知名度和声誉，增强企业无形资产价值。

第六，为业务联系提供方便和支持。通过广告，企业可以沟通与客户的联系，扩大人员推销练习的范围和目标，促进交易的达成。而且，广告宣传还能够提高企业及产品的知名度，支持推销人员的活动和其他业务洽谈工作。

（3）从消费层看，广告可以引导消费，刺激消费，甚至创造需求。

丘吉尔的一段话从一个侧面反映了广告对消费需求的引导、刺激和创造作用：“广告充实了人类的消费能力，也创造了追求较好生活水平的欲望。它为我们及家人建立了一个改善衣食住行的目标，也促进了个人向上奋发的意志和更努力的生产。广告使这些极丰硕的成果同时实现。没有一种活动能有这样的神奇力量。”

广告也刺激着消费、创造消费需求。因此，有人说：“出售化妆品，实质上出售的是美的希望；出售柑橘，实质上出售的是生命力；出售汽车，实质上出售的是声望；出售衣服，实质上出售的是个性。”

（4）广告还起着美化环境，教育人们的作用。

广告也是一种艺术，好的广告能给人以美的享受，能美化市容，美化环境。同时，广告内容设计得当，有利于树立消费者的道德观、人生观及优良的社会风尚。

10.2.2 广告定位

广告定位是美国广告专家大卫·欧吉沛倡导的。他认为广告活动的核心，不在于怎样规划广告，而在于把所广告的产品放在什么位置。广告定位就是指从众多的商品中，寻找宣传商品的有竞争力的特点，具有的独特个性，广告宣传能攻其一点，在消费者心中树立该商品的一定地位。广告定位包括以下几方面。

1. 确立广告目标

广告目标是指在一个特定时期对特定观众所要完成的特定的传播任务。福特公司把它的汽车定位为“静悄悄的福特”，整个广告活动围绕“静悄悄”作文章，突出福特汽车安静舒适、不受噪声干扰的特点。

一般来说，广告目标可分为三种类型：通知型、说服型、提醒型。

通知型广告主要用于一种新产品的入市阶段，目的在于树立品牌，推出新产品。

说服型广告的目的是培养消费者对某种品牌的需求，从而在同类商品中选择它。“达克宁”药膏通过“不但治标，还能治本”来暗示其同类产品只能治标，不能治本，从而劝说消费者进行选择。

提醒型广告在产品进入旺销后十分重要，目的是保护消费者对该种产品的记忆和连续购买。

2. 确定广告对象

即广告是针对什么样的消费者，这需要了解消费者的年龄、文化程度及其接触媒体的时间与方式等，从而选择最合适的媒体，在最合适的时间，用最合适的方式接触到广告对象。比如牙膏、洗衣粉的购买者主要是家庭中的女性，她们较喜欢看电视，所以可以在电视剧中插播广告。但电子产品的购买者主要是一些年轻人，所以可在网上做广告。

3. 确定广告区域

针对广告区域的地方性、区域性、全国性、国际性的不同，选择不同的广告覆盖方法，如全面覆盖、渐进覆盖或轮番覆盖。

4. 确定广告概念

这儿所指的广告概念，特指广告所强调的商品特点、信息传递方法、技巧和具体步骤等。

5. 确定广告媒体

选择媒体不一定收费愈高愈好，要根据商品和媒体的特性。

10.2.3 广告媒体的选择

1. 广告媒体的种类

1）印刷品广告

印刷品广告包括报纸广告、杂志广告、电话簿广告、画册广告、火车时刻表广告等。

（1）报纸广告

报纸广告的优势：覆盖面宽，读者稳定，信息传递灵活迅速，新闻性、可读性、知识性、指导性和纪录性“五性”显著，白纸黑字便于保存，可以多次传播信息，制作成本低廉等。报纸广告的局限是以新闻为主，广告版面不可能居于突出地位，广告有效时间短，日报只有一天甚至半天的生命力，多半过期作废。广告的设计、制作较为简单粗糙。

（2）杂志广告

杂志广告是指利用杂志的封面、封底、内页、插页为媒体刊登的广告。杂志广告的优势是：阅读有效时间长，便于长期保存，内容专业性较强，有独特的、固定的读者群，如妇女杂志、体育杂志、医药保健杂志、电子杂志、汽车摩托车杂志、家用电器杂志等，有利于有的放矢地刊登相对应的商品广告。同时杂志广告也有其局限性：周期较长，不利于快速传播，由于截稿日期比报纸早，杂志广告的时间性、季节性不够鲜明。

2）电子媒体广告

或称电波广告、电气广告，包括电视广告、电影广告、电台广播广告、电子显示大屏幕广告，以及幻灯机广告、扩音机广告等。

(1) 电视广告

电视广告是指利用电视为媒体传播放映的广告。电视广告可以说是所有广告媒体中的“大哥大”，它起源较晚，但发展迅速。电视的优势很明显。它收视率高，插于精彩节目的中间，观众为了收看电视节目愿意接受广告，虽然带有强制性，但观众一般可以接受。电视广告形声兼备，视觉刺激强，给人强烈的感观刺激。而且看电视是我国家庭夜生活的一项主要内容，寓教于乐，寓广告于娱乐，收视效果佳，其广告效果是其他广告媒体无法相比的。它的局限性也很明显，主要是电视广告制作成本高，电视播放收费高，而且瞬间消失，使企业通过电视做广告的费用很高，小型企业无力问津。

(2) 广播广告

广播广告是指利用无线电或有线广播为媒体播送传导的广告。由于广播广告传收同步，听众容易收听到最快最新的商品信息，而且它每天重播频率高，收播对象层次广泛，速度快，空间大，广告制作费也低。广播广告的局限性是只有信息的听觉刺激，而没有视觉刺激，据估计，人的信息来源60%以上来自于眼睛视觉，而且广播广告的频段频道相对不太固定，需要经常调寻，也妨碍了商品信息的传播。

3) 户外广告

它主要包括：路牌广告（或称广告牌，它是户外广告的主要形式，除在铁皮、木板、铁板等耐用材料上绘制、张贴外，还包括广告柱、广告商亭、公路上的拱形广告牌等），霓虹灯广告和灯箱广告，交通车厢广告，招贴广告（或称海报），旗帜广告，气球广告等。

4) 邮寄广告

邮寄广告是广告主采用邮寄售货的方式，供应给消费者或用户广告中所推销的商品。它包括商品目录、商品说明书，宣传小册子、明信片、挂历广告，以及样本、通知函、征订单、订货卡、定期或不定期的业务通讯等。邮寄广告是广告媒体中最灵活的一种，也是最不稳定的一种。

5) POP 广告

POP 广告是英文 Point of Purchasing Advertising 的大写字母缩写，译为售点广告，即售货点和购物场所的广告。世界各国广告业都把 POP 视为一切购物场所（商场、百货公司、超级市场、零售店、专卖店、专业商店等）场内场外所做广告的总和。

6) 其他广告

其他广告指除以上五种广告以外的媒体广告，如馈赠广告、赞助广告、体育广告，以及包装纸广告、购物袋广告、火柴盒广告、手提包广告等。

2. 如何选择广告媒体

(1) 产品因素。如果是技术性复杂的机械产品，宜用样本广告，它可以较详细地说明产品性能，或用实物表演，增加用户实感；一般消费品可用视听广告媒体。

(2) 消费者媒体习惯。如针对工程技术人员的广告，应选择专业杂志为媒体，推销玩具和化妆品等最好的媒体是电视。

(3) 销售范围。广告宣传的范围要和商品推销的范围一致。

(4) 广告媒体的知名度和影响力。它包括发行量、信誉、频率和散布地区等。

(5) 广告主的经济承受能力。

10.2.4 广告费用预算

企业的广告目标主要有提供信息、诱导购买、提醒使用等。广告目标决定后，企业可制定广告预算，即确定在广告活动上应花费多少资金。一般来讲，企业确定广告预算的方法主要有四种。

1. 量力而行法

尽管这种方法在市场营销学上没有正式定义，但不少企业确实一直采用。即企业确定广告预算的依据是他们所能拿得出的资金数额。也就是说，在其他市场营销活动都优先分配给经费之后，尚有剩余者再供广告之用。企业根据其财力情况来决定广告开支多少并没有错，但应看到，广告是企业的一种重要促销手段，企业做广告的根本目的在于促进销售。因此，企业做广告预算时要考虑企业需要花多少广告费才能完全销售指标。严格来说，量力而行法在某种程度上存在着片面性。

2. 销售百分比法

即企业按照销售额（销售实绩或预计销售额）或单位产品售价的一定百分比来计算和决定广告开支。这就是说，企业按照每完成100元销售额（或每卖1单位产品）需要多少广告费来计算和决定广告预算。

使用销售百分比法来确定广告预算的主要优点是：

（1）暗示广告费用将随着企业所能提供的资金量的大小而变化，这可以促使那些注重财务的高级管理人员认识到，企业所有类型的费用支出都与总收入的变动有密切关系；

（2）可促使企业管理人员根据单位广告成本、产品售价和销售利润之间的关系去考虑企业的经营管理问题；

（3）有利于保持竞争的相对稳定，因为只要各竞争企业都默契地同意让其广告预算随着销售额的某一百分比而变动，就可以避免广告战。

使用销售百分比方法来确定广告预算的主要缺点是：

（1）把销售收入当成了广告支出的“因”而不是“果”，造成了因果倒置；

（2）用此法确定广告预算，实际上是基于可用资金的多少，而不是基于“机会”的发现与利用，因而会失去有利的市场营销机会；

（3）用此法确定广告预算，将导致广告预算随每年的销售波动而增减，从而与广告长期方案相抵触；

（4）此法没能提供选择这一固定比率或成本的某一比率，而是随意确定一个比率；

（5）不是根据不同的产品或不同的地区确定不同的广告预算，而是所有的广告都按同一比率分配预算，造成了不合理的平均主义。

3. 竞争对等法

指企业比照竞争者的广告开支来决定本企业广告开支多少，以保持竞争上的优势。在市场营销管理实践中，不少企业都喜欢根据竞争者的广告预算来确定自己的广告预算，造成与竞争者旗鼓相当、势均力敌以对等局势。如果竞争者的广告预算确定为100万元，那么企业为了与它拉平，也将广告预算确定为100万元甚至更高。

采用竞争对等法的前提条件是：

（1）企业必须能获悉竞争者确定广告预算的可靠信息，只有这样才能随着竞争者广告预算的升降而将预算调高或调低；

（2）竞争者的广告预算能代表企业所在行业的集体智慧；

（3）维持竞争均势能避免各企业之间的广告战。

但是事实上，上述前提条件很难具备。这是由于：① 企业没有理由相信竞争者所采用的广告预算确定方法比本企业的方法更科学；② 各企业的广告信誉、资源、机会与目标并不一定相同，可能会相差甚多，因此某一企业的广告预算不一定值得其他企业效仿；③ 即使本企业的广告预算与竞争者势均力敌，也不一定能够稳定全行业的广告支出。

4. 目标任务法

前面介绍的几种方法都是先确定一个总的广告预算，然后，再将广告预算总额分配给不同的产品或地区。比较科学的程序步骤应是：

（1）明确广告目标；

（2）决定为达到这一目标而必须执行的工作任务；

（3）估算执行这种工作任务所需的各种费用，这些费用的总和就是计划的广告预算额。

上述确定广告预算的方法，就是目标任务法。企业在编制总的广告预算时，先要求每个经理按照下述步骤准备一份广告预算申请书：① 尽可能详细地限定其广告目标，该目标最好能以数字表示；② 列出为实现该目标所必须完成的工作任务；③ 估计完成这些任务所需要的全部成本。这些成本之和就是各自的经费申请额，所有经理的经费申请额即构成企业所必需的总的广告预算。

目标任务法的缺点，是没有从成本的观点出发考虑某一广告目标是否值得追求。譬如，企业的广告目标是下年度将某品牌的知名度提高20%，这时所需要的广告费用也许会比实现该目标后对利润的贡献额超出许多。因此，如果企业能够先按照成本来估计各目标的贡献额（即进行成本效益分析），然后再选择最有利的目标付诸实现，则效果更佳。实际上，这种方法也就被修正为根据边际成本与边际收益的估计来确定广告预算。

10.2.5 广告效果评估

广告效果评估就是指运用科学的方法来鉴定所作广告的效益。广告效益包括三方面：一是广告的经济效益，指广告促进商品或服务销售的程度和企业的产值、利税等经济指标增长的程度；二是广告的心理效益，指消费者对所作广告的心理认同程度和购买意向、购买频率；三是广告的社会效益，指广告是否符合社会公德，是否寓教于销。

广告的有效计划与控制，主要基于广告效果的测定。测定广告效果所要的研究技术，随着企业想要达到的目的不同而有所差异。一般来说，对广告的销售效果的研究较受重视。实际上，销售效果的研究比沟通效果的研究还少。所谓传播效果研究，是指研究既定的广告之间的关系太繁杂，时间上的差距也太大，以致无法测出其直接的效果。因此，他们认为，应该加以测定的是某种特定广告的短期沟通效果。

1. 沟通效果

测定沟通效果的目的，在于分析广告活动是否达到预期的信息沟通效果。测定各个广告的沟通效果有很多方法。

1）直接评分

即由目标消费者的一组固定样本或广告专家来评价这个广告，并填写评分问卷。有时问题只有一个，如“您认为这些广告中哪一个最能影响您来购买本产品”；有时问题很复杂，包括好几种评分标准，在该问卷中要填写评估广告的注意强度、阅毕强度、认知强度、情绪强度和行为强度，每个部分在其最高分的范围内予以评分。这种做法的理论依据是，如果一个有效的广告的最终目的是刺激购买行为，那么在这些指标上就都应得高分。但是，对广告的评估常常只限于其对注意力和理解力两方面的形成能力。这里，还必须了解一点，直接评分法不一定能完全反映广告对目标消费者的实际影响。直接评分法主要是用于帮助淘汰和剔除那些质量差的广告。

2）组合测试

即先给受试者一组试验用的广告，要求他们愿看多久就看多久，等到他们看完广告后，让他们回忆所看到的广告，并且对每一个广告都尽其最大能力予以描述，所得结果则用以判别一个广告的突出性及其期望信息被了解的程度。

3）实验室测试

有些西方学者还通过测定受试者的生理反应来评估一个广告的可能效果，譬如心跳、血压、瞳孔的扩大、出汗等。所用的仪器主要有电流计、脉搏计等。然而，这些生理测试充其量只能测量广告引人注意的程度，无法测出广告在可信度等方面的影响。

2. 广告的后测

主要用来评估广告出现于媒体后所产生的实际沟通效果。主要测量方法有以下两种。

1）回忆测试

即找一些经常使用该媒体的人，请他们回忆刊登于所研究的刊物上的企业及其产品名称。回忆方式是请他们回想或复述所有能记得的东西。主持者在受试者回忆的过程中可以给予帮助，也可以不给。回忆结果的评分标准是受试者的反应如何。评分结果可用来判断广告引人注意和令人记住的程度。

2）识别测试

即先用抽样的方法抽取某一特定沟通工具的接收者（如某一杂志的读者）作为受试者，再请他们反复阅读某一杂志，时间不限，然后说出认识杂志上众多广告中的哪一个，最后根据识别的结果给予每一个广告三种不同的可读性评分：第一，只注意到；第二，尚记得名称；第三，读过广告内容的一半以上。

3. 销售效果

沟通效果的研究无疑可帮助企业改进信息内容的质量，但却不能使人了解广告对销售的影响作用。如果某制造商知道他最近的广告活动提高了 20% 的品牌知名度和 10% 有利的品牌态度，他能对其销售作出何种结论？对其广告支出每元的销售生产率又知道多少？广告费应支出多少？

一般来讲，广告的销售效果要比沟通效果更难以测定。广告的销售效果最容易测定的是邮购广告的销售效果，最难测定的是树立品牌或企业形象的广告的销售效果。测定广告对销售状况的影响即广告的销售效果，可通过两种方法进行。

1）历史资料分析法

这是由研究人员根据同步或滞后的原则，利用最小平方回归法求得企业过去的销售额与企业过去的广告支出二者之间关系的一种测量方法。在西方国家，不少研究人员在应用多元回归法分析企业历史资料，测量广告的销售效果方面，取得了重大进展，尤以测量香烟、咖啡等产品的广告效果最为成功。

2）实验设计分析法

用这种方法来测量广告对销售的影响，可选择不同地区，在其中某些地区进行比平均广告水平强50%的广告活动，在另一些地区进行平均水平弱50%的广告活动。这样，从150%、100%、50%三类广告水平的地区销售记录，就可以看出广告活动对企业销售究竟有多大影响，还可以导出销售反应函数。这种实验设计法已在美国等西方国家广为采用。

10.3 人员推销

10.3.1 人员推销的设计

根据美国市场营销协会定义委员会的解释，所谓人员推销，是指企业通过派出推销人员与一个或一个以上可能成为购买者的人交谈，作口头陈述，以推销商品，促进和扩大销售。人员推销的设计可以采取三种形式。

（1）可以建立自己的销售队伍，使用本企业的推销人员来推销产品。

在西方国家，企业自己的推销队伍的成员叫做推销员、销售代表、业务经理、销售工程师。这种推销人员又分为两类，一类是内部推销人员，他们一般在办公室内用电话等来联系、洽谈业务，并接待可能成为购买者的人来访；另一类是外勤推销人员，他们作旅行推销，上门访问客户。

（2）企业可以使用专业合同推销人员。如制造商的代理商、销售代理商、经纪人等，按照其代销额付给佣金，西方国家的大公司甚至雇用国内外退休的高级官员当推销员。

（3）企业可以雇用兼职的售点推销员，在各种零售营业场合，用各种方式促销，按销售额比例提取佣金，方式如产品操作演示、现场模特、咨询介绍等。一般称这种促销员为售点促销小姐或促销先生。

10.3.2 人员推销的任务及其工作步骤

1. 推销人员的任务

（1）探寻市场。推销人员应该寻求机会，发现潜在顾客，创造需求，开拓新的市场。

（2）传递信息。推销人员要及时向消费者传递产品和劳务信息，为消费者提供购买决策的参考资料。

（3）销售产品。

（4）收集情报。推销人员在推销过程中还要收集情报，反馈信息。

（5）开展售前、售中、售后服务。

2. 推销人员的工作步骤

（1）寻找顾客。寻找顾客的方法有很多，如地毯式访问法、连锁介绍法、中心开花法、个人观察法、广告开拓法、市场咨询法、资料查阅法等。

寻找顾客的目标是找到准顾客。准顾客（Prospect），指一个既可以获益于某种推销的商品，又有能力购买这种商品的个人或组织。

顾客资格审查（Qualifying Prospects）。由于在对顾客进行资格审查时，着眼点不一样，结果就不一样，公司的营销策略也就不一样。

（2）约见：推销人员事先征得顾客同意接见的行动过程。

（3）接近。它包括：

① 产品接近法：推销员直接利用推销的产品引起顾客注意，它适用于本身有吸引力、轻巧、质地优良的商品。

② 利益接近法：利用商品的实惠引起顾客注意和兴趣。

③ 问题接近法。

④ 馈赠接近法：推销人员利用赠品来引起顾客注意和兴趣，进行面谈。

（4）面谈。它是整个推销过程的关键性环节。

推销工作的一条黄金法则是不与顾客争吵。在面谈中顾客往往会提出各种各样的购买异议。

① 需求异议：顾客自以为不需要推销的商品。

② 财力异议：顾客自以为无钱购买推销品。

③ 权力异议：决策权力异议，指顾客自以为无权购买推销品。

④ 产品异议：顾客自以为不应该购买此种推销品。

⑤ 价格异议：顾客自以为推销品价格过高。

另外，还有货源异议、推销人员异议、购买时间异议等。

10.3.3 推销人员的管理

企业要制定有效的措施和程序，加强对销售人员的挑选、招聘、训练、激励和评价。只有通过一系列的管理控制活动，才能把销售人员融入整个经营管理过程，使之为实现企业的目标而努力。

1. 销售人员的挑选

企业的销售工作要想获得成功，就必须认真挑选销售人员。这不仅是因为普通销售人员和高效率销售人员在业务水平上有很大差异，而且用错人将给企业造成巨大的浪费，一方面，如果销售人员所创造的毛利不足以抵偿其销售成本，则必然导致企业亏损；另一方面，人员流动造成经济损失也是企业总成本的一部分。因此，挑选高效率的销售人员是管理决策的首要问题。

2. 销售人员的招聘与训练

企业在确定了挑选标准之后，就可着手招聘。招聘的途径和范围应尽可能广泛，以吸引更多的应聘者。企业人事部门可通过由现有销售人员引荐、利用职业介绍所、刊登广告等方式进行招聘。此后，企业要对应聘者进行评价和筛选。筛选的程序因企业而异，有的简单，有的复杂。一般可分为初步面谈、填写申请表、测验、第二次面谈、学历与经历调查、体格检查、决定录用与否、安排工作等程序。

许多企业在招聘到销售人员之后，往往不经过培训就委派他们去实际工作，企业仅向他们提供样品、订单簿和区域情况介绍等。之所以如此，是因为企业担心训练要支付大量费用、薪金，并会失去一些销售机会。然而，事实却表明，训练有素的销售人员所增加的销售业绩要比培训成本更大，而且，那些未经训练的销售人员其工作并不理想，尤其是在顾客自主意识和自由选择日益增强的今天，如果销售人员不经过系统的训练，他们很难与顾客进行沟通。所以，企业必须对销售人员进行训练。

3. 销售人员的激励

激励在管理学中被解释为一种精神力量或状态，起加强、激发和推动作用，并指导和引导行为指向目标。事实上，组织中的任何成员都需要激励，销售人员亦不例外。由于工作性质、人的需要等原因，企业必须建立激励制度来促使销售人员努力工作。

1）销售定额

订立销售定额是企业的普遍做法。它们规定销售人员在一年中应销售多少数额并按产品加以确定，然后把报酬与定额完成情况挂钩。每个地区销售经理将地区的年度定额在各销售人员之间进行分配。

2）佣金制度

企业为了使预期的销售定额得以实现，还要采取相应的鼓励措施，如送礼、奖金、销售竞赛、旅游等。而其中最为常见的是佣金。佣金制度指企业按销售额或利润额的大小给予销售人员固定的或根据情况可调整比率的报酬。佣金制度能鼓励销售人员尽最大努力工作，并使消费费用与现期收益紧密相连，同时，企业还可根据不同产品、工作性质给予销售人员不同的佣金。但是佣金制度也有不少缺点，如管理费用过高、导致销售人员短期行为等。所以，它常常与薪金制度结合起来运用。

4. 销售人员的评价

销售人员的评价是企业对销售人员工作业绩考核与评估的反馈过程。它不仅是分配报酬的依据，而且是企业调整市场营销战略、促使销售人员更好地为企业服务的基础。因此，加强对销售人员的评价在企业人员推销决策中具有重要意义。

1）要掌握和分析有关的情报资料

情报资料最重要的来源是销售报告。销售报告分为两类：一是销售人员的工作计划；二是访问报告记录。工作计划使管理部门能及时了解到销售人员的未来活动安排，为企业衡量其计划与成就提供依据，并可以由此看出销售人员计划其工作及执行其计划的能力。访问报告则使管理部门及时掌握销售人员以往的活动、顾客账户状况，并提供对以后的访问有用的情报。当然，除了情报资料是来源还有其他方面，如销售经理个人观察所得、顾客信件与抱怨、消费者调查以及与其他销售人员交谈等。总之，企业管理部门应尽可能从多个方面了解销售人员的工作绩效。

2）要建立评估的指标

评估指标要基本上能反映销售人员的销售绩效。主要有：销售量增长情况；毛利；每天平均访问次数及每次访问的平均时间；每次访问的平均费用；访问收到订单的百分比；一定时期内新顾客的增加数及失去的顾客数；销售费用占总成本的百分比。为了科学、客观地进行评估，在评估时还应注意一些客观条件，如销售区域的潜力、区域形状的差异、地理状况、交通条件等。这些条件都会不同程度地影响销售效果。

3）实施正式评估

企业在占有了足够的资料、确立了科学的标准之后，就可以正式评估。大体上，评估有两种方式。一种方式是将各个销售人员的绩效进行比较和排队。这种比较应当建立在各区域市场的销售潜力、工作量、竞争环境、企业促销组合等大致相同的基础上，否则，就显得不太公平。同时比较的内容也应该是多方面的，销售额并非是唯一的，销售人员的销售组合、销售费用以及对净利润所做的贡献也要纳入比较的范围。另一种方式是把销售人员目前的绩效同过去的绩效相比较。企业可以从产品净销售额、定额百分比、毛利、销售费用及其占总销售额的百分比、访问次数、每次平均访问成本、平均客户数、新客户数、失去的客户数等方面进行比较。这种比较方式有利于销售人员对其长期以来的销售业绩有完整的了解，督促和鼓励其努力改进下一步的工作。

10.4 营业推广

10.4.1 营业推广的种类

营业推广又称销售促进，是指“那些不同于人员推销、广告和公共关系的销售活动，它旨在激发消费者购买和促进经销商的效率，诸如陈列、展出、展览表演和许多非常规的、非经常性的销售尝试”。其种类包括以下几方面。

1. 针对消费者的营业推广（Consumer Promotion）

可以鼓励老顾客继续使用，促进新顾客使用，动员顾客购买新产品或更新设备。引导顾客改变购买习惯，或培养顾客对企业的偏爱行为等。可以采用以下方式。

赠送：向消费者赠送样品或试用样品，样品可以挨户赠送，在商店或闹市区散发，在其他商品中附送，也可以公开广告赠送，赠送样品是介绍一种新商品最有效的方法，费用也最高。

优惠券：给持有人一个证明，证明他在购买某种商品时可以免付一定金额的钱。

廉价包装：是在商品包装或招贴上注明，比通常包装减价若干，它可以是一种商品单装，也可以把几件商品包装在一起。

奖励：可以凭奖励券买一种低价出售的商品，或者凭券免费以示鼓励，或者凭券买某种商品时给予一定优惠，各种摸奖抽奖也属此类。

现场示范：企业派人将自己的产品在销售现场当场进行使用示范，把一些技术性较强的产品的使用方法介绍给消费者。

组织展销：企业将一些能显示企业优势和特征的产品集中陈列，边展边销。

2. 针对中间商的营业推广（Intertrade Promotion）

目的是鼓励批发商大量购买，吸引零售商扩大经营，动员有关中间商积极购存或推销某些产品。可以采用以下方式。

批发回扣：企业为争取批发商或零售商多购进自己的产品，在某一时期内可给予购买一定数量本企业产品的批发商以一定的回扣。

推广津贴：企业为促使中间商购进企业产品并帮助企业推销产品，还可以支付给中间商一定的推广津贴。

销售竞赛：根据各个中间商销售本企业产品的实绩，分别给优胜者以不同的奖励，如现金奖、实物奖、免费旅游、度假奖等。

交易会或博览会、业务会议。

工商联营：企业分担一定的市场营销费用，如广告费用、摊位费用，建立稳定的购销关系。

3. 针对销售人员的营业推广（Sales force Promotion）

鼓励他们热情推销产品或处理某些老产品，或促使他们积极开拓新市场。其方式可以采用：

销售竞赛，如有奖销售，比例分成；免费提供人员培训，技术指导。

10.4.2 营业推广的特点

营业推广的工具多种多样，有以下几个明显的特点。

1. 直观的表现形式

许多营业推广工具具有吸引注意力的性质，可以打破顾客购买某一特殊产品的惰性。它们告诉顾客说这是永不再来的一次机会，这种吸引力，尤其是对于那些精打细算的人是一种很强的吸引力，但这类人对于任何一种品牌的产品都不会永远购买，是品牌转换者，而不是品牌忠实者。

2. 灵活多样，适应性强

可根据顾客心理和市场营销环境等因素，采取针对性很强的营业推广方法，向消费者提供特殊的购买机会，具有强烈的吸引力和诱惑力，能够唤起顾客的广泛关注，立即促成购买行为，在较大范围内收到立竿见影的功效。

3. 有一定的局限性和副作用

有些方式显现出卖者急于出售的意图，容易造成顾客的逆反心理。如果使用太多或使用不当，顾客会怀疑此产品的品质及产品的品牌，或产品之价格是否合理，给人以“推销的是水货”的错误感觉。

10.4.3 营业推广的实施过程

一个公司在运用营业推广时，必须确定目标，选择工具，制订方案，实施和控制方案及评价结果。

1. 确定营业推广目标

就消费者而言，目标包括鼓励消费者更多地使用商品和促进大批量购买；争取未使用者试用，吸引竞争者品牌的使用者。就零售商而言，目标包括吸引零售商们经营新的商品品目和维持较高水平的存货，鼓励他们购买落令商品，贮存相关品目，抵消各种竞争性的促销影响，建立零售商的品牌忠诚和获得进入新的零售网点的机会。就销售队伍而言，目标包括鼓励他们支持一种新产品或新型号，激励他们寻找更多的潜在顾客和刺激他们推销落令商品。

2. 选择营业推广工具

可以在上述各种方式中，灵活有效地选择使用。

3. 制订营业推广方案

营业推广方案应该包括这样几个因素。

（1）费用：营销人员必须决定准备拿出多少费用进行刺激。

（2）参加者的条件：刺激可以提供给任何人，或选择出来的一部分人。

（3）营业推广措施的分配途径：营销人员必须确定怎样去销促和分发销促方案。

（4）营业推广时间：调查表示，最佳的频率是每季有三周的销促活动，最佳持续时间是产品平均购买周期的长度。

（5）营业推广的总预算。

（6）方案试验。面向消费者市场的营业推广能轻易地进行预试，可邀请消费者对几种不同的、可能的优惠办法做出评价等，也可以在有限的地区进行试用性测试。

4. 实施和控制营业推广方案

实施的期限包括前置时间和销售延续时间。前置时间是从开始实施这种方案前所必需的准备时间。它包括最初的计划工作、设计工作，以及包装修改的批准或者材料的邮寄或者分送到家；配合广告的准备工作和销售点材料；通知现场推销人员，为个别的分店建立地区的配额，购买或印刷特别赠品或包装材料，预期存货的生产，存放到分配中心准备在特定的日期发放。销售延续时间是指从开始实施到大约95%的采取此销促办法的商品已经在消费者手里所经历的时间。

5. 评价营业推广结果

对营业推广方案的评价很少受到注意，以盈利率加以评价不多见。最普通的一种方法是把推广前、推广中和推广后的销售进行比较。

10.5 公共关系

10.5.1 公共关系的含义

公共关系（Public Relation）是指某一组织为改善与社会公众的关系，促进公众对组织的认识、理解及支持，达到树立良好组织形象、促进商品销售的目的的一系列促销活动。它本意是工商企业必须与其周围的各种内部、外部公众建立良好的关系。它是一种状态，任何一个企业或个人都处于某种公共关系状态之中。它又是一种活动，当一个工商企业或个人有意识地、自觉地采取措施去改善自己的公共关系状态时，就是在从事公共关系活动。作为促销组合的一部分，公共关系的含义是指这种管理职能：评估社会公众的态度，确认与公众利益相符合的个人或组织的政策与程序，拟订并执行各种行动方案，以争取社会公众的理解与接受。

公共关系是一种社会关系，但又不同于一般社会关系，也不同于人际关系，因为它有独有的特征，公共关系的基本特征表现在以下几方面。

（1）公共关系是一定社会组织和与其相关的社会公众之间的相互关系。这里包括三层含义。

其一，公关活动的主体是一定的组织，如企业、机关、团体等。

其二，公关活动的对象，既包括企业外部的顾客、竞争者、新闻界、金融界、政府各有关部门及其他社会公众，又包括企业内部职工、股东。这些公关对象构成了企业公关活动的客体。企业与公关对象关系的好坏直接或间接地影响企业的发展。

其三，公关活动的媒介是各种信息沟通工具和大众传播渠道。作为公关主体的企业，借此与客体进行联系、沟通、交往。

（2）公共关系的目标是为企业广结良缘，在社会公众中创造良好的企业形象和社会声誉。

一个企业的形象和声誉是其无形的财富。良好的形象和声誉是企业富有生命力的表现，也是公关的真正目的之所在。企业以公共关系为促销手段，是利用一切可能利用的方式和途径，让社会公众熟悉企业的经营宗旨，了解企业的产品种类、规格以及服务方式和内容等有关情况，使企业在社会上享有较高的声誉和较好的形象，促进产品销售的顺利进行。

（3）公共关系的活动以真诚合作、平等互利、共同发展为基本原则。

公共关系以一定的利益关系为基础，这就决定了主客双方必须均有诚意，平等互利，并且要协调、兼顾企业利益和公众利益。这样，才能满足双方需求，以维护和发展良好的关系。否则，只顾企业利益而忽视公众利益，在交往中损人利己，不考虑企业信誉和形象，就不能构成良好的关系，也毫无公共关系可言。

（4）公共关系是一种信息沟通，是创造“人和”的艺术。

公共关系是企业和与其相关的社会公众之间的一种信息交流活动。企业从事公关活动，能沟通企业上下、内外的信息，建立相互间的理解、信任与支持，协调和改善企业的社会关系环境。公共关系追求的是企业内部和外部人际关系的和谐统一。

（5）公共关系是一种长期活动。

公共关系着手于平时努力，着眼于长远打算。公共关系的效果不是急功近利的短期行为所能达到的，需要连续的、有计划的努力。企业要树立良好的社会形象和信誉，不能拘泥于一时一地的得失，而要追求长期的稳定的战略性关系。

10.5.2 公共关系的职能

公共关系是一门“内求团结，外求发展”的经营管理艺术，是一项与企业生存发展休戚相关的事业。其功能主要表现在以下几个方面。

1. 搜集信息，监测环境

信息是企业生存与发展必不可少的资源。运用各种公关手段可以采集各种有关信息，监测企业所处的环境。企业公关需要采集的信息包括以下几方面。

1）产品形象信息

产品形象信息包括公众特别是用户对于产品价格、质量、性能、用途等方面的反映，对于该产品优点、缺点的评价以及如何改进等方面的建议。

2）企业形象信息

（1）公众对本企业组织机构的评价，如机构是否健全，设置是否合理，人员是否精简，运转是否灵活，办事效率如何等。

（2）公众对企业管理水平的评价，如经营决策评价、生产管理的评价、市场营销管理的评价、人事管理的评价等。

（3）公众对于企业人员素质的评价，包括对决策层领导人员和一般人员素质的评价。

评价指标有文化水平、工作能力、业务水平、交际能力、应变能力、创新精神、开拓意识、工作态度、工作效率等方面的评价。

(4) 公众对于企业服务质量的评价，包括服务态度、对顾客的责任感。

(5) 企业内部公众的信息。

(6) 企业的职工作为社会公众的一部分，必然对企业产生不同的反应与评价。通过对企业内部职工意见的了解，能掌握职工对企业的期望，企业应树立什么样的形象才能对职工产生向心力和凝聚力。企业内部公众的信息，可以通过意见书、各职能部门的计划、总结、工作报告以及企业内部的舆论工具等来获得。

(7) 其他信息。

企业不可能脱离外界而存在，投资者的投资意向、竞争者的动态、顾客的需求变化以及国内外政治、经济、文化、科技等方面的重大变化，都直接或间接地影响到企业的经营决策。公共关系作为社会经济趋势的监测者，应广泛地收集这些有关社会经济的信息。

2. 咨询建议，决策参考

公共关系的这一职能是利用所搜集到的各种信息，进行综合分析，考查企业的决策和行为在公众中产生的效应及影响程度，预测企业决策和行为与公众可能意向之间的吻合程度，并及时、准确地向企业的决策者提供咨询，提出合理而可行的建议。

3. 舆论宣传，创造气氛

这一职能是指公共关系作为企业的“喉舌”，将企业的有关信息及时、准确、有效地传送给特定的公众对象，为企业树立良好形象创造良好的舆论气氛。例如公关活动，能提高企业的知名度、美誉度，给公众留下良好形象；能持续不断、潜移默化地完善舆论气氛，因势利导，引导公众舆论朝着有利于企业的方向发展；还能适当地控制和纠正对企业不利的公众舆论，及时将改进措施公之于众，避免扩大不良影响，从而收到化消极为积极、尽快恢复声誉的效果。

4. 交往沟通，协调关系

企业是一个开放系统，不仅内部各要素需要相互联系、相互作用，而且需要与系统外部环境进行各种交往、沟通。交往沟通是公关的基础，任何公共关系的建立、维护与发展都依赖于主客体的交往沟通。只有交往，才能实现信息沟通，使企业的内部信息有效地输向外部，使外部有关信息及时地输入企业内部，从而使企业与外部各界达到相互协调。协调关系，不仅要协调企业与外界的关系，还要协调企业内部关系，包括企业与其成员之间的关系、企业内部同部门成员之间的关系等，从而使全体成员与企业之间达到理解和共鸣，增强凝聚力。

5. 教育引导，社会服务

公共关系具有教育和服务的职能，是指通过广泛、细致、耐心的劝服性教育和优惠性、赞助性服务，来诱导公众对企业产生好感。对企业内部，公关部门代表社会公众，向企业内部成员输入公关意识，诱发企业内部各部门及全体成员都重视企业整体形象和声誉。对企业外部，公关部门代表企业，通过劝服性教育和实惠性社会服务，使社会公众对企业的行为、产品等产生认同和接受。

10.5.3 公共关系的原则

1. 以诚取信的原则

企业要在公众心目中树立良好的形象，关键在于诚实。只有诚实才能获得公众的信任。如果企业以欺骗的方法吹嘘自己，必然失去公众的信任。

2. 公众利益与企业利益相协调的原则

企业的生存发展不能离开社会的支持，如劳动力、资金、生产资料的提供及政府的宏观调控。因此，企业应为社会公众提供优质产品，公关活动时必须将公众利益与企业利益结合起来。

10.5.4 公共关系实施的步骤

1. 调查研究

企业通过调研，一方面，了解企业实施政策的有关公众的意见和反应，反馈给高层管理者，促使企业决策有的放矢；另一方面，将企业领导者意图及企业决策传递给公众，使公众加强对企业的认识。

2. 确定目标

一般说来，企业公关目标是促使公众了解企业形象，改变公众对企业的态度。具体地说，公关目标是通过企业传播信息，转变公众态度，即唤起企业需求。必须注意的是，不同企业或企业在不同发展时期，其公关具体目标是不同的。

3. 交流信息

企业通过大众传播媒体及交流信息的方式传播信息。可见，公关过程就是信息交流过程。

4. 评估公共关系结果

评价的指标可以包括：

（1）曝光频率，衡量公共关系效果的最简易方法是计算企业在媒体上的曝光次数，企业同时希望报上有其字、广播有其声、电视有其影；

（2）反响，分析由公共关系活动而引起公众对产品的知名度、理解、态度方面的变化，调查这些变动前后变化水平；

（3）如统计方便，销售额和利润的影响是最令人满意的一种衡量方法。

10.5.5 公共关系的主要方法

（1）密切与新闻界的关系，吸引公众对某人、某产品或某服务的注意。

（2）进行产品宣传报道。

（3）开展企业联谊活动。

（4）游说立法机关与政府官员。

（5）咨询协商。

（6）编写案例、经验。

（7）公众舆论调查：事先了解设计师、建筑师、工程师、化学家、采购代理商以及有权决定规格的购买者的态度。

（8）信息反馈。

（9）广告合作。

（10）安排特别活动。支持相关团体，赞助相关的活动，如与体育运动相关的健力宝饮料、李宁运动服就经常赞助某些体育比赛。

（11）处理顾客的意见。

小　结

1. 促销（Promotion）是指企业通过人员推销或非人员推销的方式，向目标顾客传递商品或劳务的存在及其性能、特征等信息，帮助消费者认识商品或劳务所带给购买者的利益，从而引起消费者的兴趣，激发消费者的购买欲望及购买行为的活动。

2. 促销的方式多种多样，大体上可分为直接促销和间接促销两种，具体又可分为广告、营业推广、公共关系和人员推销四种。由于各种促销方式各有其优点与缺点，所以在促销过程中，为了以最小的成本投入，获取最大的经济效益，企业需要对各种不同的促销活动进行有机组合，形成促销组合，从而使企业的全部促销活动互相配合，协调一致，最大限度地发挥整体效果，顺利实现促销目标。

3. 确定促销组合实质上也就是企业在各促销工具之间合理分配促销预算的问题。一般来讲，企业在将促销预算分配到各种促销工具时或在确定促销组合时，需考虑五种因素。

复习思考题

1. 什么是促销？什么是促销组合？
2. 确定促销组合时应考虑哪些因素？
3. 各种促销方式各有什么优缺点？

案例

百事可乐，每瓶一元?

一句广告语的歧义，使收银员不知所措，面对数百顾客结果会怎样呢?

1998年4月17日下午，开张仅十天的重庆“家乐福江北金观音店”，一大批顾客突然向饮料货柜拥去，抢购1.25升装的百事可乐。但是，当顾客按每两瓶2元的价格付款时，收银员却不知所措……

事前，商场准备开展为期三天的特价酬宾活动，其中1.25升的百事可乐售价5元，同时赠送一听价值2元的天府可乐。为何顾客以2元买2瓶可乐呢?原来，当天重庆某报上刊登了一则“家乐福特价酬宾广告”，在数十种商品中，“百事可乐”原价5.00元，现价买一赠一（2.00元)。由于广告有歧义，造成顾客理解与商家原意不符。

就在顾客与收银员为价格僵持不下时，“家乐福”江北店店长，法国人布拉松只说了一句话：“尊重顾客的意愿。”

几十人上百人，一会儿就把500件百事可乐购买一空，商场马上调货补充，并调集保安人员维持秩序。最后为不影响整个商业环境的平衡，商场不得不每人限购两瓶，并在本市报纸上发出启事对原广告修正，才将问题圆满解决。

显然，金观音店卖出的百事可乐大大低于成本价。问及该店损失，布拉松却说：“我不在乎利润的损失，我的宗旨是顾客满意为先。”

案例分析

古语云：“智者千虑，必有一失”。这一点对于现代企业而言，也无例外。任何一个经历发展的企业都绝不可能是一帆风顺、十全十美的，偶尔暴露出一些问题与不足也是情理之中的正常现象，关键看企业如何面对，怎样处理。而处理过程中，人的因素就显得尤为重要了，因为企业一切公关实践活动的成败得失、有效程度，可以说很大程度上都取决于公关从业者和企业成员的素质与意识。发生在重庆商界的这幕“花絮”，直观而言是布拉松一句话使家乐福从危机边缘走了出来，但是整个事件自始至终留给人们的启迪和警示，才是尤为深刻的。

“布拉松现象”的启迪

一直以来，商界都有一个共识，认为“公关绝对不是救火，它应该是一项必须持之以恒的工作”，所以我们不能仅仅靠夸夸其谈而应该靠坚持不懈的工作来赢得人们对我们及我们所代表的企业的认同。正是从这个意义上而言，“家乐福”之所以能在整个事件中给人们留下深刻的印象，关键得益于布拉松在处理危机问题上的举手投足，不仅仅代表了一个企业的良好形象，更重要的，还体现了一位成熟管理者优秀的公共意识。

1. “向企业负责，更向公众负责”的公关责任意识

“家乐福金观音店”此番开展酬宾活动，平心而论，确实不曾料到其广告会引发如此轩然大波，并造成公众不应有的误解。但是事情发生后，身为店长的布拉松表现得成熟、老道，他没有过多纠缠于事件的谁是谁非，更没有迁怒于任何人、任何一方。相反，聪明的他

只是说了句“尊重顾客的意愿”，便圆满解决了问题，平息了公众的怨怒情绪。紧接着，这位店长又及时地采取补效措施，一方面尽可能最大限度地满足顾客，同时又从安全角度考虑，对商业环境的秩序做了合理安排，并修正了产生歧义的广告，从而在根本上避免了事态的进一步扩大，这样做的目的，只是为了更主动地去关注一下由自身行为引发的问题，并以对公众和对企业负责的态度解决问题。然而最终却是让人们从深层意义上认识了一位成熟的公关实践者，以及他身上所特有“责无旁贷”的公关责任意识。

2. 一切从公众利益出发的公关公众意识

身为知名国际企业，“家乐福”对于“公众至上”理念的谙熟自然是无可厚非。对其而言，公众就好像是企业生存发展的土壤、空气和阳光，漠视公众实际是无视自己的生存条件。然而难能可贵的就在于，当企业与公众因误解而出现利益冲突的时候，“家乐福”仍能向公众传递“尊重您的意愿”的诚挚理念，这才真正体现了优秀企业在对待公众问题上的游刃有余。

而论及损失，从布拉松“我不在乎利润的损失，我的宗旨是顾客满意为先”的真诚中所流露出的一流公众意识，由此亦可略见一斑。

“家乐福事件”的警示

毋庸讳言，“家乐福”此番能够顺利地从危机边缘走出来，转危为安的关键自然是店长布拉松遇事冷静、沉着应变的结果。试想一下，如果一开始没有人出面处理此事，更没有那句“尊重顾客的意愿”来改变转机的话，那么今天，“家乐福”不知道会在一片诘责声中难熬到什么程度。

有鉴于此，我们必须看到，危机固然是存在的，但是危机发生时，能否临危不乱保持冷静的头脑，才是衡量一个企业，一位管理者素质的关键所在。企业和他的管理者的这种自信是其下属工作的最好担保，而这种自信源于平时的准备和教育。“家乐福事件”的成功典范就在于向其他企业揭示了一个现实警示：危机公关管理的关键是看企业如何捕捉先机，防微杜渐，防患于未然，从而在危机危害企业之前就对其进行有效控制。

资料来源：引自《销售与市场》杂志，2000－06－28，作者：陈嘉岳

■ 案例思考题

结合此案例请分析何谓危机公关以及危机公关的重要性。

第11章

服务营销

服务营销与一般产品的营销相比，既有相同之处，也有独特的地方。本章内容包括：服务营销概述、服务质量管理、服务营销策略及服务营销发展前景。

11.1 服务营销概述

在当代经济生活中，经济发达国家里，服务业在国民经济中占有很大比例。在美国、加拿大、日本和英国，70% 的就业人员是在服务业任职。在经济发达的国家，服务业的产值占其国民生产总值的一半以上。我国自从改革开放以来，服务业也有了很大的发展，从 1980 年到 1994 年服务业的产值以平均每年 12% 的速度增长，到 1994 年，我国服务业的产值已经达到了国民生产总值的 30% 以上。因此，将服务营销作为单独一章来讨论是非常必要的。

那么究竟什么是“服务”呢？

11.1.1 服务的定义

“服务”在古代意为侍奉。以后，随着时代的发展，“服务”不断有了新的含义。在近代，“服务”已成为整个社会不可或缺的人际关系基础。

菲利普·科特勒认为：“服务是一方能够向另一方提供的基本上是无形的任何活动或利益，并且不导致任何所有权的产生。它的产生可能与某种有形产品联系在一起，也可能无关联。”佩恩（1993）则认为：“服务是一种涉及某些无形性因素的活动，它包括与顾客或他们拥有财产的相互活动，它不会造成所有权的变更。条件可能发生变化，服务产出可能或不可能与物质产品紧密相连。”

归纳上述定义，它们包含以下要点：① 服务提供的基本上是无形的活动，如看电影，听音乐，接受培训等，有时也与有形产品联系在一起，如电梯、汽车的保养和维修等；② 服务提供的是产品的使用权，并不涉及所有权的转移，如自动洗衣店等；③ 顾客购买服务是为了满足需求，获得利益，这与购买物质产品是相同的。

在市场营销学中为服务所下的定义是这样的：服务是一方能够提供给另一方的，基本上是无形的任何功效或利益，并且不导致任何所有权的产生。它的生产可能与某种有形产品密切联系在一起，也可能毫无联系。

1988 年美国市场营销学会将服务定义如下。

服务是指诸如银行贷款或家庭保安之类的操作活动。这种完全无形或基本无形的产品可直接从服务的提供者转换给服务的购买者，它不需要被运输和贮藏，因此具有极大的消失性。由于服务的购买与消费是同时进行的，所以很难对其进行鉴定。服务是由许多不可分割的无形成分组成的，在许多重要的方面涉及顾客的参与，因此不能产生有产权性质的交易，不具有所有权。

总之，实物产品的销售是一种物的销售，而服务的销售则是一种活动的销售。

11.1.2 服务的分类

企业能够向市场提供的只有两种东西，一是有形的产品，二是无形的服务。有的企业主要提供有形产品，同时伴随着提供某些服务，有的企业主要提供服务，同时提供某些有形产品，有的企业则只提供纯粹的服务。服务是千差万别的。为了更好地理解服务的性质，要对服务进行分类。

当前学术界对服务的分类方法较多，主要有以下几种。

1. 按照服务生产方式分类

可以将服务分为两大类：以人为基础的服务和以设备为基础的服务。以人为基础的服务可按照它们是由非技术劳力、技术劳力或是由专业人员提供来划分，以设备为主的服务可分为：服务是由自动化设备或由人监控的设备所提供的两类。如我国一些银行的自动取款机，以及国外设在路边的自动零售设备等，都属于以自动化设备为主的服务。

2. 按参与者的接触程度分类

（1）高接触度服务。在这种服务中，顾客（被服务者）要参与其中全部或绝大部分活动，如电影院、娱乐场、公共交通、学校等。

（2）中接触度服务。在这种服务中，顾客只部分地参与其中的活动。如银行、律师等提供的服务。

（3）低接触度服务。服务的顾客和提供者不是面对面接触，服务主要通过仪器设备进行。如信息中心、批发商业、邮电通讯业等提供的服务。

3. 按服务对象分类

一种是以人为服务对象，另一种则是服务于物。医生为病人治病，服务对象为人；工人修理汽车，服务对象是物。

4. 按照服务的特点分类

（1）无形性高、不稳定性高，如教育、法律咨询、旅游等，这些行业管理难度最大。

（2）无形性高、不稳定性低，如保险业、娱乐业以及生活用品租赁业等，这些行业也不好管理，但较上一种可控性强。

（3）无形性低、不稳定性高，如医疗、保健、美容业等，这些行业的服务可以让顾客看得到、感觉得到，管理容易。

（4）无形性低、不稳定性低，如交通运输、文化出版等，这些行业的服务有标准化的操作程序，比较容易管理。

5. 按照营业目的分类

一般来说，提供服务的公司都是以营利为目的的。因而，公司在市场竞争中对市场营销策略的设计与执行非常注重，也只有这样作，才会使公司在竞争中取胜，达到获得利润的目的。当然，也有一些提供服务的单位是非营利性的，如中小学教育和公立大学教育，这些非营利性的组织主要是为社会提供各种必要的服务，不向国家纳税。

6. 按服务的经济性质分类

（1）生产性服务，即直接满足生产过程需要的服务，其中最主要的内容是经营管理活动。

（2）流通性服务，指满足人类生产与生活在两方面较高层次需求的服务，指不限于某一领域的交叉性服务活动，包括运输、医疗、环保等服务。

（3）生活性服务，即直接满足人们日常生活需求的服务，旅游服务、餐饮服务等。

11.1.3 服务的特点

服务作为一种特殊的产品，有自己的特点。而深入地研究这些特点，正是我们能作好服务营销工作的前提。总的来说，服务产品有以下几个特点。

1. 无形性

服务是一种不能预先用感觉器官直接感触到的特殊消费。当你买一种实物产品时，你可以事先用自己的感官来评价该产品的质量和价值。比如，当你购买一辆轿车时，你可以通过眼睛审视车的外形设计，驾车以试其性能，并按照它的质量来判断其价格是否合理。与此相反，如果你乘火车去旅行，在你上车之前，除了一张购买的车票外，你不能感受到任何东西，从而也不能预先判断旅行价格是否合理。

服务的无形性对服务的营销有重要的影响。与有形产品不同，服务没有独立存在的实物形式，企业很难通过陈列、展示等方式激发顾客的购买欲望或方便顾客检查、比较、估价。对购买者而言，服务是抽象的、无法预知购买效用的，因此，服务的购买过程带有很强的不确定性。这就使服务产品的销售显得比较困难。

为了降低不确定性，购买者要求有服务质量标准。地点、人员、设备、沟通材料、价格等可看得到的东西都可以作为标准来为质量下结论。因此，服务提供者的任务在于采取某些方法使服务可触摸。一般而言，有形产品营销者为其有形的产品增加无形性，而服务营销者则应为其无形的产品增加可感知性。

2. 生产与消费的不可分性

实物商品的生产、流通和消费在时间上是有间隔的，从生产到最终消费往往要经过一系列的中间环节。在服务业市场上，生产者和顾客直接发生作用，生产产品的过程同时也是消费产品的过程，两者在时间上和空间上不可分割。而且，消费者必须直接参与到生产过程中来。当然，有些服务的生产和消费在空间上可能分享，比如饮食的服务，但任何一个饭馆都要根据顾客的要求供应饭菜。因此，这类服务的生产和消费依然可以看成是同时发生的。

服务产品的不可分性对服务产品营销的影响主要表现在三个方面。第一，服务的生产者与顾客在服务的生产过程中互相作用影响，对服务质量的好坏共同起作用，顾客本身的知识兴趣、态度直接影响服务的效果；第二，服务购买者对服务提供者本身是有选择和偏爱的，当众多购买者对同一服务提供者产生偏爱时，会造成供不应求的状况，通常企业很难很快改变这种状况；第三，服务的生产与消费必须同时同地进行，因此，服务企业通常不可能在许多市场上同时出售自己的产品，这就在一定程度上限制了服务市场的规模。

克服该限制的方法也有好几种。比如，服务的提供者可以设法同时为更多的顾客提供服务。另外，服务机构本身也可以训练出更多合格的服务人员，并使顾客对他们有信心。

3. 不稳定性

实物产品要求一致性，厂商生产的实物产品，必须通过统一的设计标准和各种设备来监测产品的质量，使产品的质量具有一致性。但是，服务却无法统一设计，其质量完全取决于提供服务的具体人员。服务人员的气质、修养、能力和水平各不相同，服务的质量也就会因人而异。即使是同一个人提供服务，其服务的质量也很难保持一致。一个人在体力心情都很好的情况下，可能会提供质量较高的服务，否则，服务质量则可能下降。

服务质量的不稳定性，为服务产品的营销工作带来很大的困难，特别是使服务企业难以建立稳定的顾客群。因为，质量的不稳定，会使顾客的忠诚度减弱，因而，对服务企业而言，质量控制意义重大。

服务机构本身若要维持服务质量，也可以采取几种措施。

（1）制订一个有效的人员选拔和培训方案。航空公司、银行、旅馆都花了不少钱训练其人员以提供一致而亲切的服务。

（2）通过寻访投诉制度、顾客调查、比较性购买等，监控顾客的满意程度，以便发现与纠正服务的不足之处。

（3）服务人员须随处可见并且要对顾客负责。

（4）通过提供员工奖励来强调质量。

4. 不可存储性

实物产品在生产出来之后，若不能很快销售出去，可以将其储存起来，而服务产品本身不能储存，一旦投入生产，就必须在同时被销售或消费，否则，便会给企业带来经济损失。

服务公司可使用若干种策略产生较好的供给与需求搭配。

供给方面的策略为：

（1）高峰时间可以采取更有效率的处理方式；

(2) 雇用兼职员工来应付高峰时间的需要；

(3) 引进较具扩展潜力的设施；

(4) 扩大顾客参与程度；

(5) 发展联合服务。

需求方面的策略为：

(1) “辅助性的服务”可以在高峰时间为等候的顾客提供另外的服务来源；

(2) “差别定价”可以将部分高峰时间的需要转移至非高峰时间；

(3) “预订制度”可以预先出售服务，故能估计出需求的大小；

(4) 开发非高峰时间的需要；

(5) 引进较具扩展潜力的设施；

(6) 扩大顾客参与程度。

11.1.4 服务营销与产品营销的差异

传统营销理论主要是以物质产品为交换对象来研究的，由于服务这种特殊的“产品”具有无形性、生产与消费的不可分性、不稳定性和不可存储性等特征，决定了服务营销在本质上不同于产品的营销，这些差异表现在以下几个方面。

(1) 产品的特点不同。如果说有形产品是一种物品或一样东西的话，服务则表现为一种行为、努力或绩效。

(2) 顾客对生产过程的参与。由于顾客直接参与到服务的生产过程中，所以如何管理顾客也是服务营销管理的重要内容。

(3) 人是产品的一部分。服务的过程是顾客与服务提供者接触的过程，服务绩效的好坏不仅取决于服务者的素质，也与顾客的行为密切相关。

(4) 质量控制难度加大。由于人是服务的一部分，服务的质量很难像有形产品那样用统一的标准来衡量，因而服务的缺陷或不足不易发现和改进。

(5) 产品无法储存。由于服务的无形性以及生产与消费的同时进行，使得服务不能储存，服务提供者必须采取适当的策略以有效地处理服务供求的矛盾。

(6) 时间因素的重要性。正因为服务提供者向顾客面对面地提供服务，所以服务的供应就必须及时、快捷，以缩短顾客等候服务的时间。

(7) 分销渠道不同。生产经营企业通过物流渠道把产品从工厂运送到顾客手里，而服务的无形性决定了服务型企业要采取其他渠道（如广播、电视、互联网等），把生产、零售和消费的地点连在一起来提供顾客需要的服务，并借助于某些中介来销售服务产品。

认识服务营销与产品营销的差异有利于正确制定和运用营销策略。实践表明，产品与服务营销相比有很大区别。服务型企业照搬产品营销的策略是行不通的，而生产型企业开展服务业务也同样不宜沿用过去产品营销的办法。

11.1.5 服务的差异化竞争策略

一般而言，企业可选择的竞争战略包括低成本、差异化和集中化战略。如果企业提供的服务与竞争者提供的服务没有什么差别，顾客就将这种服务视为完全相同的。顾客从谁那里都可以得到同样的服务，所以更关心的是价格。这样就导致企业之间主要靠价格吸引顾客，价格战将会愈演愈烈。尤其值得指出的是，当某个企业推出新的差异化策略，很可能不久就被对手模仿，失去竞争优势。创新无止境，办法是想出来的。所以企业高层以及营销经理必须勇于创新，积极寻找新的办法，在某个具体方面或者在品牌、企业形象等方面与对手形成差异，发展优势。

从企业的角度来说，解决价格竞争的办法是发展差别供应和建立差别形象，进而获取差别利益。简而言之，就是提供更好、更快、更全面、与众不同的服务来战胜对手。服务型企业可采用的服务差异化策略有：服务内容差异化、人员差异化和形象差异化。

（1）服务内容差异化。就是说要在具体服务项目上，形成自己难以被模仿的特色。如在航空业，美国西南航空公司以幽默文化出名，乘客在搭乘该公司的航班时，常常获得喜悦甚至捧腹大笑的快乐。在飞机上增加电影、空对地电话等业务，可以在短期内区别于对手，但是这些服务项目很容易被模仿。然而美国西南航空公司的幽默文化难以模仿，这就使该公司形成了持久的经营特色。

（2）人员差异化。在服务过程中，公司通过人员、环境和过程实现服务的传送。前台的服务人员直接与顾客接触，服务人员的态度、技能、仪表等都直接影响到服务的质量。如果服务人员不精通业务、责任心不强，顾客就马上感觉到服务水平有问题，很可能转移到竞争对手那里进行购买。由于服务内容很具体、细致，每个顾客的要求也不一样，所以仅仅靠服务规范是不够的，这就要求服务人员要有很强的适应能力。前台的服务也需要后台人员的支持，后台人员的技术水平、工作态度会直接影响到前台服务的质量。例如，世界最大的零售商沃尔玛的快速反应就是建立在性能优越的信息技术平台之上的，没有一批优秀的工程技术人员在后台支持，沃尔玛的服务质量就上不去。所以，聘用比竞争对手更优秀的员工，加强培训和继续教育，建立有效的考评、激励制度，通过人员差异化来使服务差异化，往往是跨国公司常用的手段。

（3）形象差异化。企业形象是长期不懈努力的结果，是企业的无形资源。企业应当注意通过沟通和实实在在的行动，致力于塑造公司或品牌的个性，提升企业的形象，从而达到吸引顾客、促进销售的目的。奔驰企业以品质优良、拥有全球性维修网络而赢得了各国消费者的青睐。形象的差异化表现了企业的个性。例如，麦当劳以礼貌著称，迪士尼给人乐观向上的感觉，而 IBM 则以技术力量雄厚而闻名。

11.2 服务营销理念

当今世界呈现出了经济与文化一体化的发展趋势，经营理念将对企业营销的成败产生巨大的影响。经营理念是企业的经营哲学，是企业制定经营规划的基本出发点和依据。因此，经营理念也需要顺应时代的发展潮流，也需要不断创新。

11.2.1 关系营销

1. 关系营销理念的核心

关系营销是以系统论为基本思想，将企业置身于社会经济大环境中来考察企业的市场营销活动，认为企业营销乃是一个与顾客、供销商、竞争者、内部员工、政府机构和社会组织发生相互作用的过程，正确处理与这些个人及组织的关系是企业营销的核心，是企业成败的关键。关系营销将建立与发展同相关个人及组织的关系作为企业营销的关键变量。它从根本上改变了传统营销将交易视作营销活动关键和终结的狭隘认识。企业应在主动沟通、互惠互利、承诺信任的关系营销原则的指导下，利用亲缘关系、地缘关系、业缘关系、文化习惯关系、偶发性关系等与顾客、分销商及其他组织和个人建立、保持并加强关系，通过互利交换及共同履行诺言，使有关各方实现各自的目的。

2. 关系营销的三个层面

关系营销建立在顾客、关联企业、政府和公众三个层面上，它要求企业在进行经营活动时，必须处理好与这三者的关系。

1）建立、保持并加强同顾客的良好关系

顾客是企业生存和发展的基础。企业离开了顾客，其营销活动就成了无源之水、无本之木。市场竞争的实质就是争夺顾客，顾客忠诚的前提是顾客满意，而顾客满意的关键条件是顾客需求的满足。要想同顾客建立并保持良好的关系，首先，必须真正树立以消费者为中心的观念，并将此观念贯穿于企业生产经营的全过程。产品的开发应注重消费者的需要，产品的定价应符合消费者的心理预期，产品的销售应考虑消费者的购买便利和偏好等。其次，切实关心消费者利益，提高消费者的满意程度，为顾客提供高附加值的产品和服务。通过产品的品牌、质量、服务等，为顾客创造最大的让渡价值，使他们感觉到物超所值。最后，重视情感在顾客作购物决策时的影响作用。飞速发展的技术使人们之间沟通的机会减少，但人们却迫切希望进行交流，追求高技术与高情感间的平衡。企业在经营中要注意到顾客的这种情感因素，并给予重视。

2）与关联企业合作，共同开发市场

在传统市场营销中，企业与企业之间是竞争关系，任何一家企业若想在竞争中取胜，就得不择手段。这种方式既不利于社会经济的发展，又易使竞争双方两败俱伤。关系营销理论认为：企业之间存在合作的可能，有时通过关联企业的合作，将更有利于实现企业的预期目标。第一，企业合作有利于巩固已有的市场地位。当今市场，细分化的趋势越来越明显，诸强各踞一方，竞争日趋激烈，任何企业要想长期保持较大的市场份额，其难度越来越大，通过合作可增强企业对市场变动的适应能力。第二，企业合作有利于企业开辟新市场。企业要发展壮大就必须不断地扩大市场容量，而企业要想进入一个新市场，往往会受到许多条件的制约。但若在新市场寻找一个合作伙伴，许多难题将迎刃而解。第三，企业合作有利于多角化经营。企业为了扩大经营规模往往要向新的领域进军，但企业不可能对所有领域里的经营活动都十分熟悉，如果遇到一个十分陌生的领域，企业将要承担很大的风险，若企业与关联企业合作，这种风险就可能降低。第四，企业合作还有利于减少无益的竞争。同行业竞争容易导致许多恶果，如企业亏损增大，行业效益下降，这对整个社会经济的发展将产生不良影响，而企业间的合作即可使这种不良竞争减少到最低程度。每个企业各有所长，各有所短，发现和利用企业外在的有利条件是关系企业营销成败的重要因素。

3）与政府及公众团体协调一致

企业是社会的一个组成部分，其活动必然要受到政府有关规定的影响和制约，在处理与政府的关系时，企业应该采取积极的态度，自觉遵守国家的法规，协助研究国家所面临的各种问题的解决方法和途径。关系营销理论认为：如果企业能与政府积极地合作，树立共存共荣的思想，那么国家就会制定出对营销活动调节合理化、避免相互矛盾、帮助营销人员创造和分配价值的政策。现代营销的内容十分广泛，相关团体与企业内部员工也是关系营销的一个重要方面。协调好与这些组织的关系，建立与企业员工的良好关系，就能为实现企业目标提供保证。关系营销是一项系统工程，它有机地整合了企业所面对的众多因素，通过建立与各方面良好的关系，为企业提供了健康稳定的长期发展环境。

3. 关系营销的市场模型

关系营销的市场模型概括了关系营销的市场活动范围。在“关系营销”概念里，一个企业必须处理好与六个子市场的关系：顾客市场、供应商市场、内部市场、竞争者市场、分销商市场、相关利益者市场。

1）顾客市场

顾客是企业存在和发展的基础，市场竞争的实质是对顾客的争夺。最新的研究表明，企业在争取新顾客的同时，还必须重视留住老顾客，培育和发展顾客忠诚。通常争取一位新顾客所需花的费用往往是留住一位老顾客所花费用的6倍。企业可以通过数据库营销、发展会员关系等多种形式，更好地满足顾客需求，增加顾客信任，密切双方关系。

2）供应商市场

企业既要与顾客建立良好的买卖关系，也要与供应商建立合作关系。任何一个企业都不可能独自解决自己生产所需的所有资源。在现实的资源交换过程中资源的构成是多方面的，至少包含了人、财、物、技术、信息等方面。与供应商的关系决定了企业所能获得的资源数量、质量及获得的速度。企业应本着双赢的理念，在市场上寻求共同的商机和合作开发的契机。只有与供应商亲密合作才能谋求低成本。

3）内部市场

内部营销起源于这样一个观念，即把员工看作是企业的内部市场。任何一家企业，要想让外部顾客满意，首先得让内部员工满意。只有工作满意的员工，才可能以更高的效率和效益为外部顾客提供更加优质的服务，并最终让外部顾客感到满意。内部市场不只是企业营销部门的营销人员和直接为外部顾客提供服务的其他服务人员，它包括所有的企业员工。在为顾客创造价值的生产过程中，任何一个环节的低效率或低质量都会影响最终的顾客价值。

4）竞争者市场

在竞争者市场上，企业营销活动的主要目的是争取与那些拥有和自己具有互补性资源竞争者的协作，实现知识的转移、资源的共享和更有效的利用。企业与竞争者结成各种形式的战略联盟，通过与竞争者进行研发、原料采购、生产、销售渠道等方面的合作，可以相互分担、降低费用和风险，增强经营能力。种种迹象表明，现代竞争已发展为“协作竞争”，在竞争中实现“双赢”的结果才是最理想的战略选择。

5）中介市场

服务营销的优劣是由企业所拥有的顾客多少来体现的。企业有的顾客越多越表明服务营销效果好。企业营销活动中，顾客是构成中介市场的资源。顾客是通过其口传并形成口碑来体现其中介作用的。然而企业除了需要顾客的口碑来扩大顾客群，还要同中间商、代理商、联系人、增值者等诸多社会力量建立联系，这些力量也构成中介市场。

6）相关利益者市场

金融机构、新闻媒体、政府、社区，以及诸如消费者权益保护组织、环保组织等各种各样的社会压力团体，与企业都存在千丝万缕的联系，对于企业的生存和发展都会产生重要的影响。因此，企业有必要把它们作为一个市场来对待，并制定以公共关系为主要手段的营销策略。

4. 关系营销的实施可采取的步骤

1）筛选并找出值得和必须与之建立关系的顾客

顾客对于任何企业来说都是至关重要的，企业时刻关注着吸引更多的新客户。但是，很多公司认识不到吸引某些关键的客户比吸引单纯数量多的客户更有用。正如关注战略关系一样，公司也应关注“战略客户”。

关键客户在其他方面也会有帮助。他们会反馈给公司有价值的信息，向公司建议如何改进产品。更重要的是，关键客户会把生产商的情况口头自传出去。如果一个关键客户只把公司的情况传递给两个人，这两个人又分别告诉另外两个人……依次类推，结果可想而知。

2）指派专人负责，明确其职责范围

可设关系经理，规定其负责的对象、目标、责任和评估效果的标准。

3）制订长期及短期（年度）计划，明确计划期目标，要针对不同的顾客分别设计策略、方案和所需资源，形成多种战略关系

要想居于行业领导地位，保持顾客忠诚并使自己的产品和服务很快被接受，就必须实行成功的关系营销。虽然说建立牢固、持久的关系是一项艰难的工作，而且很难维持下去，但既然顾客有这么多的选择，那么即使在一个很狭窄的产品市场分区，建立个人关系也是保持顾客忠诚的唯一办法。

在许多变化极快的行业中，这些关系正变得比以前任何时候都重要。由于技术发展得异常迅猛且相互交织，没有哪家公司能拥有充分的专门技术知识，并通过采用及时和有效的方法把产品引入市场。举例来说，要制造一台个人电脑，公司需要精通以下领域的技术：半导体技术、显示器技术、磁盘驱动技术、网络技术、软件应用、通信和系统一体化，没有哪家公司能仅靠自己的力量在所有这些领域处于领先地位。

结果是，公司之间纷纷进行合作，很多发展很快的公司，过去常常闹独立，如今也开始组成各种联盟——甚至是与先前的竞争对手联盟。每一个小公司几乎都在寻找“赞助商”，而大公司也在尽量联合一些新兴企业。

处于发展迅速行业中的公司需要组成战略关系主要出于以下原因。

（1）要想在当今的市场竞争中取胜，公司需要应用许多技术，计算机和通信技术的结

合日益紧密，顾客希望产品的功能适应力强，但没有哪个公司能只靠自己的力量开发所有必要的技术。

（2）开发新技术的费用增长太快，公司若想生存下去，必须与他人共同负担这些费用。

（3）全球性的竞争要求公司为了进入和扩展市场，必须抛弃旧的民族主义的贸易争端。美国公司正面临着来自日本、德国和韩国公司的日益激烈的竞争，但为了尽快地占领市场和降低资金成本，许多美国公司也同一些外国公司组成联盟。

（4）技术比以前任何时候更新得都快。曾几何时，一家公司可以在许多不同技术领域居于领先地位，但现在，这已变得越来越困难了。

（5）小公司需要管理人才、销售力量和资金，以保证能在竞争中站稳脚跟，这一切只有通过建立战略关系才能实现。

（6）战略关系虽然不总是很明确，但它确实很重要，可以为公司增加可信度，所以一定要慎选战略伙伴。

许多战略关系都是由一家小公司和一家大公司组成的，这种关系能使每个公司均从中受益。处于发展中的小公司通过和有声望的大公司合作，可以为公司增加可信度，大公司可以充当可信参考，告诉市场：这家小公司经营得很成功。对于小公司来讲，这种合作关系有利于它从风险投资机构获得资金。假如某家小公司有诸如 IBM、索尼、微软、苹果这样的公司作后盾，顾客便愿意同它打交道。

同时，大公司也可借此了解新技术。一般来说，小公司在开发新技术方面要比官僚作风较严重的大公司行动得更快。所以，通过和小公司建立联系，大公司可以很快地生产出一些创新性的产品并投放到市场上。制药行业的公司在这方面已有多年的经验。开发新产品和新市场，相对而言要快捷、节约一些，小公司所作的便是生产一些创新性的产品并发掘新的市场机会。

4）进行反馈和追踪

测定顾客长期需求情况，了解顾客对产品的兴趣和需求，监控和评估每一顾客的购买行为，分析各项关系费用的投资效益。

11.2.2 顾客满意理念

1. 顾客满意理念是对传统理念的发展

顾客满意理念（Customer Satisfaction，CS）是指企业的全部经营活动都要从满足顾客的需要出发，以提供满足顾客需要的产品或服务为企业的责任和义务，以满足顾客需要，使顾客满意为企业的经营目的。

CS 理念是对 20 世纪 50 年代形成的“以消费者为中心”的理念的发展。“以消费者为中心”的理念中廓清了“以企业为中心”与“以消费为中心”的界限，扭转了传统企业以自我为中心的偏向，进而实现向以消费者为中心的转变。CS 理念则在此基础上要求企业把现实需求与潜在需求作为企业开发产品和服务项目的源头，并在市场营销全过程中及其各个环节中都要尽最大可能满足消费者需求。并且，企业要及时跟踪研究顾客的满意度，据此设立改进项目和目标，调整企业的经营环节，以此稳定老顾客，扩大顾客群。

2. 实施顾客满意的服务战略

所谓顾客满意的服务战略，其核心思想就是企业的全部经营活动都要从满足顾客的需要出发，以提供满足顾客需要的产品或服务为企业的责任和义务，以满足顾客需要，使顾客满意为企业的经营目的。在CS理论中，顾客满意的服务战略内涵具有特定的意义。

1）在横向层面上

（1）企业的理念满意。即企业经营理念带给内外顾客的满足状态，它包括经营宗旨满意、经营哲学满意和经营价值观满意等。

（2）行为满意。即企业全部的运行状况带给内外顾客的满足状态，包括行为机制满意、行为规则满意和行为方式满意等。

（3）视听满意。即企业具有可视性和可听性的外在形象给内外顾客的满足状态，包括企业标志（名称和图案）满意、标准字满意、标准色满意以及上述三个基本要素的应用系统满意等。

（4）产品满意。即企业产品带给内外顾客的满足状态，包括产品质量满意、产品功能满意、产品设计满意、产品包装满意、产品品位满意和产品价格满意等。

（5）服务满意。即企业服务带给内外顾客的满足状态，包括绩效满意、保证体系满意、服务的完整性和方便性满意，以及情绪和环境满意等。

2）在纵向层次上

（1）物质满意层次。即顾客对企业产品的核心层，如产品的功能、质量、设计和品种等所产生的满意。

（2）精神满意层次。即顾客对企业产品的形式层和外延层，如产品的外观、色彩、装潢、品位和服务等所产生的满意。

（3）社会满意层次。即顾客在对企业产品和服务的消费过程中所体验到的社会利益维护程序，主要是指顾客整体（全体公众）的社会满意程度。它要求在企业产品和服务的消费过程中，企业要具有维护社会整体利益的道德价值、政治价值和生态价值。

现代企业实施顾客满意的服务战略的根本目的，在于提高顾客对企业生产经营活动的满意度，而要真正做到这一点，则必须切实可行地制定和实施如下关键策略。

（1）塑造“以客为尊”的经营理念。“以客为尊”的企业服务经营理念，是服务顾客最基本的动力，同时它又可以引导决策，联合公司所有部门共同为顾客满意目标而奋斗。

（2）开发令顾客满意的产品。顾客满意战略要求企业的全部经营活动都要以满足顾客的需要为出发点，把顾客需求作为去开发产品的源头。所以企业必须熟悉顾客，了解用户，即要调查他们现实和潜在的要求，分析他们购买的动机和行为、能力、水平，研究他们的消费传统和习惯、兴趣和爱好。只有这样，企业才能科学地顺应顾客的需求走向，确定产品的开发方向。

（3）提供令顾客满意的服务。热情、真诚为顾客着想的服务能带来顾客的满意，所以企业要不断完善服务系统，以便利顾客为原则，用产品具有的魅力和一切为顾客着想的体贴去感动顾客。

（4）科学地倾听顾客意见。现代企业实施顾客满意战略必须建立一套顾客满意分析处理系统，用科学的方法和手段检测顾客对企业产品和服务的满意程度，及时反馈给企业管理层，为企业不断改进工作，及时、真正地满足顾客的需要服务。

在信息社会，企业要保持技术上的领先已经越来越不容易，所以企业必须把工作重心转移到顾客身上，从某种意义上说，使顾客满意的企业，就是成功的企业。

11.3 服务质量管理

服务质量是服务营销的基础，是关系服务型企业生存和发展的重要问题，制定和运用服务营销策略的直接目的就是保证和提高服务质量。服务型企业区别于其他企业，赢得顾客的主要方法就是一贯提供比竞争者更高的服务质量。对于提供物质产品及其有关服务的企业，同样也要通过提高服务质量以增强竞争力。

11.3.1 服务质量的内涵

美国质量控制协会给质量下的定义是：质量是一种产品或服务的性能和特征的集合体，它具有满足现实和潜在需求的能力。服务质量与顾客的感受关系很大，可以说是一个主观范畴，它取决于顾客对服务的预期质量与其实际感受的服务水平的对比。通常顾客是从技术和职能两个层面来感知服务质量。技术质量指服务过程的产出，即顾客从服务过程得到的东西，对此顾客容易感知，也便于评价。职能质量则指服务推广的过程，即顾客同服务人员打交道的过程，服务人员的行为、态度、穿着等都直接影响顾客的感知，如何提供服务和接受服务的过程会给顾客留下深刻的印象。

顾客对服务的预期质量，通常受到四方面因素的影响，即市场营销沟通、顾客口碑、顾客需求和企业形象。由于接受服务的顾客通常能直接接触到企业的资源、组织结构和运作方式等方面，企业形象无可避免地影响顾客对服务质量的认知和体验。顾客心目中的企业形象较好，就会谅解服务过程中的个别失误；如果原有形象不佳，则任何细微的失误也会造成很坏的影响。因此，服务型企业应当注重提升企业形象。

企业形象和顾客口碑受外部多种因素的影响，它们只能间接地被企业控制，事实上，它们是企业绩效的函数，顾客需求千差万别，是不可控因素。市场营销沟通包括广告、直接邮寄、公共关系和现场促销活动等具体策略，则是企业可控制的。市场营销沟通对顾客的预期质量有很大的影响。企业在服务营销过程中必须慎重对待承诺，说到就要做到。如果企业在广告中言过其实，过分抬高自己的产品，就会使顾客形成过高的期望。而当顾客实际接触和享受这些服务时，发现并不像广告宣传的那样，就会使顾客对服务产品的感知和评价大打折扣，进而形成不好的口碑，对企业形象造成不利的影响。

11.3.2 服务质量的评价标准

由于服务具有无形性和差异性等特点，所以服务质量的测定有一定的难度。准确测定服务质量，必须以大量的调查研究为依据。一般从以下各个方面来评价服务质量。

（1）感知性。如各种设备、设施、服务人员的仪表等。顾客正是借助这些有形的、可见的部分来把握服务的实质。有形部分提供了有关服务质量本身的线索，同时也直接影响到顾客对服务质量的感知。

（2）可靠性。即能兑现承诺的服务。可靠性要求避免服务过程中的失误，顾客认可的可靠性是最重要的质量指标，它与核心服务密切相关。许多以优质服务著称的企业，正是通过强化可靠性来建立自己的声誉的。

（3）反应性。为顾客提供快捷、有效的服务，具备校正失误和改正对顾客稍有不便之处的能力。对顾客的各项要求，能否予以及时满足，表明企业的服务导向，即是否把顾客利益放在第一位，也表明企业的服务能力。

（4）保证性。指服务人员胜任工作的能力。服务人员较高的知识技能和良好的服务态度，能增强顾客对服务质量的可信度和安全感。在服务产品不断推陈出新的今天，顾客同知识渊博而又友好和善的服务人员打交道，无疑会产生信任感。

（5）移情性。指设身处地地为顾客着想，努力满足顾客的要求。这便要求服务人员有一种投入精神，把感情融入到服务之中。想顾客之所想，急顾客之所需，了解顾客的实际需求以至特殊需求，千方百计予以满足；给与顾客充分的关心和相应的体贴，使服务过程充满人情味，这便是移情性的体现。

按上述评价标准，可通过问卷调查或其他方式对服务质量进行测量。调查应该包括顾客的预期质量和体验质量两个方面，以便进行分析研究。

为了便于分析服务质量问题，泽赛姆（1990）提出了一种服务质量差距分析模型，该模型提供了服务可能存在5个方面的差距。

（1）顾客与其服务与管理者认知的顾客预期之间的差距。由于管理者未能正确认识顾客需求，或者不了解顾客如何评价服务成分，因而存在差距。

（2）管理者的认知与服务质量之间的差距。

（3）服务提供与服务质量规范之间的差距。

（4）服务提供与外部沟通之间的差距。外部沟通提供的材料如超出实际提供服务的水平，可能误导消费者，形成过高的服务预期，进而使体验质量与预期质量存在差距。

（5）顾客的认知与服务预期之间的差距。由于顾客衡量服务质量的标准存在差异，或是没有真实体验到提供的服务质量，这有可能导致顾客过高或过低评价服务质量。这一差距的后果，对企业形象可能带来积极的影响，也可能带来消极的影响。

11.3.3 提高服务质量的策略

提高服务质量的方法与技巧很多，常用的方法有标杆管理和蓝图技巧。

1. 标杆管理

标杆管理指将产品、服务和市场营销过程同竞争对手尤其是最具优势的竞争对手进行对比，在比较、检验和学习的过程中逐步提高自身的服务标准和服务质量。标杆管理法最初主要应用于生产型企业，服务企业在运用这一方法时可从策略、经营和业务管理等方面着手。

（1）策略。将自身的市场策略同竞争者的成功策略进行比较，寻找其相关因素。比如，竞争者主要集中在哪个细分市场，竞争者实施的是低成本策略还是价值附加策略，竞争者的投资水平以及资源如何分配等方面。通过一系列的比较和分析，企业将会发现以往被忽视的策略因素，从而制定出新的、符合市场和自身资源条件的策略。

（2）经营。主要集中于从降低营销成本和提高竞争差异化的角度了解竞争对手的做法，并制定自己的经营战略和策略。

（3）管理。在业务管理方面，根据竞争对手的做法，重新评估某些职能部门对企业的作用。比如，在一些服务企业中，与顾客相脱离的后勤部门，缺乏适度的灵活性而无法同前台的质量管理相适应。学习竞争对手的经验后，可使二者步调一致，协同合作，这无疑会提高服务质量。

2. 蓝图技巧

服务蓝图又称为服务流程图，它由索斯塔克（Shostack G. lynn）于1987年首先提出来。这种方法是通过分解组织系统和架构，作出服务作业流程图，鉴别顾客同服务人员的接触点，从这些接触点出发来提高服务质量。服务企业欲提高服务质量和顾客满意度，必须理解影响顾客认知服务产品的各种因素，蓝图技巧则为有效地分析和理解这些因素提供了便利。

蓝图技巧借助流程图分析服务传递过程的各个方面，包括从前台到后勤服务的全过程。主要步骤为：① 将服务的各项内容绘入服务流程图，使服务过程一目了然地展示出来；② 找出容易导致服务失误的接触点；③ 建立体现企业服务质量水平的执行标准与规范；④ 找出顾客能看得见的作为企业与顾客的服务接触点的服务展示。在每一个接触点，服务人员都要向顾客提供不同的职能质量和技术质量，而顾客对服务质量感知的好坏将影响企业的形象。

由于服务的不可感知性，顾客常因担心服务质量难以符合期望水平在购买时犹豫不决。企业为化解顾客对质量风险的顾虑，可以从以下几个方面改进工作。

（1）突出质量第一。高层管理人员应当真正重视并投入到质量管理活动中，包括履行承诺保证，在资源配置上支持质量管理活动；建立以质量为核心的企业文化，全体员工树立质量第一的服务观点，把好每一个环节的质量关，自觉地为提高服务质量而努力。顾客了解到企业内部的质量观及措施，会逐渐消除质量风险忧虑。

（2）重视人的因素。质量决定于人的操作技巧和态度，管理者必须重视员工培训，让员工掌握新的服务技巧，改善服务态度。同时，管理者要创造一种能够得到员工支持的企业文化，对优良业绩创造者给予奖励，争取在员工满意的基础上让所有的顾客满意。

（3）在营销沟通中强调管理。针对顾客对质量的担心，在设计广告宣传时要形象地突出有关服务的质量特征和水平。例如，请已购买产品和服务的顾客“现身说法”，介绍自己购买服务后的心理感受。善用顾客口碑，有时能收到比广告更好的效果。

通过质量差据分析，运用标杆质量法或蓝图技巧等方法，提高服务质量。服务质量满足或超出顾客期望，就能使顾客满意度大大提高，从而提高顾客忠诚度。

11.4 服务营销策略

服务作为一种特殊的产品，它的营销策略也具有特殊性，一般产品的策略属于传统的外部营销，对于服务营销而言，它们并不够用。服务营销所需的是：内部营销、外内互动营销以及其他许多具体的营销技巧。

11.4.1 内部营销与互动营销

内部营销，是指在服务企业内部全面贯彻市场营销观念，使每一个顾客接触的部门和个人均从事营销活动，而不是仅仅由营销部门承担营销任务。实施内部营销有以下目的：提高服务的质量，较好地满足每一个顾客的需求。内部营销策略实质上是要求服务企业“营销化”，也就是说：所有部门和人员都要树立营销观念，承担营销任务。内部营销策略能否取得预期的效果，主要取决于两个因素：一是企业能否建立一套完善的制度，规定各部门所应承担的营销责任，并制定恰当的措施确保各部门履行各自的责任；二是企业是否对员工进行培训，使其树立营销意识，掌握营销方法；一个服务企业能否实行内部营销，这一点与企业的营销部门是否善于推动每个部门和每个员工进行市场营销也是分不开的。

互动营销，是指顾客所感受的服务质量极其依赖于购买者互相影响的品质。在产品营销中，产品质量很少取决于它是如何获得的，但在服务营销中，服务质量是根据服务提供者和提供的质量两者来确定的，尤其是对于专业服务，顾客以技术质量和职能质量来判断。因此只提供良好的技术服务并不一定能满足顾客。专业人员必须善于使用互动营销技巧。

11.4.2 服务产品策略

顾客购买服务实际上是购买服务带给他们的特定利益或是价值。因此，服务企业需要提供一系列能给顾客所需利益或价值的服务产品来满足顾客的需要。典型的服务产品包含了一个核心产品和附着于其上的一系列不同的附加产品要素。核心产品用于满足顾客对基本利益的需求，附加服务则是那些协助和促进核心服务的使用并且增加核心产品价值和差异化的要素，包括提供所需的信息、建议、解决问题的文字说明和热情的招待等。服务企业必须基于顾客所期待的利益和竞争者的状况来设计和选择服务产品包（services package）（核心产品与相应的附加服务）。由于企业通过服务产品要素创造服务产品和增加服务价值，因此，服务产品要素是服务营销组合中最重要的要素。服务产品要素的内容包括产品线组合、新服务的设计、开发与管理、品牌建设等。

11.4.3 服务定价策略

价格策略包括服务产品定价和价格调整。由于服务质量水平难以统一界定，质量检验也难以采用统一标准，加上季节、时间因素的重要性，服务定价必须有较大的灵活性。而在区别一项服务与另一项服务时，价格是一种重要的识别标志，顾客往往从价格上感受到服务价值的高低。

有关物质产品定价的理论和方法，基本上都适用于服务产品。常用的定价方法有需求导向定价法、成本导向定价法、竞争导向定价法，有时也采用利润导向定价法。

1. 需求导向定价法

以质量和成本为基础，着眼于消费者的态度和行为，适度调整变动价格。

在服务业中如果考虑成本则很难确立一个服务的单位，要计算单位成本就更难。尤其高度非实体性的服务，“人”成本的主要因素，更是难以测量。例如，要衡量某项服务表现花费的时间不容易，总费用的分摊就更难进行。然而没有明确的成本观念就难以制定出一套价格策略。劳动密集的服务业（如专业服务业）若要解决成本上的问题，非要制定出一套更确切的方法来辨认和分配不可，尤其是以下的服务业：

（1）不易描述和衡量的服务产品；

（2）成本主要为人的劳动的服务产品；

（3）其他成本（如租金、旅费）也都是与人关联的服务产品；

（4）人的成本计算远较机械的成本计算困难的服务产品。

2. 成本导向定价法

这种方法主要是根据服务成本来决定价格。它的优点是：简单明了，适应需求状况，保持合理利润水平。当需求旺盛时，价格较为公道；当需求平淡时，价格可合理降低。其具体的方法有：

（1）利润导向定价。即以最起码的利润水平为目标。由专业组织或行业协会制定的标准价格，当属此类。如果市场进入受到严格的限制，则定价的取向就以顾客的支付能力和支付意愿为主，成本考虑退居其次。

（2）政府控制的价格。即以保护消费者利益为目标，按照成本加上合理利润为标准制定的固定价格。

3. 竞争导向定价法

这种方法是指以竞争者各方面之间的实力对比和竞争者的价格作为定价的主要依据，以竞争环境中的生存和发展为目标的定价方法，主要包括通行价格定价法和主动竞争型定价法两种。

（1）通行价格定价法。即以服务的市场通行价格作为本企业的价格。采用此种方法有如下优势：

① 平均价格易于被人们所接受；

② 避免与竞争者激烈竞争；

③ 能为企业带来合理、适度的利润。

（2）主动竞争型定价法。即为了维持或增加市场占有率而采取的进取性定价。

4. 利润导向定价法

利润最大化是服务企业的定价目标之一。利润最大化决定了定价必须高于总成本，成本应是定价的最低限。当价格在成本基础上逐步增加时，利润水平将得到提高，直到出现很大的市场阻力为止。市场和顾客能否接受，应是定价的上限。价格过高，顾客会寻找替代品，导致服务需求和利润水平下降。当然，服务定价过低会影响顾客评估服务质量，故服务定价除考虑成本、利润因素外，也不可忽视服务形象的重要性。

定价策略或技巧也很多，如根据需求变动采用差别定价法、根据购买量大小实行折扣定价、系列服务的一揽子定价与个别服务定价等。

11.4.4 服务促销策略

服务促销包括广告、人员推销、营业推广、宣传、公共关系等营销共同方式。为增进消费者对无形服务的印象，企业在促销活动中要尽量使服务产品有形化。例如，美国著名的"旅行者"保险公司在促销时，用一个伞式符号作为象征，促销口号是："你们在旅行者的安全伞下。"这样，无形的保险服务，具有了一种形象化的特征。又如一些大型住宅小区采用参观样板房的促销办法，让潜在顾客直接观察和亲身体验住房的设计和布局，激发他们的购买欲望。促销的对象，不仅包括顾客，也包括中间商和雇员。服务促销组合的手段很多，不同的服务行业、不同的顾客群体，采用的促销策略不同。例如，旅游公司常采用电视来推广著名景点的旅游项目和线路，而保险公司则以人员推销的方式为主。

11.4.5 人员

服务过程中顾客的参与以及人员作为服务产品中的一部分使得在服务营销中需要特别关注服务人员因素。因此，需要服务企业通过内部营销来激发员工的工作积极性以及通过员工培训来保证服务产出水平的一致性。另外，顾客参与服务生产过程的特征使得顾客的素质和行为能够帮助或妨碍服务质量或服务生产率。这样，服务企业需要把顾客作为员工的一部分来进行管理。人员要素的内容包括员工的招聘、培训、激励、报酬和团队，以及企业文化和价值的沟通，广义人员要素还包括顾客教育与顾客管理。

11.4.6 分销策略

随着服务领域的扩展，服务销售除直接销售之外，经由中介机构销售者日益增多。中介机构主要有代理、代销、经纪、批发、零售等形态。例如，博览会展出、职业球队比赛等，往往经由中介机构推销门票。在分销因素中，选择服务地点至关重要。商店、电影院、餐厅等服务组织，如能坐落在人口密集、人均收入高、交通方便的地段，则有利于扩大销售量。总的来说，服务分销的渠道包括直接销售和间接销售两类。直销是由服务者直接向顾客提供面对面服务的形式，如会计、法律咨询、管理咨询、美容等。间接销售是由中介机构来完成的销售方式，如民用航空公司、铁路运输公司的车票销售代理公司，电信企业的电话卡销售代理点等。常见的中介机构有代理人、经纪人、经销商、代理商和特许经营商等。

11.4.7 有形展示策略

有形展示会影响消费者对一家服务企业的认识和评价。有形展示包含的因素有实体环境、服务提供时所用的装备实体，以及显示公司或产品的信息标志，如汽车的标徽、中国工商银行的标志等。

在服务场所内参与服务和消费的人，包括员工、顾客和其他人士，他们的数量、仪表、行为都会影响顾客对服务质量的期望和认知。总之，一切可以传递服务质量与特色的有形组成部分，都可以成为服务的有形展示。

具体地说，有形展示可以帮助顾客感受到服务带来的利益，引导消费者产生合理的期望，从而影响顾客对服务产品的第一印象和评价。对于服务型企业来说，有形展示是一个重要的营销策略，有助于改善服务，提高顾客满意度。

11.4.8 过程

它是创造和让渡服务需要设计和执行的有效过程，体现了服务的传递顺序和内容，同样是服务营销的重要策略。在提供服务的运作过程中，员工和顾客都在参与，过程设计的合理性会影响到服务的质量和效率。不同的行业，企业业务流程也不同。企业可以向先进的企业学习，根据自己的情况加以改进。在服务营销过程中，制定合理的制度、采用先进的设施、给员工适当的决断权、顾客参与服务过程程度的把握等，都是服务营销管理者应关注的问题。

在整个服务过程中，顾客接触的只是前台的人员和设备，同时也感受到服务的质量。然而，企业要保证服务的质量，必须有后台的支持，而且后台的工作量往往比前台大得多，技术性更强。因此，服务过程必须注意后台与前台的配合、协调，必须加强后台对前台的支持作用。

服务过程必须根据服务流程和内容进行专业设计。但是这并不意味着可以一成不变。当技术手段改进了，人员素质提高了或者外部环境变化了，服务过程就应当及时调整和修改，以保证服务过程的先进合理性。

11.4.9 生产率和质量

把生产率和质量结合在一起作为服务营销组合的一个单独要素首先是由 Lovelock 提出来的。Lovelock（2001）在研究中发现“生产率和质量这两个因素常常被分别对待。实际上，应该把它们看成是一个硬币的正反两面”。生产率涉及如何把投入转化为顾客认为有价值的产出，而质量是指服务满足顾客需要的程度。企业通过一系列质量改进来传递和持续不断地增加顾客想得到的利益，从而实现服务的差异化和建立顾客忠诚；同时，企业可以通过提高服务生产率降低由此带来的企业成本，使服务成本处于企业的控制下。生产率和质量要素包括生产率和质量的衡量、质量差距分析、全面质量控制、生产率改进的方法等。

11.5 服务营销发展的前景

服务业是21世纪的主导产业，服务营销必将成为21世纪的主导形态。在我国，服务业的发展方兴未艾，对服务营销的研究刚刚起步。随着服务业的发展和服务营销实践活动的加强，对于服务营销的理论研究将会不断深入。服务营销充满勃勃生机，服务营销理论的研究同样具有广阔的前景。

11.5.1 21世纪服务业大发展的态势

21世纪服务业的发展有两大潮流：一是制造业的业务服务化，二是现代社会服务呈现多种业种的蓬勃发展。制造业业务的服务化是制造业的一些企业通过增加服务项目或是直接经营服务业务来扩展经营领域的现象，其结果使许多企业的收入构成中服务业务所占的份额越来越高，从事服务活动的人数显著增多。

制造业业务的服务化趋势是市场竞争推动的。随着科技进步和经济的发展，市场逐步由卖方市场转向为买方市场，一般的产品设计、技术含量日渐接近，产品硬件的同质性越来越明显，参与竞争的企业无法分其伯仲。而服务的加入既可以创造产品的差异化特色，也可以产生不同的附加价值，使附加价值高者获得竞争优势。

现代社会服务业多业种的发展使之适应现代生产与生活的需要而形成的各种行业的服务业，如信息服务业、咨询策划业、旅游业、金融保险业、私人家政服务业等。美国进入20世纪90年代以来，服务业占GDP的比重已过半，从业人数占非农业从业人数的75%。欧盟服务业创造的产值已占其GDP的64%，从业人数的66%，显然，欧盟的服务业已成为支配欧盟经济的主要行业。

服务业之所以蓬勃发展，其原因是多方面的，如城市化率的提高，经济收入的提高，人们消费水平的提高和消费方式的社会化，职业妇女人数的增加，人类寿命的延长等。经济、政治、人口、技术、文化诸多因素促进了人们对社会服务业的需求，进而推动了服务业的迅猛发展。

11.5.2 中国服务营销现状及其原因分析

1. 服务营销现状

随着我国第三产业的发展以及市场竞争中价格竞争、质量竞争的日益弱化，服务竞争已逐渐受到业界重视，日益成为企业在商战中制胜的法宝。目前，我国许多企业都在进行服务营销活动，不断创造着新的服务营销方式，拓展服务营销范围，并取得了可喜的成果。

但是，从总体情况来看存在的问题也很多，主要有以下几方面。

（1）相当数量的企业仍忽视服务营销在现代市场竞争的作用，不进行或不能正确地开展服务营销活动。

（2）有些企业不懂或是不想进行服务营销，根本不知道或完全忽视服务营销在市场竞争中的作用。有些企业开展营销服务，但不是以顾客为中心，而是为了尽快推销。

（3）相当数量的企业所进行的营销服务活动缺乏个性和创造性，人云亦云，照搬照抄，从而抑制了服务营销的功能，限制了其作用。

（4）服务营销经常在实际运作中发生变形或不能到位。一些企业提供的服务不能符合企业自身所规定和承诺的标准，或虽提供服务，但不能按照顾客的需要，以合适的方式、在适当的时间、适当的地点完成。

2. 原因分析

我国企业服务营销出现上述问题的原因十分复杂，概括起来，其直接原因如下。

（1）服务营销观念在多数企业尚未真正确立，企业营销活动带有被动性、盲目性和功利性。服务营销观念是以顾客为中心的，目标顾客的需要和期望是企业生产经营活动的出发点和归宿。实现企业目标的关键在于正确确定目标市场的需要和期望，并比竞争对手更有效更有力地传送目标市场所期望的东西。企业在此基础上实现自身利益。从服务营销观念的角度看，企业的产品实际上都是为解决顾客需要和期望问题而提供的服务。而我国企业受传统计划经济强大惯性的影响和制约，真正接受、理解服务业营销观念并以此来指导生产经营活动的企业并不多。

（2）企业领导不重视服务营销，仍用老式营销手段进行营销。领导者无论是在对服务营销的认识上，还是对服务营销知识的掌握上，都非常欠缺。在市场竞争中，领导者经常拿出已过时的看家本领，不是竞相压价，就是赔本大甩卖，结果还是产品积压，企业亏损，不但没扩展市场，而且将原有的市场也拱手相让。这种现象说明，现代企业领导者必须学习和掌握营销知识，否则失去的不单单是效益，而且将使所管理的企业无法生存。

（3）员工素质问题以及企业对员工的重视程度难以适应服务营销的要求。服务营销要靠企业的员工来完成，员工素质的高低对服务营销的质量、水平、效率有重大或是决定性的影响。在我国各类企业中，员工素质低下是普遍问题，一些企业推出的服务营销项目往往因为员工的态度不好、技术水平差、缺乏责任心等问题而无法实现或是到位；有些企业仅仅因为从事服务营销工作的员工素质问题而使企业为吸引顾客所作的所有营销工作成果付诸东流。

企业对员工的培训、激励等不重视，致使员工素质不能有效提高，员工积极性没有充分发挥。而且我国企业一般情况下不愿下放权限，很大程度上是员工服务愿望受阻或不能按员工自己的方式提供服务的原因。

小　结

本章主要讲述了以下内容。① 服务营销概述：服务的定义；服务的分类；服务的特点；服务营销与产品营销的差异；服务差异化竞争策略。当前学术界对服务的分类方法很多，本章介绍了如何按照服务生产方式、参与者的接触程度、服务的对象、提供服务的特点、营业的目的、服务的经济性质，对服务进行分类；同时，本章阐明了服务的几大特点：

无形性、不可分性、不稳定性、不可存储性。② 服务营销理念；关系营销理念；顾客满意理念。③ 服务质量管理。④ 服务营销策略：服务作为一种特殊的产品，其营销策略也与一般产品不同。本章介绍了内部营销、外内互动营销以及其他许多具体的营销技巧。⑤ 服务营销发展的前景。

复习思考题

1. 服务这种产品有什么特性?
2. 如何对服务分类?
3. 服务营销有哪些基本策略?
4. 请为以下产品设计营销组合：银行；火车客运；医院。

案例

海底捞的极致服务

四川海底捞餐饮股份有限公司成立于1994年，是一家以经营川味火锅为主，融汇各地火锅特色于一体的大型跨省直营餐饮民营企业。

海底捞虽然是一家火锅店，它的核心业务却不是餐饮，而是服务。2004年7月，海底捞进军北京，开始了一场对传统的标准化、单一化服务的颠覆性革命。在海底捞，顾客能真正找到“上帝的感觉”，甚至会觉得“不好意思”。甚至有食客点评，“现在都是平等社会了，让人很不习惯。”但他们不得不承认，海底捞的服务已经征服了绝大多数的火锅爱好者，顾客会乐此不疲地将在海底捞的就餐经历和心情发布在网上，越来越多的人被吸引到海底捞。

海底捞提高服务水平的做法概括起来有几大类，如等位区服务、免费模式、个性化服务、透明的卫生信息、产品标准化设计，全员授权、成长设计、顾客和新导向等，这些服务和管理的着力点就是让顾客满意。等位服务是顾客在等待过程中的服务，等位区里人声鼎沸，等待的人数几乎与就餐的相同。这就是传说中的海底捞等位场景。等待，原本是一个痛苦的过程，海底捞却把这变成了一种愉悦：手持号码等待就餐的顾客一边观望屏幕上打出的座位信息，一边接过免费的水果、饮料、零食；如果是一大帮朋友在等待，服务员还会主动送上扑克牌、跳棋之类的桌面游戏供大家打发时间；或者趁等位的时间到餐厅上网区浏览网页；还可以来个免费的美甲、擦皮鞋。免费模式满足顾客占小便宜的快感，海底捞会经常为顾客提供一些免费的水果点心等。个性化服务是指根据顾客特殊需要提供的服务，如有长发的女士就餐，服务员会细心地为她递上皮筋和发夹，以免头发垂落到食物里；戴眼镜的客人则会得到擦镜布，以免热气模糊镜片；这些服务很好地满足了顾客的特殊需求；透明信息是满足顾客对卫生、营养等健康信息的需求，在食品安全问题日益严重的今天，做好这一点对吸引消费者来说十分重要，只有做好这一点，才能获取顾客认同；产品标准化设计既能让产品定位容易被顾客记忆、辨识，也有利于进行大规模的生产、配送，降低生产、仓储成本，为模式扩张提供基础；全员授权是满足个性化服务的前提，不仅满足顾客面子档次的需求，也能满足员工权利虚荣心，同时又能做到灵活服务，利于将个性化服务执行到位；内部升迁是利用榜样的力量激励员工努力，海底捞有一条铁律，就是所有的管理干部必须从服务员干起，因为你不从最底层开始干，不能体会这个工作的所有步骤和辛酸，就无法更好地管理别人，也正是因为这条铁律，让很多没有关系的人有了升迁的机会；成长设计则能充分地满足员工的心理预期，为其不断学习提高订好计划，使员工的自我发展需要得到满足；顾客核心导向是以注重顾客需求为核心，不断提高顾客满意度。

海底捞已经和IT业龙头老大华为合作，耗资数千万元全套应用其信息化系统，这也是华为首个餐饮行业IT服务项目。华为将为海底捞研发企业信息化系统，其中包括基于华为视频会议的高端定制服务，这也意味着不久后在海底捞的消费者可以在用餐的同时进行在线视频。

■ 案例思考题

按照服务质量的评价标准评价一下海底捞的服务，并提出你的改进措施。

第12章

网 络 营 销

12.1 网络营销概述

12.1.1 网络营销概念及内容

1. 网络营销定义

网络营销是20世纪末出现的市场营销新领域，是企业营销实践与现代信息通信技术、计算机网络技术相结合的产物。对于网络营销，迄今为止仍没有形成为大家所公认的定义。基于对网络营销认识的不同，对网络营销的研究，不同的学者或不同领域的网络营销实践者往往站在不同的角度、侧重于不同的方面。

以下是对网络营销的一些具体提法。

Internet Marketing：互联网营销，是指在国际互联网上开展的营销活动。

Network Marketing：网上营销，是指在网络上开展的营销活动，这里所说的网络不仅仅是国际互联网，还可以是其他类型的网络，如增值网络VAN等。

Online Marketing：在线营销，是指借助于联机网络的网上营销。

e-Marketing：电子营销，是指通过国际互联网（Internet）、内部网（Intranet）和外部网（Extranet）开展营销活动。

Cyber Marketing：计算机数字营销，是指借助联机网络、电脑通信和数字交互式媒体的营销方式。

有以上不同的提法是由于不同的学者站在不同的角度有不同的理解，这些概念之间既存在着密切联系，又存在一些细微的差别。

我们认为对网络营销可以从以下两个方面来理解。

1）从营销活动实现的手段——“互联网”的角度理解

从营销活动实现的手段——“网络”的角度来说，网络营销有广义和狭义之分。广义地说，企业利用一切计算机网络（包括企业内部网、行业系统专线网及互联网）进行的营销活动都可以称为网络营销。狭义地说，凡是以互联网为主要营销手段，为达到一定营销目标而开展的营销活动，都可称为网络营销（或叫网上营销更为确切），它贯穿于企业网上经营的全过程，包括收集营销信息、发布营销信息，一直到以开展网上交易为主的电子商务阶段，以及交易完成后的售后服务、信息反馈等活动都是网络营销的重要内容。

2）从网络营销的本质——“商品交换”的角度理解

网络营销即网络市场营销，其实质仍然是营销。因此，从网络服务的对象——“营销”的角度出发，可以将网络营销定义为：个人或组织借助或通过互联网创造、提供并与他人交换有价值的产品以满足自身需要和欲望的一种社会活动管理过程。对于企业来说，网络营销是企业整体营销战略的一个组成部分，是企业借助于互联网的一些特性与优势实现一定营销目标的一种营销手段。

2. 网络营销内容

网络营销作为新的营销方式和营销手段，它的内容非常丰富。一方面网络营销要为企业提供有关网上虚拟市场的消费者的特征和个性化需求；另一方面网络营销要在网上开展营销活动来实现企业的目标。网络营销的主要内容可以概括为以下几点。

（1）网上市场调查。就调研手段而言，网上市场调查主要是指利用互联网的交互式的信息沟通渠道搜集信息的过程，其调研的内容包括对消费者、竞争对手以及整个市场情况的及时报道和准确分析。营销调研在互联网环境和技术的支持下，调研成本低，信息量大，从而可以进一步了解消费者的现实和潜在需求，深化个性化营销的观念和规则，并且对传统的细分目标市场进一步细分。

（2）网上产品和服务策略。在网上进行产品和服务营销，必须结合网络特点重新考虑产品的设计、开发、包装和品牌的传统产品策略，由于互联网技术创造了降低交易成本的机会，低价位和快速反应有可能成为网上产品和服务的营销策略。

（3）网络公共关系。开展网络公共关系的目的是通过传播媒介，树立企业和产品的形象，提高企业或企业产品品牌的知名度，以增强产品对顾客的吸引力。

（4）网络广告。网络广告的最大特点是具有交互性和直接性，沟通双方可以突破时空限制直接进行交流，而且简单、高效，费用低廉。网络广告的目的是宣传推广自己的公司，树立起公司良好的商业形象，发布公司产品信息，逐步增加产品在市场上的占有率与销售额。

（5）网络营销渠道管理。网络营销渠道可分为直接分销渠道和间接分销渠道。网络的直接分销渠道是由生产者到消费者，中间没有任何一级分销的销售模式；如果中间还存在着一个以上信息中介，就是间接分销渠道。网上营销渠道的管理是为了在加速商品和资金流转、减少促销成本、扩大销售的过程中，最大限度地满足客户的需求。

12.1.2　网络营销的发展趋势

建立在网络基础之上的网络营销发展趋势将主要有以下几个方面。

（1）网络营销支持条件的纵深化。随着网络营销的发展，它依赖的支持条件总的说来将有进一步发展，这包括：网络技术进步，网络基础设施建设日臻完善，网络整体水平提高，消费者接触网络的渠道越来越多，上网的费用越来越低廉；网络媒体和网络技术趋于成熟，有声技术、图像技术、立体技术在产品销售和顾客服务方面将得到更大的利用；社会和商业环境更趋成熟，网络人口增加，法律环境更加完善等。网络技术的发展、支撑环境的规范化以及消费者个人参与的增加将使网络营销的发展空间极大地拓展。

（2）网络营销决策的专业化。总结发达国家电子商务的实践和经验不难发现，面向消费者的直线型网站和专业化网站具有良好的发展前景，面向特定行业的电子商务平台有很大的发展潜力。也就是说，电子商务的发展具有专业化趋势。一方面是面向个体消费者的专业化趋势，即对 B2C 商务模式而言，提供一条龙服务的直线型网站及某一类产品和服务的专业网站发展潜力更大；另一方面是面向企业客户的专业化趋势，即对 B2B 商务模式而言，以行业为依托的专业电子商务平台发展较快。顺应电子商务的发展趋势，网络营销的手段和形式也将发生分化，向专业化方向发展。

（3）网络营销技巧的个性化。网络技术的完善，可以使消费者个性化定制营销信息获得进一步发展。网络是实现消费者主权的技术基础，它为个性化定制信息和定制商品提供了可能。以 e-mail 营销为例，有声技术、立体技术、文本链接的结合，使顾客服务中心可以通过 Internet 发送更符合顾客需要的信息。比如，你能够调控 e-mail 的字体和颜色，这意味着你能够根据不同受众的偏好来设计销售特定信息的式样和感觉。这样，满世界巡回的 e-mail 更像一份依照顾客需求定制的个性化信息产品，这种混合形式的发展能将直接邮件这种媒体带上一个新水平。其次，e-mail 文件将能够发送声音、图像和立体效果。这种发展也将一改早期 e-mai1 印刷体的单调风格。华尔街时报推出的个人电子报纸就是一个例子。

而且，顾客化网址的重要性将日益显著。在公司网页的空白处依据顾客的记录数创建顾客的个人网址，对于公司的营销目的将日益重要，这也是顾客所期望的。这个策略将会超越今天有限的技术，计算机将会记住客户所感兴趣的产品而及时提供给客户相应的新产品的信息。

（4）网络广告的广泛使用。许多制造商已越来越多地认识到在 Internet 上做广告的价值，因而制定了包括建立网址、链接到销售商主页的旗帜广告等在内的整体广告计划。同时，随着科技的飞速发展，网络广告技术也在不断演进、发展。那些有助于人性化沟通方式，体现“以人为本”的经营理念，改善客户关系的网络广告势必将吸引更多消费者。

近年来，网络营销又发展出了微博营销、博客营销。微博营销，即每一个人都可以在新浪、网易等网站上注册一个微博，然后更新自己的微型博客，利用每天更新的内容跟大家交流，从而达到营销的目的。博客营销，即通过博客网站或博客论坛接触博客作者和浏览者，利用博客作者个人的知识、兴趣和生活体验等传播商品信息的营销活动。

12.2 网络营销产品策略

12.2.1 网络营销产品概述

1. 网络营销产品的整体概念

网络营销与传统的市场营销之间存在差异：从事网络营销的企业，主要通过基于互联网的虚拟市场进行营销活动。与传统营销方式下的市场相比，在这种网络虚拟市场中，企业与顾客之间的互动性大大增强了，顾客的多样化与个性化的需求得到了更好地满足。因此，传统营销环境下的产品——Product，在网络营销中对应的是顾客的需求与欲望——Customer's Needs and Wants。为了体现网络营销环境下，顾客在产品营销运作上的作用，网络产品的层次在传统营销产品的基础上进一步扩展，在保留了传统市场营销产品整体概念中已有的三个层次（核心产品、形式产品、附加产品）的前提下，又扩展出期望产品与潜在产品两个层次。如图 12－1 所示。

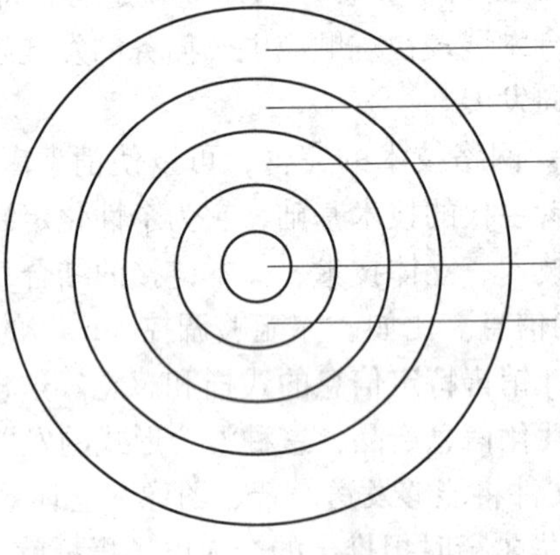

图 12－1　网络营销产品整体图示

（1）核心产品。其含义与传统产品整体概念中的核心产品的意义相同，是指产品或服务所能提供给顾客的最基本的效用。如顾客购买空调是为了调节室内气温、购买书籍是为了获取信息和知识、购买游戏软件是为了娱乐等。网络营销的突出特点是互动性，通过网络能充分地了解顾客的需求，更好地为顾客服务是网络营销的一大优势，因此，从事网络营销的企业，在进行新产品的开发与设计时，要以顾客为中心，使产品提供的基本效用符合顾客的需求。同时，网络营销与传统营销在产品的范围上也有所区别，就目前而言，网络营销的产品更多以标准化生产的产品为主，而传统营销的范围要更广一些。

（2）形式产品。其含义与传统产品整体概念中的形式产品的意义相同，包括品牌、包装、质量、外观式样等。形式产品是核心产品的物质载体，产品的基本效用通过形式产品的物质形态反映与体现出来。

（3）期望产品。网络营销产品的整体概念中特有的层次。随着时代的发展与生产力水平的提高，顾客的需求正在向多样化与个性化的方向发展，而网络营销增强了企业与顾客的互动联系，与传统的营销方式相比，网络营销能更好地满足顾客的这种个性化与多样化的需求。因此，在网络营销产品的整体概念中，核心产品与形式产品之外增加了新的层次——期望产品。期望产品是指顾客在购买前对产品的质量、特点、使用方便程度等方面的期望值。期望产品对企业开发与设计核心产品和形式产品有指导作用。作为开展网络营销的制造企业，为了能快速响应顾客提出的期望产品，要提高自身在设计、生产等环节的灵活性和积极引导顾客在上述环节中的参与程度。

（4）附加产品。其含义与传统产品整体概念中的形式产品的意义相同，是指顾客在购买产品时，从产品的生产者或经营者那里得到的附加服务，产品的这一层次的主要作用是协助顾客更充分、更好地享受核心产品带来的基本效用。在网络营销中，延伸产品层次包括售后服务、送货、质量保证、信贷等。

（5）潜在产品。它是网络营销产品的整体概念所特有的层次，位于附加产品之外，是指企业向顾客提供的能满足其潜在需求的产品。与附加产品不同，潜在产品对于顾客更好地使用核心产品而言，并不是必不可少的，属于一种增值服务。

2. 网络营销产品分类

通过网络销售的产品，按照其形态的不同，可以分为两大类：有形产品和无形产品。

1）有形产品

所谓有形产品，是指具有具体物理形状的物质产品。与传统的销售渠道不同，通过网络销售有形产品，没有顾客和销售人员的直接接触，网络是顾客了解产品与订购产品的媒介。有形产品可以分为三大类。便利产品，顾客购买这类产品的频率较高，在购买时顾客不会花费太多的时间和精力，同时此类产品的价值都比较低廉，如洗发香波等。选购产品，在购买这类产品的时候，顾客对于产品的质量、样式、价格等要进行反复的比较，才能最终决定是否购买该产品，通常这类产品的使用时间都比较长，不需要高频率地购买，如香水等。特殊产品，是指具有特殊效益的产品，通常这种产品的销售渠道十分有限，也只有特定的顾客群体热衷于购买该产品，如个人电脑、打印机、轿车等。

2）无形产品

无形产品是相对于有形产品而言的，这种产品一般不具备具体的产品形态，有时也会通过某些介质而反映出某种形态。比如，向航空公司购买机票，所获得的产品是无形的——从甲地到乙地的位移，但这种无形产品可以通过飞机票这样一种介质表现出来，顾客可以以这张机票，作为享受该种服务型产品的凭证。

通过网络进行销售的无形产品有两种：数字类产品和服务类产品。

数字类产品，主要是指计算机软件类产品，具体而言包括系统软件、应用软件，应用软件又可以再细分为游戏类应用软件和非游戏类应用软件。通过网络销售数字类产品的时候，企业可以采取两种方式：一种是由顾客直接从网上下载该产品；另一种方式，与有形产品类似，将无形的数字类产品，通过一定的介质（光盘、磁盘等）进行有形化，通过送货上门的方式送达网络订购者手中。

服务类产品的分类方法有两种。一种是按照服务产品的性质进行划分，可分为一般服务产品和信息服务产品，一般服务产品是指一些传统的服务，如医疗服务（远程门诊、挂号预定）、旅行服务、音乐会、体育比赛等的门票预定、远程教育等；信息服务产品是指专门提供有关信息，进行咨询的服务，如股市行情分析、金融信息、电子新闻等。另一种分类方法，是根据销售方式进行划分的：必须进行实物配送的服务类产品和不须实物配送的产品。音乐会、体育比赛等的门票预定、车船票预定的服务，必须通过一定的方式，将服务类产品的购买凭证送达顾客手中，而绝大多数信息服务产品和某些一般服务类产品，如远程教育、远程医疗者，可由顾客在网上进行消费，去掉实物配送的环节。

3. 影响网络营销产品选择的因素

网络作为一种新型的营销元素，既可以作为整个营销系统中的一个组成部分，与传统营销中的其他部分进行整合，也可作为营销的主体出现，成为主要的营销载体和销售渠道与工具。当网络作为营销体系中的一部分，与其他成分相辅相成时，对于大多数的商品来说都是适合的，如在网上和传统媒体上对某产品进行宣传，扩大其影响力与知名度，树立品牌形象，同时利用传统的渠道进行销售，从而对整个营销活动起到推动与促进的作用。

并不是所有的产品都适合进行大范围的网络销售的，一般而言，在选择网络营销产品时要考虑以下因素。

1）产品的目标顾客群

不同的产品针对的目标顾客群不同，如大屏幕、纯平的高清晰度彩电的目标顾客群是那些收入较高、追求新奇的人；而黑白电视则主要针对农村市场的顾客。上网浏览的网民具有一定的特征，其特征与企业产品目标顾客群的特征的重合度，是企业是否选择该产品进行大范围网络营销的决策依据之一。重合度大，进行网络营销就会比较有效；重合度小，就应该开辟其他方式来进行该产品的营销。此外，还应测算一下网络营销所能覆盖的目标市场的容量，容量较大时进行网络营销才会有较高的效率。

2）产品本身的特点是否适合进行网络营销

对于有形产品而言，产品的类别和是否能够通过网络来判定产品品质，影响着该产品是否适合进行网络销售，如在便利产品中，急需品最不适合进行网络销售，因为通过网络销售的有形产品，必须通过一定的方式配送给顾客，顾客不可能立即得到产品，因此，顾客通过网络购买的便利产品，通常是用于日常有规律的使用，或心血来潮，一时兴起而购买，很少有顾客通过网络购买便利产品用于应急。而无形产品通常比较适合通过网络来销售。

3）考量企业的物流与配送能力以确定企业经营的产品种类

网络的优点之一就是它消除了地域的限制，但是这仅限于信息的传播和某些服务的销售。对于有形产品和具有有形介质的无形产品来说，网络销售会受到企业配送能力的限制，如一个美国的顾客可以很轻松地通过网络了解到中国企业所生产的个人计算机各项性能与指标，可如果这名美国顾客想要通过网上来订货，购买该电脑，问题就出现了：也许通过很长的时间他才能收到所订购的产品。如果企业的物流配送体系达不到顾客所在的区域，不能交付或不能及时交付实物产品，企业的信誉就要受到影响，并最终导致该产品的网络营销无法进行下去。因此，在选择产品时要考虑到实物配送的问题，选择一些容易配送的产品进行网络营销。比如，CD唱碟、书籍可以通过邮寄的方式进行配送，一些国外的从事网络营销的商家经营该类产品，发达的邮政网络解决了其配送问题，成本不太高，但配送覆盖面却十分广泛。而另外的一些产品如生活日用品、食物等，配送起来就不那么方便了。

比较适合进行大规模的网络营销的产品有计算机软件、书籍、CD、个人电脑、打印设备等。

上述在选择网络营销产品时必须考虑的因素，是由于网络技术和其他相关技术的限制所致，相信随着科学技术与社会的进步，将有越来越多的产品成为网络销售中的明星。

12.2.2 网络营销的品牌策略及服务策略

1. 网络营销的品牌内涵

根据美国市场营销协会的定义：品牌是一个名称、术语、符号、图案设计，或者是它们的不同组合，用以识别某个或某群消费者的产品或服务，使之与竞争对手的产品或服务相区别。品牌由品牌名称、品牌标志与商标组成。而网络营销品牌除了包含传统营销中品牌所包括的内容之外，还包括一个独特的组成部分：企业网站的域名。

一般而言，参与市场活动的人可以分为两种：促销人员和广告人员。在这两种人的心目中，品牌的价值是不一样的。

促销人员认为：产品的销售是通过商业广告、目标营销以及直接反馈工具向潜在顾客推销产品，营销成败直接取决于销售量的增减，所以他们认为最佳的做法应该是利用优惠券和其他优惠手段，建立起从企业到顾客的直接销售渠道，充分抓住顾客的心，以防花落旁家。

而广告人员则更加重视品牌。他们认为品牌是关于产品的一系列的感觉与联想，建立忠诚的顾客关系比促销更应成为企业长期的发展战略。他们解释说：顾客仅仅是因为产品上有商标名称或者是标牌而愿意购买。很显然，广告人员对于品牌的认识，更符合现代营销观念。

而在虚拟的网络空间，品牌塑造变得更加重要起来。因为人们需要与商家建立信任关系，网络上充斥着大量的流言、陷阱和骗子。顾客希望与他们信任的公司打交道。品牌此时成了信任的代名词。品牌塑造对于销售有着切实的影响。假如你身处异乡，并且口干舌燥时，你是会买一瓶当地的苏打水还是一瓶可口可乐？当你驾车行驶在高速公路时，你是会在路边的小店就餐，还是会选择在麦当劳吃一顿？人们当然会选择有名品牌，这正是为什么众多公司要花费大量的资金与精力来建立品牌形象。

建立网络营销品牌的企业可以分成两类：一类是刚刚在网上成立的公司，他们在传统营销环境中没有现成的品牌，在网上也属于白手起家；另一类则是已经在传统营销环境中拥有自己的品牌了，目前要向网络世界拓展。

对于刚刚在网上成立的公司来说，他们的品牌力量很弱，开始人们也愿意尝试与这些公司开展各项交易。据报道：在互联网上中小公司能够有效地与大公司展开竞争，是由于人们只通过他们营销的产品的质量来了解认识他们。在网络空间中一个没有柜台的新兴公司如果其在线信息看起来可信的话，它在网上也能显得可靠。事实上许多新兴公司在互联网上已经设置了自己的柜台，并且抢占了一些市场份额，有了可观的销售量，在许多杂志上都有有关这些新兴公司的成功经历的报道，像虚拟葡萄园、打折旅馆、电话买车等。但是随着网民数量的不断增加，新的网民会从他们从未听说的公司购买东西吗？还是更倾向于从他们熟知并且信任的公司买东西？试问一下，你会从一个新开的网站上买东西，还是从一个知名的网站上买东西？所以，网站的创立与发展过程，就是网站的商业信誉在网民心目中的积累过程。因此，这类公司在经营过程中应当重视自身品牌的塑造。

当网络逐渐进入人们的生活，成为企业营销的又一新兴途径之后，许多传统企业除了要考虑将自己的营销组合与网络结合以外，还要着手在网络空间中建立自己公司的品牌形象。因为拥有最佳品牌的企业，对于顾客具有最强大的吸引力，并且能够依仗其具有品牌个性的产品制定较高价格，从而产生最佳的经济效益。同时在网络空间中，他们同样能够建立与顾客的新颖的沟通关系并且提高销售量。这样做的效果是巨大的，当通用汽车公司建立了自己的网站后，在最初的 24 小时就有 30 万人次到访。其他一些知名的企业、出版公司和娱乐机构的网站，同样接纳了众多的来访者。

2. 网络营销品牌策略

网络中的品牌建设与传统营销环境下的品牌建设有很多类似之处，在建设和塑造网络营销品牌时需要特别注意以下问题。

（1）网络作为一个虚拟世界，对于许多顾客来说是充满了神秘和不确定性的，因为在网络上没有人清楚你的真实面目，网络是摸不到也看不见的，因此，网络品牌对于顾客来说尤为重要。那些已经在传统营销环境中建立了品牌信誉的企业，其品牌信誉在网络上也会得到延伸，而那些本来就没有多少知名度的企业在进行网络营销时就要更加注重自身信誉的积累，要记住“利从诚中出，誉从信中来”的古训。具体而言，就是要向顾客提供高质量的产品与服务，给顾客以个性化的关怀，并在付款、交货等方面恪守承诺，顾客通过自身的体验，会越来越信赖该品牌，从而实现塑造良好品牌形象的目的。

（2）网络品牌的塑造并不意味着仅仅通过网络来进行，通过传统的传媒来进行网络品牌宣传，也是十分有效的方法。对于同时在网络和传统营销环境中进行营销活动的企业来说，其在网络中的品牌和在现实生活中的品牌是可以互相促进的，因为顾客是可以在现实生活和虚拟的网络世界中穿梭的，现实生活中的传统宣传方式如电视广告、公关促销、报纸广告，可以促使他浏览该企业的网站，提升企业的网络营销品牌形象，同时，网络中的宣传又可以提升品牌在网络世界中的知名度。对于仅仅在网上进行营销活动的企业而言，通过传统商业方式塑造品牌形象也是必不可少的，尤其是当品牌知名度较低的时候，传统媒介的接触范围更广，有利于提高企业的知名度。

（3）遵守网络礼节，塑造良好形象。网络作为一个虚拟的世界有自身的礼仪要求，企业在网络中遵守这些礼节，就好像在现实生活中具有彬彬有礼的形象一样，会给顾客留下好感，这对于塑造企业的网络营销品牌形象大有好处。

3. 网络营销的服务策略

服务正是网络产品的第三层含义——延伸产品的组成部分，服务属于企业向顾客提供的各项价值之一——延伸产品的价值。网络的特点在于它是一个互动的体系，从事网络营销的企业，可以充分利用网络的互动特性为顾客提供最为及时、最为周到的售前、售中及售后服务。

网络营销中，企业可以为顾客提供以下几个层次的服务。

在顾客购买之前可以为顾客提供各种有关产品的信息，如产品的性能、外观等，同时设立相应的对话系统，随时解答顾客提出的各种问题；顾客购买产品之后，在使用的过程之中可能会产生一些问题，企业应通过一定的途径及时了解并加以解决。为了给顾客提供良好的服务，企业在从事网络营销的时候可以采取以下几种策略。

（1）充分向顾客展示产品的有关性能与指标：建立网络展览厅是一个很好的方法。

（2）建立自动网络服务系统：如建立自动应答的电子邮件回复系统，以便能够及时回复顾客通过电子邮件提出的各种要求和与疑问，定时跟踪已购买了企业产品的顾客，进行回访和提示注意事项等。

（3）在网上建立顾客论坛，请顾客自由发表对本企业产品的意见与建议，倾听顾客的声音，了解顾客的需求，以便能够适时地进行产品改造、更新与新产品的开发。对于那些可以为企业带来较高利润的高价值顾客，还可以通过网络的互动方式为其提供量身定制的个性化服务。

12.2.3 网络营销中的营销组合

人们越来越认识到：未来的世界是网络的世界，人们的生活将随着网络的普及而大为改观，因而企业也应顺应这一潮流将自己的营销逐步纳入网络的轨道。网络营销是传统营销在网络时代的延伸与变革。

传统营销中的营销原理与营销策略在网络营销中依然适用，但网络营销与传统营销相比更具个性化，更讲究以顾客为中心，于是在传统的营销组合原理的基础之上，营销专家们又提出了更强调以顾客为中心的新型的营销组合概念：4Cs。

4Ps	4Cs
Product	Customer's needs and wants
Price	Cost and value to satisfied customer's needs and wants
Place	Convenience to buy
Promotion	Communication with customer

我们可以用图 12－2 来表示 4Cs 与顾客之间的关系。

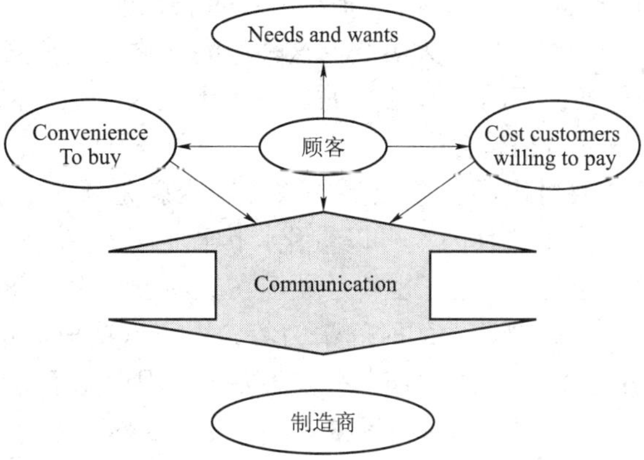

图 12－2　4Cs 组合图示

从图中可看出，在网络营销中，制造企业考虑最多的是顾客的需求与欲望，然后再根据这种需求与欲望来设计和开发产品；在制定价格的时候，不是以自己的成本为导向，而是着重考虑顾客对于这样的产品愿意付出多少费用来获取；在设计分销渠道时，首先要考虑顾客购买的方便程度，也就是怎样的分销渠道顾客购买起来才比较容易；当企业对于以上三个营销组合的组成要素设计完毕之后，就要想方设法与顾客展开双向互动的沟通，将企业的各种营销信息传达给顾客，并且听取他们的意见与建议，准备好随时根据顾客的需求来调整整个营销计划。

12.3 网络营销价格策略

12.3.1 网络营销价格概述

价格是营销组合中最为活跃的因素。与传统营销企业相比，基于网络的企业要承受更大的价格压力，这其中的原因有很多，但主要还是由于网络使得顾客能获得更加充分的价格信息，过高的价格会使顾客转向你的竞争对手。这使得很多企业虽然通过网络节约了一部分成本，但想要通过网络营销来获利依然困难重重。因而，在网络营销中制定正确的价格策略就显得更加重要。怎样为网络营销中的产品（服务）制定价格？在网络营销中，什么样的价格才有竞争力？诸如此类的问题困扰着许多网络营销者。本章主要介绍网络营销中价格策略的相关知识。

1. 网络营销中的价格概念

在网络营销中，企业与顾客之间的互动性增强，顾客在企业营销管理中的作用越来越大，因而，在网络营销者眼中，价格并不是单纯用于交换某种产品（服务）的金钱数量，而是 cost and value to satisfied customer's needs and wants，也就是说，在网络营销中，某种产品（服务）的价格是指在顾客眼中，为了获取这种产品（服务）所必须付出的代价。

在顾客心目中，获取某一产品（服务）的费用绝不仅仅是该产品（服务）在价格牌上的标价。从顾客角度出发的价格包含两个关键因素：一个是可以量化的因素，也就是顾客为了使用某一产品（服务）要付出的货币数量，这种因素就是通常大众头脑中的价格概念，即产品（服务）的标价，由于这种因素可以量化，因而它比较容易为竞争对手所监测、分析和效仿；二是不可量化的无形成本，也就是顾客在交易过程中可能付出的所有其他成本，如为了寻找产品（服务）顾客要花费的时间精力等，由于这些成本难以用具体的数字量化出来加以衡量和比较，且不同顾客之间存在有较大差异，因而竞争对手一般很难对这类因素进行监测、分析和效仿。可以量化的价格因素——产品（服务）标价与难以量化的其他获取成本一起构成了网络营销中真正的价格概念——“价格组合”，网络营销者必须将这两部分因素综合起来加以考虑，才能制定出成功的价格策略。

2. 网络营销价格的构成

在网络营销中，价格是顾客眼中的价格——顾客获取产品（服务）的全部成本。具体而言，包括：可量化因素——产品（服务）的标价，与不可量化因素——各种各样的社会因素及其他获取成本，产品（服务）的真实价格是以上两部分的和。可量化因素没有什么悬念，但不可量化因素到底由哪些因素构成，却是仁者见仁，智者见智。

根据 Fine 的理论，价格中不可量化的部分可以划分成以下几类。

1）使用时间成本

如果顾客在传统的分销渠道中购买产品（服务），他可以立即得到产品（服务），不需要等待，但是如果他通过网络购买产品（服务），就必须等待几天甚至更长的时间。从订货至到货之间的时间间隔，对于顾客来说是一种成本。比如，去书店买书的价格可能是全价，但可以立即得到商品；而通过网络订购这本书的话可以获得 8.5 折的折扣，但书要在三天之后才能送到。当顾客急需这本书用的时候，在他的眼中，由于延迟交货所带来的时间成本就高出了通过网络购书所带来的 15% 的标价优惠，因此，他有可能还是选择传统的购买方式，而不是通过网络购物。

2）*购买精力成本*

通过网络购买产品（服务），可以带来一定的方便，比如不用亲自到商店去购物，通过网络查询便可以购物，节省时间和费用，但网络购物也有不便之处，如要进行购买必须事先在网站上建立自己的账户，必须阅读商品目录，付账时要输入信用卡号码、自己的联系方式和详细地址，最后还要确认购买等，网络营销中的购物精力成本的值，是网络上购买的便利性与在网上购物所必需的精力付出两者抵消的结果。

3）*生活方式成本*

通过何种渠道购买商品与顾客的生活方式关系密切。一些人乐于接受新鲜事物，希望尝试新的产品（服务）、购物方式等，对于他们来说，通过网络进行购物是一件乐事；而另一些人则更喜欢亲自去商店购物，感受在商店购物的乐趣。而进行网上购物，意味着原有生活方式的改变。网络营销带来的生活方式的改变，是造成生活方式变更成本的原因，但随着网络的不断普及，通过网络进行购物会逐渐成为主流的生活方式，这种成本就会逐步降低。

4）*心理成本*

顾客因为购物而造成的负面心理影响会带来心理成本，这部分成本可能由于自尊、隐私等受到侵害而产生。具体到网络营销，这种成本可能由以下情况造成：信用卡信息被泄漏、收到干扰邮件、担心交易虚假或收不到所购产品等。

总之，一种产品（服务）的价格是由多种因素构成的，顾客在衡量价格时，是将各种因素综合加以考虑，而不是单纯地考虑某一种因素，因此，对于网络营销者而言，必须搞清楚在顾客心目中构成价格的因素究竟有哪些，各种因素的重要性如何，只有这样才能最终制定出成功的价格策略。

12.3.2 网络营销的定价原则与定价方法

1. 网络营销的定价原则

1）*以顾客为中心实施定价*

在传统营销模式下，由于受市场空间和时间的阻隔，需求方——顾客与供应方——企业之间的信息不对称，因此，顾客与企业之间的地位是不对等的，顾客处于一种被动地位，企业处于主动地位。而在网络营销中，这种不对等的买卖关系大为改观。

首先，顾客可以通过网络以较低的成本、较短的时间与较少的精力获得大量的信息，这不仅包括产品的信息，也包括价格的信息。比如，现在的顾客如果想要购买个人电脑，只要上网查询相关的网站，就可以获得各种配置的电脑的价格、售后服务、预装的软件等信息，只要坐在家里就可以轻松地评价比较出哪种产品最能满足他的需要，然后发出订单，等待送货上门就可以了。其次，在网络营销中，企业与顾客之间建立了互动的合作关系，顾客对于企业经营活动的参与程度大大提高，顾客甚至可以自己设计产品，由企业生产并提供，在这种状况下，顾客对于产品的知识了解很深入，他们中的一些人甚至可以被称为专家，顾客对产品了解程度的提高，也有助于改善以往顾客在交易中的被动与从属地位。

顾客交易地位的提升，要求企业在制定价格时，不能再像以前那样，考虑自身过多，考虑顾客过少。在网络营销中，企业要充分尊重顾客的想法，以顾客为中心制定价格。让顾客通过获取充分的与企业产品定价有关的信息，参与企业营销活动。以最小代价（产品标价、其他购买成本）来选择购买或者定制订购最符合自己需求的产品（服务），实现顾客的价值最大化——顾客以最低成本获得最大收益。

2）定价过程中，要注意价格在不同地域的适用性

网络营销可以消除时间和空间的限制，使得企业可以在全国、若干国度甚至全球范围内进行销售。当企业的配送能力许可时，在世界各地顾客都可以直接通过登录网站来进行购买，而不用考虑网站是否属于自己所在的国家或者地区。由于在网络营销中，企业的目标市场从受地理位置限制的局部市场，一下拓展到更为广阔地区甚至是没有地理限制的全球市场，企业在进行网络营销产品定价时，考虑目标市场地域扩展而给定价策略带来的影响，也就变得十分重要了。

一般来说，当产品（服务）的出产地和销售区域与传统市场营销流通渠道基本相同或类似，企业可以基于原来的定价方法，在考虑到网络营销特点的基础上，进行相应的调整。当产品（服务）的出产地和销售区域与原来传统市场营销流通渠道差异非常大时，企业在定价时就必须考虑由于地理区域差异所带来的影响。

3）在网络营销中，企业要承担较大的向下的价格压力，以各种方式压缩成本，对于从事网络营销的企业而言十分重要

（1）各种原因导致在网络营销中，企业要承担较大的向下的价格压力。

① 网络中的传统与文化给网络营销定价带来了向下的压力。

网络具有不收费的传统，这主要是由于网络技术最初应用于学术界和军事领域，主要用于研究而不是商业目的。人们普遍认为在网络中，信息是共享的，你可以免费得到各种信息，而不需要花钱购买。后来，随着网络技术不断普及，很多以盈利为目的商业交易开始通过网络来进行，但是网络原有的文化传统依然在发挥作用，从而使得从事网络营销的企业在定价时要遭遇向下的压力，尤其是对于那些无形产品来说，这种压力就更大，当一个网站收费的时候，人们往往会转向其他不收费的网站。

② 信息透明度的提高，给网络营销定价带来了向下的压力。

网络中顾客可以轻易地获取充分的市场信息，对于顾客来说，市场信息越充分，与卖方讨价还价的能力就越强。

③ 投资者对于网络营销的获利能力要求不高，也是造成网络营销低价现象的原因之一。

相对于传统营销方式来说，从事网络营销企业融资相对容易，同时投资者认为，基于网络的投资虽然早期投入量大，一开始有可能微利甚至赔本，但只要占领了有利的市场份额，从长远来看，还是可以赚钱的。这种不急于盈利的心态，使得很多从事网络营销的企业都将低价格作为竞争的手段，处于这样的环境之中的企业，很自然地会感受到较大的向下的价格压力。

④ 顾客认为网络销售的产品成本较低，从而给定价带来压力。

很多人都认为在网络上销售的产品成本比传统营销环境要低，因为通过网络进行销售的企业不用建立起固定的售卖场所。这种认识使得顾客的习惯心理认为，在网络中销售的产品应当比通过传统渠道销售的产品便宜。

然而，事实并非如此。对于销售有形产品的企业而言，虽然它们在建设卖场方面成本有所节省，但是由于没有固定的卖场来存放产品，它们就必须建立或租赁更多的仓储设施来完成这一任务。同时对于有形产品而言，配送必不可少，这也是一笔成本，当然如果企业通过网络来销售无形产品的时候，情况要好一些，因为无形产品不须存储空间，有时也可以通过网络直接送达给顾客，而无须配送。Strader T. J. 与 Shaw M. J. 在 1999 年对传统营销中的产品成本与网络营销中的产品成本进行了比较，见表 12－1。

表 12－1　传统营销成本与网络营销成本比较

成本	传统营销	网络营销（有形产品，须配送）	网络营销（无形产品，不须配送）
生产成本	高	高	低
管理成本	高	低	低
仓储成本	高	高	低
配送成本	低	高	低
广告成本	高	低	低

从表中可见，对于网络营销来说，销售产品的性质不同会带来各种成本的不同，必须配送与储存的产品和无须配送与储存的产品所发生的成本大相径庭：对于必须配送与储存的产品而言，只有广告成本与管理成本低于传统营销，而由于需要送货上门，其配送成本要高于传统营销，仓储成本与传统营销也不相上下；对于无须配送与储存的产品而言，其所有成本都低于传统营销。

（2）在低价的压力之下，网络营销者必须通过各种手段压低产品的成本，以期获得盈利。

① 充分利用网络技术降低产品的生产成本。通过网络技术与其他先进技术的应用，减少产品的研发成本、降低原材料的采购成本、提高生产管理水平与生产效率、降低生产中的人工成本，为企业赢得较高的利润空间。

② 削减广告与促销费用。如将产品目录与配送目录等资料，通过网络来发布，因为在网络上产品目录等资料所需的成本，要远低于将目录印刷成册并广为发行，通过邮寄或其他方式送达顾客手中，同时如果目录的某些细节需要修改的话，在网上修改的成本也要远低于修改印刷成册的目录的成本。

③ 削减管理成本。管理成本可以通过多种手段加以削减：只设虚拟的售卖场所，可以削减租赁或建设真正售卖场所的费用；减少雇佣员工的数目，可以降低人员费用；机构在选址时，可以选取地价便宜，同时对企业来说更为方便的地点，而不用考虑地区商业气氛而让顾客支付高额费用，从而节约店铺成本；由于网络营销更具有互动性，适当地增加顾客的参与可以减少一定的管理成本支出，有的企业让顾客自己管理他们的网络交易，有的企业通过网络服务功能，来减少顾客支持热线与电话中心的花费，从而大幅节约了成本。

2. 网络营销中的价格策略

网络营销目前正处在起步阶段和发展阶段，企业从事网络营销的主要目标，是要在新兴的市场领域中占有一席之地，以求得未来的生存与发展空间。因此，很多企业在网络营销中采取低价渗透的定价策略，甚至还有企业使用了免费定价策略。

1）低价渗透定价策略

所谓低价渗透策略，就是以较低的价格销售产品（服务），以迅速占领市场，并能在较长的时间内维持一定的市场占有率。

网络营销中产品（服务）的价格，受到来自各方面因素的影响，受到了较大的向下的压力。为了在激烈的竞争中取胜，企业可以采取低价渗透的定价策略。这种策略的好处是：可以扩大产品（服务）的销量，实现规模效益，提高企业的市场份额，抑制竞争对手的加入。这种策略的缺点是：当企业的成本不具有优势时，采取这种策略会使企业陷入微利甚至亏损的状态，不利于企业的长远发展；企业一旦给产品定价较低，以后再想提升价格就会比较困难。

低价渗透策略适合在以下情况下使用：企业具备较大的成本优势，产品的目标消费者对价格十分敏感。

企业在采用低价渗透策略时要注意以下问题：首先，采取各种方式与措施缩减产品（服务）成本，是实施低价渗透策略的基础，任何一个企业要实现生存与发展，都必须保证自己有一定的盈利，没有盈利的企业是不可能长期存在的，为了与对手竞争一味地压低价格，直至亏本，是一种自杀式的竞争方式，是不足取的；其次，企业要在网络上为不同的顾客（一般顾客、批发商、零售商等）开辟不同的价格信息发布渠道，以避免因价格信息互通而导致的营销渠道混乱；最后，注重竞争对手的动态，当企业在标价上不能比竞争对手更具优势时，就应当考虑采取相应措施，降低顾客的其他购买成本。

2）免费定价策略

网络营销中，常常有企业采取免费的定价策略。所谓免费定价策略，是指企业在不收取顾客任何费用的情况下，向他们提供全部或部分产品（服务）。任何企业采取免费定价策略都只是一时的战术，实施时不是迫于形势，就是期望通过免费可以获取更大的利益，免费定价策略只能在适当的时机、在适当的程度上使用，不可能成为企业长期的、全面的价格策略。从事网络营销的企业，之所以比传统营销企业更多地使用免费定价策略，主要是由于以下原因：正如前文所述，网络营销面临很大的向下的价格压力，因而在这种压力之下，很多企业不得不以免费作为一种吸引顾客的手段；企业的最终目的是盈利，它们之所以在网络营销中采取免费定价策略，还由于互联网是一种新生事物，其发展前途不可限量，为了在未来的市场中占有先机获取利润，免费定价策略是有效的手段。目前，在网络营销中采取免费定价策略的企业可以分成两类：一类是将免费定价策略当成一种促销手段，先让顾客免费使用，待其形成习惯后，再开始收费，如很多网站一开始为顾客提供免费的电子信箱，当顾客逐渐习惯于这种交流方式之后，才开始对电子邮件服务进行收费；另一类是希望通过免费定价策略占领一定市场份额后，发掘后续的商业价值，如很多门户网站免费为顾客提供各类信息服务，当网站的知名度达到一定水平之后，就可以作为一种媒体来发布广告，从而获取收益。

在网络营销中并不是所有的产品（服务）都适合采用免费定价策略。一般说来，免费产品（服务）应具有以下特性。

（1）制造成本低。产品（服务）的主要成本在于研发阶段的投入，当研发成功后，产品（服务）投入生产只需要通过简单复制就可以实现。如计算机软件就属于这样的产品。制造成本低的产品（服务），可以使得企业在采用免费定价策略时，不会遭受太大的损失。

（2）无形化与数字化，无形化与数字化的产品（服务）是最适合通过网络来进行营销的，因为这种产品能通过网络进行传输，可以大大节约产品的配送费用与市场推广费用。

（3）具有较好的市场前景，采用免费定价策略的产品（服务）一般都是有较好市场前景的产品，成长性较好，或是可以开拓出新的市场领域。

（4）可以带来间接收益，采用免费定价策略的产品（服务），往往能够给企业带来其他的收益，从而帮助企业弥补因为免费定价策略而带来的损失，甚至可以帮助企业盈利。

3）特殊产品的特殊定价策略

当某种产品（服务）有很特殊的需求时，企业就可以不用更多地考虑其他竞争者，而按照自己的意愿去制定价格。这种策略的实施场合有以下两种：一种是创意独特、与众不同的新产品（新服务），由于它绝无仅有，且为那些品味独特、有着特殊需求的时尚顾客所喜爱，因此企业可以利用网络沟通的广泛性、便利性，制定出较高的价格，而顾客为了满足“先睹为快”的心理，也会接受这种价格；另一种是有特殊收藏价值的商品，如古玩、纪念品或是其他收藏品，由于这种产品十分稀少，价值不菲，购后有升值潜力，且渴望购得这类产品的顾客往往难觅其芳踪，因此也可以在网上制定出较高的价格进行销售。

3. 品牌定价策略

在网络营销发展初期，企业的形象、声誉、产品（服务）的品牌，对企业定价有着重要影响。在网络营销中，对于顾客而言，产品（服务）的价格，绝不仅仅只是产品（服务）的标价，它包括产品（服务）标价、时间成本、购买精力成本、生活方式成本、心理成本等一系列因素，是一个价格组合。很多顾客对网上购物和订货存在着疑虑：在网上所订购的产品的质量能否得到保证、产品能否及时送到、自己的个人信息是否会被泄漏等。如果从事网络营销的企业拥有较高的声誉，顾客的这些疑虑会降低甚至消除，因而即使价格稍贵顾客也愿意购买，而当企业知名度不高时，就只有通过较低的标价来吸引顾客了。

以上几种定价策略是企业在从事网络营销时可以考虑采取的，但是不管企业采用何种定价策略，该策略都应与其他营销策略相吻合，以保证企业总体营销策略的贯彻与实施。

12.4 网络营销渠道

12.4.1 网络营销渠道概述

网络营销渠道是应用互联网提供可利用的产品和服务，以便使用计算机或其他能够使用技术手段的目标市场，通过电子手段进行和完成交易活动。

为了明确这个定义，必须了解下面几点。

(1) 定义中提到的可利用，并不表明产品均可通过互联网提供。虽然有一些产品和服务，如打印的资料和音乐，能通过互联网实现数字化传输，但大多数产品和服务仍无法通过互联网传送。

(2) 定义中的其他能够使用技术手段，为除了个人电脑以外，将来可能出现接入互联网的其他手段留下了空间。现在有一个可使用的设备是网络电视，它现在虽然市场份额较小，却发展迅猛。

(3) 通过电子手段完成交易，从电子邮件订购目录开始。假如销售者把自己的产品列出在互联网上，那些对产品感兴趣的消费者通过电话订购，这就在电子营销渠道中迈出了至少一步。假如销售者对于他们所提供的商品，并没有提供在线订购能力，或者消费者不能或不愿意使用在线订购（这在互联网商务中相当普遍），实质性的变化并没有出现。相对于传统的营销渠道，真正发生变化的是，销售者的产品出现在电脑屏幕上而不是打印在纸上，消费者在使用电话订购之前浏览产品，是通过销售者的网页，而不是阅读产品目录、杂志或报纸广告。

12.4.2 营销渠道策略及管理的含义

营销渠道策略是指所有的制造商为了完成其分销目的所采用的各种分销决策策略。网络营销渠道的出现，迫使流通渠道管理必须将网络营销渠道管理包括进去。

1. 公司网络营销渠道的目标和策略

决定分销渠道在一个公司所有的目标，以及策略中所扮演的角色时，网络营销渠道无疑扩大了公司的渠道选择范围。但是这种新的选择渠道也使得计划以及决策进行的过程更加复杂，因为全新的“骗局圈套”也随之产生了。

或许一个渠道管理者需要考虑的最基本的问题是，基于网络的渠道，是否会对公司在决策时，给予商品分销策略的优先地位产生根本的影响。举例来说，如果一个公司想成为一个“纯粹”的网络销售商，只通过互联网这一渠道和客户联系，那么很明显，商品分销的策略，必须占有一个相当高的优先级别。亚马逊网上书店就是一个非常鲜明的例子，因为它取得竞争优势的主要优势，就是把互联网作为唯一和客户联系的渠道。同样，戴尔电脑一直通过直接向客户销售取得微弱的优势地位，在互联网出现以后，它立刻开始利用这一新技术所提供的机会。

当然，是由普通的分销策略还是由特别的网络营销渠道在公司所有的任务和分销策略中扮演主要的角色，只能由公司的管理者决定。在许多公司看来，网络营销渠道根本不占重要地位。可以肯定的是，在跨入21世纪后，几乎没有哪个公司敢忽视这个问题。

2. 网络营销渠道在营销组合中扮演的角色

有必要将营销组合中的4Ps——产品、价格、促销以及渠道综合起来考虑，以满足目标市场的需求，实现不同类型的营销组合模式。可是，通过互联网的网络营销渠道，会改变营销组合。尤其是分销渠道策略，相对于其他三个变量，也许会对越来越多的企业起到更大的作用。

因为有互联网，以其传输信息的能力，也许会减少前三个P，作为持续竞争优势潜能。如果互联网能够提供类似于经济学家定义的“纯粹信息”的信息流水准，那么在顾客对产品特性无知的基础上，企业从事产品差异化将会更加困难。如果将定价信息置于互联网上，根本没有企业会拥有价格优势，因为顾客会知道所有一览无余的价格。并且，如果大量顾客利用互联网获悉产品和服务的信息，相似的万维网站点将拉平竞争的距离，使大企业不再拥有明显的，在其他媒体上所享有的促销优势。

所以，善于利用第四个P——分销渠道（各分销点的孤立经营，已变成由信息网联通的网络化经营）的各种企业，要认真瞄准目标互动，并且通过超级的网络营销渠道建立与顾客的关系，也许这样做，能获取持续的竞争优势。

3. 渠道设计和网络营销渠道

构成了建立新渠道或修改现有渠道的框架，随着网络营销渠道的出现，应该引起渠道经理，对基于互联网的传统渠道结构选择的警惕。特别是在第一步，“确认渠道设计决策的必要性”；第四步，“设立各类可行的渠道结构”；以及第六步，“选择最佳渠道结构”。无论企业是否是像IBM那样的巨型企业，决定仿效戴尔计算机公司成功地利用互联网销售计算机设备，或是小的刚刚起步的公司像N2K公司，它已经在互联网上销售高质量的音乐CD唱片，渠道设计决策都必须现在就把互联网作为营销渠道的有机组成部分考虑进去。

4. 渠道成员选择和网络营销渠道

渠道成员选择的主要含义是，识别渠道成员，尽管有互联网，对大多数生产商和制造商来说，选择渠道成员仍然是重要决策内容。为什么呢？首先，因为前面所讨论的调查数据显示，仅有低于10%的制造商会把互联网作为网络营销渠道。在不久的将来，大多数制造商将继续使用其深深依赖的、已有中间商参与的渠道结构。甚至对于已经利用网络营销渠道的生产商和制造商，前面所讨论的无代销和再代销的现象，也显示出网络营销渠道不会必然地导致渠道中间商成员数的减少，事实上常常相反——更多的中间商在网络营销渠道中出现。因此仔细选择有希望的渠道成员，将作为渠道决策的一个重要组成部分。

5. 渠道管理和网络营销渠道

在理解渠道管理决策的网络营销渠道的意义时，必须注意什么是重要的，作为这种技术的结果，渠道管理更加富有挑战性，并且变得更加复杂，而不是更简单。互联网技术支持的网络营销渠道，并不意味着渠道管理进入一个“自动导航的”模式。如激励渠道成员的问题，构筑合作机制并克服管理冲突，以及达到企业分销目标营销组合诸要素的协调，依然要求渠道经理全力关注。事实上，需要关注的因素越来越多，因为在许多情况下，网络营销渠道仅仅是许多种不同营销渠道结构中的一种。所以，渠道经理不仅要面对哪些相似领域内，可能会创造出相对高水准支持的传统渠道，而且还要面对新的、较少相似的网络营销渠道，那么支持水准也许要低得多。

6. 渠道评估和电子商务

对既有渠道成员业绩评估的无能为力，也许是渠道转变为网络营销渠道的原因。在以互联网为基础的渠道来临之前，经营业绩的预测、标准和度量，依然有很长的路要走。

可是，某些用于这样做的业绩评估和技术手段及其标准，会发生巨大的变化。例如，调查分析网络零售商的站点的点击数，作为评估传统零售商店顾客流的商店业务量标准。此外，互联网能够使制造商收集更多，或者全部需要在互联网上收集的业绩度量信息，而不是以人为基础进行数据收集和纸质文件的收集。

基于互联网的网络营销渠道，在20世纪90年代后期已经成为现实，并且某些观察家预计，在21世纪将成为一种主要的营销渠道。

要成为网络营销渠道，顾客和卖方必须能够利用互联网做到彼此互动，完成交易。

尽管许多权威的评论者预计，网络营销渠道会从渠道结构（无代销）中摒弃许多中间商，因为互联网的存在会使对中间商的需求成为多余，可是至今，这种现象还未发生。事实上，大量网络营销渠道的实例，倒是增加了渠道结构的中间商（再代销）的数量，因为增加的中间商，可以比生产商与消费者更加有效地实施分销任务，即使是通过互联网技术把他们联系在一起。

已有大约7%的美国家庭使用互联网购物。典型的使用网络营销渠道的消费者是受过高等教育的、富裕的、生活在郊外的和引导生活时尚的中年男性。方便是消费者网上购物的主要原因。与计算机相关的产品在网上最好销。大多数网上购物的消费者，每年仅购物2～4次，花费不到100美元。

大约12%的零售商经常使用互联网销售产品。他们通常列举的原因不是销售产品简便，也不是产品适合互联网销售，其主要目的是拓展市场。

仅9%的制造商通过互联网销售其产品。不用互联网的主要原因是，制造商感觉互联网并不能提供有效的收益。对于那些已经利用互联网的制造商来说，列举的最主要的使用网络营销的原因是留住顾客。

与网络营销渠道关联的各种优势包括：① 全球区域和范围；② 方便、快捷的交易处理过程；③ 信息处理的有效性和灵活性；④ 以数据为基础的管理和与客户关系的增强；⑤ 较低的销售和分销成本。

利用互联网的劣势包括：① 缺乏与实际产品接触以及延时交货；② 订单执行以及物流服务工作的滞后；③ 网络的混乱、疑惑以及各种麻烦；④ 对个人以及社会购物动机的忽视；⑤ 客户的安全问题。

电子商务的出现，牵涉所有营销渠道战略和管理的主要决策领域，但不会从根本上改变决策领域本身。

小 结

1. 网络营销概述：网络营销的概念及内容、网络营销的产生、网络营销的发展趋势。

2. 网络营销的消费者行为分析：网络营销的消费心理和行为、网络营销市场主要因素的转变。

3. 网络营销的产品策略：产品概述、新产品开发策略、品牌及服务策略、营销组合策略。

4. 网络营销价格策略：网络营销价格概述、定价原则和定价方法、价格策略。

5. 网络营销渠道：网络营销渠道概述、网络营销渠道的结构、网络营销渠道策略。

复习思考题

1. 什么是网络营销？它有何特点？

2. 从事网络营销的企业如何树立自己的品牌？

3. 网络营销定价原则和定价方法是什么？

4. 网络消费需求的特征是什么？

5. 互联网将以电子连接的方式，连接数以千计的制造商和数以百万计的消费者，因此，21世纪，商品流通渠道没有中间商的需求。如果顾客都可以上网，而当制造商都有顾客，可以在全世界几乎每个角落均可以访问其网页时，谁还要中间商呢？购物旅行、超大型购物中心、商店，的确，目前营销渠道结构的传统做法，将成为废弃之物——早些世纪的文化遗物。你是否同意这样的分析？试讨论之。

案 例

麦包包破茧成蝶快字诀

麦包包利用淘宝网借鸡生蛋、借船出海，大浪淘沙之后终成金光灿灿的“淘品牌”，现在的麦包包做得风生水起、势如破竹，成为众多线上线下企业的标杆。麦包包是如何破茧成蝶的？又是如何解决促销带给品牌的阵痛？

中国最大网络销售平台——淘宝网2011年的交易额达8 000亿元，比上年增长约一倍，随之而来的“淘品牌”也如雨后春笋般涌现。然而，很多借淘宝发家的“淘品牌”并不愿受限于淘宝，为寻找更广阔的出路而纷纷开始“出淘”。各商家可谓“八仙过海，各显神通”，其中，有一个“淘品牌”创立于2007年9月，成立仅三年便获得联想投资、DCM和挚信资本对其共计4 500万美金的两轮投资，2011年销售额近5亿元，它就是知名的互联网时尚箱包品牌——麦包包。

轻装上阵　破茧而出

麦包包前身是一家专做箱包贴牌生产的企业，随着贴牌毛利率的下降和同质化竞争的加剧，企业于2007年开始由OEM企业向品牌企业转型。然而，麦包包的品牌之路并不平坦，起初除了建立自己的B2C网站外，麦包包还以加盟的形式在全国开设了60家连锁店，采取线上线下相结合的方式。但实体店的投入产出比大为失衡，此时的麦包包迅速转变商业思维，从这种过“重”的实体模式向越来越“轻”的线上转移，将战略眼光投向当时占有网购80%市场份额的淘宝网。

麦包包迈出的这一步，让其成功躲过了品牌创立初期被互联网淹没的浩劫。借助淘宝，麦包包凭借质优价廉的商品和优质的服务，短时间内积累了较高的人气和万级数量的购买用户，达到数千万甚至上亿的销售规模。随着“魔方包”的成功运营，麦包包品牌在淘宝上迅速走红，成为“淘品牌”大家庭中的一员。但麦包包并没有止步于“淘品牌”，它进一步发挥淘宝网信息受众面广的优势，将自己的独立B2C平台和品牌通过淘宝双双推向市场，借船出海、成功“出淘”，成为中国最大的箱包B2C公司。

箱包电商　唯快不破

纵观麦包包的发展历程，从最初利润低薄的贴牌生产，到销售质优价廉的网货，再到形成自己风格的“淘品牌”，最后到今天占据电商标杆企业的高位，麦包包走出了一条从传统行业到互联网品牌的独特之路，而支撑它一路走下来的正是它以“快”为核心的商业模式。

快时尚：打造快速时尚新模式

绝大多数品牌在成立之初都需要跑马圈地、砸钱宣传，以迅速扩大影响力，占领制高点。但对许多刚起步的电商而言，资金单薄恰恰是其面临的最大困境，麦包包也不例外。转型后的麦包包并没有充足的资金全面推广自己的品牌，叶海峰转变思路，选择了先做大牌的网上渠道商，凭借自己在传统箱包行业多年的关系，麦包包很快就获得了金利来、皮尔卡丹、米奇等十几个国际名牌的网上销售权。

向上对接知名品牌，麦包包扮演了渠道商的角色，但麦包包不会满足于渠道商的角色，而是通过授权代理商等多种渠道向下延伸自主品牌，这种渠道双向延伸的模式不仅使麦包包这个平台迅速扩张，也为自有品牌的延伸铺就了道路。目前麦包包有40多个细分品牌同时在线销售，单品达到1万多种，而麦包包的自有品牌占总销量的70%。

随着生活节奏的加快和人们消费观念的转变，箱包早已不再是单纯用来装物品的功能性产品，它不断向装饰性领域拓展，与服饰、鞋子一起成为消费者张扬个性、表达时尚的载体。时尚行业的本质是“快”或“快速模仿”，国际知名时尚品牌ZARA就是一个典型例子，ZARA每款产品的上架时间不超过3周、补货不超过一次。麦包包正是在ZARA模式基础上进行的微创新，如今麦包包每天会推出30个箱包新品，库存周期为6周，致力于打造箱包界的快速时尚新模式，为中国消费者提供高性价比的品牌时尚箱包。

为满足不同层次的消费需求，麦包包分别从年龄、品类、地域和风格上做市场细分，采用的多品牌战略基本覆盖不同目标消费者对箱包的全部需求。当前麦包包有12个团队，分别负责不同品牌的研发。比如，强调“可爱”元素的“飞扬空间”主要吸引25岁以下的小女生；走经典风格路线的“阿尔法”则主打30到40岁的成熟女性市场；“戈尔本”定位追求简约、经典的商务男士精英群体。这种多品牌战略在满足各类消费群体需求的同时，也不断扩张市场占有空间，给竞争对手留下的空白市场越来越少，对竞争对手的进入构筑起一面品牌壁垒。

快营销：打响全网营销大战役

麦包包并没有满足自己“淘品牌”的角色，而是进一步发挥互联网成本低、受众广、速度快的优势，上演了一场全网“快营销”大戏。

B2C 企业当下主流的做法是通过各种网络营销手段，先将用户从四面八方引到自己的官方网站或 B2C 平台，再对订单进行统一处理和发货，区别于这种传统做法，麦包包所奉行的是遍地开花的“anywhere”政策。创始人叶海峰对“anywhere”的解释是：“哪里有消费者，我们就去哪里卖包。”也就是有人的地方就有市场，有市场的地方就有生意。基于这点，麦包包广铺渠道来满足人们的消费习惯，但成功“出淘”的麦包包并没有因此荒废在淘宝上的渠道建设，官方渠道与淘宝渠道并不存在主次之分，麦包包淘宝旗舰店依然吸引着大批量的淘宝买家，它们发挥着同等重要的出货功能。事实上，除了官方平台和淘宝，麦包包还进一步拓宽出货面，通过与麦考林、乐酷天、当当网等一系列网上商城合作，牢牢占领着各大线上的咽喉要道。麦包包进驻网上商城的方式，一方面有效提升其知名度，让更多的网购达人了解并认知这一品牌；另外，还能充分利用网上商城聚合而来的巨大流量，最大限度地挖掘潜在顾客。

除了搭建四通八达的出货渠道外，麦包包还整合了大量资源做品牌推广。首先是返利网站。返利网站是一个成本低、效果稳定的渠道，其价值在于：为发展中的 B2C 企业创造新的客户流量，而成熟的 B2C 平台为了激活老用户，在一定程度上也有“返利”的需求。麦包包通过与返还网、易购网等返利网站合作，为消费者提供 10% ～15% 的返利优惠，将返利网站上的流量快速引入官方平台。相关数据显示，返利网目前的客户转化率是 25%，这是国内普通网站的 20 倍以上，是淘宝网的将近 3 倍，能为 B2C 企业带来 1∶100 的资本回报，这从侧面证明了麦包包在返利网站上做投放实属明智之举。

其次，麦包包活用网络传播工具，开通了官方博客和麦芽糖时尚论坛。作为麦包包的重要宣传阵地，官方博客以图文并茂的形式向信息受众传播“快时尚”品牌理念，不断提升消费者对麦包包的价值认同感。而麦芽糖时尚论坛则是麦包包粉丝们的根据地，“麦芽糖”们在这里可以及时了解到时尚界的最新资讯，掌握潮流动态，麦包包通过这种形式与“麦芽糖”们分享生活、共赏时尚，加强了与“麦芽糖”们在情感上的联系，提高了消费者对麦包包这一品牌的黏着度。

快速供应链：开发订单驱动新系统

近年，电子商务的快速发展导致“爆仓”事件频发，供应链正成为制约电子商务发展的短板，也是电商企业与对手拉开差距、打造核心竞争力的关键环节。对致力于打造“快时尚”箱包的麦包包而言，供应链的建设依然以“快”为核心。

2009 年，在麦包包获得联想投资和 DCM 的一轮投资后，叶海峰开始极力拉拢人才，当当网前副总裁邱玉栋走马上任，他上任后烧的第一把火就是供应链升级，把学习标杆直接对准了全球最大零售商——沃尔玛。

在供应链管理方面，沃尔玛采用的是 QR（Quick Response）模式，QR 模式将客户、销售代理商、供应商等协作单位纳入自己的生产体系，与他们建立起利益共享的合作伙伴关系，一起分享交流企业的库存信息、销售信息、生产信息甚至成本信息。麦包包结合 QR 模式和自身特点，创造了一套独有的基于网络订单驱动生产管理所形成的供应链管理模式，即 M2C（工厂至终端）模式，麦包包从采购、生产、仓储到物流配送等各个环节都由网络订单驱动，这种模式不仅加快了各环节的反应速度，也有效降低了库存。目前麦包包平均每月的库存比不超过1%，库存周期也由原来的12周缩短到6周。麦包包的一款产品从放上网页、客户下单一直到物流，每份订单的处理时间不超过10分钟。

“快”已经成为麦包包供应链的核心竞争力，并且这种优势已扩展到精细化管理、成本控制等多个方面。这一供应链系统使麦包包不仅仅作为一个网上销售平台，同时还扮演着网络营销专家的角色，它不是简单地为供应商提供一个产品销售渠道，而是利用自身庞大的数据库，将消费者的点击情况、销售情况、购后反馈等信息传递给合作伙伴，让他们了解市场状况、掌握消费者行为变化。麦包包的快速供应链不仅很好地支撑了其“快时尚”定位和“快营销”手段，也使其与上下游合作伙伴保持着良好的联动关系，实现多方共赢。

品牌之巅　路在何方

麦包包“出淘”成功，并且已经成为一个引领世界箱包时尚的品牌，然而，随着企业规模的进一步扩大，某些阶段性的战术问题逐渐显露出来。因此，麦包包应对其阶段性的发展策略进行适时调整，只有这样才能保证其战略目标顺利实现。

促销之殇

处于高速成长期的麦包包，若想有效传递其“快时尚”的品牌理念，快速抢占消费者心智资源，促销则是其不二之选。然而，当前麦包包的促销手段过于单一，基本局限在价格促销范畴，“抢先价、震撼价、限时抢购价、特价专区”，各种价格促销不断，更值得注意的是这种价格促销并不是短期行为，它已成为麦包包长期刺激消费者需求的工具。

我们知道，在判断产品质量的时候，价格是一个直观可感知的因素，消费者普遍存在“高价格＝高质量”的认知模式，价格折扣在一定范围内能有效刺激消费者的需求，使其产生购买意向，但当价格下降幅度过大时，消费者就会对产品的质量产生怀疑，从而损害品牌的感知质量。另外，长期重复使用价格促销策略，消费者可能会对产品价格产生“这个东西到底值多少钱”的疑问，会认为“这还不是最低价”而产生观望心理，从而产生购买的“滞后”，使得价格促销策略失去其短期的激励作用。

在市场开拓期，价格促销策略的确能够帮助企业扩大销量，迅速抢占市场。但是，随着品牌的逐步成熟，泛滥的价格促销无疑会损害企业长期以来建立的品牌权益，不利于品牌的进一步成长，因此，麦包包不应过度依赖价格促销。事实上，麦包包应该把更多的精力放在非价格促销上，重视品牌的长期建设。哈根达斯以“华尔兹的浪漫”、“幸福相聚”等制作精美食品免费赠送给消费者品尝，推出“哈根达斯环球旅行家”的浪漫历险活动，强调哈根达斯销售的不是冰淇淋，而是浪漫的感觉，强化了品牌的独特联想。麦包包应该根据细分品牌自身的特点和目标消费群体的需求特点，设计策划一些非价格导向的活动和事件，这样做不仅不会损害品牌的感知质量，而且能够给消费者带来某些意外惊喜，增加购买乐趣，培育和巩固品牌的独特联想，增强品牌权益。

品牌阵痛

品牌细分固然能帮企业有针对性地响应市场需求，但对于一个尚未完全成熟的企业品牌而言，过快的品牌扩张步伐有欠稳妥。作为一个新兴电商，麦包包对外界的宣传几乎都是围绕着“麦包包”这一企业品牌，尽管麦包包有四十多个产品品牌，但针对它们的宣传却是凤毛麟角，绝大部分消费者是冲着“麦包包”去的。由此可见，消费者对麦包包的产品品牌并没有建立起真正意义上的忠诚度，他们买某个包只是出于对其样式或价格的偏好，并非出于品牌忠诚。

相比较而言，宝洁的多品牌策略就比较高明和成功。宝洁旗下有飘柔、潘婷、海飞丝和沙宣四大洗发水品牌，无论是广告还是产品外包装，都是强化其产品品牌而弱化企业品牌，每款产品品牌在市场上的知名度都要比宝洁的知名度高得多，每个产品品牌在消费者心中占据着特定的心智资源，而“宝洁”这一企业品牌则退居二线。

像宝洁这样既不缺资金也不缺渠道的巨头才开发四个洗发水品牌，由此可见，一个成功的、深入人心的品牌是需要多大的投入和多久的积累。而麦包包在如此短的时间内就将四十多个品牌囊括在旗下，未免显得过于冒进。铺天盖地的广告能让消费者知道有个卖箱包的叫麦包包，如果只靠质优价廉来拉动消费，那么当另一个更质优更低价的平台出现时，消费者就会毫不犹豫地舍弃麦包包。当一个品牌缺乏强大的忠诚顾客作为支持时，品牌是有危机的，因此，麦包包应该放缓品牌在数量上的扩张步伐，把重心逐渐转移到质量上的建设，从需求导向型的市场经营策略转变到建立品牌的心智经营策略上来，只有这样才能培养起消费者的品牌忠诚度，才能有效规避品牌同质化，从而在市场中立于不败之地。

目前，麦包包平均每天的销量已破万，每个月仅在淘宝的销售额就近千万。可以预见，这个诱人的市场必将引来不断扩充产品种类的当当网、京东商城、凡客诚品等 B2C 巨头的进入。对此，叶海峰表示：“麦包包对别的领域没有兴趣，但在箱包领域，别人也别想碰我们的奶酪，我们的愿景是让中国引领世界箱包时尚。”可见，要实现这一愿景，麦包包还将面临许多新的挑战，麦包包如何面对这些挑战，我们拭目以待。

案例思考题

1. 结合本章内容谈谈麦包包是如何实施网络营销策略的？
2. 目前，麦包包面临的最大挑战是什么？应当如何应对这个挑战？

第13章

市场营销组织、计划与控制

营销管理是企业为了促进与目标顾客交换而进行的对营销活动的组织、计划与控制的过程。因此，理解企业的营销管理，就必须了解营销活动的组织、计划与控制的具体性质和内涵。

本章重点探讨以下几个问题：营销组织结构的形式与选择；营销计划的内容、营销计划的制订、计划制订的过程管理及实施；营销控制的方法，包括年度计划控制、盈利能力控制、效率控制和战略控制。

13.1 市场营销组织

管理的实质在于使人们为了共同目标而有效地合作，因而，它离不开组织。企业的市场营销活动是由组织中的人来完成的，市场营销管理自然离不开特定的组织结构。组织决策是市场营销管理的一个重要方面。市场营销经理必须设计并维持某种组织结构，而这种组织结构又影响到每一位营销人员，他们自主权的大小、沟通程度、相互依赖性都与组织类型有关。所以，合理的组织有利于营销人员的协调和合作。本节将着重分析如何有效地组织营销的职能、过程和人事，因为市场营销思想不会自动地变成计划，更不能自动地付诸实施，计划与措施都受组织中诸因素的制约。另外，本节还将探讨组织设计的各个步骤。

13.1.1 市场营销组织的目标

1. 市场营销组织的含义

市场营销组织是企业为了实现预定的营销目的而使全体营销人员通力协作的科学系统，是指企业内部涉及营销活动的各个职位及其结构。制定和实施市场营销战略，都离不开有效的市场营销组织。特别是实施战略，它包含达到战略目标的一系列实际活动，没有完善的组织，顺利完成这些活动是难以想象的。

理解这一概念的时候必须注意两个问题。

（1）并非所有的营销活动都发生在同一组织岗位。比如，在拥有好多产品线的大公司中，每个产品经理下面都有一支销售队伍，而运输则由一位生产经理集中管辖。不仅如此，有些活动甚至还发生在不同的国家或地区。但它们属于市场营销组织，因为它们都是市场营销活动。

（2）不同企业对其经营管理活动的划分也是不同的。例如，信贷对某个企业来说是营销活动，对另一个企业而言则可能是会计活动。同时，即使在组织结构中正式设有市场营销部门，企业的所有营销活动也不是全部由该部门来完成。因此，市场营销组织的范围是难以明确界定的。

有时，市场营销组织也被理解为各个营销职位中人的集合。由于企业的各项活动总是由人来承担，所以，对企业而言，人的管理比组织结构的设计更为重要。有的组织看起来完美无缺，但是运作起来却不是那么回事，这主要是由于有人的因素介入。正是在这种意义上，判断市场营销组织的好坏主要是指人的素质，而不单单是组织结构的设计。这就要求营销经理既能有效地制订营销计划和战略，又能使下级正确地贯彻执行这些计划和战略。

2. 市场营销组织的目标

（1）对市场需求作出快速反应。营销组织应该不断适应外部环境，并对市场变化作出积极反应。把握市场变化的途径是多种多样的，营销研究部门、企业的销售人员以及其他商业研究机构都能为企业提供各种市场信息。了解到市场变化后，企业的反应则涉及整个营销活动，从新产品开发到价格确定乃至包装都要做相应的调整。

（2）使市场营销效率最大化。企业内部存在许多专业化部门，为避免这些部门间的矛盾和冲突，营销组织要充分发挥其协调和控制的功能，确定各自的权利和责任。

（3）代表并维护消费者利益。企业一旦奉行市场营销观念，就要把消费者利益放在第一位。这里主要由营销组织承担这项职责。虽然有的企业利用营销研究人员的民意测验等来反映消费者的呼声，但仅此是不够的。企业必须在管理的最高层面上设置营销组织，以确保消费者的利益不致受到损害。

企业营销组织的上述目标归根结底是帮助企业实现整个营销任务。事实上，组织本身并不是目的，更为重要的是组织要协调、指导人们获得最佳营销效果。

3. 市场营销组织设计的原则

现代营销观念的确立，要求企业重新考虑组织设计的指导思想。传统经营观念指导下对企业职能的认识与现代营销观念指导下的认识有很大不同。

传统观念认为，新产品研制由研发部门负责，推荐其中最有前途的给上级主管，经批准后交由工程设计部门完成产品的定型设计和工艺流程设计，然后组织生产，再由营销部门推销产品。

市场导向观念认为，一切应从顾客出发。首先企业的营销部门负责收集顾客需求及其他市场信息；然后所有职能部门均应参与选择、评价新产品构思再将选中的构思送交研究开发和工程设计部门负责实现；只有新产品构思最终被采用和实现后，采购部门再配备设备、原料，生产部门负责制成产品，营销部门负责销售并注意收集顾客的反应。

比较两种观念指导下的企业运行模式，前者缺少的一是以顾客作为经营活动的起点；二是在开发新产品的整个过程中没有各个部门的“协作”，而只是简单地交给研究开发和工程设计部门去做，很容易导致一系列的问题：

（1）研究开发人员倾向于研制超出顾客的购买能力或兴趣的最新、技术上最完美的产品；

（2）工程设计部门可能忽略了控制生产成本；

（3）制造部门可能采取有损产品质量、特色的简化生产过程的措施；

（4）营销部门被动地接受推销某种产品的任务，销路不畅也不必负责任；

（5）顾客被看做整个过程的终结，没有谁负责收集其购后反应，自然也谈不上据此改进产品及生产过程了。

看到两种观念的差异，企业在设计组织结构及运行模式时，就必须避免传统观念的谬误，使市场导向的原则不仅贯穿在经营战略规划、日常管理业务中，而且要贯穿于组织设计中。

组织设计中的另外一个要点是组织结构要适应环境、企业目标和战略、策略变化的要求，而不是反过来由组织结构、管理制度决定企业的目标和战略。理想的情况应该是：根据市场机会，制定营销目标、营销策略，再据此设计组织结构、工作流程和管理制度。

13.1.2 市场营销组织类型

企业的市场营销部门是执行市场营销计划、服务市场购买者的职能部门。市场营销部门的组织形式，主要受宏观环境、企业市场营销管理哲学，以及企业自身所处的发展阶段、经营范围、业务特点等因素的影响。

企业的营销组织是为了实现营销任务，实施营销计划，是面向市场和顾客的职能部门，是企业内部连接其他职能部门使整个企业经营一体化的核心。但这样的组织形式并不是自然形成的。企业的营销组织形式受以下三方面因素的制约：① 宏观环境和国家经济体制；② 企业的营销管理哲学即企业经营的指导思想；③ 企业自身所处的发展阶段、经营范围、业务特点等内在因素。在上述诸因素的影响下，西方企业的营销组织结构经历了一系列的发展过程。

1. 市场营销组织形式的演变

现代企业的营销组织，是随着经营思想的发展长期演变而成的。西方企业内部营销组织的结构，随着经营思想的发展和企业自身的成长，大体上经历了五个显著的阶段，见图 13－1。

第一阶段：单纯的推销部门

20 世纪 30 年代以前，西方企业以生产观念作为指导思想，大部分都采用这种形式。一般说来，所有企业都是从财务、生产、推销和会计这四个基本职能部门开始发展的。财务部门负责资金的筹措，生产部门负责产品制造，推销部门负责产品销售，会计部门则负责计账和计算产品成本。推销部门通常由一位副总裁负责，管理推销人员，并兼管若干市场调研和宣传工作（见图 13－1（1））。在这个阶段，推销部门的职能仅仅是推销生产部门生产出来的产品，生产什么，销售什么；生产多少，销售多少。产品生产、库存管理等完全由生产部门决定，推销部门对产品的种类、规格、数量等问题，几乎没有任何发言权。

第二阶段：具有辅助功能的推销部门

20 世纪 30 年代大萧条后，市场竞争日趋激烈，企业大多数以推销观念作为指导思想，需要进行经常性的营销调研、广告宣传以及其他促销活动，这些工作逐渐演变成为专门的职能，当工作量达到一定程度时，便会设立一名营销主任负责这方面的工作（见图 13－1（2））。

第三阶段：独立的营销部门

随着企业规模和业务范围的进一步扩大，以前作为辅助性工作的营销调研、新产品开发、广告促销和为顾客服务等营销职能的重要性日益增强。于是，营销部门成为一个相对独立的职能部门，作为营销部门负责人的营销副总裁同推销副总裁一样直接受总裁的领导，推销和营销成为平行的职能部门（见图 13－1（3））。但在具体工作上，这两个部门是需要密切配合的。

第四阶段：现代市场营销部门

尽管推销副总裁和营销副总裁需要配合默契和互相协调，但是他们之间形成的关系往往是一种彼此敌对、相互猜疑的关系。推销副总裁趋向于短期行为，侧重于取得眼前的销售量；而营销副总裁则多着眼于长期效果，侧重于制订适当的产品计划和营销战略，以满足市场的长期需要。推销部门和营销部门之间矛盾冲突的解决过程，形成了现代市场营销部门的基础，即由营销副总裁全面负责，下辖所有营销职能部门和推销部门（见图 13－1（4））。

需要注意的是，市场营销人员和销售人员是两种截然不同的群体，尽管市场营销人员很多来自营销人员，但还是不应将他们混同，并不是所有的销售人员都能成为市场营销人员。事实上，在这两种职业之间有着根本的不同。从专业而言，市场营销经理的任务是确定市场机会，准备市场营销策略，并计划、组织新产品进入，保证销售活动达到预定目标；而销售人员则是负责实施新产品进入和销售活动。在这一过程中常出现两种问题：如果市场营销人员没有征求销售人员对于市场机会和整个计划的看法和见解，那么在实施过程中可能会导致事与愿违；如果在实施后市场营销人员没有收集销售人员对于此次行动计划实施的反馈信息，那么也很难对整个计划进行有效控制。

市场销售人员常常认为销售人员有如下优点：随和，易与于人交往，工作努力。缺点是短期行为过多，缺乏整体分析的能力。而销售人员则认为市场营销人员受过良好的教育，大多是数据导向型（依据数据做出结论），但缺点是缺乏销售经验，缺乏市场销售直觉和不承担风险。很多公司忽略了这两类群体的差别而提升一个干得很棒的销售经理为高级市场营销经理，但很多销售经理对于每天面对市场营销研究计划等工作感到枯燥，宁愿去会见客户，这种公司显然不明白两者的区别以致犯下如此愚蠢的错误。对这两种群体而言，最主要的是让他们达成最大的理解和尊重。事实表明，市场营销人员、销售人员之间缺乏理解和尊重的公司肯定是一团糟，如果市场营销人员、销售人员互相欣赏对方才能的话，那常常会给公司带来意想不到的收益。

第五阶段：现代营销企业

一个企业仅仅有了上述现代营销部门，还不等于是现代营销企业。现代营销企业取决于企业内部各种管理人员对待营销职能的态度，只有当所有的管理人员都认识到企业的一切部门的工作都是“为顾客服务”，“市场营销”不仅是一个部门的名称而且是一个企业的经营哲学时，这个企业才能算是一个“以顾客为中心”的现代营销企业。

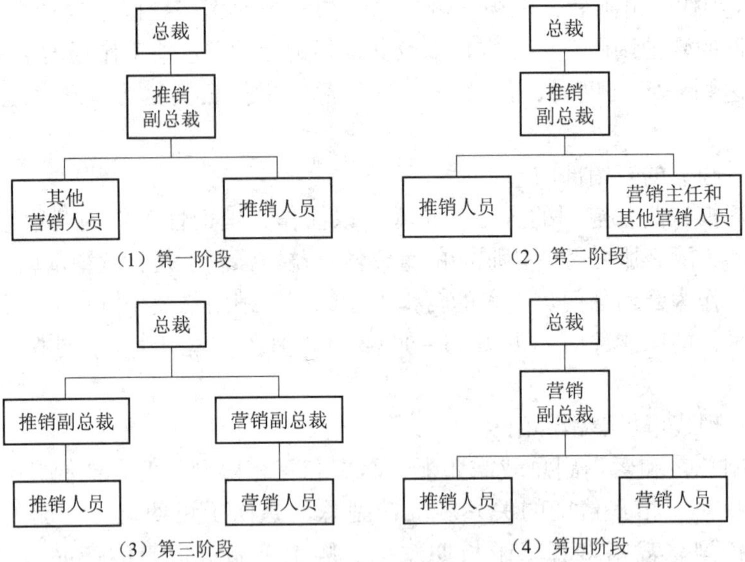

图 13－1　西方企业内部营销组织结构经历的阶段

2. 市场营销组织的类型

为了实现企业目标，营销经理必须选择合适的营销组织。现代企业的营销部门有若干不同的组织形式，但不论采取哪种组织形式，都要基本体现以顾客为中心的营销指导思想。大体上，营销组织的类型可分为专业化组织和结构性组织两种。

1）专业化组织

专业化组织包括以下四种类型。

（1）职能型组织。这是最古老也是最常见的营销组织形式。通常是在营销副总裁领导下由各种营销职能专家构成的，营销副总裁负责协调各营销职能专家之间的关系，如图 13－2 所示。它同时强调营销各种职能如销售、广告和调研等的重要性。

图 13－2　职能型组织

除了这五种营销职能专家外，还可能包括的营销职能专家有：顾客服务经理、营销计划经理和产品储运经理等。

职能型组织的主要优点是行政管理简单。当企业只有一种或很少几种产品，或者企业产品的营销方式大体相同时，按照营销职能设置组织结构比较有效。但是，随着产品品种的增多和市场的扩大，这种组织形式会失去其有效性。首先，由于没有一个人对一项产品或一个市场负全部责任，因而没有按每项产品或每个市场制订的完整计划，有些产品或市场就很容易被忽略；其次，既然没有一个部门能对某产品的整个营销活动负全部责任，那么，各部门就会强调各自的重要性，以便争取到更多的预算和较其他部门更高的地位，致使营销副总裁经常面临调解纠纷的难题。

（2）地区型组织。如果一个企业的营销活动面向全国，企业往往就要按地理区域设置其营销机构，如图 13－3 所示。该机构包括 1 个负责全国的经理和 4 个大区销售经理、24 个区域销售经理、192 个地区销售经理和 1 920 个推销员。从全国推销经理依次到地区推销经理，其所管辖的下属人员的数目即“管理幅度”（Span of Control）逐级增大。在推销任务复杂，推销人员的工资很高，并且推销人员对利润影响极大的情况下，这种分层的具体控制是很必要的。

这有利于高层管理人员有效地监督下级销售机构完成复杂的销售任务。该组织形成的弊端是推销人员庞大，佣金很高，在很大程度上影响企业的利润。为了使整个营销活动更为有效，地区型组织通常都是与其他类型的组织结合起来使用。

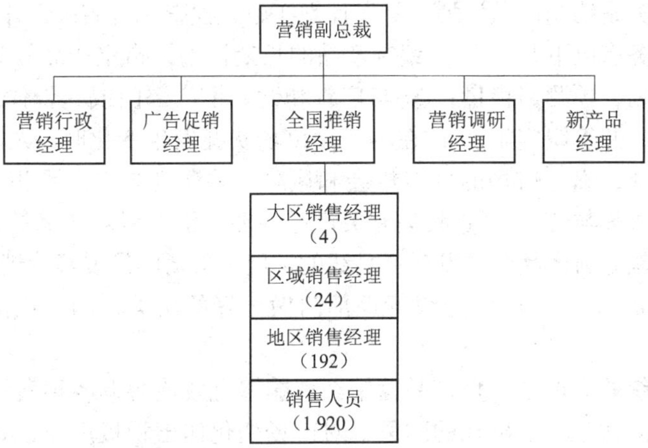

图 13－3　地区型组织

（3）产品管理型组织。生产多种产品或多种不同品牌的企业，往往按产品或品牌建立管理组织，即在一名总产品经理领导下，按每类产品分设一名经理，再按每个具体品种设一名经理，分层管理，如图 13－4 所示。

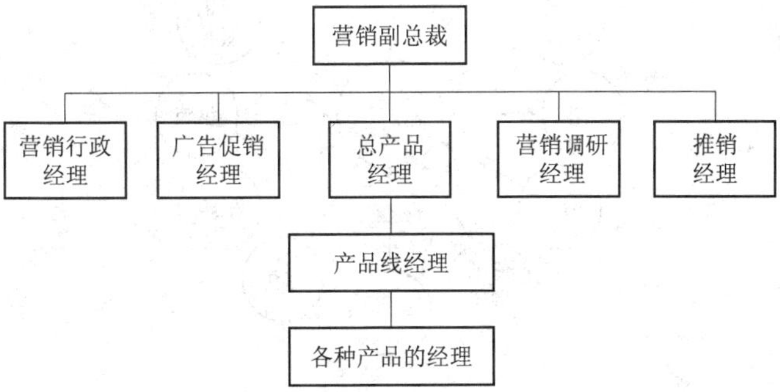

图 13－4　产品管理型组织

产品管理型组织可以协调职能型组织中的部门冲突。如果一个企业生产经营的各种产品之间差别很大，并且产品的绝对量又太多，超过了按职能设置的营销组织所能控制的范围，则适于建立产品管理型组织。

产品经理的职责是制订产品计划并付诸实施，监督产品计划的执行，检查执行结果，并采取必要的调整措施。此外，还要制定竞争策略。具体可分为6个方面：发展产品的长期经营和竞争战略；编制年度营销计划和进行销售预测；与广告代理商和经销代理商一起研究广告的文稿设计、节目方案和宣传活动；激励推销人员和经销商经营该产品的兴趣；搜集产品、市场情报，进行统计分析；倡导新产品开发。

产品管理型组织最早于1927年为美国一家化妆品公司所采用，以后许多厂商尤其是食品、肥皂、化妆品和化学工业的厂商，纷纷效法。例如，通用食品公司在其“邮寄部”就采取产品管理型组织，设立了若干独立的产品线经理，分别负责粮油、动物食品和饮料等；在粮油产品线中，又分若干品种经理负责营养粮食、儿童加糖粮食、家庭用粮食和其他杂粮；营养粮食产品经理之下又辖若干品牌经理。

产品经理的任务是编制产品计划、督促计划实施、检查执行结果，并修正工作偏差。具体地说，他们的任务有以下几项：① 编制产品的长期计划，指定产品的竞争策略；② 准备产品的年度营销计划，预测销售量；③ 与广告和营业推广部门或广告代理商合作，制订广告样本和广告方案，并组织实施；④ 在本产品市场状况发生变化时，及时、有效地和供应商、经销商进行沟通，确定市场的发展机会和风险，并激励与本产品相关的人员支持本产品、对本产品增加兴趣与信心；⑤ 收集有关产品性能、消费者对产品的态度和建议、竞争者的动态等情报，领导新产品的开发、产品线的扩展及市场的发展等营销活动，以便更好地满足变化中的市场需求；⑥ 协助上级管理部门做出好的决策，确保产品线能健康持续地发展。

产品管理型组织的优点是：① 产品营销经理能够有效地协调各种营销职能；② 产品经理能及时反映该产品在市场上出现的问题，对市场变化作出积极反应；③ 由于产品经理各自负责推销自己所管的产品，因而即使不太重要的产品也不会被忽略；④ 产品管理是培训年轻管理人员的最佳场所，因为产品管理涉及业务经营的几乎所有方面。如图13－5所示。

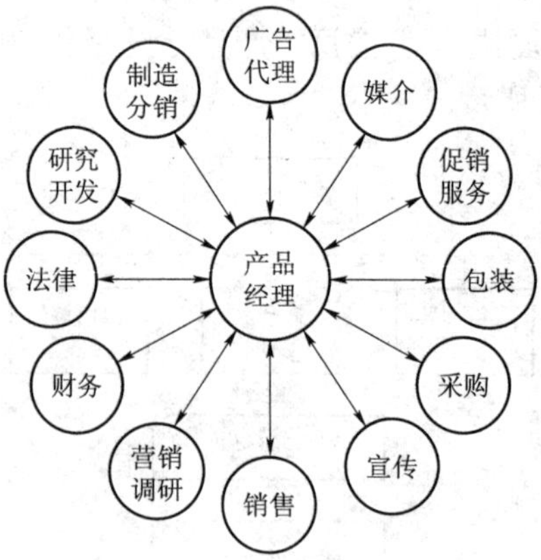

图13－5　产品经理的相互关系

产品经理是计划者：提供所辖品牌的年度计划和企业计划，也着眼于未来，制订长期计划。产品经理是协调者：协调、推动公司内外各方专业力量服务于特定品牌的营销目标。产品经理还是市场分析者和控制者：提供品牌的潜力、成长预测、资源需求等信息，制订营销计划和战略，帮助高层管理人员合理配置企业资源。

产品管理式组织的缺点如下。① 产品管理造成了一些部门冲突。由于产品经理权力有限，未必能保证他们有效地履行职责。他们不得靠劝说的方法取得广告、推销、制造等部门的合作，而各部门往往把他们看做是低层协调者而不予重视。② 由于权责划分不清楚，下级可能会受到多方面的领导。如产品广告经理在制定广告战略时接受产品营销经理的指导，而在预算和媒体选择上则受制于广告协调者。③ 产品管理系统的成本往往比预期的组织管理费用高，因为产品管理人员的增加导致人工成本的增加，同时企业还要继续增加促销、调研、信息沟通和其他方面的专家，结果使企业承担了巨额的间接管理费用。④ 缺乏整体观念。在产品型组织中，各个产品经理相互独立，他们会为保持各自产品的利益而发生摩擦。事实上，有些产品可能面临被收缩和淘汰的境地。为了克服上述缺点，需要对产品经理的职责及其同职能专家之间的分工合作关系，做出适当的安排。

尽管产品管理组织有一些公认的难题，但大多数企业仍在沿用这一组织结构而不愿放弃，并不断努力使该结构更加完善、更加有效。菲力普·科特勒提供了三种使该结构更加有效的建议。

第一种建议：① 明确规定产品经理的作用和权责范围——他只是一个参谋人员，而不是决策者。② 建立一套战略发展与评审制度，使产品经理的活动有章可循。有相当多的企业允许他们的产品经理制订一些充满统计数字但却没有战略思想的营销计划来应付工作。③ 在划定产品经理和职能专家的权责范围时，应该考虑他们之间的矛盾和冲突。应当明确规定哪些决策权属于产品经理，哪些决策权属于职能专家，哪些是共同决定的。④ 规定正式的裁决程序。当产品经理与职能管理发生冲突时，由上级出面解决。冲突双方都应该向上承交书面报告，等待裁决。⑤ 确定一套与产品经理的责任相适应的衡量绩效的标准。如果要求产品经理对利润负责，那么就应该赋予其较大的控制权，以便对影响利润的因素加以控制。

第二种建议：以产品管理取代产品经理。事实上，产品管理小组的构成有三种形式。① 垂直型产品小组。这种形式包括三层管理人员：产品经理、产品副经理和产品助理。产品经理是管理组的领导人，他向其他人下达指令并取得他们的配合。产品副经理协助产品经理工作并做适当的文书工作。产品助理处理大部分文书工作，并承担初查任务。② 三角型产品小组。这类小组包括一个产品经理，两个专业产品经理。其中一个负责市场调研，另一个可负责营销联络。③ 水平型产品小组。这种产品小组中有一个产品经理和几个来自营销部门及其他功能部门的专业人员。设立水平小组之后，企业越来越需要建立以产品为中心的经营单位，这就是产品事业部。这是解决产品管理问题的根本措施。

第三种建议：取消次要产品的产品经理，而由一名产品经理负责两个甚至更多的产品。这对于产品在用途上基本一致的企业来说是可行的。

（4）市场型组织。当客户可按其特有的购买习惯和产品偏好细分和区别对待时，就需要建立市场管理式组织。许多企业都在按照市场系统安排其营销机构，使市场成为企业各部门为之服务的中心。有些营销专家认为，以各主要目标市场为中心来建立相应的营销部门和分支机构，是确保企业实现“以顾客为中心”的现代营销观念的唯一办法。

它同产品管理型组织相类似，由一个总市场经理管辖若干细分市场经理，各市场经理负责自己所辖市场的年度销售利润计划和长期销售利润计划。这种组织结构的主要优点是，企业可围绕着特定客户的需要开展一体化的行销活动，满足各类不同客户的需求，有利于企业加强销售和市场开拓。其缺点是，存在权责不清和多头领导的矛盾，这和产品型组织类似。

2）结构性组织

专业化组织只是从不同角度确立了营销组织中各个职位的形态，至于如何安排这些职位，还要分析组织结构及职位间的相互关系。

企业设计组织结构不是最终目的，而只是实现营销目标的一种手段。既然各个企业有着不同的目标、战略、目标市场、竞争环境和资源条件，因而它们就建立起不同类型的组织结构。

（1）金字塔型。金字塔型是一种较为常见的组织结构形式。它由经理至一般员工自上而下建立垂直的领导关系，管理幅度逐步加宽，下级只向自己的上级直接负责。按职能专业化设置的组织结构大都是金字塔型。其特点是上下级权责明确，沟通迅速，管理效率较高。不过由于每个员工（尤其是下层员工）权责范围有限，往往缺乏对整个企业营销状况的了解，因而，不利于其晋升。

（2）矩阵型。矩阵型组织是市场型组织与产品型组织相结合的产物。面向不同市场，生产多种不同产品的企业，在确定营销组织结构时面临着两难抉择：是采用产品管理型，还是采用市场管理型？为了解决这一难题，企业可建立一种既有产品经理，又有市场经理的两维矩阵组织，如图 13 –6 所示。

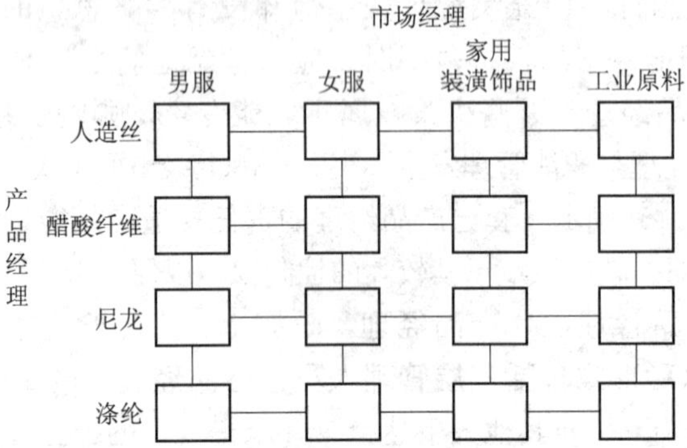

图 13 –6　杜邦公司纺织纤维部的矩阵型组织

在市场营销管理实践中，矩阵型组织的产生大体可以分为两种情形。

第一，企业为完成某个跨部门的一次性任务（如产品开发），从各个部门抽调人员组成由经理领导的工作组来执行该项任务，小组的有关成员一般受本部门和小组负责人的领导。任务完成后，小组撤销，其成员回到各自的岗位。这种临时的矩阵型组织又叫小组制。

第二，企业要求个人对于维持某个产品或品牌的利润负责，把产品经理的位置从职能部门中分离出来并加以固定；同时，由于经济和技术因素的影响，产品经理还要借助各职能部门实施管理，这就构成了矩阵。

矩阵型组织能加强企业内部门间的协作，能集中各种专业人员的知识技能又不增加编制，组建方便，适应性强，有利于提高工作效率。但是，双重领导，过于分权化，稳定性差和管理成本较高的缺陷又多少抵消了一部分效率。比如，在各个产品市场上由谁定价？如何组织推销人员？图 13 –6 中究竟应按每一类化纤产品组织推销队伍，还是按各个市场组织推销队伍？或者推销队伍不实行专业化？

进入20世纪90年代以来，市场营销环境发生了巨大的变化。电子计算机和无线电通信的不断进步、全球性竞争的日趋激烈、消费者和企业购买经验的日益丰富、服务型企业的迅速发展等，都要求企业重新考虑怎样组织自己的业务。为适应这些变化，许多企业将自己的业务重心放在主要业务或有竞争力的业务上，也有不少企业将业务拓展到其他不熟悉的领域以求新的发展。其中有的成功了，但多数失败了，即使他们所投身的是一个新兴行业或极具有发展潜力的行业。究其原因，大多是由于企业缺乏在该领域的激烈竞争中应具备的技能和知识。

绝大多数经理认为，只有对那些相当重要的产品和市场才需要同时分设产品经理和市场经理。但也有些经理认为，这种组织结构的管理费用高和潜在的矛盾并不可怕，它所能带来的效益远在为它付出的代价之上。

13.1.3 市场营销组织设计

设计和发展营销组织是每一位营销经理的根本任务之一。如前所述，营销经理从事管理的前提是进行组织规划，包括设计组织结构和人员配备等。而一旦组织结构建立起来之后，营销经理又要不断地进行调整和发展，否则，随着企业自身的发展与外部环境的变化，原先的营销组织将会越来越不适应营销管理需要，变得僵化和缺乏效率。一项研究表明，近年来，约有1/4多的公司改变了其营销组织的形式。改变的原因主要是产品需求、购买类型、竞争对手行为、政府政策等方面的变化。

本节将主要讨论设计和评价营销组织的基本原理和一般程序。

1. 设计市场营销组织的基本原理

1）统一指挥原理

营销组织内部每个人只接受一个上级的命令和指挥，并对他负责，防止多头领导。要行成一个等级链，上级不能越过直属下级指挥，下级不能超越直属上级接受更高领导的指挥。防止谁都领导、谁都不负责的现象出现，使组织内营销人员无所适从，导致失去营销的良好机会。

2）专业化原理

对同一性质的营销活动或职能，应分步归类，派相应人员去成立组织，并负责执行，以收到分工专业化的成效。营销组织内部专门设立分别负责广告、市场预测、销售服务等方面工作的人员。在销售人员分配中又可按照销售人员对产品业务的精通程度，按产品分派推销员。

3）权责对等原理

职权是在规定的职位上应具有的指导和行事的权力。责任是接受工作后所应尽到的义务。

在营销组织中，上级应拥有指挥、命令等必备的权力。但因为营销工作情况复杂，不定因素多，所以上级应对隶属人员不仅分配工作，同时要给予处理工作中所需要的某种程度的权力，使之能在工作中出现问题或机遇时，当机立断，进行决策。

营销组织中任何一个人都应对自己的工作负责。领导要对下属的工作负责。要制定各岗位的岗位责任制，使职工明确自己的工作责任。

在营销工作中权力和责任必须大致相等。防止有权无责，或有职无权。

4）管理幅度与层次原理

管理幅度是指一个指挥监督者能领导多少隶属人员。在完成同样数量工作的前提下，管理幅度越窄，则管理层次越多。营销组织内工作内容很多，涉及面很广，信息要求传输快。如果幅度过宽，会造成领导上的困难，如果层次过多，又会影响信息传输，造成损失。企业应充分兼顾这两个方面，根据本企业市场营销的实际情况，确定营销组织的管理幅度与层次。

5）有效性原理

营销组织的结构、人员、活动必须是有效的。营销组织要有明确的目标和为实现这一目标的有效率的组织机构。要防止机构庞杂，人浮于事。

2. 市场营销组织的设计

市场营销组织的设计和评价有一个一般程序可遵循，该程序大致如图 13－7 所示，现分述之。

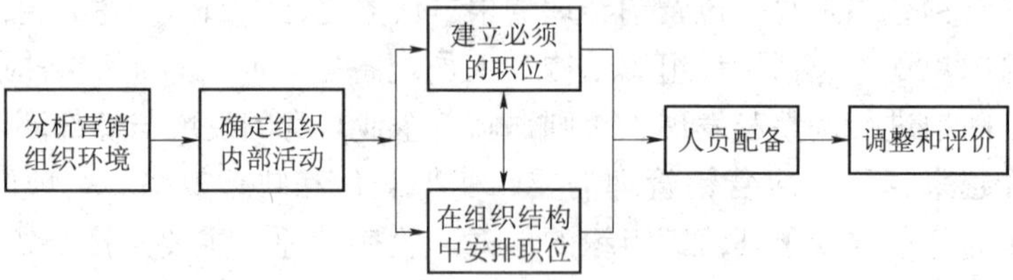

图 13－7　市场营销组织的设计程序

1）分析营销组织环境

任何一个营销组织都是在不断变化着的社会经济环境中运行的，并受这些环境因素的制约，由于外部环境是企业的不可控因素，因而，营销组织必须随着外部环境的变化而不断地调整、适应。

外部环境包括很多复杂因素，如政治、经济、社会、文化、科技等，而对营销组织影响最为明显的主要是市场和竞争者状况。此外，营销组织作为企业的一部分，也受整个企业特征的影响。

（1）市场状况。

市场状况首先是指市场的稳定程度。对于某些市场而言，如食品和工业原料市场，在一个较长时期内，消费者购买行为、分销渠道、产品供应等变化不大，它们显得十分稳定；而另外一些市场，如儿童玩具和妇女流行用品市场，由于产品生命周期较短，技术和消费需求变化快，所以多变而不稳定，必须随着市场变化及时调整内部结构和资源配置方式。

从产品生命周期来看，在产品生命周期的不同阶段，企业的营销战略和营销组织随之改变。通常，在介绍期，企业冒着很大的风险向市场投放产品，它往往建立临时性的组织如销售小组，以便迅速地对市场行为作出反应；在成长期，消费需求增大，利润不断上升，吸引了大批竞争者进入该市场，这时企业要建立有效的营销组织如市场导向型矩阵组织，确立自己强有力的竞争地位；在成熟期，消费需求稳定，利润开始下降，于是企业必须建立高效率的组织如职能性金字塔组织，以获取最大利润；而在衰退期，产品需求减弱，此时，企业为保持原有的利润水平，开始精简部分组织机构，如减少销售地点等，有时也可能会设立临时机构，帮助产品重新开拓市场。

另外，购买行为类型也是市场状况的一个方面。不同类型的购买者对企业提供的产品及服务有着不同的要求和侧重点。就产业用品购买者和医疗品购买者相比，前者侧重于产品的技术性能和连续的供应关系，而后者则强调服务和安全保证。侧重点的不同影响到企业的推销方式，从而要求与其相适应的组织类型以满足顾客需求。

（2）竞争者状况。

营销组织必须从两个方面来对付竞争者：一是竞争者是谁，他们在干些什么；二是如何对竞争者行为作出反应。为此，企业就要使其营销组织结构不断地加以改变和调整。

企业搜集竞争对手情报的方式多种多样，既可以设立专门的机构（市场研究部），也可以通过其他部门获得（如借助于销售人员）；既可依靠外部机构（咨询公司），也可要求企业全体职员为搜集情报而努力。不同的选择将直接影响营销组织的构成。而究竟该选择哪种方式则取决于企业的需要，直接、快速地根据竞争者的行为调整其营销战略。此外，企业在搜集到有关情报后，还必须制定相应的措施，并经由营销组织贯彻实施。如果经调查发现，加强售后服务是提高企业竞争能力的主要方面，那么，企业就可能会把销售部门和服务部门合并在一起。

（3）企业状况。

在企业状况因素中，高层管理者的经营思想对企业营销组织的设计影响较大。有的管理者强调稳定，有的则试图成为行业领导者。经营思想的不同势必造成营销组织的差异。同时，企业发展与产品相类似，也有一个周期过程。企业处于不同的发展阶段，就相应地有不同的组织结构。当然，影响营销组织的环境因素还有许多，如能源问题、技术进步等，这里不一一赘述。下面列出一张影响营销组织的环境因素评价表（见表13－1）。企业利用该表进行打分，可以判断出采用何种组织结构能够适应环境变化。其基本规则是：分数越高，则矩阵型组织结构能满足组织需要；分数越低，则表明金字塔型结构能满足组织需要。

表13－1　影响营销组织的环境因素评价表

环境因素	特　征	分　数 5 4 3 2 1	特　征	环境因素
市场状况	非常多变		非常稳定	市场状况
	产品处于介绍期		产品处于衰退期	
	产品供应与服务关系密切		产品供应与技术关系密切	
	多个不同细分市场		一个或几个细分市场	
竞争者状况	竞争者很多且各异		竞争者少且近似	竞争者状况
	对竞争者行为作出直接、迅速反应		不必立即反应	
	竞争者产品、市场均专业化		竞争者实行职能、地理专业化	
企业	增长导向型		稳定导向型	企业
	强调营销		强调生产和工艺	

2）确定营销组织内部的各种活动

营销组织内部的活动主要有两种类型：一是职能性活动，它涉及营销组织的各个部门，范围相当广泛，企业在制定战略时就会确立各个职能在营销组织中的地位，以便开展有效的竞争；二是管理性活动，涉及管理任务中的计划、协调和控制等方面。

企业通常是在分析市场机会的基础上，制定营销战略，然后再确定相应的营销活动和组织的专业化类型。假定一个企业满足下述条件：企业年轻且易于控制成本，企业的几种产品都在相对稳定的市场上销售，竞争战略依赖于广告或人员推销等技巧性活动，那么，该企业就可能设计职能型组织。同样，如果企业产品销售区域很广，并且每个区域的购买者行为与需求存在很大差异，那么，它就会建立地理型组织。不过，在实践中有时按照上述逻辑显得行不通。因为企业的营销战略可能被现有的组织机构所制约。比如，一家公司通过对市场和竞争者状况的分析，决定实行系统销售战略。然而，由于该公司的原有组织机构是为不断开发新产品而设计，所以，采用这一新战略就显得困难重重。

3）建立组织职位

企业在确定了营销组织活动之后，还要建立组织职位，使这些组织活动有所归附。职位决策时要弄清楚各个职位的权力和责任及其在组织中的相互关系，它考虑三个要素，即职位类型、职位层次和职位数量。

每个职位的设立都必须与营销组织的需求及其内部条件相吻合。通常，对职位类型的划分有三种方法。一是划分为直线型和参谋型。处于直线职位的人员行使指挥权，能领导、监督、指挥和管理下属人员；而处于参谋职位的人员则拥有辅助性职权，包括提供咨询和建议等。事实上，直线和参谋之间的界限往往是模糊的。一个主管人员既可以处于直线职位，也可以处于参谋职位，这取决于他所起的作用及行使的职权。二是把职位划分为专业型和协调型。显然，一个职位越是专业化，就越无法起协调作用。但是各个专业化职位又需要从整体上进行协调和平衡，于是协调型职位就产生了，像项目经理或小组制都是类似的例子。三是把职位划分成临时型和永久型。严格地说，没有任何一个职位是永久的，它只是相对于组织发展而言较为稳定而已。临时型职位的产生主要是由于在短时期内企业为完成某项特殊任务，有时组织进行大规模调整时也要设立临时职位。

职位层次是指每个职位在组织中地位的高低。比如，公共关系和销售管理的地位孰高孰低，对于不同的企业其情况大不一样，它取决于这些职位所体现的营销活动与职能在企业整个营销战略中的重要程度。职位数量是指企业建立组织职位的合理数量。它同职位层次密切相关。一般地，职位层次越高，辅助性职位数量就越多。很明显，市场营销经理在决策时就要依靠大批市场分析专家和数据处理专家的帮助。

职位决策的目的是把组织活动纳入各个职位。因此，建立组织职位时必须以营销组织活动为基础。企业可以把营销活动分为核心活动、重要活动和附属性活动三种。核心活动是企业营销战略的重点，所以首先要根据核心活动来确定相应的职位，而其他的职位则要围绕这一职位依其重要程度逐次排定。

此外，职位的权力和责任的规定体现在工作说明书上。工作说明书包括工作的名称、主要职能、职责、职权和此职位与组织中其他职位的关系以及与外界人员的关系等。通过企业决定建立新的职位，有关部门主管就会同人事专家拟订出一份关于该职位的工作说明书，便于对应聘人员的考核和挑选。

4）设计组织结构

组织结构的设计和选择同职位类型密切相关。企业如果采用矩阵型组织，就要建立大量的协调性职位；如果采用金字塔型组织，则又要求有相应的职能性职位。因此，设计组织结构的首要问题是把各个职位与所要建立的组织结构相适应。

从这个意义上来讲，对组织机构的分析要注重外部环境因素（包括市场和竞争状况），强调组织的有效性。但是，营销经理总是希望节约成本和费用，还要考虑效率。通常，组织的效率表现为较少的人员和上下隶属关系以及专业化较高的程度去实现组织的目标。这取决于两个因素：一是分权化程度，即权力分散到什么程度才能使上下级之间更好地沟通；二是管理宽度，即每一个上级所能控制的下级人数。人们普遍认为，假设每一个职员都是称职的，那么，分权化越高，管理宽度越大，则组织效率也就越高。如果一个20人的销售队伍仅由1～2名经理来控制，那么，这支队伍就有较大的决策自主权，从而，可能会取得较好的销售效果。

此外，营销组织总是随着市场和企业目标的变化而变化，所以，设计组织结构要立足于将来，为未来组织结构的调整留下更多的余地。

5）配备组织人员

在分析营销组织人员配备时，必须考虑两种组织情况，即新组织和再造组织（在原组织基础上加以革新和调整）。相比较而言，再造组织的人员配备要比新组织的人员配备更为复杂和困难。这是因为，人们总是不愿意让原组织方式变化，他们视再造组织所提供的职位和工作是一种威胁。事实上，组织经过调整后，许多人在新的职位上从事原有的工作，这就大大损害了制造组织的功效。同时，企业解雇原有的职员或招聘新的职员也非易事。考虑到社会安定和员工个人生活等因素，许多企业不敢轻易裁员。

但是，不论哪种情况，企业配备组织人员时必须为每个职位制定详细的工作说明书，从受教育程度、工作经验、个性特征及身体状况等方面进行全面考察。而对再造组织来讲，则必须重新考核现有员工的水平，以确定他们在再造组织中的职位。

此外，在营销组织中，小组的人员配备也应引起重视。小组往往是企业为完成某项特殊任务而成立的，是组织的一个临时单位，其成员多从组织现有的人员中抽调。如果小组要有效地发挥作用，营销组织必须使小组成员与其他成员之间保持协调关系。比如，由组织下层的人员作为领导来管理由来自组织高层的成员构成的小组，肯定是行不通的。同样，小组领导的职位也不应该比该小组隶属的经理的职位高。还有一点，当人们意识到参与小组工作将影响其正常工作和晋升机会，那么，营销组织就很难为小组配备合适的人员。

6）检查和评价营销组织

没有尽善尽美的组织，它总是不同程度地存在摩擦和冲突。因此，从营销组织建立时，营销经理就要经常检查、监督组织的运行状况，并及时加以调整，使之不断得到发展。

营销组织需要调整的原因主要有以下几种。

（1）外部环境的变化。包括商业循环的变化、竞争加剧、新的生产技术出现、工会政策、政府法规和财政政策、产品系列或销售方法的改变等。

（2）组织主管人员的变动。新的主管人员试图通过改组来体现其管理思想和管理方法。

（3）改组是为了证明现存组织结构的缺陷。有些缺陷则是由组织本身的弱点所造成，如管理幅度过大，层次太多，信息沟通困难，部门协调不够，决策缓慢等。

（4）组织内部主管人员之间的矛盾，也可以通过改组来解决。

所以，为了不使组织结构变得呆板、僵化和缺乏效率，企业必须经常地对组织结构加以调整。

简而言之，企业营销组织的设计和发展大体要遵循以上六个步骤，而这六个步骤是相互联系、相互作用形成一个动态有序的过程。为了保持营销组织的生机和活力，营销经理就要根据这一过程进行有效决策。

13.1.4 营销部门和其他部门的关系

企业各职能部门应密切协调配合以实现企业的整体目标，但实际上，各部门之间关系表现为强烈的竞争和不信任，其中有一些冲突是由认识问题产生的，有些则由利益问题造成的。

从理论上说，所有的职能部门应该对顾客的满意承担责任，尽管责任有轻有重，所有的部门都应该以"满足消费者"这一原则为中心，致力于消费者需求的满足，营销部门则应该在日常活动中向其他职能部门灌输这一原则。在企业内部，营销经理承担两大任务，这就是在顾客导向的引导下，一方面协调公司内部营销活动；另一方面协调营销与财务、业务以及公司其他职能部门之间的关系。一般而言，营销经理主要靠说服而不是权力来进行这两项工作，除非特别时期，公司总部授予其节制其他部门的权力。

营销部门和其他部门矛盾的焦点是对"顾客导向"观念的坚持程度。正如营销部强调顾客满意这一点一样，其他部门也同样强调它们各自工作的重要性，而置顾客满意于不顾，下面讨论一下各部门所关注的主要问题。

（1）研究开发部。公司希望开发新产品，但常因研究开发部门和营销部门关系不好而宣告失败。研究开发部门由科学技术人员组成，他们以对科学的好奇心和超然的地位而自豪，喜欢探讨前沿技术问题，而不关心眼前的销售利润，喜欢在较少人监督和较少谈及研究成本的情况下工作；而营销部门与销售部门由具有商业头脑的人员构成，他们以对市场的深刻理解而感到自豪，希望看到更多的具有特色的新产品销售给顾客，有一种注重成本的紧迫感。双方都抱着鄙视、不理解的态度去看待对方，市场营销人员把研究开发人员看做不切实际的、书生气十足的、不懂得怎样做生意的科学狂人；相反，研究开发人员则把市场营销人员看做惯耍花招的、唯利是图的商贩。这些消极而顽固的框框，妨碍了双方之间有效的协同配合。

所有公司或是技术驱动型的，或是营销驱动型的，或两者并重。在技术驱动型的公司里，研发人员热衷于研究各种基本问题，寻求重大技术突破，力求产品的技术性能尽善尽美。在这些公司里，研究与开发的费用颇高，虽然有时也会搞出一些重要的新产品，但新产品成功率较低。

在营销驱动型的公司里，研发人员根据特定市场的需要去设计产品，因而主要是应用现有技术对现有产品进行技术改进，新产品成功率较高，但产品生命周期较短。

在技术驱动、营销驱动二者并重的公司中，营销部与研究开发部已形成了有效的组织协调关系，他们共同负责进行卓有成效的以市场为导向的创新活动，研发人员不再为发明而发明，而是从事有实效的革新创造。销售人员也不再是只追求产品适合销售的特色，而是协调研究人员寻找能满足要求的创新途径。

研究表明，创新的成功与研究开发——营销一体化紧密相关。研究开发——营销一体化的工作可以采用以下几种方法。

① 共同举办研讨会，以加强彼此之间对对方工作目标、作风和问题的理解和尊重，互相学习，互相促进。

② 每个新项目要分派研究开发人员与营销人员，他们将在项目整个执行过程中密切合作。同时，还应在项目执行初期共同确定营销计划和营销目标。

③ 与研究开发部门的合作一直要持续到销售阶段，包括写复杂的技术手册、举办贸易展览、向顾客做售后调查，甚至从事一些销售活动等。

④ 双方产生的一些矛盾应由高层管理部门解决，并制定明确的解决矛盾的程序。在同一公司中，研究开发部门与营销部门向同一副经理负责。

（2）工程技术部门。工程技术部门负责寻找设计新产品和生产新产品过程中所需要的实用方法。工程师们较为关心技术质量的保证、成本费用的节约以及制造工艺的简便化。如果营销人员要求生产多种型号的产品，特别是要求用定制配件而不是标准配件去生产特殊商品的时候，工程技术人员便会与之发生冲突。他们认为营销人员只要求外观美，而不注重产品内在质量。不过这种情况在那些懂得生产技术的人担任营销经理的公司里，并不突出，因为他们能与工程技术人员较好地沟通。

（3）采购部门。采购人员负责以最低的成本买进质量、数量都合适的原材料与零配件。通常他们的购买量大且种类较少，但营销经理通常会争取在一条生产线上推出几种型号的产品，这就需要采购量少而品种多的原材料与零配件。采购部门还认为营销部门对原材料及其零配件的要求都过高，他们尤其反感销售人员不正确的预测，这将迫使他们不得不以较高的价格条件购进原材料，甚至还会造成库存过多而积压的现象。

（4）制造部门。生产人员负责工厂的正常运转，已达到用合适的成本、合适的时间生产合适数量产品的目的。他们成天忙于处理机器故障、原料缺乏、劳资纠纷、怠工等问题。他们认为，营销人员不了解工厂的经济情况和经济政策，却埋怨工厂生产能力不足、生产拖延、质量控制不严、售后服务不佳等，而且营销人员还经常作出不正确的销售预测，推荐难于制造的产品，向顾客承诺过多的服务等。

营销人员看不到工厂可能遇到的困难，他们关注的只是顾客方面的要求，诸如要货迫切、到货有瑕疵和售后服务不足等问题。营销人员对为满足顾客需求而导致成本上升等问题却漠不关心。这个问题不仅反映了两个部门之间存在信息沟通不畅的问题，还反映了两个部门在实际利益方面存在冲突。

公司可采用不同的方法来解决这些问题。在生产驱动型的公司里，人们所做的任何一件事情都是为了保证生产顺利进行和降低成本。这种公司倾向于生产简单的产品，希望生产线窄一些，而生产批量大一些。那些需要加速生产来配合促销活动的情况几乎没有，顾客在遇到延期交货时不得不耐心等待。

另一些公司是营销驱动型的。这种公司想尽一切办法来满足顾客需要。例如，在一家大型化妆品公司里，只要营销人员一声令下，要求生产什么东西，生产人员就立即行动，而不考虑加班费用、短期生产效益等。结果造成生产成本高昂，而且成本不固定，产品质量也欠稳定等问题。

公司应逐渐向生产驱动与营销驱动协调的方向发展。在这种协调的导向下，双方共同确定哪些是公司的最大利益。解决矛盾的途径可以是举行研讨会以便互相了解对方的观点，设置联合委员会，互派联络员，制订人员交流计划，以及选定最为有利的行动方针的分析方法等。

公司的盈利能力很大程度上取决于营销部门与制造部门的良好协调关系。营销人员必须具备良好的了解制造部门的能力，如了解新生产策略——弹性工厂、自动化和机器人、准点生产、全面质量管理等的营销含义。制造人员也必须定期、不定期地到市场走一走，以便了解营销人员的甘苦。

制造部门也可以成为一种有效的营销工具。当购买者去工厂了解生产管理质量状况时，生产人员和制造部门无疑成了重要的营销工具。

（5）财务部门。财务经理以具备评估不同业务活动的盈利能力而骄傲，但每当涉及营销经理时就不得不喊“头疼”。营销主管人员将大量预算用于宣传、促销活动和推销人员的开支的同时却不能具体说明这些经费能带来多少销售利润。财务主管人员怀疑，营销人员所作的预测是自己随意编织的，并没有考虑经费与销售利润的关系，以便能把预算投向活力更多的领域。他们认为，营销人员急于大幅削价是为了获得订单而不是真正为了盈利。

同时，营销经理认为，财务人员资金太紧，拒绝把资金用于长期的潜在市场的开发；他们把所有的营销经费看做一种浪费，而不是投资；财务人员过于保守，不愿意冒风险，从而使得与好多好的机遇失之交臂。财务主管人员要善于运用财务工具和理论支持对全局有影响的营销工作。

（6）会计部门。会计人员认为营销人员提交的销售报告拖拖拉拉，很不及时，他们尤其不喜欢销售人员与顾客达成的特殊交易，因为这些交易需要特殊的会计手续。反之，营销人员则不喜欢会计人员把固定成本分摊到不同品牌上的做法。品牌经理可能认为，他们负责的品牌比预期的更能盈利，但问题在于分摊给产品的间接费用太多，而使得品牌利润率降低。他们还希望会计部门能按渠道、区域、订货规模等计算和编制各不相同的利润及销售额报表。

（7）信贷部门。信贷部门的职员负责评估潜在顾客的商品信用等级，拒绝或限制向商品信用不佳的顾客提供信贷。他们认为，营销人员和谁都做买卖，甚至和那些支付有困难的人也做买卖。营销人员则常常感到信贷标准定得太高。他们认为“完全没有坏账”的观念实际上会使公司在销售和盈利方面遭受更多损失。令他们伤心的是，自己好不容易找到了客户，听到的却是因这些顾客的信用不佳而不与之成交的消息。

（8）营运部门。“制造”这个术语用于工业企业生产有形的产品，而“营运”是用于创造与提供服务的行业。例如，在旅馆，营运部门的人包括前台接待员、门卫、服务员等。用顾客导向观念去武装营运部门的员工是十分必要的，营运人员如果没有顾客导向观念，在工作中可能会倾向于他们自己的方便性，表现一般的态度和提供习惯性的服务，这将影响顾客对企业的评价，而服务行业在很大程度上是靠口碑来支撑的。营销者希望这些人员将注意力集中于顾客方便性，表现积极和友好的态度并提供出色的服务。要实现这一目标，营销人员就必须要了解这些提供服务的人的能力和心态，不断地帮助他们改进其态度和提供其能力。

13.1.5 建立全公司营销导向的战略

在现实生活中，只有为数不多的公司，可称得上是市场或消费导向型的，如宝洁、麦当劳、沃尔玛等。在这些公司里，营销不仅是营销部门的事情，而是所有部门的事情，因为最好的营销部门如果缺少顾客导向的其他部门的支持也是不行的。

现实生活中，大多数公司是销售导向、产品导向或技术导向的。在市场大潮的推动下，越来越多的公司正采取步骤希望成为市场导向型企业，但成功者并不多，原因何在？

原因之一是，一些公司的董事长并未真正明白营销和促销的内在区别，他们只希望其组织能大规模地销售和开展广告攻势，但却并不明白如果产品和价格不能真正为目标顾客提供价值，那他们所进行的一切促销活动等于浪费。

原因之二是，一些董事会成员将改变公司文化这一过程过分简单化，他们认为做几次为消费者服务的演讲或举行一些研讨会、开展一些营销培训就会得到他们理想的结果，显然，他们低估了公司员工对这种改变的抵制力，特别是在缺乏新的机理的情况下，这种抵制力更为强大。

下面介绍将公司从销售导向改为市场导向应采取的几个步骤。

（1）领导挂帅，说服其他经理确信消费者导向是必要的。在这里，董事长的领导和承诺是关键因素，他必须说服公司的高级经理们将他们的工作转向以消费者为中心的轨道上来，他必须经常向雇员、供应商、分销商说明对消费者提供质量和价值的重要性，还必须身体力行地示范强烈的顾客导向观念，对那些在坚持顾客为导向方面成绩优异者进行奖励。

（2）任命营销工作组。公司应任命一个高层次营销工作组，负责制订计划，以便将现代营销思想和方法在公司中推广应用。该营销工作组的成员应包括总经理，销售、研究开发、采购、生产、财务、人事经理，以及其他部门的关键人员。

（3）获取外界指导和帮助。在建立公司营销文化的过程中，营销工作组可从外界的咨询服务中获益。一些咨询公司的人员在推广营销思想方面，富有经验且颇有办法，他们将在促进公司向市场导向型转变方面发挥重要作用。

（4）改变公司酬劳结构。公司如果期望各部门行为改变，那就必须改变公司的酬劳结构。当采购和制造部门从成本降低中得到利益，他们会拒绝接受因提高服务质量而要求的成本支出。当财务把重点放在短期利润绩效上时，他们就会反对为建立顾客满意和忠诚进行的营销投资。

（5）聘用能干的市场专家。公司应当考虑从外部聘用经过良好训练的营销人才，尤其从领先的公司聘用。

（6）加强公司内部培训。公司应当为高层管理人员、事业部高级经理、营销和销售人员、生产人员、研究开发人员等设计完善的培训计划，这些计划应把营销观念知识、技能灌输给公司的经理和雇员们。

（7）建立现代化的营销计划工作体制。应当培训经理们用营销思维进行工作，一个很好的办法就是建立一个现代市场导向型的计划工作体制，计划工作的程序要求经理们首先考虑营销环境、机会、竞争形势和营销的其他问题，然后经理们为某些具体产品和细分市场制定营销策略，预测销售利润并对这些活动负责。

（8）建立年度优秀营销活动评奖制度。公司应鼓励各业务单位递交他们该年度所进行的最好的一次营销活动报告，通过对这些报告的评审，公司可评出其中的优胜者并用特别的形式予以奖励。

（9）从以产品为中心的公司改组为以市场为中心的公司。许多公司由产品部组成，每个产品在许多市场上销售。变为销售中心就意味着建立一个以该特定行业需要为核心的组织，为每种行业提供公司的各种产品。

13.2 市场营销计划与控制

"凡事预则立，不预则废"，说明做任何事情都要有计划的重要性。营销工作是企业全部工作的最后一环，也是关键一环。营销工作的好坏，对企业来说特别重要。如果营销工作做得不好，就会使企业的全部工作功亏一篑。为做好营销工作，企业首先应制订好营销计划。一项最好的计划，如果不去实施，肯定毫无意义；但如果不适当地实施，也会影响计划的本来效果。因此，控制就十分必要。

从本节开始学习市场营销计划的制订、实施和控制。计划系统根据企业总的战略规划的要求，制订市场营销计划；通过一定的组织系统实施计划；控制系统负责考察计划执行的结果，诊断产生问题的原因，并反馈回来采取适当纠正措施，包括改善实施过程，或调整计划本身使之更切合实际。

13.2.1 市场营销计划与实施

市场营销计划是在注重产品及其市场的基础上，将拟在某个市场实现产品目标的市场营销策略的具体化。市场营销计划是指导、协调市场营销工作的主要工具。由于每个战略经营单位通常都经营着满足许多不同的细分市场需求的多种不同产品，为了更有效地进行市场营销管理，就要为每一产品制订相应的市场营销计划。

1. 市场营销计划的制订原则

1）营销计划必须充分体现企业的发展战略

如果说发展战略是纲，营销计划就是目。营销计划是落实战略思想的具体化、程序化和科学化的运行方案。制订营销计划，不论是长期的，还是中、短期的，都必须紧紧围绕企业发展战略。为此企业必须把握以下两点。

（1）制订营销计划必须始终与企业的发展战略方向保持一致。

（2）营销计划制订过程中，应把战略目标具体落实到短期、中期和长期的计划中，并通过具体量化的指标和实现方法、实施程序来体现。

2）制订营销计划应遵循市场规律、循序渐进

在制订营销计划时首先应对所面临的市场进行认真的调研，称做"市场审计"，这是制订计划过程的第一阶段，是基础或准备阶段。在进入第二阶段即制订计划后，还需要循序渐

进地做好如下工作。

（1）充分了解并掌握企业自身的实际情况。这是制订计划的另一个重要依据。计划的任务就是要对企业内部资源作充分考虑，使之更适合外部变化的环境。

（2）群策群力、多方聚焦。企业营销计划作为企业未来一个时期的工作指南，涉及企业的各个部门，而且一旦确定并颁布，就要求整个企业的各个部门齐心协力地实施、完成它，因而，计划的制订就不应只是计划部门一家的事情，应当广泛听取各部门的意见，吸收采纳其合理和正确的意见和建议。

（3）由远及近，先长后短。营销计划分为长期、中期和短期。在制订计划时既不能将之混合，亦不能完全割裂开来，更不能将其次序颠倒。一般而言，计划时间越短，越应具体。在制订的次序上，应首先着眼于长期计划，其次为中期计划，最后才是短期计划。

3）制订营销计划应抓住关键，明确表述

营销计划并非工作流程或企业备忘录，它不可能也不应该太详细，而应该抓住企业营销中的关键性问题予以列述。

4）制订企业营销计划应切实可行，并根据环境的变化而及时调整

没有可行性的营销计划是注定要失败的。要使营销计划具有较高的可行性，在计划制订中就应该特别注意遵循市场规律，实事求是，把计划建立在科学、合理预测的基础之上。为此企业必须置身于营销环境之中，充分分析机会和竞争优势，而不是只依自己的主观愿望行事。营销计划一旦制订并颁行，一般应相对稳定，不能朝令夕改。但是市场是不断变化的，而企业的战略要随着市场环境的变化而变化。在计划实施过程中，当企业外部环境发生未预期的变化时，应对计划作出相应调整，这也是计划能够切实可行的最重要的保证。

2. 市场营销计划的类型

营销计划有各种不同的类型。对应不同的企业或同一企业不同的部门，计划的类型大不相同。一般情况下营销计划的类型是由企业的规模、市场的状况、战略的方向等多方面因素决定的。具体类型划分如下。

1）从形式上划分

从形式上市场营销计划可分为正式营销计划与非正式营销计划。

正式营销计划一般由企业专门的计划人员或各级管理人员按一定的程序编制，并写成计划书，作为企业经营管理的纲要及准则。

非正式计划往往是由高级管理人员自己制订，根据市场环境的变化随时计划、随时调整，无须写成计划书。该类型的计划具有较强的灵活性、适应性。

2）从组织层次上划分

从组织层次上市场营销计划可划分为：企业整体计划、事业部计划、产品线计划、产品项目计划和品牌计划。

企业整体计划包括企业所有的业务计划。整体企业计划规定企业的使命、发展战略、业务决策、投资决策和当前的目标。

事业部计划主要包括事业部的发展及盈利目标，规定事业部的营销及相应的财务、生产及人事。

产品线计划一般由产品线经理对产品线的目标、战略及战术作出具体规定。

产品项目计划一般由产品经理制订。产品经理对一个特殊产品或产品项目的目标、战略及战术作出具体规定。

品牌计划是规定产品系列中一个品牌的目标、战略和策略。本计划由品牌经理制订。

3）从时间跨度上划分

从时间跨度上划分可分为长期计划、中期计划和短期计划。

长期计划的时间跨度多在5年以上，其内容主要包括组织的扩大、高级领导人员的增加、生产或服务的改进与发展以及新厂房的建立等。

中期计划的时间跨度为1年到5年。其内容与中级和一线管理人员的日常工作有更多的直接联系。中期计划较为稳定，受环境因素变化的影响较小，是大多数企业制订计划的重点。

短期计划一般包括年度运营计划和适应性计划。对管理人员的日常工作有更大的影响作用。

4）从功能上划分

从功能上市场营销计划可划分为销售计划、广告计划、分销计划、销售促进计划、价格计划、包装计划、新产品开发计划。

3. 市场营销计划的内容和步骤

一般来说，大多数的市场营销计划，尤其是产品与品牌计划，应包括以下部分，如图13－8所示。

市场营销计划的内容														
计划提要	⇨	市场营销现状	⇨	机会与问题分析	⇨	目标	⇨	市场营销战略	⇨	战术行动方案	⇨	预算	⇨	控制

图13－8　市场营销计划的内容

1）计划提要

市场营销计划书的开端一般就是计划提要。它是对主要的市场营销目标和有关建议，作极为简短的概述，是整个市场营销计划的精华所在。市场营销计划通常要提交给上级主管人员审核，而这些管理人员又不一定有充裕的时间详细阅读全文内容，因此计划提要应将整个计划的核心内容描述出来，使他们能够迅速掌握计划的要点。如果上级主管人员仍需仔细推敲计划，则可查阅计划书中的有关部分。所以，最好在计划提要后面附列整个计划的目录检索。

2）市场营销现状

计划书中的这一部分，负责提供与市场、产品、竞争、分销及宏观环境有关的背景资料。众所周知，市场营销工作的现状是计划制订的基础与计划实施的前提，只有充分对现状的认识与把握，才能使计划的制订、实施工作有的放矢，积极稳妥。主要内容应包括以下几点。

（1）行业市场形势。描述市场的基本情况，如市场规模与增长（以单位或金额计算），分析过去几年的销售总额与不同地区或细分市场的销售分布与变化情况，提供顾客需求、消费观念和购买行为方面的动态和变动趋势资料。

（2）产品销售情况。列明过去几年中各个产品的销售额、价格、利润及变动差额与比率等资料。

（3）竞争态势。指出主要的竞争者，并分析他们的规模、目标、市场占有率、产品质量、市场营销策略以及任何有助于了解其经营意图与行为的其他资料。

（4）分销情况。列明各条销售渠道上的销售情况，以及各条渠道相对重要性的变化。各个经销商及其经销能力对比与变化，以及激励他们时所需的投入、费用和交易条件等。

（5）宏观环境。阐述影响该产品市场营销的宏观环境因素，分析其现状及未来的变化趋势。即人口统计的、经济的、技术的、政治与法律的、社会文化的方向及其对市场营销的影响。

3）机会与问题分析（SWOT 分析）

市场营销部门要在市场营销现状的基础上，围绕产品找出主要的机会和威胁、优势与弱点，以及面临的问题。

（1）通过机会（Opportunity）与威胁（Threaten）分析，阐述影响企业未来的外部因素，以便考虑可以采取的应变行动。对所有机会和威胁，要有时间顺序，并分出轻重缓急，使更重要、更紧迫的因素能受到应有的关注。

（2）通过优势（Strength）与弱点（Weakness）分析说明企业内部条件。其中优势是企业成功利用机会和对付威胁所具备的有利的内部因素，弱点则是企业必须加以改进、提高的方面。通过企业自身优劣势的分析与比较，能够使企业更客观地找出自己在市场中的位置，以便成功地利用某些策略，避免某些不利因素以达成目标。

（3）通过问题分析，企业将机会与威胁、优势与弱点分析的结果，用于决策产生出市场营销的目标、战略和战术。通过这种分析方法产生出来市场营销目标、战略与战术更符合企业内情，对外更易于适应环境，企业营销计划更容易执行并取得经营上的成功。

4）目标

明确问题之后，市场营销部门要作出与目标有关的基本决策，即确定具体的经营目标。

经营目标包括两大方面。一是财务目标；二是市场营销目标。比如希望产品获得若干的投资利润以及若干数额的纯利润或销售收入，相应地，该产品的销售利润率、市场占有率、销售量、价格水平、销售网点扩大的规模、产品知名度等量化指标都应有一个具体的目标值。

一套目标应该具有一定的标准。第一，每一个目标应该有一个既明确又能测量的形式，并且有一个应该完成的规定期限；第二，各个目标应该具有内部统一性；第三，各类目标应该有层次性，如果有可能，目标应该从高到低非常清楚地排列；第四，这些目标是可以达到的，但是，它们又具有足够的挑战性，能激发员工的最大潜力。

5）市场营销战略

每个目标都可以通过多种途径去实现。如完成一定的利润目标，既可以薄利多销，也可以厚利限销。市场营销部门通过深入分析，权衡利弊，要为有关产品找出主要的市场营销战略，作出相应的选择并对战略加以详细说明。

需要强调的是市场营销部门在制定战略的过程中，要与有关部门、有关人员讨论、协商，争取他们的合作与支持。比如向采购部门、生产部门了解原材料供应情况，确认他们能否买到足够的原材料，制造足够的产品，以满足计划所需；向财务部门了解资金运转情况，确认有无足够的资金做保证等。

通常，市场营销战略由三部分组成。

（1）目标市场战略。阐明企业及其产品准备投入的细分市场。由于不同细分市场在顾客偏好、对企业市场营销的反应、盈利潜力及企业能够或愿意满足需求的程度等方面各有特点，市场营销部门要在精心选择的目标市场上慎重地分配现有资源。

（2）市场营销组合战略。对选定的各个细分市场，分别制定包括产品、价格、分销和促销因素在内的营销组合战略。通常，在针对目标市场发展市场营销组合时，市场营销部门会有多种不同的方案可供选择。对此，要辨明主次，在对消费者需求进行深入分析的基础上选出最优方案。

（3）市场营销费用预算。提出执行各种市场营销战略所需的最适量的费用预算。上述内容，可以文字说明，也可列表说明。例如，一家食品公司制定了如下的一套市场营销战略。

目标市场：青少年顾客。

产品定位：高品质休闲食品。

产品线：增加两种低价格的新口味食品，三种高价格的新口味食品。

价格：稍低于竞争品牌。

分销渠道；全国大中城市超市。

销售人员：扩大5%。

服务：进一步做到方便、迅速。

广告：针对市场定位策略所期望的目标市场，开展一个新的广告活动；广告预算增加15%。

营业推广：预算增加10%，用以增加销售现场的展示。

研究与开发：增加15%的费用，以设计更多、更好的口味。

市场营销研究：增加12%的费用，以增加对消费者购买选择过程的了解，监测竞争者的举动。

6）战术行动方案

营销战略是企业具体营销工作的指导方针，市场营销部门还必须将其具体化为一整套战术行动方案。要进一步从要做什么、何时去做、何人去做、花费多少代价去做及达到什么要求等方面，仔细考虑市场营销战略的各项内容。可以把各种具体的战术行动用图表形式表达，标明日期、活动费用和负责人员。这样，使企业的整个战术行动方案做到一目了然，便于计划的执行和控制。

7）预算

市场营销部门在决定目标、战略、战术行动方案之后，便可编制一个类似损益报告的辅助预算，并在预算书的收入栏中列出预计的单位销售数量，以及平均净价；在支出栏中列出划分成细目的生产成本、储运成本及市场营销费用。收入与支出的差额，就是预计的盈利。它经上级主管部门审查同意之后，成为有关部门、有关环节安排采购、生产、人力及市场营销工作的依据。

8）控制

这是市场营销计划的最后部分。说明企业如何监督计划的执行过程，对计划进度进行管理。典型的做法是把目标、预算按月或季度分开，帮助上级主管部门及时了解各个时期的销售实绩，找出未完成任务的部门、环节，并限期作出解释和提出改进措施。

计划的控制部分，还应包括意外事件的应急计划，扼要地列举可能发生的某些不利情况，以及管理部门因此应采取的措施。应急计划的目的在于事先考虑到可能出现的各种困难，以防万一。

4. 拟订营销计划的过程

拟订营销计划的整体步骤如下。

1）思考下列问题的答案

（1）本企业开发市场的目标在哪里？

（2）本企业想开发及营销何种产品？

（3）谁是本企业的潜在顾客？顾客在哪里？顾客的收入及购买力如何？

（4）目前产品的分销过程如何？

（5）目前产品是通过业务代表还是经销商销售？

（6）目前产品如何定价？

（7）竞争者的做法如何？

（8）本公司目前的市场占有率如何？

（9）原先是否制订了营销计划？其成功或失败的因素何在？

（10）本公司为营销计划所界定的成功标准是什么？

2）市场研究

如果公司的市场企划人员对于第一个步骤的大多数问题未能立即提出具体的答案及解决方案，则必须先找到市场研究方面的答案。必要时不妨通过专业的市场研究机构或市场调查公司协助寻找答案。无论研究结果如何，应谨记在心的是：一切以公司的目标为主。

3）拟订营销计划

（1）确立营销目标（包括销售量、利润、市场占有率等）。

（2）阐述产品特性、效益、定位，以及产品能满足顾客的何种需求。

（3）描述顾客的区域分布、顾客的基本特征与顾客形态。

（4）规划产品的分销过程，亦即货物流通的实体分配。

（5）说明目前的定价过程即依据，提出价格保持不变或建议有变动的原因。

（6）拟定分销通路。

（7）拟定产品促销的整体策略。

（8）指出竞争因素对本项营销计划的影响。

（9）说明目标市场的同行竞争态势，并拟订战略竞争对手的具体方案。

（10）设计整体营销战略系统与竞争性营销策略计划。

5. 营销计划的实施

营销计划的制订，仅仅是营销工作的开始，重要的在于营销实施。因此，我们现在研究企业营销人员怎样才能有效地实施营销计划。一个优秀的能影响全局的战略性营销计划如果得不到恰当的实施，就没有多大价值了。

营销实施是将营销计划转化为行动任务，保证这种任务的完成，以实现计划的既定目标的过程。

我们知道，营销战略强调的是“营销什么”和“为什么营销”。而营销实施主要强调的是实施过程中“谁去实施”、“在什么时间”、“什么地点”和“怎样进行”。营销战略和营销实施是密切相关的，它们又包含着某些低层次的战术性实施活动，例如，高级管理者作出对某产品进行“收割”的战略性决策必须转变成一系列具体的活动和行动。

影响有效实施管理方案有四种技能：① 发现及诊断问题的技能；② 评价存在问题的公司层次的技能；③ 实施计划的技能；④ 评价实施结果的技能。

1）诊断技能

当营销计划的实施结果达不到预期目标时，战略与实施之间的内在紧密关系会造成一些问题难于诊断，如销售率低究竟是由于战略欠佳还是由于实施不当呢？此外还得确定究竟是应诊断什么还是应确定采取什么行动的问题？对每个具体的问题都需要具体的管理技术和解决办法。

2）公司层次

市场营销实施中的问题可能发生于公司的三个层次：① 基本的营销功能能否顺利实施，如公司怎样才能从某广告代理商处获得更有创意的广告；② 实施营销方案，即把所有的营销功能协调地组合在一起，构成整体行动，这一层次出现的问题常常发生在把一项新产品引入另一个新兴的市场时；③ 实施公司营销战略层次，如公司需要所有雇员对待所有顾客都用最好的态度和最好的服务。

3）实施市场营销的技能

为了有效地实施营销方案，公司的每个层次，即功能、方案、战略等都必须运用一整套技能。主要包括四种技能，即分配、调控、组织和相互影响技能。

（1）分配技能。是指营销经理在职能、战略和方案三个层次上分配时间、资金和人员的能力。如确定究竟花多少钱用于展销会（职能层次），或对“边际”产品应做好哪些保证工作（战略层次），这些都是需要分配技能的问题。

（2）调控技能。包括建立和管理一个对营销活动效果进行追踪的控制系统。控制有四种类型：年度计划控制、利润控制、效率控制和战略控制。

（3）组织技能。常用于发展有效工作的组织中，理解正式和非正式的市场营销组织对于开展有效的营销实施活动是非常重要的。

（4）相互影响技能。是指营销经理影响他人把事情办好的能力。营销经理不仅必须有能力推动本组织的人员有效地实施理想的战略，还必须有能力推动组织外的人或企业，如营销调研企业、广告代理商、经销商、批发商、代理商来实施理想的战略，哪怕其目标与本公司的目标不尽相同。

4）评价实施结果的技能

将执行的情况和计划相对照，如果计划正确而执行力不力，则调整人事，改变政策；如果计划与变化了的环境不相适应，则更正计划。

好的市场营销业绩并不能证明营销实施得好，因为也有可能是产品或营销策略特别突出的结果。当然好的营销实施情况会产生更好结果，但更为清楚的是公司应该双管齐下，努力制定优秀的营销政策配以很好的营销实施才能确保万无一失。

13.2.2 市场营销控制

市场营销部门的核心工作就是规划和控制市场营销活动，由于在市场营销计划执行过程中会出现诸多意料之外的事情，所以市场营销部门必须对市场营销活动实施监控。控制系统负责考察计划执行结果，诊断产生问题的原因，并反馈回来采取适当纠正措施，包括改善实施过程，或调整计划本身使之更切合实际。

尽管如此，仍有不少公司还是达不到足够适当的控制程度。通过对75家不同规模、不同行业的美国公司的研究得出主要研究结果如下：小型公司的控制比大型公司差，它们在确立明确的目标和建立衡量绩效的制度方面做得不如大公司好；一半以下的公司知悉它们经营的个别产品的获利能力，约有三分之一的公司没有固定的复检和删除次品的制度；几乎近一半的公司没有将自己的产品价格同竞争者相比，没有分析保管和运输成本，没有分析退货原因，没有正规的广告效果评估，没有检查销售人员的访问报告；许多公司要花4～8个星期写控制报告，不仅耗时长且常常是不精确的。

为了进一步探讨市场营销控制，一般将其划分为四种类型。

（1）年度计划控制，高层管理部门或中层管理部门通过销售分析、市场份额分析、销售收入与费用支出之比执行控制，目的是检查规定的计划效益是否达到。

（2）盈利能力控制，由市场营销控制主管运用盈利分析方法进行控制，如产品、地区、顾客群、细分片销售渠道、订单大小等，目的是检查公司的盈亏状况。

（3）效率控制，直接与参谋管理部门和市场营销控制主管通过市场营销费用的效果及效率分析方法进行监控，如销售队伍、广告、促销和分销等，控制目的是评估企业内部各部门的效率情况。

（4）战略控制，高层管理部门以及市场营销审计员对企业所进行的控制，具体的方法有营销效益等级评核、营销审计、营销杰出表现、工资道德与社会责任评价等，目的是检查公司是否正在寻求市场、产品、渠道的最佳机会。

1. 年度计划控制

年度计划控制的目的是保证公司达到在年度计划内建立的销售利润目标和其他目标。年度计划控制的核心是目标管理。包括四个步骤：

（1）确立月度、季度目标；

（2）对市场上的绩效进行监控；

（3）找出造成严重绩效偏差的原因；

（4）采取正确的行动来缩小目标和实绩之间的差距，这就需要改变行动方案甚至改变目标。

年度计划控制有以下主要方法。

1）销售分析

销售分析即测量和评价实际销售额与目标销售额的关系，常用的有两种具体方法。

(1) 销售差额分析。运用因素分析法测量不同因素对销售实绩差额的相对作用。根据分析结果，考察企业存在的主要经营上的问题，并对相关人员进行绩效考核，修订计划并为新一轮的营销计划提供依据。例如，某公司年度计划中规定：某种产品第一季度出售4 000件，单价10元，总销售额为40 000元。季度末实际出售3 000件，且售价降为8元，总销售额为24 000元，比计划销售额减少40%，差距为16 000元，原因是售价下降和销量减少，但二者对总销售额的影响程度是不同的，计算如下。

因降价而引起的差额：(10－8)×3 000＝6 000元(占37.5%)

因销量下降而引起的差额:10×(4 000－3 000)＝10 000元(占62.5%)

由此可见，将近三分之二的差距是由于没有完成销售计划造成的。因此，应该进一步深入分析销售量减少的原因。

(2) 微观销售分析。分别从产品销售及其有关方面来考察未能达到预期销售量的原因。例如，某公司在A、B、C三个地区的计划销量分别为1 500件、500件和2 000件，共4 000件，但实际销售量分别为1 400件、525件和1 075件，与计划的差距分别为－6.67%、5%和－46.25%。

可见，引起销售差距的原因主要在于C地区的销售代表在混日子、磨洋工或遇到了私人问题，也可能是一个较强劲的竞争对手进入了该地区，还可能是该地区的国民生产总值下降了。

2) 市场份额分析

公司销售额的高低并不能表明公司在市场竞争中所处的地位。为此，管理部门需要追踪其市场份额。如果公司的市场份额增加了，可能是因为战胜竞争者而获利；如果下降了，相对竞争者而言，公司就损失了一部分市场份额。值得强调的是通过市场份额分析得出的结论必须注意以下几点。

(1) 外在环境力量对同行业公司的影响是存在差异的。

(2) 一个公司的工作绩效应按其主要竞争对手的绩效来判断，而非平均水平。

(3) 如果一个新企业进入本行业，该行业中每个现有企业的市场份额都可能下降，但公司的市场份额下降并不意味着公司的工作比别的公司差，一个公司市场份额的损失取决于进入市场的新企业对该公司具体市场的冲击程度。

(4) 市场份额降低有时是公司为了提高利润而精心策划的。例如，管理部门为了提高利润可能会放弃某些无利可图的顾客或产品。

(5) 市场份额可能因许多偶然的因素而上下波动。

(6) 利用相对市场份额来考查市场份额。相对市场份额是销售额占领先竞争者销售额的百分比。如果相对市场份额超过100%，就表明公司是市场的领先者，若相对市场份额正好是100%，则意味着公司与领先者不分上下。公司相对市场份额的上升表示公司在赢得领先竞争者的市场。

根据科特勒的研究，市场份额的变动可以用下面的公式来分析。

总的市场顾客＝顾客渗透率×顾客忠诚度×顾客选择性×价格选择性

式中：顾客渗透率——购买组织产品的顾客与所有顾客的百分比；

顾客忠诚度——顾客购买组织产品的数量占他们从其他竞争对手那里购买的产品数量的百分比；

顾客选择性——顾客购买本组织产品的平均量与他们购买其他一般产品的平均量的百分比；

价格选择性——组织产品的平均价格与所有公司产品的平均价格的百分比。

根据上面的公式，如果某组织的市场份额下降了，有四种可能的原因导致了市场份额的下降，这就是：

（1）组织失去了一部分顾客（顾客渗透率下降了）；

（2）顾客的忠诚度下降了；

（3）组织保留的顾客规模下降了（顾客选择性下降了）；

（4）组织的价格竞争力减弱了（价格选择性下降了）。

以上任何一种因素都会导致组织的市场份额下降，也有可能是几个因素的共同作用导致了组织市场份额的下降。

3）市场营销费用率

市场营销费用与销售额之比。它包括五种费用对销售额的比率：销售人员与销售额之比；广告费用与销售额之比；促销费用与销售额之比；市场调查费用与销售额之比；销售管理费用与销售额之比。

管理部门必须监控这些费用比率，它们可能出现一些容易被忽视的小波动，而这些小的波动往往就是某些管理问题的先兆，因此一旦超过正常波动幅度就必须加以注意。

当一种费用与销售额的比率失控时，就须用综合的数据来调查这一问题。

另外，费用与销售额的比率应在一个总的财务框架结构中分析，以确定公司在何处及如何获得收益，市场营销人员正在更多地运用财务分析来寻找盈利性策略，而不仅仅是加强销售策略。管理部门则需要运用财务分析来鉴别影响公司净资产收益率的各种因素。

4）财务分析

营销费用—销售分析之比应该放在组织总体财务框架之中进行分析，来帮助组织决定如何支出，以及在什么方面投资。现在营销管埋者经常使用财务分析来发现更有价值的利润增长点。管理者通过财务分析来研究影响组织资本净值报酬率的各种因素，资本净值报酬率与两个比率有关，它们是资产报酬率和财务杠杆率。

5）顾客满意追踪

在对企业的市场营销活动进行上述财务和定量性质控制的同时，还需要制定一些定性标准，以便向管理部门提供市场份额即将发生变化的早期警告。目前有一些公司建立起制度来监控顾客、经销商及其他市场营销组织参与者的态度。这种通过顾客偏好和满意的变化对销售产生影响之前就进行监控，可使管理部门及时掌握市场动态，较早采取行动。

6）行为校正

当公司绩效偏离计划目标过远时，管理部门需要实施校正。通常公司采取一些小的校正行动，若无效，则采取更严厉的措施。例如，公司可以采取如下一套逐步加强的补救措施：① 削减产量；② 有选择性地减价；③ 对销售人员施以更大的压力以完成定额；④ 削减人员雇用与培训、广告、公共关系、研究开发的预算；⑤ 通过解聘和提前退休开始解雇人员，将某些业务出售给其他公司；⑥ 开始寻找欲购买本公司的买主等。

2. 年盈利能力控制

盈利能力的分析步骤如下。

（1）功能性费用。用于推销产品、广告、包装、送货以及开账单和收款等费用，其中首先就是要测算每项活动需要的费用额度。

（2）将功能性费用指定给各市场营销实体。即测定通过每种渠道销售产品各需多少功能性费用。

（3）为每个市场营销实体编制一份损益表或为每种渠道编制一份损益表。但应注意的是，通过每条渠道获得的总销售额并不能直接反映每条渠道获得的纯利。

在上述市场营销盈利能力进行分析的基础上，考察购买者对渠道的选择行为、渠道的发展趋势，公司针对各个渠道的市场营销策略是否为最佳等，根据这些答案，市场营销管理部门可对许多供选择的行动作出判断，从而形成最佳校正行动。

总之，市场营销盈利能力分析显示了不同渠道、产品、地区或其他市场营销实体的相对盈利能力。

正如所有的信息工具一样，市场营销盈利能力分析既可能正确引导，也可能误导市场营销主管，这取决于他们对这些方法及其局限性的理解程度。在选择向市场营销实体分配功能性费用的依据时往往存在着一些随意性。因此，市场营销管理人员应密切加以关注。

另一个影响盈利能力分析的判断的重要因素是在评价销售实体的绩效时，是按完全成本还是仅按直接成本或可追溯成本来分摊费用。

（1）直接成本。这类成本可直接分派给相应的市场营销实体。例如，市场营销佣金，在对销售地区、销售代表或顾客的盈利能力分析中属于直接成本；广告费用，在一个广告只促销一种产品时，在盈利能力的分析中属于直接成本，其他用于具体目的的直接成本是销售人员工资、营业用品、差旅费。

（2）可追溯的共同成本。这些成本只能间接地但又在似乎合理的基础上分配给市场营销实体。

（3）不可追溯的共同成本。这类成本分摊给市场营销实体具有很强的随意性，如“公司形象”的经费。把它们均摊给所有产品是很主观的，应对市场营销收支和结果做出详尽的财务分析。再比如，通过检查盈利计划的遵守情况来帮助品牌经理进行预算；测定促销效率；分析中间产品成本；评价顾客和地区的盈利能力，培训市场营销人员分析市场营销决策中暗含的财务意义等。

在市场营销成本分析中考虑直接成本，这一点毫无异议。略有争议的是是否应考虑可追溯的共同成本。可追溯的共同成本包括随市场营销活动规模一起变化的可变成本和不会改变的固定成本。问题集中在不可追溯成本是否应被分配给市场营销实体。这种分配法又称“完全成本法”。这种方法的支持者们认为为了确定真正的盈利能力，所有的成本都必须完全被考虑进去，但是这种论点混淆了会计在财务报告和管理决策中的使用。

目前，考察企业实际盈利能力的 ABC 法越来越为广大公司感兴趣，即用“以活动为基础的成本”会计账户来说明不同经营活动的实际盈利能力。根据库伯与凯本所言，这种工具可使经理们清楚地了解产品商标、顾客、设备、地区及分销渠道是如何既产生收入又消耗资源的。为提高盈利能力，经理们接着就可设计一些方法，来减少执行各项活动所需的资源或使这些资源更具生产性，或用较低的成本得到资源，另一种选择是管理部门可以提高那些消耗大量“支撑资源”的产品价格。ABC 法的贡献就在于将管理部门的注意力从只使用劳动力或原料标准的成本转向分摊全部成本来获取支持个别产品、顾客和其他实体的实际成本。

3. 年效率控制

假设盈利能力分析揭示了公司在某些产品、地区或市场方面盈利甚微，那么如何以更有效的途径，来对这些经营不善的市场营销实体中的销售队伍、广告、销售促进和分销等活动进行管理。

一些公司建立了一个“市场营销控制员”的职位来帮助市场营销人员提高市场营销效率。市场营销控制员不在控制员的办公室工作，而是在具体的业务市场营销部门。一些公司（如通用食品、杜邦和强生等）进行了一次先进的市场营销收支和结果的财务分析。特别地，它们通过检查盈利计划的遵守情况来帮助品牌经理进行预算；测定促销效率；分析中间产品成本；评价顾客和地区的盈利能力，并培训市场营销人员分析市场营销决策中暗含的财务意义。

1）销售队伍销售绩效考评

销售经理需要在本地区监控下列主要销售效率指标：

（1）每个销售人员每天的平均销售访问次数；

（2）每次会晤所需的平均访问时间；

（3）每次销售访问的平均人数；

（4）每次销售访问的招待成本；

（5）每 100 次销售访问的订货百分比；

（6）每期的新顾客数；

（7）每期失去的顾客数；

（8）销售人员费用占总销售额的百分比。

这些指标提供了以下信息：销售代表每天访问次数是否太少了？每次访问是否花费了太长的时间？招待成本是否太高？每 100 次访问是否获得了足够的订货？他们是否吸引了足够的新顾客和留住了老顾客？

2）广告效率

广告效率主要体现在以下统计数字：

（1）媒体所触及的每千名目标顾客所需的广告成本；

（2）注意、收看、联想和阅读每种印刷品的大部分的受众百分比；

（3）消费者对广告内容和效果的意见与建议；

（4）对售前售后的产品态度的测定；

（5）受广告刺激的咨询次数；

（6）每次咨询成本。

管理部门可采取许多措施来提高广告效率，如产品定位，确定广告目标，预先检测信息，使用计算机指导来选择广告媒体，购买更好的媒体，进行广告的事后检测等。

3）销售促进效率

销售促进即刺激买主兴趣和试用产品的方法。为提高销售促进效率，管理部门应记录每项销售促进的成本及销售效果。管理部门应注意下列统计数字：

（1）按优惠方法售出的销售额百分比；

（2）每一单位销售额的陈列成本；

（3）赠券回收的百分比；

（4）促销演示引起的咨询次数。

4）分销效率

管理部门需要寻找经济节约的分销渠道。营销部门经常面临的一个问题是当公司遇到强劲的销售增长时，分销渠道的效率可能会下降。

公司必须经常对其整体市场营销目标和效果进行严格的审查。在市场营销领域中，可能常常出现目标、政策、策略、计划的迅速过时，每个公司应定期对其进入市场的策略方法作出重新评价。可用两种方法进行此项工作，即市场营销效果等级评价和市场营销审计。

5）市场营销效果综合评价

市场营销效果并不一定能从目前的销售和利润绩效上反映出来，好的市场营销效果可能是由于该事业部具有“天时”、“地利”的条件，而不是因为有效的市场营销管理，改善该事业部的市场营销工作可能导致绩效由良好变得极好。而另一个事业部尽管具有极好的市场营销计划，但由于“天时”、“地利”等原因却是效果较差，如果更换现任的市场营销经理可能会把事情弄得更为糟糕。

市场营销效果可以从市场营销导向的五个主要属性反映出来：顾客宗旨、整体市场营销组织、充分的市场营销信息、策略导向和市场营销效率。每种属性都是以可以量化的指标来衡量的。

对主要的市场营销功能是否有高水平的市场营销一体化和市场营销控制？可能的情况有：

（1）没有，销售和其他市场营销功能在最高层次上没有一体化，并且存在一定的冲突；

（2）有一些，主要的市场营销功能有正式的一体化和市场营销控制，但是协调与合作不是很令人满意；

（3）是的，主要的市场营销功能被有效地统一成一个整体。

4. 市场营销审计

对市场营销进行综合评价会发现公司市场营销工作的许多弱点，进行更全面细致的研究，即所谓的市场营销审计则显得十分必要。

市场营销审计是对一个公司或一个经营单位的市场营销环境、目标等活动进行一种全面的、系统的、独立的定期的考核，目的在于发现问题，拓展机会，并提出行动计划，以便提高公司的整体市场营销绩效。

1）市场营销审计的特性

（1）全面性。营销审计并不限于若干麻烦的地方，而是涉及一个企业全部主要的营销活动。如果它仅仅涉及销售队伍，或者定价，或者某些其他的营销活动，那么它便是一种功能性审计。尽管功能性审计也十分有用，但是有时它会使企业管理层迷失方向，一直看不到问题的真实原因。

（2）系统性。营销审计包括一系列有秩序的诊断步骤，包括诊断组织的宏观和微观环境、营销目标和战略、营销制度和具体的营销活动。然后，在诊断的基础上制订、调整行动计划，包括短期计划和长期计划，以提高组织的整体营销效益。

(3) 独立性。进行营销审计可以通过六种途径：自我审计、交叉审计、上级审计、公司审计处审计、公司任务小组审计和局外人审计。自我审计是指经理利用一个检查表，评价自己的业务活动，这种方式可能有一定的用处，但是大多数专家认为，自我审计缺乏客观性和独立性。一般而言，最好的审计大多来自外界经验丰富的顾问，这些人通常具有必要的客观性和独立性，有许多行业的广泛经验，对本行业颇为熟悉，同时，可以集中时间和注意力从事审计活动。

(4) 定期性。典型的营销审计都是在销售量下降、推销人员士气低落或者其他公司发生问题之后才开始进行的。具有讽刺意味的是，公司之所以陷于困境，部分原因正是它们没有在顺利的时候检查营销活动。定期营销审计既有利于那些业务发展正常的公司，也有利于那些处境不佳的公司。

2) 市场营销审计程序

市场营销审计是公司高级职员和市场营销审计员双方共同拟定审计的目标、覆盖领域、深度、资料来源、报告形式和审计期限等，并制订出详细计划。这个计划应认真准备，以利于将审计时间和成本保持在最小限度。市场营销审计最重要的规则是：不要单纯依赖公司经理人员的资料数据及意见观点，应该将顾客、经销商及公司外部其他一些群体的意见与建议都充分加以利用。许多公司没有真正意识到顾客及经销商的重要性，也不完全了解顾客的需要和价值判断，从而给营销业绩带来负面影响。

当资料收集阶段结束时，市场营销审计员要提交发现的主要问题及给予的建议。市场营销审计对经理们吸收、思考、树立开展市场营销活动的新观念提供了大量的丰富资料，应当有效地加以利用。

3) 市场营销审计的主要内容

市场营销审计应包括宏观环境审计、工作环境审计与企业自身情况审计等基本内容。宏观环境审计主要是对人口、经济、生态、法律、文化等方面的综合考察，探求对企业市场营销工作发生着或即将发生影响的主要因素。工作环境审计主要是对市场、顾客、竞争者、分销与经销渠道、供应商、可依赖的市场营销公司以及公众等进行综合考察，以期发现有利的商机并回避风险。企业自身情况审计主要是了解企业使命、市场营销目标与目的、市场营销策略等，掌握企业内部市场营销工作的进展情况，及时发现问题，校正市场营销行为。

4) 市场营销组织审计

市场营销组织审计包括组织正式结构审计、功能效率审计两个方面。其中市场营销组织审计主要是考察市场营销经理责权利的划分，市场营销活动的组织与安排等内容。功能效率审计主要是考察市场部门与销售部门的沟通情况、产品管理制度、企业内部培训情况以及企业各个部门与市场营销部门之间协调关系等内容。

5) 市场营销系统审计

市场营销系统审计包括市场营销信息系统、市场营销规划系统、市场营销控制系统以及新产品开发系统审计等方面。其中市场营销信息系统审计是考察企业掌握顾客、潜在顾客、批发商和经销商、竞争对手、供应商和各类公众信息情况，公司的决策制定者们进行市场调研利用调研信息的情况等。市场营销规划系统审计是考察企业市场营销规划系统构思精密、使用有效性能、预测销售目标和销售定额的可靠性等。市场营销控制系统审计主要是考察市场营销控制程序保证年度计划目标的实现情况，定期分析产品、市场、地区、分销渠道的盈利能力的情况，以及定期检查市场营销成本和生产能力的情况。新产品开发系统审计主要是掌握收集、形成和筛选新产品构思的工作，开发一个新的产品构思前进行理论研究及业务分析情况以及推出新产品前进行充分的产品和市场测试的情况等。

6）市场营销生产力审计

市场营销生产力审计主要是通过对盈利能力分析与成本效益分析，来考察企业不同产品、市场、地区及分销渠道的盈利能力，企业进入、扩展、收缩或退出某些细分业务的情况以及某些市场营销活动费用支出情况与缩减成本的措施等。

7）市场营销功能审计

市场营销功能审计包括对产品、价格、分销渠道、广告、促销组织、公共关系活动以及销售人员队伍建设情况的综合审计。掌握各个主要市场营销功能的状况，把握企业营销工作的基本方向。

总之，市场营销控制是市场营销计划、组织和执行的自然延续，公司必须实行四种类型的市场营销控制。

首先，年度计划控制是对当前市场营销努力和效果的监控，以保证年度销售目标与利润目标的实现，常用方法有销售分析、市场占有份额分析、市场营销费用与销售额对比分析、财务分析和顾客满意度跟踪。如果检查出有不良的绩效，企业可采取削减产量、调整价格、增加销售人员压力和削减福利经费等手段来纠正控制措施。

其次，盈利能力控制需要确定企业各个产品销售地区、细分市场和渠道的真正的盈利能力。找出那些盈利能力较差的单位，提高诸如人员推销、广告、销售促进、分销等市场营销活动的效率。

再次，战略控制的任务是保证企业市场营销目标、策略和制度最佳地适应现行的市场营销环境或预期的市场营销环境。例如，市场营销效果等级评定法，从顾客宗旨、市场营销组织、市场营销信息、策略规划和工作效率等方面刻画了一个企业或一个事业部的整体市场营销效果。而市场营销审计，则是对组织的市场营销环境、目标、策略和活动的全面、系统、独立和定期的检查，市场营销审计旨在鉴定市场营销问题所在，并提出短期和长期的行动建议，以提高组织的整体市场营销效果。

最后，公司的道德及社会责任审查帮助公司评价其绩效质量是否符合道德及社会责任的要求。

小　结

随着市场的不断扩大和业务的逐步增加，企业的市场营销组织结构经历了一个长期演变的过程，这种过程通常可以划分为：单纯的推销部门、具有辅助功能的推销部门、独立的营销部门、现代营销部门和现代营销企业五个阶段。

市场营销部门本身的组织形式也有多种，归结起来主要有专业化组织和结构性组织两种，其下又包含了多种类型。各种组织形式各有利弊，应根据实际情况进行选择。营销组织的设计和变动也总要受到各种内外环境因素的影响，只要环境有所变化，组织就应随之做出变动。有效的营销组织需要强化合作和以顾客为中心，这包括公司的各部门，包括营销、研究与开发、工程、采购、制造、营运、财务、会计和信贷的相互合作和信任。

营销计划是营销过程中最重要的产出之一，营销计划包括：计划提要、市场营销现状、机会与问题分析、目标、市场营销战略、战术行动方案、预算、控制。

一个好的营销计划，如果执行不当是不可能有成效的。执行营销计划要求有：发现和诊断一个问题的技能；对公司存在问题的层次做出评估技能；执行和评价执行结果的技能。

鉴于在营销计划实施过程中发生许多意外情况，因此营销部门必须连续不断监督和控制各项营销活动。

市场营销计划与控制是指导和协调营销活动的主要工具。为了有效地制订和执行计划，营销经理必须充分了解各类营销组合费用与销售利润之间的主要关系。

复习思考题

1. 市场营销组织的演变过程经历了哪些阶段?
2. 现代营销部门和现代营销企业这两个发展阶段有什么区别?
3. 试分析市场营销组织机构的演变过程，如何反映了企业营销观念的变化?
4. 市场营销部门的组织形式主要有哪几种，各有什么优缺点?
5. 某企业打算把营销部门与公共关系部门合并起来，由同一个副总经理来领导，这种做法从机构设置的角度考虑是否可取?
6. 制订营销计划有哪些步骤? 营销计划的具体内容是什么?
7. 请您结合实际情况谈谈实施营销计划的重要性。
8. 什么是营销控制? 营销控制包括哪些内容?

案例

长虹为何一分为二

2002年5月15日，中共四川省绵阳市委，绵阳市政府宣布决定，倪润峰不再担任四川电子集团公司总经理，而是担任董事长职务，总经理一职由原长生正集团副总经理、生产计划调度中心主任袁邦伟继任。袁邦伟同时担任集团副董事长。毕业于清华大学的博士后赵勇任长虹电器股份有限公司总经理。绵阳党政官员表示做出长虹集团董事长和总经理分设的决定，是依照建立现代企业制度的要求，完善集团的法人治理结构。绵阳市委书记杨海清称，此次完善长虹法人治理结构，是“树立百年长虹的根本保证”。

长虹集团的这一人事变动一经公布，立即引起各方广泛关注。人们估计，更大的变动在后头。

长虹电子集团公司

长虹电子集团公司是我国大型国有独资公司，始建于1958年，是我国“一五”期间的

156 项重点工程之一，也是我国重要的机载歼击火控雷达研制基地，多年来一直承担着国家重大的军品研制和生产任务。总部位于中国西部新兴的科学电子城四川省绵阳市。公司目前拥有多个事业，包括南通长虹、吉林长虹等多家控股、参股公司，有员工3万多人，拥有包括博士后、博士在内的专业技术人员三千多名，拥有国家级的技术开发中心和博士后科研流动站，与多家世界级大公司组建了联合实验室，拥有强大的技术开发实力。长虹始终坚持把技术创新作为企业发展的不竭动力，先后与松下、东芝、三洋、飞利浦、NEC、C－CUBE、陶氏化工等国际大公司进行广泛的技术合作，博采众家之长，保证了公司持续、稳定、健康、快速发展。同时，也拥有覆盖全国各地的一万多个营销服务网点，具有强大的营销实力，产品畅销美洲、澳洲、东南亚、中亚等国家和地区，在海外享有盛誉。长虹品牌价值245 亿元，为中国家电行业第一品牌。

40 年风雨铸就了长虹的辉煌，乘着改革开放的东风，长虹成功地实现了军转民的战略转变，并由生产型迅速过渡到生产经营型。特别是在20世纪80年代中期以来，长虹以“创世界名牌”为主要战略目标，通过技术开发、市场开拓、科学管理、股份制改造、资本运营，公司的主要经济指标每年均保持较大幅度递增，被列为全国120家重点扶持企业集团，被确定为全国首批六家技术创新试点企业之一，目前已发展成为集设计开发、生产制造、经营管理为一体的大型企业集团。

彩电是该公司的主导产品，其技术水平及产品质量均处于国内领先水平，年生产能力已逾千万台；l997 年公司开发的又一拳头产品——空调，自面市以来，以其技术高，工艺精获得了广大消费者的喜爱；数字视听产品VCD、超级VCD、DVD、功放、音响系列成为长虹彩电的最佳搭档；高能环保电池是公司斥巨资建立的又一重要产业，它的面市正是长虹一贯回报社会、回报自然的追求；围绕整机产品的上规模，长虹多年来致力于纵向一体化发展，印刷电路板，行输出变压器，电子调谐器小整件、包装器材等配套产品都极具规模。以网络数字电视、数字机顶盒为代表的新一代产品更是公司面向21世纪的高科技产品。

长虹作为国家首批一级企业，独家荣获“中国最大彩电基地”、“中国彩电大王”殊荣；连续4年荣获“金桥”奖，囊括国家权威机构颁发给彩电行业的所有最高荣誉奖项，并被世界名牌组织誉为“远东明星”，“长缸”商标更成为中国家喻户晓的“中国驰名商标”。

危　机

自1998 年开始，长虹集团销售收入出现下滑，1999 年进一步下滑，在中国电子工业百强排名中名次降至第五。上市公司的业绩也大幅缩水。究其原因，主要有以下五点。

第一，单一主业受到挑战。四川长虹持续高速发展的背后存在一些隐忧。公司一直将主要的精力集中于彩色电视机的制造和生产上，致力养好彩电这个“独生子”。在国内彩色电视机拥有率较低和消费者对彩电价格敏感的形势下，公司从1989 年以来率先在全国发动四次大幅度降价，市场份额急剧上升，公司以此确立和巩固了彩电龙头老大的地位，专心主业发展战略取得了巨大成功。而1998 年以来，国内城市家庭彩电拥有率接近100%。农村彩电占有率也达到了23%左右，国内彩电的主要市场日趋饱和。日、韩两国进口彩电因货币贬值，在中国市场上的售价已接近国产彩电水平甚至更低，而国内一些出口型彩电企业也因金融危机被迫杀回国内市场，长虹的彩电产品的价格优势逐步减弱。

第二，囤积彩管战略受阻。1998 年下半年，公司为展开新一轮价格战，在国家严厉打击走私的形势下，采取逐月提价全部购入方式，囤积了国内企业生产的21"、25" 彩管的76%和63%，以及几乎全部的29" 彩管，取得了巨大的成本优势，其他彩电厂商一时惊慌失措。公司救国内彩管厂于危难之间的豪举得到了国家有关方面的支持，称此为“市场行为”，不进行干预。但在1999年初公司正计划降价销售以迎接彩电销售高潮到来之际，却又遇到了方方面面的阻力，降价仅局限于重庆和华东部分地区，“市场行为”难以为继，直至春节过后的4月，公司才开始正式降价，7月囤积彩管基本消化时，公司才得以实施“淡季销售价格”，但效果已同预期相差太远。

第三，对农村彩电市场判断失误。长虹收购彩管另一个重要原因是要开拓农村市场。从理论主讲，农村的彩电产品具有极大的潜力，但农村市场的发展实际上受到多方面条件的制约。近年来，农民收入增长呈减缓趋势，影响了农民的现实购买力；而中国农村基础设施落后，消费环境较差，甚至不少地方电压不足，电价太贵；另外，交通运输以及维修、售后服务等方面的原因也在一定程度上影响了农村市场的发展。彩电生产企业开拓农村市场成本高、风险大。1999年上半年的农村彩电市场并没有像四川长虹所希望的那样开始启动。公司过于依赖国内彩电市场的策略正受到严峻的挑战。

第四，纯平彩电的炒作。从1998年底开始，国内市场主开始出现进口纯平彩电，视觉效果上了一个大台阶，但价格并非高不可攀。而在短短的一年时间里，国内各彩电生产企业纷纷上马纯平彩电生产线，到1999年国庆前后的彩电销售高峰到来时，各种媒体大肆炒作超平彩电，部分国产纯平彩电的零售价格逼近5 000元，传统的主流机型29″超平面主角彩电的价格骤降1 500～2 000元不等。长虹虽然拥有国内最多的彩电生产线（11条），但超平彩管刚刚面市，日本韩国生产厂商供应不足，长虹在国内各彩电企业大举推出超平产品后的1～2个月内甚至没有超平产品供货。后来虽然也争取到了一定的超平彩管，但无法获得与其生产能力相适应的超平彩管供应。长虹彩电的市场销售进一步陷于被动。

第五，与竞争对手和商家利益的协调。长虹曾经在资金结算和给商家利益的保证上不够灵活，这带给竞争日益激烈的商场零售业企业很大的压力。1998年的济南几大商场拒售长虹彩电的“济南事件”就是这一矛盾的突出反映。加上长期以来长虹凭借其规模优势频使“价格”杀手锏，国内彩电厂商怨声不断。长虹虽然在后面有补救工作，但商家、国内彩电同行在直接面对消费者的时候，常常是不约而同地不给彩电“老大哥”面子，把长虹作为最大的敌人对待。长虹在销售回款、促销宣传等方面处于不利地位。

革新运动

市场上的严重受挫使长虹下决心进行变革，彻底抛弃旧有的、不适应新形势下跨国企业发展的模式。正是及时地看到了这一点，长虹在1997年建业40周年庆典上提出了铸造“百年长虹”的目标，追求企业的持续、稳定、健康发展。作为实现这个最高战略目标的第一步，长虹将1999年定为“调整年”，借鉴众多世界一流企业发展过程中的经验，主动放缓前进的脚步，开展自上而下的“革新运动”。

观念创新　“军工式”国企特色较浓的长虹集团，为迎接品牌竞争和知识竞争时代的挑战，提前转换思想，创新观念，坚持以“市场为利润中心”的思想，一切以市场为导向，一切围绕市场运转，进一步牢固树立“用户是上帝”的经营管理思路，从思维模式、意识形态等领域改造员工市场观念。以此调整长虹的发展战略，重塑长虹产品的市场形象，维护消费者的合法权益，从而增强企业的市场核心竞争能力，提高企业的综合实力。

管理创新 1999 年，长虹大力推行企业管理的信息化，依托 ERP 管程系统，对现有资源进行整合，全面提高管理效率，推进决策和决策支持系统的专业化和科学化；改革内部组织机构，建立产权明晰，权责明确的扁平化、专业化内部管理机制，降低管理和制造成本，提高企业盈利能力和抗击风险能力。

营销创新 1999 年，长虹全面改革销售体系和营销网络，细分市场，全面推行特许经销商制，投资近 4 亿元加强营销网络建设，在全国建立了 500 余个销售分公司（联络站）和 400 余个库房，经销商达 20 000 余家，同时新购进 1 000 辆大型送货服务车，作为“阳光网络”服务工程的硬件基础。大幅度提高了服务质量。这也正是长虹 1999 年营销费用同比增长 25.5% 的真正缘由。

技术创新 在技术创新活动的实践中，完善和确立了公司在技术研究与开发体系上三个层次（技术战略、技术计划、技术实施）的管理，围绕三个方面又进行了中心研发机构的设置，并广泛与跨国大集团合作，充分利用八大联合实验室，开展“硅谷式”的研发工作，按年销售收入 5% 的资金比例投入新产品开发，加快了技术的升级换代步伐，紧跟世界一流技术和动态。在长虹，平均每 3 天申请一个专利，每 5 天开发一个新品，公司年销售收入的 80% 均来自新产品。具有长虹自主知识产权的有源液晶，激光读取装置，DVB 前、终端等一批高新产品正投入试制，长虹 HFC 宽带多媒体信息网络也已于 1999 年底全面进入商业管运。

产品创新 走市场和技术互补的多元化发展道路，抢占市场制高点。全然独创的长虹写入式数字彩电“世纪缘”，以其特有的图片写入专利技术赢得市场先机；网络背投影彩电“东方影都”开创了国产超大屏幕彩电的技术先河；具有超强接收功能、可储存 236 套节目的宽带（HFC）网络彩电“金太阳”为低迷的彩电市场注入了新的活力；和日本东芝公司共同开发、同期上市的绿色环保空调“大清快”等新产品一上市，就迅速成为行业的领袖产品，市场供不应求，缺货断货现象严重。长虹还陆续向市场批量推出液晶电视、数字回放电视、商用投影电视、PDP 电视、SDTV、小型中央空调、新冷媒空调等新产品。同时在数字网络产品、家庭影院系统、DVD、多媒体显示器、液晶显示器、HDTV、小家电、电池、可视电话、电子商务系统、软件服务、通信终端等高科技领域具有了雄厚的技术储备和强劲的开发、生产能力。

革新运动让长虹付出发展速度代价的同时，也取得了实质性的成功：1999 年，长虹存货减少了 19 亿元，资金周转率提高了一倍以上，负债率降低到了 20%，与同行普遍 80% 以上的负债率形成鲜明对比，财务风险得到了根本化解。长虹在近几年“滚雪球”式的自我积累中，每年手里都有 30 亿左右的自有机动资金，中国工商银行、中国建设银行分别于 1999 年 9 月和 2000 年 4 月主动向长虹授信近 100 亿元。长虹新世纪腾飞的跑道已经辅平。

组织结构调整

2000 年 5 月中旬长虹集团的人事变动就引起了广泛关注，就在各种说法猜测弥漫之际，6 月 9 日上午，长虹集团在绵阳总部召开记者招待会，“不再担任总经理”的风云人物倪润峰宣布：按照建立现代企业制度“产权清晰、权责明确、政企分开、管理科学”

的要求，经过公司内部较长时间的酝酿，长虹集团根据产权关系一分为二：四川长虹电子集团公司和四川长虹电器股份公司，长虹今后的发展将由原来“火车头模式”变为“联合舰队模式”。调整后的两个公司从产权上彻底划清，集团公司是四川长虹电器股份有限公司的母公司和最大股东，持有53.62%的股份，拥有绝对控股权。两公司都是独立法人，集团不干涉股份公司日常运营，两家共用长虹品牌。组织结构调整完成后，四川长虹电子集团公司主要立足公司长远战略方向，研究部署投资方项目、培育新的经济增长点。股份公司以现有业务，按照上市公司规范运作的要求，保持运作的独立性，以为股东创造最大价值为最高目标。

长虹集团将抓住产业结构调整的机遇，用好国家的产业政策，制定出切合实际的发展战略。总体思路是：以市场为导向，以行业相关性为原则，整合优势资源，采取资本运作、品牌经营和投资主体多元化等方式，迅速切入新的产业领域和产品领域，逐步培育出若干个极具成长性的公司。为此，必须增强企业内部创新能力，包括观念的创新、机制的创新、技术的创新、人力资源的创新、管理的创新等。在继承和发扬长虹优良传统的基础上，“创新”将贯穿集团公司经营活动的始终。根据集团公司的战略构思，集团下一步的投资重点将放到与数字网络技术相关联的系列医疗保健产品、环境监测装置、新型雷达、电化学及相关应用装置、电子产品配套件、小家电等领域，涉足进出口贸易、房地产业和服务业，并围绕金融、资本市场开展相关业务。同时，集团公司将充分依靠技术中心和培训中心，加速孵化技术和人才，强化对新技术、新产品的投资力度，加快培育新的经济增长点。利用“长虹”的品牌优势，输出品牌、管理、文化，实现产业的多元化。

长虹电器股份有限公司在调整中最重要的任务是再造长虹的核心竞争力。长虹的决策者意识到，在全球经济一体化的环境之下，一个没有核心竞争力的企业是难以生存下去的，通过多年在品牌、市场、技术等方面的发展，长虹已经具有许多竞争优势。但是面对新的技术和市场环境，长虹还需要进行核心竞争力的再造。这主要包括：企业对市场和技术变化敏锐的感觉和敏捷的反应能力；企业围绕特定的市场目标和商业目标，进行全面的资源整合的能力；形成一种对员工、股东和消费者有强烈感召力的企业文化。因此，长虹电器股份有限公司将首先在整机、部品、软件方面形成一条完整的产业链。随着新经济时代的到来，整机将愈来愈标准化，其技术含量、附加值上不断向数字化、网络化转移。长虹将在现有劳动密集型产业结构的基础之上，特别注重发展资金和技术密集的关键产品，如液晶、激光读写装置、高性能的二次电池等。第二就是从终端产品提供商向系统技术提供商、服务提供商和内容提供商转变。未来的网络时代，将是服务提供商和内容提供商主导的时代，孤立的终端产品创造商将逐步丧失独立的产品定义权，与最终消费者的联系也将被阻断。为了迎接这种挑战，长虹将迈步由一个孤立的终端产品制造商向系统技术提供商转变，并通过战略联盟或是直接投资，打通长虹与服务提供商、内容提供商和最终消费者的直接联系。

三驾马车

与宣布组织机构调整同时公布的还有两公司新的领导班子。倪润峰不再担任这两个公司的总经理，更多的精力将集中地考虑长虹的长远发展战略。集团公司总经理由49岁的袁邦伟担任，袁同时还担任集团公司党委副书记、副董事长及股份公司副董事长；四川长虹电器股份有限公司总经理由37岁的博士后赵勇担任，赵同时还担任股份公司副董事长及长虹集团公司副董事长。

袁邦伟出生于1950年11月，高级经济师，享受国家级政府津贴专家。从1990年开始担任副厂长，作为倪润峰的副手，其间风云变幻已历经十年。在强权人物下，副手不仅是身体力行的实践者，也是决革的旁观者和冷静的思考者。

袁邦伟的经营作风是“稳健”。其成长历程很类似日本大财团里的高级管理人，一开始就在公司打拼，在各个层面均接受过锻炼，然后修成正果。他最佩服的人是盛田昭夫，崇拜“索尼的企业文化”。可以预料：那种充满着浓郁的英雄主义和浪漫色彩的长虹气质已不复存在。

在记者招待会上，袁邦伟向记者公布了自己对于集团公司的总体思路：以市场为导向，以行业相关为原则，整合优势资源，采取资本运作，品牌经营和投资主体多元化等方式，迅速切入新的产业领域和产品领域，逐步培育出若干极具成长性的公司，即再做若干“长虹股份”一样的新公司。

赵勇，博士后，出生于1963年。1991年毕业于清华大学，获博士学位，是清华大学技术工程专业的博士后，有着强大的技术背景。在中国企业界的高级管理层，出身工程专业背景的人很多。这里面既有偶然因素，也有必然性，因为那么多年严格的训练，必然要求自己按照比较系统的逻辑思维去判断，自1993年加盟长虹，赵勇的提升速度如同火箭，在长虹前无先例。

赵勇在记者招待会上直言，新班子面临最重要的任务是再造长虹的核心竞争力。面对家电行业正经历的剧烈技术革命——从模拟技术网数字化、网络化演示，赵勇认为长虹必须深刻认识并迅速采取行动，完成公司产业结构的调整升级：公司将逐步由一个孤立的终端产业制造商转向系统技术提供商，并通过战略联盟或直接投资，打通企业与服务提供商，内容提供商和最终消费者的直接关系。

面对高层人事组织结构的顺利转变，行内人士和专家评述，长虹此次调整是顺应时代的正确举措，此举措可以提升长虹的核心竞争力，将会给长虹带来无限的生机和活力，是长虹实现远大战略目标的又一次自身完善的开始。倪润峰认为长虹主动进入调整，再造核心竞争力，就是为长虹下轮腾飞成分准备，以确保“百年长虹”目标实现。雄心犹在的他称这次调整是长虹历史上的里程碑，对长虹的未来具有深远的意义。

■ 案例思考题

1. 你对长虹组织结构调整和人事变动如何评价？此举哪些方面值得肯定，哪些方面还须改进？

2. 长虹的危机是如何产生的？调整和革新能否克服危机带来的影响？

3. 你认为长虹的核心竞争力是什么？长虹的组织结构调整和革新运动对其构造核心竞争力有何意义？

第14章

国际市场营销

随着经济的全球化和世界市场的一体化，国际市场营销越来越受到广大商家的重视。本章内容包括：国际市场营销的概述、国际市场营销环境、国际目标市场的选择、国际市场营销策略以及全球化与中国企业的国际营销等。

14.1 概 述

14.1.1 国际营销的定义

菲利普·科特勒在其《国际市场营销学》中指出，国际市场营销是指商品和劳务流入一个以上的国家的消费者或用户手中的过程进行计划、定价、促销和引导以便获取利润的活动。“在一个国家以上”，表面上看似差别很小，却说明了国际营销活动的复杂性和多样性。营销的概念、过程和原则具有普遍性。无论在哪个国家，无论什么类型的企业营销人员的任务都是一样的。企业的目标在于通过促销、定价和分销有销路的产品获取利润。

企业在进行国际市场营销的过程中，由于面临的环境发生了变化，所以并不能完全照搬国内市场营销的经验和理论。进入国际市场环境时应该首先分析国际市场的不可控因素，包括进入国的政治与法律、经济、技术、文化、地理和基础设施和竞争结构等，研究企业开展国际营销可能遇到的各种机会和威胁，并根据自身的优势和劣势，选择合适的国家市场，确定适合的进入方式，制定合适的营销策略，进行适当的组织机构重建，实现企业的营销目标。

与国内营销相比国际营销有以下几个特点。

1. 环境的差异性

由于企业的营销活动从国内扩展到了国外市场，市场环境发生了很大的变化，因为各国在政治、经济、文化、自然条件等方面都存在很多差异，市场的需求与本国也是千差万别。适用于本国的营销策略不一定在国外也适用，一个国家市场成功的营销策略也不能照搬到另一个国家。

2. 营销系统的差异性

营销系统指的是在有计划的营销过程中，构成企业营销链的各种相互作用的参与者，包括供应商、营销中介、竞争者、顾客和公众等。国内营销的系统一般只包括本国的参与者，而构成国际营销系统的参与者，有的来自东道国，有的来自第三国。除了这些常规的参与者，当地的政府、政党和社会团体往往也会介入到经济活动中，政治力量的参与使这个系统更加难以管理，企业参与国际营销就必须能够将这些复杂的参与者整合成一个协调的系统。

3. 风险更大

由于国际营销进行的是跨国界的交易活动，不确定因素大大增加。存在的风险可能包括信用风险、汇率变动风险、运输风险、政治风险、商业风险等，企业营销关注的不能只局限于消费者市场，还应该关注与营销关系不是很紧密的多种因素。

14.1.2 企业进行国际营销的动机

1. 国内市场需求饱和或市场竞争激烈

随着全球经济一体化时代的到来，各国之间技术、经济和文化联系更加紧密，不同国家企业的经营活动已经纳入了全球经济的范围，每个企业都自觉或不自觉地参与到了全球市场的竞争中。

国内市场的发展，一方面使企业面临激烈的竞争，必须为消费者提供尽可能多样化的产品；另一方面，由于消费者收入提高，对产品个性化和多样化的要求越来越高，国内市场出现了趋于饱和的格局，企业间为了实现产品销售的竞争加剧。经济全球化，使众多国外产品迅猛地进入国内市场，进一步加剧了市场的饱和程度和竞争的激烈程度。企业必须寻求新的国际市场空间才能谋求生存和发展。

2. 国际市场的吸引力

各国市场是世界市场的组成部分，其需求量远小于世界市场需求量。市场 = 人口 + 购买力 + 购买欲望。2011 年全世界人口已突破 70 亿，全球 GDP 为 70 多万亿美元，可见世界市场之大。单就美国来说，2010 年 GDP 约为 14.5 万亿美元，人口大约为 3.1 亿，人均 GDP 约为 4.7 万美元，市场购买力强，对产品质量要求高，对其花色品种要求多，而且产品需求不断更新。美国不仅进口高科技产品，而且进口大量的劳动密集型产品，比如日常用品中的服装、鞋、伞和炊具等，为各国企业国际市场营销提供了机会。发展中国家主要是低端产品的市场，产品价格较低，但产品需求量大，企业可通过薄利多销的方式获取利润。世界各国大企业都把发展战略重点集中在国际市场上，向国际市场提供产品和服务，扩大销售量，实现企业规模经济效益。

3. 市场多元化

某些产品的销售带有很强的季节性和地域性，致使企业的生产和销售都受这些因素的限制，存在着很大的波动。通过国际市场营销可以将本国处于滞销的产品销往处于热销的国家，以达到维持经营稳定，减少生产和销售波动带来的成本和风险。而且企业在多国开展销售活动也会增大销售活动的灵活性，对整个市场的适应性也会增大，市场风险也会分化。

4. 政府鼓励与支持企业出口政策

政府实施鼓励和支持企业出口政策是企业走向国际市场的巨大推动力。政府一般采取的鼓励和支持措施有税收政策，如减税、退税等；金融货币政策，如低息贷款、担保贷款、出口价格补贴等；为企业提供诸多服务，如提供外贸咨询、国际市场信息等。所有这些都有利于加强企业的国际市场竞争实力。

5. 企业为了延长产品的生命周期

由于各国的经济、技术发展水平不同，在一国已经到达产品生命周期中成熟期甚至衰退期的技术、产品，在其他国家可能正处于引入期或成长期，一国的旧产品进入另一国的新市场就变成了该市场的新产品，相当于延长了产品的生命周期。

14.1.3 国际营销的发展阶段

一般而言，企业最初是以产品出口的方式进入国际市场的，随着经营规模的扩大、实力的增强和国际营销经验的丰富，企业越来越主动地参与到国际市场营销中，根据开展国际营销程度的不同，国际营销可分为以下几个发展阶段。

1. 非直接的对外营销阶段

这一阶段，企业的目标市场还是在国内，没有成立专门的出口机构，也没有获得出口经营权，它们并不积极培植国外顾客。然而该企业的产品可能会销到国外市场，可能是销售给贸易公司以及其他找上门来的国外客户，或者产品通过国内的批发商或分销商，在生产企业并未鼓励甚至不知情的情况下，销到国外市场。随着信息技术和互联网的发展，很多国外公司从网上获取公司产品信息，并发来订单，此时企业会通过有出口经营权的企业出口其产品到国际市场。

2. 非经常性的对外营销阶段

这一阶段，企业的目标市场仍然是国内，生产水平和需求的变化所产生的暂时过剩会导致非经常的海外营销。由于这种过剩只是暂时的，企业很少甚至没有打算维持这个国外市场，当国内需求增加，吸收了过剩产品，企业就会将重点转回国内。

3. 经常性的对外营销阶段

这一阶段，企业的目标市场包括国内和国际两个市场，但是仍以国内市场为主，企业已经拥有了持久地可以用于生产在国外市场销售的产品的能力。企业雇用国外或国内的海外业务中间商，或者在国外重点市场设立分销机构。随着国外需求的增加，企业会针对国外市场的需求有针对性地调整企业的生产。

4. 国际市场营销阶段

这一阶段，企业把国际市场作为主要的目标市场，全面参与国际市场营销活动。公司在全球范围内寻求市场，有计划地将产品销往多个国外市场。这些企业通常在国内设立公司总部，在国外设立合资或独资的公司进行产品的销售。除此以外，企业还会在国外建立生产基地，形成系统的生产、销售、研发、财务为一体的国际业务运行体系。

5. 全球市场营销阶段

这一阶段，企业把全球市场作为一个整体，看做是自己的目标市场，超越各个国家或地区之间的差异，从收入水平、使用方式或其他有共性的因素来细分市场。企业从全球角度来考虑各国市场的开发、各国资源的充分利用，并且从组织机构设置、资金使用、生产运作、市场营销等方面来适应全球化运作的需要。

14.2 国际市场营销的环境

国际营销比国内营销更具有挑战性，难度更大，其根本原因在于国际营销的环境要复杂得多，由于每个国家都有自己的政治法律体系、经济发展水平和社会文化以及地理、气候条件也千差万别，企业要想成功地开展国际营销活动，必须研究和熟悉东道国的营销环境。

14.2.1 国际政治法律环境

国际政治环境，主要是指各国的国家政局变化和各国对外贸易政策以及其他相关的政策法令。这些影响因素有的来自参与国际营销公司的母国，有的来自东道国，还有的就是国际多边双边的协定等。

1. 国际政治环境

政府对环境的影响是通过政府政策、法令规定，以及其他限制性的规定实现的，旨在解决面临的特殊问题。政治环境包括：一个国家或地区的社会性质和政治体制；行政体制、行政结构与效率、政府对经济的参与程度和政府对自身行为目标的界定等；东道国的政治稳定性；东道国的国际关系；东道国政府进行干预的可能等。

一国政府要结合本国的资源状况及政治哲学，最大限度地保护本国利益，政府会根据自己的意愿，通过对公司经营活动进行鼓励、支持或限制，来对公司的经营活动加以控制和限制。其形式主要有外汇管制、进口限制、税收管制、价格管制以及对劳动力的限制，这些会迫使国外企业改变其经营性质和方式。协调与东道国政府的关系，获得当地政府的支持和帮助，对企业成功开展国际市场营销具有十分重要的意义。

其次，政府政策的稳定性同样会影响企业的国际营销。一个国家的政府政策保持持续稳定，有利于企业的正常经营，相反，一个国家政局不稳，政权频繁更迭、经常发生政变、暴乱等，则会给在该国经营的企业带来严重的损失。

目前，经济民族主义的浪潮在全世界范围内涌现，并且成为东道国与外国企业间对抗的重要因素。民族主义强调一国的经济发展要更多地依靠本国的经济力量，重视维护本国民族工业的发展，如果这种民族主义发展成为狭隘地反对和敌视一切外来企业的倾向，也会给国外企业带来严重损失。

政治风险也可能影响外国企业的经营。政治风险来源于一国政治变化的不确定性，包括：政局风险，即企业对东道国政治前景认识的不确定性；所有权风险，即企业对东道国政府注销或限制外商企业行为的认识不确定；转移风险，即企业对东道国政府限制经营所得、资本的汇出和货币贬值的认识的不确定性。

2. 国际法律环境

企业在市场经济中的行为主要是由法律和法规来约束和规范的，企业只有充分地了解进入国以及相关的国际法律才能依法经营，以避免不必要的法律纠纷。要研究国际营销的法律环境，必须对各国的法律体系有一个基本的认识。世界各国的法律体系可以分为：大陆法系和普通法系两大类型，法律体系的不同对企业的国际营销会产生较大的影响，因此进行国际营销首先应该明确目标市场国家的法律体系。其次，同属于一个法系国家的法律也不尽相同，企业还必须了解各国具体的法律法规。企业进行国际化经营所面临的法律环境一般由三部分组成：母国法律、东道国法律和国际法。

母国政府对本国企业的国际营销活动往往采取出口管制，包括产品管制、市场管制和价格管制等措施。国际法通过国际公约、国际惯例调整相互交往的国家之间的关系，国际企业的行为必须符合母国缔结或参加的有关国际经济、贸易和金融方面的条约，对国际营销影响比较大的国际条约主要有有关国际货物买卖公约、有关产品责任的公约、有关保护工业产权的公约等。

东道国法律是企业应该重点研究和了解的。具体包括两个方面的法律：一是与企业进入东道国相关的法律，包括与进出口有关的法律，如反倾销法、商品检验制度等，与合约进入有关的法律，如知识产权保护法等，与投资进入相关的法律，如公司法等；二是与企业进入东道国后的营销活动相关的法律，包括与产品决策相关的法律，如食品安全法、包装法等，与分销相关的法律，如涉及与分销商签订合同相关的法律，与定价决策有关的法律，如政府对药品定价的管制等，与促销决策有关的法律，如广告法等。

除此以外，由于国际营销活动涉及面广，关系复杂，各种贸易纠纷在所难免。因此，参与国际营销的企业需要通过合适的途径来解决贸易争端和纠纷。其主要途径有以下几种。

（1）协商。协商是解决国际贸易纠纷的最基本的办法，指纠纷双方进行磋商，在双方都认为可以接受的基础上解决纠纷。由于这种方法无须经过法律程序，成本低，还可以避免双方关系紧张，利于以后的合作和发展。因此它也是解决国际贸易纠纷的最好的方法。

（2）仲裁。仲裁指的是当事人双方在发生争端后达成书面协议，自愿将其争端交由双方认可的仲裁机构，按照相应的程序进行审理并做出裁决，解决纠纷的一种方式。这种方式审理时间短、费用低、灵活性强，大部分国际贸易纠纷都是通过这种方式解决的。

（3）诉讼。诉讼指的是纠纷发生后，当事人一方面向有管辖权的一国法庭提起诉讼，请求法院按法律规定做出判决以解决纠纷。它的最大特点就是强制性。如果双方没有签订仲裁协议，那么一方当事人向法院提起起诉，无须征得对方同意，法院做出的判决双方必须无条件执行。

14.2.2 国际经济环境

国际营销的经济环境分为两个层面：一个是国际经济环境，它影响着所有参加国际贸易的企业；另一个是目标市场国家国内的经济环境，包括经济制度及经济体制、经济发展水平、市场规模、经济特征等。

从经济制度划分，一国的经济制度可以分为以公有制为主的经济和以私有制为主的经济，当前各国经济制度中存在着两者同时共存、相互补充、互相促进的特点。经济体制是以经济调节手段来划分的，分为计划经济和市场经济，当前计划经济的国家开始接纳市场调节手段，并开始逐步向市场经济转变。

一个国家的经济发展水平决定了国民的收入水平，而收入又决定着对产品的需求。以消费品为例，经济发达国家顾客的需求偏重于产品款式、性能以及个性，对广告与营业推广运用较多，市场竞争表现为品质竞争大于价格竞争；相比而言，经济欠发达国家顾客的需求则注重功能和实用性，对价格较为敏感。

市场规模是企业是否进入某国市场首先应该考虑的问题。不同的产品决定市场规模的因素也是不同的，一般而言，主要的决定因素是收入和人口。人口越多表明潜在的市场规模越大，如一些日常消费品的市场容量就与人口数量高度相关。其他的指标还包括人口增长率、人口性别、人口年龄等对不同细分市场的市场规模起很大的作用。收入方面，国民生产总值是衡量一个国家和地区总体经济实力和购买力的指标，对于评价工业品的市场规模很重要。人均收入、个人可支配收入等则与消费品的市场规模是正相关关系。企业进行国际市场营销要通过这些因素区分不同的细分市场并采取不同的策略。

经济特征主要包括自然条件、消费模式、基础设施、城市化程度等，这些从各个方面影响着企业的营销。如一国的运输条件越差，其营销效率就越低，在产品分销过程中，就会产生分销成本高、分销效率低的现象。通信条件对于企业的市场调研、促销宣传也有决定性的影响。城市化程度也是考察一国经济特性的重要指标，由于城乡之间存在着需求水平、需求结构、需求习惯等方面的差异，营销人员应分析目标国城市化程度与企业所生产的产品之间的关系，并针对目标市场的特点，制定相应的营销策略。

14.2.3 国际社会文化环境

企业进行国家化营销必然会面对不同地区的文化，文化又决定着行为模式，以及处理人与人、人与环境之间关系的方式。在不同文化的商业活动，营销最重要的就是要理解顾客观念、价值观和社会需求的差异。社会文化环境是一个社会的语言、民族特征、风俗习惯、意识、道德观、宗教等的总和。

语言是人类沟通交流的主要方式，是文化因素中最重要的因素，它反映了一种文化的实质。企业进行国际营销就必须要与东道国政府、顾客、中间商等进行沟通，如不熟悉或不能正确使用东道国的语言，就会出现沟通的障碍，营销目标难以达到。而且同一种语言在不同的文化背景下含义也是不同的。除此以外，还有非语言的沟通，如表情、眼神、手势等在不同的文化中的作用也是不同的。

教育水平往往与一国的经济发展水平相一致，同时也与消费结构、购买行为有密切关系。受教育程度高的人，一般都会有较好的职业因此有较高的购买力，他们对新产品的鉴别能力和接受能力强，购买时理性程度较高，对产品的质量和品牌比较挑剔。受教育少的人，对产品需求较低，对新产品认识和接受能力差。教育水平可以作为细分市场的一个指标，对营销组合的选择和销售人员的选择有很大的影响。

宗教属于文化中深层的东西，对于人的信仰、价值观和生活方式有深刻的影响。宗教的禁忌制约着人们的消费选择，不同的宗教教规会影响信徒的需求和购买行为。宗教的节日也会影响消费的需求，有的宗教节日是最好的消费品销售旺季，有的则形成消费低谷。宗教组织也是不可忽视的消费力量，其本身就是重要的团体购买者，同时也对其教徒的购买行为有指导意义。

社会组织是指人与人相互联系的方式，一般可以分为亲属关系和社会群体两类。研究家庭形式是因为许多产品是以家庭为单位来购买的，如电视机、洗衣机等。社会群体主要是指家庭以外的社会组织形式，包括年龄群体、性别群体和共同利益群体。不同年龄的人在价值观和生活方式上都有很大的差异，男性和女性在心理和生理上的差异也决定了对产品的不同需求。共同利益群体，如行业协会、政党等在消费潮流中也扮演着重要的角色。

一个社会、一个民族传统的风俗习惯对消费偏好、消费方式都起着决定性的作用。不同的饮食习惯、节日习惯都会影响顾客对产品的需求。

14.3 国际目标市场的选择

14.3.1 国际市场的细分与目标市场的选择

国际市场是一个庞大的、多变的市场，为了选择目标市场，首先要根据各国顾客的不同需要和购买行为，对国际市场进行细分。

国际市场可按多种不同的标准进行细分：按经济发展水平，可以把国际市场细分为原始农业型、原料出口型、工业发展型和工业发达型四类市场；按国别和地区，可以以国别划分为不同的市场，也可以按地区分为北美、欧洲、拉美、东南亚等市场：按商品性质，可以分为工业品、消费者和服务市场；按人均国民收入，可以划分为高、中、低收入三类市场。此外，还可以按家庭规模、性别、年龄、文化程度、宗教、种族、气候等标准进行进一步的细分。

在市场细分的基础上，就需要决定哪些市场是企业的目标市场。选择目标市场的依据主要有以下几方面。

(1) 市场规模。没有规模的市场，营销发展就非常有限。因此，选择目标市场首先要考察市场的规模。一个国家或地区的市场规模，取决于人口总量和人均收入水平。

（2）市场增长速度。有的市场尽管规模不大，但潜力很大，未来市场的增长速度快，因某些条件的创造便会产生出一个巨大的市场。这种市场在选择目标市场时是绝对不能错过的。选择这种市场作为目标市场，其未来营销收益十分可观。

（3）交易成本。市场交易所发生的费用多少，直接关系产品成本和利润的高低。在不同市场中每项交易所发生的运费、调查费、保险费、税收、劳动力成本以及广告宣传费用是远远不同的，国际营销企业往往选择那些交易成本较低的市场作为目标市场。

（4）竞争优势。国际市场竞争十分激烈，选择目标市场，要同竞争对手相比较，选择在产品质量和花色品种、企业规模、经营组织上竞争对手较弱的市场作为自己的目标市场。

（5）风险程度。国际市场营销是跨国界的营销活动，市场风险是十分突出的问题。由于自然灾害、意外事故、战争、政局不稳、两国关系恶化以及原料供求变化、货币贬值、通货冻结等原因，都会导致合同废除、货物丢失、交货延误、贸易歧视甚至没收财产等风险的产生，因而原则上目标市场应选择风险较小的市场。当然高收益往往伴随高风险，企业要根据自身的情况来决定。

14.3.2 国际目标市场的估测

企业在初步选定目标市场后，还要对目标市场进行深入的分析研究，对市场潜力、市场占有率、经营收益、投资收益以及风险进行认真估测，最终确定目标市场并为进入目标市场打下坚实的基础。

（1）估计现有市场潜力。通过已公布的资料或企业组织调查获取的资料，对目前市场需求的状况进行估计。由于跨国界的营销活动，其调查研究远比国内困难，访问调查的合作率不高，而花费的时间和费用却很多。但只有对现状有充分的分析研究，一进入目标市场才能有的放矢，后续的营销活动才能顺利展开。

（2）预测未来市场潜力。未来目标市场需求的发展变化对企业组合营销策略至关重要。因此，不仅要估计目前的市场潜力，还要分析判断随着该国经济发展、政局变动等环境的变化，目标市场潜力的发展及其走向如何。预测未来市场潜力更为困难，因而，要求调查研究人员一定要熟悉外国政治、经济、文化的状况以及政策走向，综合判断未来市场的发展变化。

（3）预测市场占有率。研究目标市场的竞争状况以及有关方面可能设置的种种限制，正确判断该企业在目标市场的市场份额。

（4）预测成本和利润。成本高低与进入市场的策略或方式有关。如以出口商品方式进入，商业责任与销售成本由合同标明；如果以投资设厂方式进入，则成本估计还要涉及折旧、利息、员工工资、税款、原材料及能源价格等因素。成本估算出来后，从预计销售额中减除成本，即可测算出企业利润。

（5）估计投资收益率与风险。将某一产品在国外市场的预测利润流量与投资流量进行比较，估计投资收益率。估计的投资收益率必须高于正常的投资收益率，并能抵消在国外市场营销可能遇到的政治风险、商业风险、货币风险以及其他各种风险。

（6）分析细分市场的竞争状况。对细分市场的竞争态势和竞争结构，即对竞争对手的分析也是目标市场估测很重要的环节。由于在国际营销活动中，市场竞争的构成更加复杂，某一产品上市，可能要面临来自母国的竞争者，也有来自东道国的竞争者，还有来自第三国的竞争者。

14.4 国际市场营销产品策略

产品策略是国际市场营销组合中的核心，是制定价格策略、分销策略和促销策略的基础。这里主要从产品生命周期、产品的标准化或差异化决策、产品的适应性改变等方面论述国际市场产品策略。

14.4.1 国际市场产品生命周期

当从国内市场扩展到国际市场时，由于各国在科技进步及经济发展水平等方面的差别而形成的同一产品在各国的开发生产、销售和浪费上的时间差异，因而同一产品生命周期各个阶段在不同国家的市场上出现的时间是不一致的。当某个产品由国内市场进入国外时，该产品的生命周期也获得了延长。

国际产品的生命周期一般呈现以下运行规律：发达国家率先研制开发某种新产品，并在国内市场销售，然后逐步向较为发达的国家、发展中国家出口，并转向对其他新产品的开发，而要从其他国家进口产品来满足国内市场需求；一些发展中国家则实现引进新产品进行消费，然后引进或开发生产技术进行生产，最后又将产品出口到产品的原产国。

14.4.2 产品的标准化或差异化决策

由于企业面对的是错综复杂的国际市场营销环境以及不同的各国消费者，因此企业是向全世界所有不同的市场都提供标准化产品，还是为适应每一特殊的市场而设计差异化产品，是企业面临的重大决策问题之一。

1. 产品标准化战略

国际产品标准化策略是指企业向全世界不同国家或地区的所有市场都提供相同的产品。企业实行标准化策略可以使企业实现规模经济，大幅度降低产品研究、开发、生产、销售等各个环节的成本而提高利润；在全球范围内销售标准化产品也有利于树立产品在世界上的统一形象，提升企业的声誉；有助于消费者对企业产品的识别，从而使企业产品在全球享有较高的声誉；产品标准化还可以使企业对全球营销进行有效的控制。国际市场营销的地理范围较国内营销扩大了，如果产品品种较多，则每个产品所能获得的营销资源就相对较少，难以进行有效的控制。产品标准化一方面降低了营销管理的难度；另一方面集中了营销资源，企业可以在数量较少的产品上投入相对充足的资源，从而提高营销活动的成效。

企业应该根据产品的需求特点、生产特点、竞争条件等方面来决定是否采用产品的标准化策略。在全球范围内销售的标准化产品一定是在全球具有相似需求的产品。包括大量的工业品，如各种原材料、生产设备、零部件等；某些日用消费品，如软饮料、胶卷、洗涤用品、化妆品、保健品、体育用品等；具有地方和民族特色产品，如中国的丝绸、法国的香水等。从产品生产的角度来看，适宜于产品标准化的产品类别为在 R&D、采购、制造和分销等方面获得较大规模经济效益的产品；研究开发成本较高的技术密集型产品，这类产品必须采取全球标准化以补偿产品研究与开发的巨额投资。

此外，标准化策略的实施，还应考虑各国的技术标准、法规要求及各国的营销支持系统，即各国为企业从事营销活动提供服务和帮助的机构和职能。如有的国家零售商没有保鲜设施，新鲜食品就很难在该国销售。

2. 产品差异化策略

国际产品差异化策略是指企业向全世界范围内不同国家或地区的市场提供不同的产品，以适应不同国家和地区的特殊需求。产品差异化策略是为了满足不同国家或地区的消费者由于所处不同的地理、经济、政治、文化及法律等环境，尤其是文化环境的差异而形成的对产品的千差万别的需求。

实施产品差异化策略，即企业根据不同目标市场营销环境的特殊性和需求特点，生产和销售满足当地消费者需求的产品。这种产品策略更多地从国际消费者需求个性角度来生产和销售产品，能更好地满足消费者的个性需求，有利于开拓国际市场，也有利于树立企业良好的国际形象，是企业开拓国际市场的主流产品策略。然而与标准化相对，差异化也对企业提出更高的要求。首先是企业要有能力区分不同国度或地区消费者的需求差异在哪里。这要求企业有较高的调研能力；其次是要针对不同需求开发出不同产品，要求企业要有一定的研发能力；最后是由于企业生产销售的产品种类增加，其生产成本和营销费用将会增加，企业的管理难度也会增加。因此，企业选择差异化时要根据自身的实力和特点，考虑综合情况，再作判断。

差异化和标准化是不是矛盾呢？其实在许多营销实践中，企业往往将产品差异化和标准化相结合。许多产品的差异化主要体现在外形上，如产品的形式、包装、品牌等方面，而产品的核心部分是不变的。可见，产品的差异化策略与标准化策略并不是对立的，而是相辅相成。

14.4.3 产品的适应性改变

从事国际营销活动的企业在产品策略上，主要考虑目标市场的消费者需求特点。各国消费者对产品的认识在很大程度上取决于所处的环境，尤其是社会文化环境对其的影响，所以产品一般都要做一些适应性改变。这其中包括强制性改进和非强制性改进。

1. 强制性改进产品

强制性改进产品，是指企业改进产品是由于国外市场的一些强制性要求而进行的改进。当地政府为了保护本国消费者的权益，维护已有的商业习惯，会对进口商品定出一些法律规则或要求，包括以下几个方面。

（1）各国对进口产品的标准做出特殊规定。各国对进口产品的质量标准、包装、商标、安全要求等方面都有其特殊性，产品出口到这些国家必须遵守这些要求，否则无法进入。

（2）各国对计量标准及某些特殊的技术标准的规定有不同。

（3）各国气候等自然条件的特殊性。根据不同国家的气候、地理资源等条件适当改变产品也是必要的。

2. 非强制性地改进产品

非强制性地改进产品，是指企业为了更好地适应目标市场，主动做出的改进，而非强制性的。非强制性产品适应性改变的影响因素通常包括文化的适应性改变，各国消费者的收入水平，消费者的不同偏好和国外市场的教育水平等。如印度教视牛为圣明，其教徒不吃牛肉，而且连与牛相关的产品也慎用。因此麦当劳在印度调整其产品结构来适应当地的宗教文化。收入水平低的国家的消费者通常注重产品的最基本性能，如低廉的价格，经久耐用，而对包装、品牌则不太在意。所以对于一个以市场为导向的企业来说，当涉及产品的样式、味道及包装的颜色图案和文字时，要入乡随俗，才能取得好的效果。

14.5 国际营销的定价策略

在国际市场营销中，产品的定价是国际营销组合的诸要素中最为活跃的一个。它与其他的三个要素互相影响，互相制约，变化多端，难以确定。

14.5.1 影响国际营销中产品定价的因素

1. 成本类因素

成本一般而言是价格的下限。按照市场导向的定价思想，商品的总成本应该包括商品到达最终购买者之前的一切费用，在国际市场营销中还应包括与国际营销有关的一切生产、销售和管理费用。此外在国际营销中，除国内发生的费用外，还有以下因素对成本具有重要影响：保险、运输、关税、中间商佣金、利息、广告等费用及一些风险成本，包括因提供信贷、发生通货膨胀、汇率变动等引起的风险成本。

2. 市场类因素

（1）需求：需求是定价的上限。需求由以下因素决定：顾客的支付能力、趣味爱好、生活习惯、宗教信仰、对商品的态度，以及是否有代用品等。企业定价时，还必须考虑到顾客的需求强度和需求弹性。

（2）竞争：竞争是影响产品定价的最为直接的因素。竞争因素对企业国际营销产品定价的影响，主要取决于不同国家或地区市场的竞争程度。按照竞争程度的不同，各个国家或地区的市场结构可分三类：完全竞争、完全垄断和不完全竞争。企业应根据竞争环境采取适当的价格策略。

3. 政府干预类因素

（1）国际协定：在国际营销中有许多国际协定会对定价产生影响。对国际营销影响最直接的价格协议有专利许可协议、卡塔尔、同业公会制定的协议等。

（2）法令与政策性规定：如规定毛利、最低限价、限利价格的变化。

（3）补贴价格：有很多企业在出口时，接受了本国给予的补贴，这种补贴包括直接补贴与间接补贴。直接补贴主要是对于最终产品进行补贴，而间接补贴则是补贴了出口产品的零部件。

（4）政府参与：有些政府为了控制价格，直接参与市场的竞争。

14.5.2 国际营销的基本定价策略

不同的定价策略，服务于不同的定价目标。国际市场营销中，定价目标主要有三种：利润目标、市场份额目标、竞争目标。详细地讲，利润目标一般为利润最大化，或达到预期的利润率；市场份额目标可能是维持或扩大市场占有率；竞争目标可能为进攻或回避挑战者，根据不同的定价目标，我们有不同的定价策略。

1. 成本导向定价法

成本导向定价法是指企业在定价时主要以成本为依据，同时，也考虑其他因素，如企业目标、需求状况等；成本导向定价法可以分为两种主要方法。

1）成本加成定价法

成本加成定价法是指在总成本基础上加一定利润，由此作为产品价格。

$$单位价格=\frac{总成本+总利润}{生产总量}$$

成本加成法的特点是简单、易算，定价人员根据企业的会计记录就能定价。许多刚刚从事出口业务的企业都采用这种定价法。而这种方法的主要缺点在于对于目标市场的其他因素考虑得过少，使价格有时偏高、有时偏低。

例如，某企业生产某种产品，投入固定资本 2 000 000 元，产品的单位变动成本为 10 元，共生产产品 80 000 个，要求利润率为 15%。

则根据公式，可得：

$$单位价格=\frac{(2\ 000\ 000+80\ 000\times 10)(1+15\%)}{80\ 000}=40.25\ (元)$$

2）边际成本定价法

这种定价方法认为国内的一些生产成本与海外市场无关，同时固定资本也不应再摊销到海外产品之中，因此，建议将实际生产成本加上海外营销成本作为产品定价的基础。

如上例中，若企业还有能力再生产该产品 10 000 个，并将其销往海外，则这 10 000 个产品的单位成本为其单位变动成本加上其海外销售成本，设为 15（元），则变动成本为 10 + 15 = 25（元），利用边际成本法定价，可为企业增加总利润，而降低了利润率。

边际成本法只能在以下条件下使用：

（1）企业有剩余的生产能力，可为新的市场服务；
（2）旧、新两市场互相是隔绝的；
（3）新市场的政府不会干预；
（4）只能在短期内使用。

2. 市场导向定价法

市场导向定价法，是指企业按照国外市场需求来定价。需求大时定高价，需求小时定低价。这种定价法的主要依据是市场需求，也就是顾客可以接受的价格，而不是产品的成本，即使产品成本一样，只要需求大小不一样，就可以制定不同的价格。按照这种定价法，企业需要首先分析国外市场上的供求关系，估算出企业产品在目标市场上的销售价格，然后再从这一估算价格中减去中间商的利润、关税、运费等，从而反推出产品的出厂价格。

如某种商品在国外市场上的价格为60美元，则可根据市场导向定价法推算出价格：

国外市场价	60.00（美元）
减去30%的零售毛利	-18.00
零售商成本	42.00
减去20%的经销商毛利	-8.40
经销商成本	33.60
减去12%的增值税（以CIF价加关税为基础）	-3.60
CIF价加关税	30.00
减去9%的关税（以CIF价为基础）	-2.48
CIF价	27.52
减去运费、保险费	-5.52
FOB价	22.00

这样，就推算出了该产品的F. O. B. 价格。

3. 竞争导向定价法

竞争导向定价法，是指以市场竞争者的价格水平作为企业定价的依据。这种定价方法适用的范围如下。

（1）企业初涉某一市场时，对需求，渠道加成等因素了解不多，此时最简便的定价方法就是模仿竞争产品的价格，待以后对市场情况有较深了解时，再对价格作适当调整。

（2）企业在某一时期、某一市场上，主要的目标为击败某一或某些竞争对手。在这种情况下，企业定价时可以以竞争对手的价格为主要依据，使自己的价格低于或等于竞争者的价格，并随着竞争产品价格的变动而进行相应的调整，直到打垮竞争对手为止。

（3）对于小麦、石油等大宗商品，市场价格为流行价格，企业在一般情况下只需随行就市，不必使自己的价格高于或低于这种流行价格。因为企业价格高于流行价格时，就会使企业丢掉生意；而低于流行价格，就会使企业减少利润。当然，随行就市并不意味着与流行价格分毫不差，企业应根据当时、当地的情况加以适当调整。

一般而言，竞争导向定价法包括三类：随行就市的定价法；排他型定价方法；随主导企业定价法。

此外在国内市场营销中运用的定价策略，在国际市场上同样可以得到运用，如新产品定价中采用的取脂定价策略、渗透定价策略、满意定价策略，企业采取的折扣定价策略和针对顾客心理采取的一些定价策略。只是在使用这些策略时，企业必须因地制宜，不能盲目照搬国内营销中取得的经验。

14.5.3 国际转移定价

国际转移定价是指跨国公司的母公司与分布在各国子公司之间或各子公司之间相互转移产品和劳务时所采取的定价方法。当今的国际贸易中跨国公司内部交易占了很大一部分。虽然这些业务属于公司内部的交易，也需要为交易中的产品或劳务制定价格，因为现代跨国公司一般都实行分权管理的模式，母公司及各子公司均为相对独立的利润中心，为了正确评估各利润中心经营业绩，公司必须对它们之间的交易制定价格，这也就是所谓的国际转移价格。

国际转移定价可以帮助跨国公司实现全球利益最大化。跨国公司通过对转移价格的制定与控制，可以达到以下目的：逃避税收、争夺市场、规避风险等。

国际转移定价的具体做法很多，主要而言有以下几种。

（1）为融资提供便利：母公司可以向子公司提供融资便利，并通过调整利率的高低来实现对子公司资金使用成本的影响。

（2）收取服务费或专利使用费：母公司可以通过调整服务费标准和专利使用费水平等方法，实现转移定价的目的。

（3）租赁机器设备：母公司可以向子公司租赁机器设备，通过收取租金的方式来实现转移定价的目标。

（4）调整原料、配件或成品价格：通过有意识地调整原料、配件或成品价格来实现利润的转移和资金的流动。

14.5.4 价格的标准化与差异化决策

同样的产品在世界上不同的国家销售，是保持统一的价格，还是应有所差别，这便是国际营销中价格的标准化与差异化决策，目前看来，大多数公司都用价格差异化的策略，这主要是因为：各国的生产成本、竞争价格以及税收都不一样，企业应根据这些不同的因素制定不同的价格。但是，也还有许多国际企业认为，应该在各国市场实行统一价格的策略，这主要是因为：全球统一的价格有利于公司和产品在世界上树立统一的形象，有利于企业制定统一的市场定位策略，同时对于公司总部而言，可以加强它对整个营销活动的控制。

一般而言，企业可以从以下几方面来考虑采用哪种策略。

1. 产品方面

（1）产品生命周期。当产品处于进入期时，产品尚未得到普及，顾客也仅限于一些富有创新精神的买主。无论这些顾客生活在哪个国家，他们都可构成一个市场细分。因此，新产品在进入期，价格策略应以标准化为宜。

（2）产品特性。也就是看产品的技术含量的高低，是否易于与其他产品区别。若产品属于高科技产品、有自己的特点，则企业可以采用差别价格；如果产品是大路货，世界价格基本一致，企业就使用标准化价格。

（3）产品普及过程。如果新产品的普及过程在各国都基本相同，那么制定统一价格是可行的。

2. 企业本身

企业在各国的经营目标不同，可能会导致价格的差异。例如，某公司准备进入A国，利用该国的一个特殊的市场机会，公司只准备在A国经营两三年，等该国这一产业成熟后就放弃。而在B国的目标是凭借低价占领其大众市场，并准备在该国进行长期经营。这种经营目标上的不同可能会导致该公司在A、B两国制定出不同的价格策略：在A国实行高价撇脂的策略，而在B国则以低价渗透策略为主。

3. 竞争方面

如果企业在各国市场上的竞争地位一样，可采用统一价格策略。

4. 分销渠道方面

分销渠道的结构和效率也是影响价格的一个重要因素。当一个国家分销渠道效率低，结构也不合理时，在这个国家的分销成本就会增加，那样企业就必须通过提高价格来保持利润，从而使该国价格高于其他国的价格。

此外，法律也会影响到价格，有的国家实行高税收，使一些企业提高价格。

14.6 国际营销分销渠道决策

分销渠道，又称营销渠道，是指企业将产品转移给最终用户所采用的方式，企业进行国际营销决策的目的，就是将企业所生产的产品在适当的时间，以适当的方式转移到适当的地点，从而便于顾客购买，扩大企业产品的销售。

14.6.1 企业进入国际市场的渠道

企业进入国际市场的渠道分成出口、互联网、国外直接投资、合同协议和国际战略联盟。

1. 出口

出口分为直接出口和间接出口。

（1）间接出口，是指企业将生产出来的产品卖给国内中间商或委托国内代理机构，由其负责经营出口业务的出口方式。

间接出口是企业刚走向国际市场时最常采用的策略。这种方式有以下优点：有利于节约用于出口业务方面的外汇开支及其他支出；可以不必承担外汇及信贷风险；可以利用各种中间商的外贸业务经验和销售渠道较快地进入国际市场。其局限性是：降低了企业对国外市场的控制，使企业较难在国际市场上树立起产品形象和企业自己的形象，不利于企业直接获得国际市场信息和学习国际营销经验，也不利于迅速调整营销策略。

（2）直接出口，是指企业把产品直接卖给国外中间商或者最终顾客，而不是通过国内中间机构的出口方式。直接出口主要有以下几种形式：利用国外的经销商或代理商；直接卖给最终用户；设立企业驻国外办事处或建立国外营销子公司等。

直接出口使企业更加直接地参与了国际市场营销活动。其优点是：可以简化商品流转程序，从而节约相当多的时间和费用，有利于增强企业的影响力并能使企业获得较大的营销活动控制权。其局限性是：企业独立完成出口程序，需要承担相应的费用、风险，有一定的资金负担，此外对企业的人员素质有较高的要求。

2. 互联网

在互联网高速发展的今天，作为一种国外市场的进入方式，它发挥着越来越重要的作用。起初，互联网技术还只是应用于国内销售，可是随着国外客户的需求高速增长，产生了国际互联网营销。互联网作为分销渠道有自身的优势：便捷、快速、能提供丰富信息。

3. 国外直接投资

在国外直接投资也是进入海外市场的常用手段之一。它有以下优点：可以利用廉价劳动力、避免高额进口关税、降低高额运费、接近原材料市场等。直接投资可以减少成本。

投资进入又分为独资和合资经营两种类型。

（1）独资经营方式是企业在国外单独投资兴办企业、自负盈亏、独立经营、自担风险。

独资经营的优点是：① 可获得东道国的支持与鼓励；② 可获得东道国廉价的生产要素，降低经营成本；③ 可加强对独资企业的控制，避免工业产权向本企业外转移，避免竞争对手的迅速成长。但是，独资经营也是所有进入国际市场方式中风险最大的，如东道国没收、征用、通货膨胀、价格限制等，都可能使企业遭受全部或极大的损失。

（2）合资经营方式是本国企业与国外一个或一个以上企业按一定比例共同投资兴办企业，共同生产经营并承担经营风险，获取经营收益的方式。

合资经营方式的优点是：① 由于与东道国企业合资经营，政治风险较小，并可能享受较多的优惠；② 可以利用国外合营伙伴熟悉该国政治法律、社会文化及经济状况的优势，比较容易取得当地资源并打开当地市场。合资经营的缺点是投资各方人员管理上难以协调，利润分配和使用上也容易产生矛盾。

4. 合同协议

合同协议是与国外企业的一种长期联系。它是知识的转让，包括商标、生产流程、技能的转让。合同协议包括许可证贸易、特许专营、合资企业、企业联合体等方式。

合同进入又有许可证贸易、特许经营、合约管理等方式。

1）许可证贸易

许可证贸易是指以签订许可证合同的方式，出口企业（认可人）在指定的时间、区域内将其工业产权（专利、专门技术、工艺、注册商标等）的使用权转让给外国法人（持证人）。许可证贸易是技术的有偿转让，出口企业可获得技术转让费或其他形式的报酬。

许可证贸易根据不同的划分标准，可分为多种类型：① 根据被许可方取得的权限大小，可分为独立许可、排他许可、普遍许可等类型；② 根据合同对象划分，可分为专利许可、商标许可、专有技术许可等类型；③ 根据被许可方是否有技术的再转让权划分，可分为可转让许可、不可转让许可等类型；④ 此外还有一些特殊类型，如交叉（交换）许可、一揽子许可等类型。

许可证贸易是一种简单的走向国际市场的方式，它的优点是：① 可避开进口国提高关税、实行进口配额等限制，使自己的产品快速进入国际市场；② 不用承担东道国货币贬值、产品竞争的风险和其他政治风险；③ 不需支付高昂运输费用，节约经营成本。它的缺点是：① 对被授权企业的控制有限；② 可能会培养出国际竞争对手。

2）特许经营

特许经营是许可证贸易的一种特殊方式，企业（特许人）将其工业产权（专利、专有技术、工艺、商号、商标等）的使用权以及经营风格、管理方法转让给国外企业（持证人），持证人按特许人的经营风格、管理方法从事经营业务活动。特许合同双方的关联程度较高，特许人往往将持证人作为自己的分支机构，统一经营政策、统一风格、统一管理，向客户提供标准化的服务。

特许经营的优点是：① 标准化的经营方式可最大限度地扩大特许企业的影响力；② 变激烈的竞争关系为利益分享的伙伴关系，以较低的资本迅速扩展到国际市场；③ 商业风险和政治风险较小。这种方式的缺点是：① 特许经营方式的使用有一定的限制，特许人的工业产权必须有较大的吸引力；② 对持证人的控制有一定难度。

5. 国际战略联盟

公司联合不是新鲜事物，合资经营、许可证贸易、特许专营都是人们熟悉的企业合作方式，但这些方式大都是出于法律或政治的考虑而建立。对国际战略联盟来说，虽然也有法律政治因素，但竞争和全球扩张是更重要的考虑因素。

国际战略联盟是两家或是两家以上企业为了互相需要、分担风险并实现共同目的而建立的一种合作关系。在最近几十年中，国际战略联盟作为营销管理的竞争战略的重要性不断加强。它被看做是增强优势、弥补劣势的方式。

6. 对等进入方式

对等进入是指企业出口商品时必须购入国外一定数量的商品，从而进入国际市场的方式。对等贸易的双方都达到了进入对方市场的目的。

对等贸易具体有补偿贸易和易货贸易两种方式。

1）补偿贸易

补偿贸易是一种与信贷相结合的贸易方式。设备进口方以贷款形式购进国外机器设备、技术和专利，进行项目新建或改建、扩建，使项目竣工投产后，以该项目的产品或其他产品予以偿还贷款。

补偿贸易有以下几种具体形式。

（1）产品返销。它是设备进口方从设备出口方购进技术设备，待生产出产品后用产品来抵付进口贷款的方式。这是最典型、最常见的补偿贸易方式。

（2）互购。它是设备进口方用其他产品来抵付进口贷款的方式。换言之，此方式是设备进口方购进设备，设备出口方购进其他产品的互相购买的方式。这种方式也称为间接产品补偿方式。

（3）部分补偿。它是设备进口方的贷款部分用产品偿还、部分用货币偿还的方式。偿还的产品既可以是该项目生产的产品，也可以是项目外的其他产品。偿还的货币既可以是现汇，也可以利用制成品的销货款或新的贷款在后期偿还。

补偿贸易的优点是：① 可以避免外汇短缺造成的市场收缩，扩大产品出口；② 可以在一定程度上较为容易进入贸易保护程度较高的国家。补偿贸易的缺点是交易带有信贷性质，交换的对等性和互利性有时难以真正实现。

2）易货贸易

易货贸易是一种以价值相等的商品直接交换的方式。易货贸易不需要货币媒介，并且往往是一次性的交易，履约时间较短。

易货贸易的优点是在不动用现汇的情况下出口商品并取得国内急需的设备和产品；缺点是交易的商品有局限性，达成大宗的易货贸易较难。

7. 加工进入方式

加工进入是利用国外原材料，经过生产加工重新进入国际市场的方式。加工进入主要有来料加工和进料加工两种类型。

1）来料加工装配贸易

来料加工装配贸易包括来料加工、来样制作、来样装配，它是以外商为委托方，本国企业为加工方，由委托方提供原材料、半成品，加工方承担任务，产品经检验合格后由委托方负责销售，加工方收取相应的加工费。

来料加工双方并非商业买卖关系，原材料及制成品的所有权属委托方。从事加工装配的企业通常是劳动密集型企业，因而这一方式在发展中国家发展迅速。

2）进料加工贸易

进料加工也称以进养出，它是企业购进外商提供的原材料、半成品，加工生产后产品重新进入国际市场。

进料加工与来料加工装配都是通过加工生产获得一定的收益，但不同的是进料加工双方是商业买卖关系，买方向卖方支付货款后拥有货物的所有权，加工产品的销售也随货款的支付而伴之以所有权的转移。

加工进入方式的优点是：① 可以引进国外先进技术，利用国外资源；② 可以充分利用本国廉价的劳动力、土地资源，增加就业；③ 可以增加外汇收入。加工进入方式的不足是：不直接面对国际市场，市场控制程度差，有一定程度的风险。

14.6.2 国外市场的分销渠道

1. 分销渠道的模式

企业从事国际营销时，国外现有的营销渠道模式对企业的渠道选择决策有很大影响。受历史和经济发展多种因素的限制，各个国家的进出口商、批发商和零售商的发展情况、经营范围、经营方式等各不相同。根据销售渠道层次的多少，销售渠道可以分为以下几种模式。

（1）直接渠道：生产厂商直接把产品卖给最终用户。

（2）一层渠道：生产厂家把产品卖给一层中间环节，然后再由中间环节卖给最终用户。

（3）二层渠道：生产厂家将产品卖给批发商，批发商再通过零售商将产品卖给最终用户。

（4）三层渠道：在小零售商和大批发商之间，再加上一个二级批发商。

在以上各渠道模式中，一、二、三层渠道，通过中间商销售的称为间接渠道，没有中间商销售的称为直接渠道。

2. 选择国际营销渠道应考虑的因素

（1）市场状况：是指这样一些信息——当地习惯用的销售渠道结构、竞争者的销售渠道的设置方式、潜在市场的规模和顾客购买的频率、用户的购买习惯以及当地的法律或法规等。

（2）商品的特性：是指产品是否是时鲜商品、装运、储存是否有特殊要求，产品是属于新产品还是标准化商品，产品的技术性如何，是否需要维修等。

（3）企业自身的条件和经营目标：企业的自身条件包括开辟渠道和维持渠道运行的费用、资金周转负担和企业的人力资源状况等。

3. 分销渠道的设计

分销渠道设计中的两个重要问题是渠道的长度和宽度问题。渠道长度是指使用中间商层次的多少，渠道宽度是指企业在同一市场上同时使用多少个中间商。在渠道宽度决策中，企业可以有以下选择：广泛性分销、独家分销或选择性分销等几个不同策略，这与国内市场营销相同，但是在渠道设计中，必须对企业从事营销国家的情况和习惯等加以考虑。

1）渠道长度决策

渠道的长度是指中间商层次的多少。最短的渠道可使产品从生产者直接抵达最终用户；最长的渠道要经过进口商、批发商。此外，还因中间商层次的多寡而存在着长短各异的各种渠道。国际企业在决定渠道长短时，应根据产品特点、市场状况和企业自身因素等因素来决策。

（1）产品特点。渠道的长度首先与产品特点有关。通常，技术含量高的产品，需要较多的售前、售后服务，应采取较短的渠道。保鲜要求高的产品，应尽快送到顾客手中，也应使用较短的渠道。而单价低、标准化的产品，一般采用较长的渠道。

（2）市场状况。顾客数量少，购买量大，而且在地理比较集中时，采取短渠道；反之，则宜用长渠道。此外还要考虑市场所在国的渠道结构。一般而言，发达国家的销售渠道较短，而发展中国家的渠道较长。

（3）企业自身条件。渠道的长短还与企业自身的条件有关。企业规模大的一般适用短渠道，因为这样的企业一般拥有相当规模的推销力量，可以少使用或不使用中间商；反之，企业规模小，推销力量有限，则必须使用较多的中间商。此外，渠道长短还取决于企业的经营目的、业务人员素质、国家政策法规的限制等因素。

2）渠道宽度决策

渠道宽度决策是指企业在某一市场上并列地使用多少中间商的决策。企业在制定渠道宽度决策时面临三种选择：广泛分销、独家分销和选择性分销。

（1）密集性分销，又称为广泛分销，是指在市场上使用尽可能多的中间商从事产品的分销，使渠道尽可能加宽。价格低、购买频率高而每次购买数量不大的日用消费品等，多采用这种分销方式。其优点是市场覆盖面广，潜在买主有较多机会接触到产品。缺点是中间商的经营积极性较低，责任心差。

（2）独家分销，是指在一定地区、一定时间内只选择一家中间商经销或代理，授予对方独家经营权。这是最窄的一种分销渠道形式。生产和经营名牌、高档消费消费品和技术性强、价格较高的工业品的企业应采用这一形式。其优点在于：中间商经营积极性高，责任心强。缺点是市场覆盖面相对较窄，而且有一定风险，如该中间商经营能力差或出现意外情况，将会影响到企业开拓该国市场的整个计划。

（3）选择性分销，是指在市场上选择部分中间商经营本企业产品。这是介于上述两个极端之间的一种中间形式，主要是用于消费品中的选购品和一些机械设备等，经营其他产品的企业亦可选用这一做法。因此，这一做法适用面较广，如中间商选择得当，可以兼得上面形式的优点。当然，如果中间商选择不当，同样难以避免上述两种形式的缺点。

14.7 国际营销促销决策

促销，是指企业用一定的方式说服、促进和影响顾客购买某种商品或劳务，或使顾客对该商品或劳务产生好感的活动。国际促销是企业国际营销组合策略中的重要决策之一，是产品生产企业与国际潜在的买者之间必不可少的信息沟通，也是企业实现产品国际化销售、打开国际市场的重要一环。

国际促销的方式主要包括广告、人员推销、营业推广、公共关系和组合促销五类。

14.7.1 国际广告

国际广告是指企业通过广告代理商以付费的形式，通过国际公共传媒将企业产品信息传递给目标群体的一种促销手段。

1. 国际广告的特点

国际广告除了具有一般国内广告的特点之外，还具备自身的特点。这主要表现在以下几个方面。

（1）地域广。国际广告的传播范围不局限于某个国家和地区，而是通过国际大众传媒或企业目标市场所在国当地的公众媒体在世界范围或国外传播产品信息。特别是当今，随着科学技术的飞速发展，卫星电视、广播的日益普及，国际广告正伴着诸如凤凰卫视、CNN、GBO 等国际传媒广泛传播开来。

（2）日趋互动性。本来广告是一种产品生产企业将产品信息传递给潜在顾客的单方向促销手段，但是随着国际互联网而兴起的电子商务，国际广告中企业与顾客之间双向信息沟通日见明显。顾客通过互联网不仅能够在线实时地与刊登广告的企业就产品性能等有关信息进行交流，而且能够通过键盘或鼠标操作，反复观看与测试产品的某些性能。

（3）成本降低。由于因特网的普及，不仅仅企业做国际广告的成本大大降低，而且使潜在顾客获取有关产品信息的成本也降低。这样有利于企业国际营销策略的实现。

2. 国际广告的制约因素

企业在做国际广告时面临着以下制约因素。

（1）广告代理商的限制。发达国家的广告代理商数量多，服务质量高，而在一些不发达国家可能很难找到合适的广告代理商。

（2）政府控制。有些国家对某些产品的广告进行限制，对广告的时间、信息、广告开支等也做出规定，企业必须遵守。

（3）广告媒介的限制。由于政府限制使用某些媒介，或某种媒介的普及率低，使得企业在做国际广告时还面临着媒介的可获取性的问题。

（4）语言的限制。不同国家或地区在语言文字上的差异，是广告信息在国际市场上传播的主要障碍。广告语言文字处理不当，有可能直接导致企业广告促销活动的失败。为了避免这种失误，成功地跨越语言障碍，企业可以聘请熟知当地语言及习俗的专家担任翻译，也可考虑委托当地的广告代理商代理制做广告。

3. 国际广告媒体的选择

国际广告媒体，是指能够携带企业产品信息的国际公众传播媒介。国际广告媒介主要有广播、电视、报纸、杂志、直邮、广告牌、国际互联网等。各种媒体都有各自的特点，表 14－1 是各种媒体特点的比较。

表 14－1　各种媒体特点的比较

	传播范围	成本	灵活性	效果
广播	广	低	高	差
电视	广	高	高	优
报纸	广	低	高	中
杂志	广	低	高	中
直邮	广	高	高	优
广告牌	广	低	高	差
因特网	广	低	高	优

企业在选择国际广告媒体时，除了注意各种媒体的特点外，还应考虑以下几个因素。

（1）媒体覆盖面。选择广告媒体应考虑的第一个因素是媒体覆盖面。覆盖面的大小取决于显露时间和拥有率两个因素。各种媒体的显露时间在各国有不同的规定和习惯，各种媒体的拥有率在各国也是高低不一。因此，各国广告媒体的覆盖面差别也很大。企业进行媒体选择之前，应对市场国各种媒体的覆盖面情况进行了解。

（2）媒体的可获性。有时企业认为最佳国际广告媒体在一些国家或地区根本不存在，或者仅限在某类特定地区或人群的传播，严重影响该国际广告媒体应发挥的信息传导作用。因此，企业在选择国际广告媒体时，应首先对该媒体在目标市场国家中的获得性进行实地调研。

（3）产品的性质。企业要根据产品的不同性质，选择最能表现其性质的国际广告媒体，与潜在顾客进行信息交流。

4. 广告代理商的选择

广告代理商，是指为客户制作和安排广告并向客户收取佣金的企业组织，广告代理商具有专业级的广告研究、策划、设计等方面的人才，可以向企业提供全方位的国际广告服务。企业在选择广告代理商为其做国际广告时，应考虑如下几方面的问题。

（1）广告代理商制作广告的质量。就像产品质量是产品的生命一样，广告的质量也是广告的生命。广告质量的高低直接影响广告收视后的效果以及潜在顾客对产品的认知程度。

（2）广告代理商的收费标准。企业作为一个独立的经济实体，在追求广告代理商广告制作质量和服务质量最佳的同时，自然希望自身付出最低的代价，即广告代理商以最低的收费制作最佳的广告。一般言之，国际广告代理商收费较高，国内广告代理商则收费较低。企业应根据自己的实际情况，在广告质量和价格方面权衡。

（3）广告代理商的服务质量。广告代理商间企业提供的是全方位的国际广告服务，除制作广告外，还需进行国际广告市场调查和公共关系协调等方面工作。因此，除广告本身的质量外，企业还应考虑广告代理商的服务质量。

（4）广告代理商的市场覆盖率。企业委托广告代理商制作国际广告的目的在于开拓目标市场，因此，广告代理商的信息传播范围是否涵盖了目标市场就成为企业在选择广告代理商时考虑的因素之一。

14.7.2 人员推销

人员推销，是指企业派出产品推销人员或者委托、雇用推销人员向在顾客介绍和宣传企业产品，以期促进产品销售的方式。

1. 人员推销的目标和作用

（1）发现并培养新顾客；

（2）将企业产品和服务信息直接传递给顾客；

（3）推销企业产品；

（4）提供相关服务；

(5) 进行市场调研，搜集产品情报，向企业及时反馈有关市场信息。

2. 人员推销管理

人员推销管理，主要包括对推销人员的招聘、培训、激励和评价。

1) 招聘

招聘是搞好人员推销的前提。在国际营销中，推销人员有三个来源：本国、市场所在国和其他国家。一般来说本国的外派人员需要更加忠诚，并且能够很好地与总部沟通，更好地贯彻总公司的经营思想。由本国外派人员组成的销售队伍的缺点是：成本高、文化与法律方面的障碍、不愿到海外工作的工作情绪。随着经济全球化的发展，越来越多的公司开始雇用当地人员或第三国人员。但是无论国际营销队伍由哪几类人组成，从事国际营销的推销员除应具备国内推销员的全部条件，还应具备以下素质：独立工作的能力、果断决策的能力、调研的才能、文化适应能力和可靠性。

2) 培训

企业在推销员的培训中，对本国推销员和外籍推销员的培训重点应有所不同。对前者应重点进行外语、礼仪、生活习惯和商业习俗及在海外销售时会遇到的特殊问题等方面的训练；对后者来说，则应让他们充分地了解本公司的产品，掌握有关的技术信息和必要推销技巧。

营销人员在海外任职后要继续为他们进行培训，因为他们身处在外，缺乏与总公司及其销售人员的接触，另外，对国外雇员进行培训要适应其学习与交流方式。

还有一点容易被忽视，那就是对总公司负责国际营销业务的人员也要进行培训，这样他们在面临海外问题时能够作出快速的反应。

3) 激励

由于公司面对的是来自不同国度，有着不同的文化背景，不同人生观的国际营销人员，因此对他们的激励就显得更加复杂。管理者必须对雇员的个人行为模式极为敏感，比如，在美国有效的激励措施在日本不一定适用。有效的沟通也是保持士气的一个有效办法。为全球销售队伍制订的报酬计划和晋升制度也是对员工的有效激励。由此可以看出，海外推销队伍构成复杂，来自不同文化背景的人有着不同的需求和行为动机，因此企业应注意了解推销员的个人要求，以便有针对性地采取激励措施，从而使激励发挥良好的效果。

4) 评价

企业应定期对各国的人员推销工作进行评价。评价工作有如下作用：① 可以促进各国的推销工作；② 可以将各国的推销效果进行比较。但在进行国际比较时，应将各国之间在市场、竞争、推销员成本等方面的差异性考虑在内，使各国的推销效果具有可比性。

14.7.3 销售促进

销售促进，是指能够迅速刺激需求，增强企业与零售商或中间商的合作，鼓励顾客购买企业产品的各种促销方式。去掉零头、店内展示、送小礼品、产品适用、竞赛、抽奖、赞助、销售点展示、发送样品、赠购物券都是销售促进的手段。

1. 销售促进的形式

营业推广的形式很多，主要分为三大类：
（1）针对最终顾客的销售促进；
（2）针对中间商的销售促进；
（3）针对推销员的销售促进。

2. 采用销售促进方式应注意的问题

（1）注意各国的法律限制。企业在国外采用销售促进的方式，最重要的问题是注意各国的法律限制，以防企业的销售促进活动违反了当地法规。

（2）注意了解在各国行之有效的形式。各国最有效的销售促进形式不同，企业应因地制宜进行选择。

（3）加强与国外零售商的合作。由于销售促进的很多形式都需要与零售商配合进行，因而企业应注意与国外零售商的合作。

14.7.4 公共关系

公共关系，是指企业为搞好与公众的关系而采用的相关策略与技术，企业进行公共关系的目标，就是促进与社会公众的关系，树立良好的企业形象，最终达到扩大企业产品销售的目的。

1. 企业进行公共活动的手段

（1）搜集信息，了解公众需求。企业要赢得公众的好感，树立良好的形象，就要使自己的行为符合公众利益。因此，企业要注意了解公众需求，并据此制定自己的行为准则。

（2）分析企业形象，按照企业搜集到的有关公众信息，分析企业在公众中的形象与地位，判断企业行为是否符合公众的利益与需求。

（3）根据形象分析结果，调整企业行为，进一步改进企业形象。

（4）利用宣传报道等手段进行对企业有利的信息传播。企业通过选择信息媒介，发布宣传文字或其他形式的信息，报道能起推广作用的新闻及事件，从而达到进一步完善企业形象、提高企业知名度的目的。

（5）加强与政府部门，特别是立法机构的联系。通过游说等行动，促使政府和立法机构制定对企业有利的政策和法规。

（6）扩大社会交往，加强社会联系。企业可以通过参加各种公益活动和其他社会交往活动，与各界建立良好的关系，赢得人们对企业的信任和好感。

2. 企业公共关系活动涉及的内容

1）新闻媒体关系

处理好与当地新闻媒体之间的关系是企业与社会公众增进了解、取得其信任的基础。企业应与当地新闻媒体保持经常的接触与联系，为新闻采访工作提供各种资料和方便，争取新闻媒体的信任，与之建立良好的关系。

2）政府关系

近年来，各国政府对经济活动的干预在加强。企业应了解东道国政府的有关政策、规定与措施，通过各种公共关系活动，加强与东道国政府的联系，争取得到当地政府的支持。

3）顾客关系

企业营销活动的目标是顾客。企业应利用公共关系活动，加强企业与海外顾客之间的联系与沟通，在海外顾客中树立良好的信誉与形象。

14.8 经济全球化与中国企业的国际营销

14.8.1 经济全球化与国际营销

1. 经济全球化及其特点

经济全球化的内容大致包括生产全球化、贸易全球化和资本全球化三个方面。经济全球化是指生产、贸易、投资、金融等经济行为在全球范围的大规模活动，使生产要素在全球配置和重组，是世界各国经济相互依赖和融合的表现。经济全球化的过程是在生产和科技不断进步、社会分工和国际分工不断深化、生产的社会化和国际化程度不断提高的情况下，世界各国或各地区的经济活动越来越超出一国和地区的范围而紧密联系在一起的过程。

2. 经济全球化对国际营销的影响

1）正面影响

经济全球化为资源在全球范围内的优化配置提供了契机。作为全球经济组成部分的各个国家，可以在全球化背景下的国际经济交往中实现优势互补，从而在总体上促进世界经济的发展。在这一过程中，发达国家凭借其在资本实力和高科技，会比发展中国家获得更大的优势。

经济全球化为解决经济、社会发展面临的一些共同问题提供了可能和有利的条件。在当今世界经济发展过程中，生态、环境、资源、人口等问题是各国发展所面临的共同问题。倘若世界各国共同联手采取积极的措施，有利于全球范围推动可持续发展。

2）反面影响

在经济全球化过程中，世界范围内的发展不平衡将会加剧。由于发达资本主义在经济发展中占有明显优势，因此，在经济全球化的进程中其收益也大大超过发展中国家。南北不平衡的现象进一步加剧。

经济全球化加大了世界经济波动的可能性。伴随经济全球化，世界金融市场迅速扩大，世界金融市场使各国经济紧密联系在一起。在金融一体化条件下，金融市场固有的投机性往往会酿成危害性极大的金融危机，进而波及整个世界经济。如2008年美国陷入严重的次贷危机，次贷危机及其引致的国际金融危机使我国出口加工业面临严重的形势。随着金融危机的进一步发展，其又演化成了全球性的实体经济危机。

14.8.2 中国企业与国际营销

1. 中国企业在国际营销中应注意的问题

我国企业在开展国际市场营销过程中应该注意的问题多种多样，下面将对全球化与本土化、文化适应与文化变革、“东成”与“西就”、市场利基与市场挑战等几个热点与难点问题做一简单分析。

（1）全球化与本土化。营销学从个别国家走向全球市场，就不可避免地面临一个问题：是应该全球化还是应该本土化。有许多公司因为本土化取得了成功，又有许多公司因为全球化实现了效益，对于从事国际市场营销的企业来说，应该如何选择就成为一个事关全局的战略问题。盲目地追求本土化，企业可能会发现由于过于强调各地的适应性，将导致生产、分销、广告方面的规模经济损失；盲目地追求全球化，又可能由于过于强调统一性而不能很好地满足需求的差异，从而导致竞争力低弱。事实上，没有单一的全球标准化，也没有单一的本土化，全球化营销和本土化营销是成功的跨国公司并行不悖的原则。而思想上全球化、行动上本土化或从全球着眼、从地方入手是处理二者关系的准则。比如，消费者在汽车偏好上，北美、英国、德国、意大利、日本、南亚就迥然不同，要造一个“全球”牌必定要失败，因此汽车厂家必须兼顾每个市场和为所有市场提供清一色的汽车，也就是全球化和本土化。日产公司很好地处理了二者的关系，它把汽车底盘不同设计的式样的数量从40个减少到8个，而其供应对象却仍是75个不同国家的市场。从日产公司的例子中，可以看到对于某个要进入国际市场的具体产品来讲，到底哪些部分应该全球化、哪些部分应该本土化，应该具体考虑市场需求状况、企业优势所处价值链的环节、本部分在产品整体中所处的位置、产品的特性及技术含量等。

（2）文化适应与文化变革。在将新产品引入一种文化的过程中，营销者面临两种选择：文化适应或文化变革。文化适应指改变产品以适应当地的文化环境；与文化适应相比，文化变革认为要引进一种新思想和新产品，需要有意识地去克服对创新或变革的阻力，并努力去引发变革，加快该文化中的人们对新产品的接受速度。比如，美国通过在日本举行吃苹果比赛来改变日本人吃苹果的方式，进而将自己的苹果成功的打入日本市场；吉列公司为了将刀片销往墨西哥，通过播放流动电影来改变墨西哥男子不刮胡子的习惯。当然，并非所有的营销努力都需经过文化变革才能被接受。事实上，许多成功的营销是在通过与当地文化保持一致的战略指导下进行的，它以尽可能地同现有文化相吻合的方式进行营销，入乡随俗，使阻力达到最小。对于从事国际市场营销的具体企业来讲，是应该适应文化还是变革文化，则要视目标市场状况和企业自身实力而定。

（3）“东成”与“西就”。所谓“东成”，是向东南亚等与中国发达程度接近、地理位置相邻的区域扩张，这一带在历史上与中国有密切的联系，颇受中国传统文化的影响。比如，希望集团、长虹、力帆等企业在进行国际市场营销时就纷纷选择东南亚作为目标市场。“西就”是指向西欧、北美、日本等发达国家的区域扩张，进军这些区域就意味着要适应西方社会成熟市场的激烈竞争，这对我国的众多企业来讲无疑是一个挑战，但一旦挑战成功，将有利于提升企业在国际市场的地位、塑造产品形象，比如，海尔在德国、华为在美国的成功就充分说明了这一点。对于开展国际市场营销的企业来讲，到底应该“东成”，还是应该“西就”，则要综合考虑技术的先进程度、产品在不同国家所处的寿命周期、企业的国际市场营销经验等。

（4）市场利基与市场挑战。我国众多中小企业在进行国际市场营销时，一方面要面对陌生的经济、政治、法律、社会和文化环境；另一方面要寻求合适的供应商、分销商、合作者和顾客，再加之自身竞争实力不强，如果贸然向市场领导者发起进攻，采取市场挑战战略则可能事倍功半甚至一败涂地；但如果改变战略目标，不求占领较大的细分市场，而求在较小的细分市场获得较大的市场份额，也就是采取市场利基战略，来满足某一被竞争对手忽视的小细分市场或没有被竞争对手很好满足的细分市场，则有可能取得很大成功。

2. 中国开展国际营销的对策

1）中国企业已具备进行国际市场营销的条件

根据瑞士洛桑国家管理学院公布的资料显示，2011 年中国大陆的国际竞争力世界排名为第 19 位。也就是说，世界贸易组织里面，比中国有竞争力的国家不过 10 多个，而世贸组织 140 个成员都是中国企业进入的空间，这说明：中国企业在国际市场的发展空间还是很大的。

（1）良好的国内经济环境为企业开展国际市场营销提供了条件。2011 年，我国宏观经济在国际金融危机的影响下仍运行良好，国内生产总值居世界第二，比上年增长 9.2%。2011 年我国规模以上工业增加值比上年增长 13.9%，进出口总额达 3.6 万亿美元，增长超 20%，外汇储备已超 3 万亿美元。这对我国企业的发展是一个有利因素，企业在国内的稳定发展，是向国际进军的基础和保障。

（2）我国已具有一些优势的产业、行业。在劳动密集型产业，我国有较大优势，比如在纺织、服装等行业，我国的出口额逐年增长，出现了一些如波司登、雅戈尔等知名品牌，这些企业在国际市场上有一定的竞争力。我国的家电行业，在国内也有许多厂家如长虹、海尔等，其生产能力和质量已达到世界水平，在国际市场也有较高的声誉。涉及第三产业的一些企业，也已具备在国际市场竞争的条件，比如在外贸、远洋运输、金融、保险等行业，我国有很多大型国有企业，也具备参与国际竞争的实力。

（3）我国企业虽然在整体上技术不占优势，但在某些领域仍有着竞争优势：如航天航空、超导技术；农业领域中的杂交、育种技术；工业领域中的激光照排技术、人工胰岛素合成技术等，在世界均是领先的。此外，我国还拥有某些特有技术，如手工艺技术、中医中药技术等。而且有些在我国已经普遍应用的技术，例如，中国企业的机电成套设备制造技术、冶金化工设备制造技术，以及大型公路、桥梁、隧道工程技术等，对许多发展中国家来说也是很有吸引力的。

2）近年来的一系列改革为我国开展国际营销打下了基础

（1）我国企业改造重组和外贸体制改革与完善为企业跨国经营创造了条件。

（2）我国经济实力的不断壮大，为跨国经营奠定了基础。

（3）2001 年我国加入 WTO。截至 2010 年，我国加入 WTO 的所有承诺全部履行完毕，国际经营的前景将更加广阔。

3）促进中国企业发展国际营销的对策

（1）诚信营销。即培育永久的忠诚消费者群。在市场经济条件下所强调的诚信，既包含道德伦理意义，也包括经济、政治意义，是一个大系统。诚信是市场经济的规则，市场经济愈发达愈要讲求诚信，这是市场经济的内在要求，也是现代文明的基石和标志。因此，企业经营者为了消费者和社会的长远利益，也为了企业自身的生存和发展，实施诚信营销是一种明智选择。在欧美等发达国家，建立起信用制度已有150多年，目前个人信用消费已占全社会消费总量的10%以上。近年来，在全球网络经济和虚拟化经营中，信用经营显得尤为突出，纷纷强化诚信公关。我国海尔“真诚到永远”等，都是诚信公关、信誉至上经营理念的充分体现。

实践证明，企业诚信营销已经成为培养企业与品牌永久忠诚消费者群的关键所在。新世纪的经济是信用经济，信用不仅是调整人际关系的规范，也是调整社会经济、政治关系的重要准则。人无信不立，业无信难兴，政无信必颓。因此，无论是个人、企业还是政府，都必须重信用、讲信用。不讲信用就没有形象、没有效益、没有发展。我们必须高度重视企业的诚信营销，以此提高企业在国际营销市场上的信誉，加快走出去，实现国际营销市场的长足发展。

（2）公益营销。即确立回报社会的价值观，树立企业形象。知名企业认为，企业是社会的一分子，公益公关、回报社会就能树立良好的企业形象，实现企业与社会共同发展。近些年来，越来越多的企业已经发现了公益营销活动在国际市场营销中的特殊作用。出色的公益公关营销活动，能使企业一举获得知名度和美誉度，而广告要同时达到这两个目标是相当困难的。于是，有一批企业开始把大笔的广告费向公益活动领域转移了，它们开始信奉起“公益营销具有一箭双雕之效应”这一营销策略了。如联想的公益创投计划，为初创和中小型的公益组织提供创业及发展资助；欧莱雅的世博礼仪讲堂为2010年上海世博礼仪人员选拔活动进行礼仪、妆容培训；万安药业主办的“女职工保健知识讲座”公益活动，从2001年起，在全国开展讲座10万多场次，被称为“中国最能坚持的公益活动”；蒙牛的“拯救地球的100个行动”，号召网友加入“保卫地球家园”的先锋队；腾讯公司建立腾讯公益慈善基金会和腾讯公益网致力慈善事业，关爱青少年成长。中国许多企业把资金越来越多地投向了公益营销——投向这一曾被冷落、忽视的现代市场营销策略。

企业公益营销的高明之举，就在于确立企业在社会中的正确位置，引起社会的广泛认同，将企业经营利益与社会兼顾，实现企业与社会利益的相互转化，最终赢得更大的企业发展空间。

（3）网络营销。网络经济的到来促使经济的运行方式突破了传统的工业经济模式，同时，也为商家与企业提供了一种更为便捷、高效的营销模式——网络营销。当然，网络营销不是一个虚拟的概念，而是有特定的含义和内容，是一种全新的信息沟通与产品销售渠道的有效结合，使传统的有形市场发生了根本的变革。

成功的网络营销主要依赖以下几点。首先，建立完善的数据库。网络数据库是沟通企业与消费者之间的重要内容和手段，是整个信息系统的基础。健全的数据库包括客户数据库、产品数据库和供需信息数据库。应当说，一个完善的企业数据库，必将打破地域和交通的局限，使用户开阔眼界，吸引更多的海外访问者，提高企业的声誉。其次，加强网络市场调研。调研的对象主要是企业产品的海外消费者和企业的竞争者，其中选择合适的搜索引擎和确定适用的信息服务应是市场调研的关键。当然，根据调研的用途，应对信息进行有效的加工、整理与分析。再次，确定适时的网络营销战略。由于网络营销区别于传统营销的根本原因是网络本身的特性和网络顾客需求的个性化，在网络营销环境下，企业必须根据海外市场的变动趋势，首先树立起网络整合营销观念和软营销观念，然后以全新的理念确立网络营销的战略规划。

2011 年 6 月，中国网民达到 4.85 亿，位居全球第一。巨大的上网人数，带来了巨大的商机。在国外，80% 的个人和企业都选择网络媒介进行营销推广，并从中获得了极好的效果。而在中国，虽然选择“网络营销”的人只有 7% ～ 8%，不到国外的十分之一，但仅仅在这个选择了网络营销的“十分之一”中，都有多半的公司、个人因为网络营销的强大力量，得以在与对手的竞争中崭露头角、赢得商机。因此，在发展网络营销上，我国不仅应研究国外网络营销的发展方向，而且更应推进自身的信息化进程，加强对网络营销人才的培训，发展网上服务，使网络营销在我国企业开拓海外市场方面不断拓展其广度和深度。另外，我国企业应注重利用网上产品宣传、网上交易等优势，全方位开拓海外市场，以把握国际商务发展的趋势。

（4）绿色营销。绿色产业和绿色消费的蓬勃兴起，必然导致绿色营销的发展。长期以来，我国产品出口到海外市场，尤其是欧美发达国家受到其关税和非关税壁垒的限制。在国际市场营销中，发达国家不断在加大“绿色壁垒”的力度，从环保方面制止或限制某些产品进口，甚至对已进入的国外商品提出诉讼，使得外国企业在外贸出口中处于被动地位。

因此，我国企业在开拓海外市场的过程中，必须做好绿色营销。首先，注重产品的环境质量，争取通过 ISO 14000 环保认证标准，采用环保技术进行生产，并强调产品本身的无害性；其次，我国企业在对外贸易谈判中，应强调绿色沟通，把环保标准作为一个主要的讨论议题，并在宣传时强化产品的环保性；再次，加强产品的环保宣传，企业可通过电视、报纸等传媒以及公益性的营业推广，大力强化产品的环保性及对环境的无污染性，树立起产品在海外的绿色形象，这方面国内海尔、格力等大型公司做得比较好；最后，在包装、运输、交易、推销等一切营业活动中注重环保，减少污染，保持产品乃至企业在海外市场中良好的公共声誉。例如，我国海尔公司通过绿色公关，开发无公害、低能耗的绿色冰箱产品。从 1985 年到 2004 年实现了冰箱日耗电从 1.2 度到 0.3 度的飞跃，达到了国际能耗 A + 标准并畅销国际市场。

（5）把握个性化需求。随着消费者心理和行为的变化，我国企业要想进一步开拓国际市场、巩固已有的海外市场，应在加强产品标准化的同时，更加注重消费者的个性化需求。这就要求我国企业加强对海外市场的调研，保持与海外客户的关系。电子网络的实时在线功能，无疑为海外市场调研、掌握国外消费者个性化发展的需求提供了捷径，并将在较大程度上提高满足个性化需求的效率。可以说，在消费者更加理性化的时代，如何把握国外消费者个性化的变化，应是现代国际营销成功的关键。

（6）知识营销。在经济全球化条件下，由于消费者文化素质的整体提高，知识营销也势必成为现代国际营销的重要内容。首先，消费者更趋理性化消费，会通过咨询和查询的方式使购物行为更有针对性和合理性，这将迫使商家和厂家提供更专业化的服务，以满足消费者在更高层次上的需求；其次，产品应体现人文性，现代消费者在选择商品时往往更注重其无形价值，即人文底蕴及文化内涵，因此产品的人文化将是产品打动顾客的最有利手段；再次，在产品宣传时，广告的艺术性和渲染力往往成为现代消费者对目标商品取舍与否的关键因素。因此，鉴于我国拥有悠久的历史和独特的文化，商家如何在公共推广、传媒等宣传本企业产品的文化背景时最终打动海外知识型消费者必成为现代国际营销成功的重要因素。

（7）政府的支持。企业要善于寻找社会难点和热点问题，并及时找出解决问题的办法。中国入世后，对于走向国际营销市场的企业来说，寻求政府的大力支持是企业发展的重要力量，因而政府公关受到知名企业的广泛运用。

2001年春，一家企业为宣传和实现其环保经营计划，借助于全国人大和政协“两会”召开的时机，以“一个中国公民的提案”为题，在《经济日报》、《经济参考报》等多家报刊上刊载文字广告，策划出新颖的政府公关方式，引起两会代表和高层领导人的关注。之后北京市政府的有关部门专门约见该企业总裁，了解和批准中华碧水计划。其中投资北京的环保设备项目一期工程达10亿元，政府拨地13.5万平方米，并出台了在全市自来水中增加排污收费的政策，以筹措资金支持碧水计划对污水处理。在经济与社会发展中，常常出现新问题、新矛盾，这是政府和群众所关心和需要解决的。这些不断出现的难点、热点问题，客观上又为企业提供了市场机会。善于寻找社会难点求解，在政策上和行政措施上寻求支持，企业不仅自身得到了快速发展，更为重要的是为社会做出了新的有益的贡献。从根本上说，政府与企业的目标是一致的，因此，企业政府公关是营销策略中不可缺少的组成部分。我国海尔公司到美国建立产品制造企业和经营公司时，运用政府公关，受到了当地政府的大力支持。在国际化经营中，企业更要善于政府公关，研究当地政策、法规，以实现企业在国际市场营销的更大成效。

小　结

1. 国际市场营销的概述：国际市场营销的基本概念；企业进入国际市场的动机；国际营销的发展阶段。

2. 国际营销的环境：国际营销的政治法律环境；国际营销的经济环境；国际营销的社会文化环境。

3. 国际目标市场的选择：国际目标市场的细分和选择；国际目标市场的估测。

4. 国际市场营销产品策略：国际产品的生命周期；产品的标准化与差异化决策；产品的适应性改变。

5. 国际营销定价策略：影响产品定价的因素；基本定价策略；国际转移定价；价格的标准化与差异化决策。

6. 国际分销渠道策略：企业进入国际市场渠道；国际市场分销渠道。

7. 国际促销决策：国际广告；人员推销；销售促进；公共关系。

8. 经济全球化与中国企业的国际营销：经济全球化与国际营销；中国企业与国际营销。

复习思考题

1. 什么是国际市场营销？国际市场营销和国内营销有何不同？
2. 试举例说明国际文化环境对国际市场营销有何影响？
3. 市场细分与确定目标市场有何区别？
4. 试列举几个全球品牌，这些品牌获得成功应用了哪些产品策略？
5. 简述影响国际定价的主要因素。
6. 进行国际定价的方法有哪几种？适用范围如何？
7. 简述国际转移定价。
8. 企业进入国际市场有哪些渠道？
9. 公共关系和广告有何不同？为何公共关系对全球性公司特别重要？
10. 经济全球化背景下，中国企业如何进行国际营销？
11. 我国企业如何进行国际绿色营销？

案例

苹果公司的营销之路

在2009年金融风暴后业界一片惨淡中，苹果公司稳居福布斯全球高绩效公司（Global High Performers）榜单。回顾21世纪第一个10年，总裁乔布斯重返公司后，苹果公司借力几款明星产品销售额迅速增长，终于走出了其20世纪90年代经历的低谷，公司利润率持续处于行业内高水平。过去的10年里，苹果公司借力iPod、iPhone等几款明星产品销售额迅速增长，公司利润率持续处于行业内高水平。2011年第二季度财务报告过后，苹果公司的股票市值已经超过了微软和Intel的总和，达到了3 100多亿美金。

回顾苹果历史，自1976年苹果电脑横空出世后，其创始人乔布斯和沃兹尼亚克以特立独行的做法，让苹果迅速成为明星公司，革命性的产品Macintosh电脑取得了巨大的成功，却同时也因内部管理问题使乔布斯于1985年离开了苹果公司。但是，苹果电脑已经在消费者心目中有了一个鲜明的印记，那就是：优越的性能、特造的外形和完美的设计，苹果电脑意味着特立独行，意味着"酷"的工业设计，意味着时尚。苹果电脑虽然市场占有率不高，但是却形成了一批忠实的"果粉"。

1996年12月，乔布斯重归苹果后，着手的就是重新树立起苹果式的创新文化，他把苹果文化当作营销的起点。苹果有着一种创新理念：将每种科技发挥到极致，既能让人们吃惊、兴奋，又知道如何使用它。苹果的创新是基于什么呢，我们可以从乔布斯的一句话中得到答案，"苹果永远在问：这将给用户提供何种程度的便利？这将对用户有多重要？"这种做法让苹果文化与顾客需求很好地融为一体。这就是苹果的创新。

从升级操作系统Mac OS 8到推出半透明的iMac，到强大操作系统Mac OS X，到iPod、Power G5，再到现在的iPhone和Apple TV，乔布斯都力图让创新产品都符合消费者心目中的苹果文化印记，因为要求苛刻，以至于苹果每年只能开发出1～2款产品，但几乎每款都让消费者欣喜若狂：这就是我的苹果！可口可乐在大众心智的可乐阶梯上占据首位并因此代表美国价值，乔布斯也做到了让苹果在创新产品和创造文化上占据首位而有一个营销的起点。

乔布斯还喜欢重新定义产品，喜欢创意的设计，他还具有强烈的控制欲，喜欢把产品控制在自己的手里，不愿对技术进行授权，不愿开放平台。目的都是为了占领技术的制高点，让营销苹果变成一个完美的循环。iPhone 的推出并不让许多人看好，就如乔布斯在2001年发布 iPod 时的情形一样。因为价格过高，业界都不看好其前景，甚至有人把 iPod 四个字母拆成"idiots price our devices"——白痴给我们的产品定的价。iPod 推出第一年，只售出10万台，但到2002年，乔布斯一方面降低产品价格，一方面作出让步，让 PC 用户也可以直接使用 iPod，改变以往苹果产品与 Windows 不兼容的做法，市场开始爆发，一年内售出160万台相关产品，较前一年超过100%的高增长；2003年乔布斯又推出"苹果 iTunes 音乐商店"，提供网上下载，每首歌曲99美分，其中65美分付给唱片公司，如今 iTunes 已经变成数字音乐、数字视频的综合网络销售平台，支撑苹果向消费电子公司转型，iPod 在 MP3 市场已经占到60%以上。同样，iPhone 一发布就能吸引消费者，能影响股市，所有这一切，都脱离不了一个核心，那就是伟大的产品，包括其中的平台服务。

在塑造品牌形象方面，苹果公司也做出了努力。2007年，苹果电脑公司正式更名为苹果公司，从电脑生产商全面进军电子消费品领域，乔布斯要改变苹果在消费者心目中的品牌形象——电脑不是苹果的全部，苹果除了电脑，还有 iPod、iPhone、Apple TV，未来可能还有游戏！

"全部都是在屏幕上控制，酷吧！"乔布斯在发布 iPhone 时说。酷毙了！这正是乔布斯一直要追求的产品类别，他要的就是这种装有苹果文化的品牌形象。为了促销产品和推广苹果品牌，乔布斯倡导着一种"Think Different（另类思考）"的广告宣传方式，这些独特的广告宣传不仅让消费者鲜明地记住苹果，同时也鞭策苹果不断地进行创新。乔布斯的另一策略是设立"苹果专卖店"，增加顾客的体验和展示产品，强力进行品牌推广。

苹果还举办 Mac-world 年度大会，跟国际消费电子展（CES）举办时间一样。两大盛会同时举办，关注度无比集中，苹果在恰此时发布 iPhone 和 Apple TV。乔布斯拿出了酝酿多时的"杀手锏"—— iPhone 和 Apple TV 的相关信息，以及苹果公司进行转型，出现了很多新的变化，让大家都有了谈资。人们之所以会谈论，是因为你提供了一些他们可以谈论的东西。让人们有谈资，是启动口碑营销的唯一途径。加上苹果的保密工作做得非常出色，更是推波助澜，最后连苹果如何把保密工作做得出色都有媒体专门去爆料，也成大家谈论的焦点。如此这般，看点、谈资众多，乔布斯通过口碑来领导苹果的品牌及公司。

2010年9月25日，iPhone 4 在中国市场"亮相"，拥有唯一社会渠道首销权的苏宁电器，联合中国联通于25日上午8时在全国38家旗舰店同步举行 iPhone 4 正式登陆中国的揭幕仪式，并在全国300多家门店同步开始发售，引发各地的抢购热潮。多个门店的 iPhone 4 货源被抢购一空，不少市民连夜排队抢购，但仍有不少"果粉"失望而归，只能等待下次机会。根据联通官网的公告，除联通自有 iPhone 4 授权营业厅外，社会零售渠道中只有苏宁电器 iPhone 4 授权门店。苏宁有300多家门店获得 iPhone 4 授权，比苹果给予其他任何社会渠道获得的授权数量均要高出2倍以上。仅2天之内苏宁全国300多家门店预约量就已经累计超过4万，平均每4秒预约一台。此次 iPhone 4 的上市时间恰逢中秋和国庆两大促销周之间，成为2010年秋季整个中国消费电子市场的最大亮点。2012年1月13日凌晨0点，iPhone 4S行货在中国发售。上午9点左右，苹果在中国的授权零售店就宣布无货停止销售，同时苹果官网也在短暂的“崩溃”后打出了“暂无供应”的标语。此时想购买iPhone 4S行货的客户仅有中国联通官网一个渠道，还可以提交资料进行预定，但中国联通现货供应情况也不明确。

从iPhone 4到iPhone 4S，我们看到苹果产品在各地屡屡脱销的场景。一方面是消费者狂热的追捧，另一方面是产品的全线缺货，在这样的供需矛盾下，市场总是处于某种相对的“饥饿”状态，这有利于苹果保持其产品价格的稳定性，对产品升级的主导权，以及对渠道，甚至整个产业价值链的控制权。虽然苹果公司的确有可能存在产能不足的情况，但我们仍能看到此营销策略在其品牌推广中的成功运用。但在中国，手机市场的活跃度远远超过全球平均水平，有数据显示，中国手机用户的换机周期只有美国和欧洲用户的一半，市场更新速度明显高过全球，这也为希望长期占领中国市场的品牌创造了前所未有的难度。在中国市场过于“矜持”实际上等于在这一市场上让位于竞争对手。同时在中国市场上，黄牛囤货等情况严重损害了中国消费者的感情，企业要能推出适当的策略来加以应对。无论是哪种营销方式，我们都要把它用得恰到好处。同时要及时了解自身的问题、市场和竞争对手的状况，适时调整营销策略。

案例思考题

1. 苹果公司获得成功的主要原因是什么？
2. 苹果公司获得成功都采用了哪些市场营销策略？为什么要采用这种营销策略？
3. 结合产品的整体概念，谈谈苹果公司的产品有何特点。
4. 苹果的iPhone产品在中国采取何种营销策略？
5. 根据案例资料，你认为苹果公司在中国市场所面临的主要问题是什么？如何解决？

参 考 文 献

[1] 科特勒．营销管理．王永贵，译．13 版．上海：格致出版社，2009.
[2] 科特勒．市场营销管理．5 版．北京：中国人民大学出版社，2011.
[3] 科特勒，阿姆斯特朗．营销学原理．上海：上海译文出版社，1996.
[4] 波特．竞争战略．北京：华夏出版社，2005.
[5] 吴健安．市场营销学．4 版．北京：高等教育出版社，2011.
[6] 何永祺，张传忠，蔡新春．市场营销学．4 版．大连：东北财经大学出版社，2011.
[7] 甘碧群．市场营销学．武汉：武汉大学出版社，2004.
[8] 梅汝和．国际营销管理学．北京：中国对外经济贸易出版社，1992.
[9] 纪宝成．市场营销学教程．4 版．北京：中国人民大学出版社，2008.